Crispin de Passe, *Hortus Floridus*, 1614. An der hier abgebildeten Frühjahrsbepflanzung wird der Stil des *parterre de pièces coupées* erkennbar; Blumenbeete in Form aller möglichen Figuren, eingefaßt von Grün oder einem toten Material, auf einer Unterlage aus Kies, Sand oder Stein. Diese (auch als »cut-work garden« bezeichnete) Art des Parterres erfreute sich im 17. Jahrhundert in Deutschland und den Niederlanden großer Beliebtheit. Crispin de Passe zeigt das Mittelbeet spärlich mit Exoten wie der Kaiserkrone bepflanzt; dieser sparsame Stil war in den Niederlanden noch zur Zeit von Het Loo (also in den 1680er und 1690er Jahren) anzutreffen. Die flankierenden Tulpenbeete können eher als Beispiele einer dichten Bepflanzung gelten.

Mark Laird

Der formale Garten

Architektonische Landschaftskunst aus fünf Jahrhunderten

Fotografien von Hugh Palmer
Aus dem Englischen
übertragen von Ulrike Stopfel

Deutsche Verlags-Anstalt
Stuttgart

FÜR MEINE MUTTER
UND ZUM GEDÄCHTNIS AN MEINEN VATER

Abbildungen auf den Seiten 1 und 3 aus André Mollet: *Le Jardin de plaisir,* 1651

Abbildungen auf den Vorsatzpapieren:
Großer Garten in Herrenhausen, Gravur von J. van Sasse nach J. J. Müller, um 1720

Die Deutsche Bibliothek – CIP-Einheitsaufnahme

Der formale Garten: architektonische Landschaftskunst
aus fünf Jahrhunderten / Mark Laird.
Fotografien von Hugh Palmer.
Aus dem Englischen übertragen von Ulrike Stopfel. –
Stuttgart: Deutsche Verlags-Anstalt, 1994
Einheitssacht.: Formal garden <dt.>
ISBN 3-421-03056-1
NE: Laird, Mark; Palmer, Hugh;
Stopfel, Ulrike [Übers.]; EST

Umschlagentwurf: Brigitte und Hans Peter Willberg, Eppstein
Lektorat: Nora von Mühlendahl
Satz: Steffen Hahn GmbH, Kornwestheim
Printed in Slovenia

Inhalt

Einführung

Natur und Formalismus

Die Vorstellung eines formalen Gartens erweckt in uns ein deutliches und lebendiges Bild: Es umfaßt die unendlichen Sichtachsen des Parks von Versailles ebenso wie die intimen Beetflächen und Labyrinthe von Hampton Court oder Hatfield House; es schließt die Terrassen und Brunnen der Villa Lante, die Buchsparterres und Hainbuchenhecken von Herrenhausen und das skurril beschnittene Heckenwerk von Levens Hall ein, und schließlich assoziieren wir mit diesem Gedanken auch die Buchsbaummuster von Williamsburg und den Kieselschmuck von Dumbarton Oaks. Wie ein Madrigal von Monteverdi oder eine Bach-Motette scheinen diese Gärten uns in eine Welt der vollkommenen Ordnung und Harmonie zu versetzen.

Allen diesen Bildern liegen überlieferte Vorstellungen davon zugrunde, was den formalen Garten zu einem solchen macht. Da ist zunächst der Gedanke der architektonischen Regeln, die eine Erweiterung in den das Haus oder den Palast umgebenden Außenraum erfahren und hier riesige Terrassen wie in Vaux-le-Vicomte oder heckenumschlossene Räume wie in Hidcote erschaffen. Das Wohnhaus liegt entweder im Zentrum oder übt, an die Seite gerückt, doch einen großen Einfluß auf den Raumcharakter der regelmäßigen Anlage aus; die geraden Linien sind vorherrschend. Von diesen in den Außenraum erweiterten architektonischen Regeln nicht zu trennen sind die Prinzipien der Geometrie, der Proportion und der Symmetrie, welche seit den Tagen Albertis (1404–1472) die Architektur und damit auch die Gartenarchitektur geprägt haben.

Als Zweites steht der Gedanke der Herrschaft des Menschen über die Natur: Wasser, in geradeverlaufende Kanäle oder in Brunnen gezwungen; Büsche, zu Zwerghecken oder riesigen Wänden beschnitten; identische Bäume, zu Avenuen und Alleen zusammengepflanzt. Und drittens fällt uns das Moment der Steifheit oder Künstlichkeit ein, repräsentiert in Form des Spalierwerks und des Zierschnitts, ein Spiegel der Etikette und der formalen Zeremonie – jener Regeln, die schon immer dazu dienten, hierarchische Räume zu definieren. Kenneth Woodbridge erkennt in dem Wort »formal« den passenden Begriff für den französischen Gartenstil des 16. und 17. Jahrhunderts; es kennzeichnet die axial verstandene »Hierarchie der Höfe mit dem Garten als Höhepunkt; ein Schema, kalkuliert, um den Status des Besitzers zu demonstrieren«.

Ist der formale Garten aber etwas, das sich so eindeutig beschreiben läßt? Ist er wirklich – dank seines architektonischen Aufbaus, seiner Geometrie und Symmetrie – das Gegenteil des Landschaftsgartens? Ist er künstlich, wo der Landschaftsgarten natürlich ist? Ist er, wie die Theoretiker immer wieder behauptet haben, eher ein Werk der »Kunst« als ein Werk der »Natur«? Und weiter: Ist der formale Garten, den wir heute sehen, in Form, Inhalt und Funktion der gleiche, der er vor fünfzig, vor zweihundert, vor vierhundert Jahren war – als Symbol der Künste und der Macht, als Museum, als Ort des Schauspiels, der Unterhaltung und sportlichen Betätigung? Und vor allem: Ist er dem Original treu geblieben, wie es von seinen Schöpfern konzipiert und wahrgenommen wurde?

Diese Fragen stellen sich, sobald man sich näher mit einem solchen Garten befaßt. Als Beispiel sei die Villa Lante herangezogen. Das friedliche Ensemble der beiden *palazzine*, der Terrassen, Brunnen und Fischbecken folgt einer auf dem Quadrat aufbauenden Ordnung. Dabei war Vignolas Entwurf als Teil eines unregelmäßigeren, natürlichen Parks konzipiert, der heute vernachlässigt ist und keine Beachtung mehr findet. Die herrlich frischen Buchsbroderien der Hauptterrasse wirken so unwandelbar wie die steinernen Balustraden aus der Zeit der Renaissance. Aber sie sind eine Zutat späterer Generationen, die von der ursprünglichen Gestaltung – zwölf blumenbesetzte Areale, umschlossen von Lorbeer-Schneeball, Obstbäumen und Lattenzäunen – Abstand nahmen. Es war diese üppige Bepflanzung, die einst die architektonischen Linien milderte und dem Kunstwerk die Harmonie der Natur verlieh.

Versailles, Blick vom Apollo-Becken auf Schloß und Gärten, nach 1775. Angesichts von Le Nôtres Wirken in Versailles stellen sich rasch die bekannten Assoziationen im Zusammenhang mit dem formalen Garten ein – die unendlichen Sichtachsen, die Geometrie und die Regelmäßigkeit, vor allem aber die Herrschaft des Menschen über die Natur. Diese von F. D. Née nach einer Zeichnung des Chevalier de Lespinasse gestochene Ansicht von Versailles ist uns dagegen weniger vertraut. Sie zeigt den Park, wie er sich, neu bepflanzt, hundert Jahre nach Le Nôtre präsentierte, und macht damit deutlich, daß sich das Erscheinungsbild eines Gartens – gerade im Zusammenhang mit der Bepflanzung – mit der Zeit wandelt. Hier werden die neuen Boskette noch von Jules Hardouin-Mansarts Kolonnade von 1685 bis 1689 überragt. Im übrigen ist der königliche Garten, seit den Zeiten Ludwigs XIV. für das Publikum geöffnet, auch jetzt von flanierenden Menschen und Hunden belebt.

Nicht immer also ist ein formaler Garten ein eindeutiges Gebilde. Und Epochenbezeichnungen oder kunsthistorische Etiketten, so nützlich sie sind, wenn wir die Vergangenheit darstellen wollen, lassen sich auf Gärten, so wie sie sich heute präsentieren, oft nur bedingt anwenden. In Herrenhausen befinden wir uns gleichermaßen in der restaurierten Umgebung der 1930er Jahre wie in der Welt des Barock, und in den Zierbeeten von Hampton Court begegnen uns eher die zwanziger Jahre unseres Jahrhunderts als die Renaissance. Hinter dieser Feststellung verbirgt sich keine puristische Einstellung – in vielen Fällen sind es in der Tat gerade die Hinzufügungen und Erweiterungen, die einem Garten seinen Reiz und seine Harmonie verleihen, und spätere Interpretationen der Vergangenheit können für sich als wertvoll und schön empfunden werden. Es soll damit nur angemerkt werden, daß Gärten mehr als die meisten anderen Werke der Kunst dem Wandel unterliegen und daß ein Ensemble aus Bäumen, Büschen und Blumen in besonderem Maß von Veränderung, Verfall und Erneuerung betroffen ist.

Wenn sich das Wesen des formalen Gartens schwer definieren läßt, so ist auch das Verhältnis des Formalen zum Nichtformalen gelegentlich nicht eindeutig. Es hat von jeher geheißen, »Capability« Brown habe mit seinen landschaftlichen Gestaltungen den formalen Garten zerstört, und die Mode des *jardin anglais*, des Englischen Gartens oder *giardino inglese* habe den Barock vom europäischen Kontinent verbannt. Das ist zweifellos wahr, aber hinter der simplen Feststellung des Umstandes verbirgt sich ein komplexeres und interessanteres Faktum. Viele der großen formalen Gärten, die wir in diesem Buch besichtigen werden, etwa Chantilly und Schwetzingen, stellen eine einfühlsame Verbindung formaler (aus dem Barock und dem Rokoko stammender) Strukturen mit landschaftlichen Elementen dar; in Wilhelmshöhe wurde die monumentale axiale Kaskade in einen pittoresken oder romantischen Park integriert. Selbst der große Landschaftsgärtner »Capability« Brown war nicht immun gegen Kompromisse, wenn sie ihm auch gegen den Strich gingen. In der Endphase der Arbeiten in Wrest Park im Jahre 1778 ließ er die Achse von Kanal und Pavillon unangetastet und gab sich mit einer Anzahl von Baumgruppen zufrieden; denn »mehr zu tun, so dachte er, würde bedeuten, dem Garten seine geheimnisvolle Atmosphäre zu nehmen«, wie sich seine Auftraggeberin, Jemima Marchioness Grey, erinnerte.

Die Fusion des Formalen mit dem Nichtformalen wird vor allem in der Bepflanzung erkennbar, wie zum Beispiel das Foto lehrt, welches Claude Monet in seinem Garten in Giverny zeigt. Die Szenerie ist nicht die des bekannten Seerosenteichs seiner Bilder, sondern der Blumengarten nahe beim Haus. Mit Sonnenhut und weißem Bart steht Monet ziemlich steif auf dem Kiesweg. Vor ihm erstreckt sich eine lange, gerade Rabatte, eingefaßt von einer Manschette aus graugrünem Blattwerk und gefüllt mit scharlachfarbenen und rosa Pelargonien. Drei Tripodien aus Bambus und Strick, etwa zehn Fuß hoch, bieten den rankenden Purpurwinden Halt und verleihen dem Beet einen architektonischen Akzent. Hinter dem Maler befindet sich ein weiteres Beet, ebenfalls lang und gerade, auf dem er hochstämmige Rosen züchtet. Man kann sich vorstellen, daß Monet soeben im Begriff ist, zu einer seiner täglichen Runden durch den Garten aufzubrechen, bei denen er jede Blüte mit dem Auge des gestrengen Gärtners inspizierte. Wie Claire Joyes berichtet: »Kein Detail entging ihm; er verbesserte hier einen Durchblick, ordnete da eine Blumengruppe, veränderte dort ein Muster und bestand darauf, daß welkende Blüten entfernt wurden.«

Claude Monet ist kein Name, den wir mit der »formalen Gartengestaltung« assoziieren. Er verabscheute formale Gärten wie Versailles und zog ihnen die Natürlichkeit von Trauerweiden und Seerosen vor. Aber als er um 1890 seinen ersten Garten in Giverny plante, entschied er sich für eine geradlinige Anlage, in der die Blumen üppig blühen sollten; seine Rabatten waren als Rechtecke angelegt wie die Systembeete eines botanischen Gartens. Es heißt, er sei durch die holländischen Tulpenfelder beeinflußt worden. Aber das regelmäßige Schema der kiesbedeckten Wege und die breite Mittelachse seines Blumengartens scheinen unmittelbar von jener »formalen Tradition« des Gartens inspiriert, die in die Renaissance und noch weiter in die Vergangenheit zurückreicht.

Diese merkwürdige »Formalität« gab mir zum erstenmal zu denken, als ich an einem strahlenden Septembertag des Jahres 1990 von Monets Haustür aus den von Kapuzinerkresse, Dahlien und Sonnenblumen begleiteten Mittelweg seines Gartens betrachtete. Ich hatte sie zuvor schon an einem Ort angetroffen, an dem ich sie ebensowenig vermutet hätte – im englischen Landschaftsgarten: Bei der Beschäftigung mit historischen Bepflanzungsplänen hatte ich nämlich ganz gegen meine Erwartung festgestellt, daß manche Gartenkünstler, die den naturalistischen Stil »Capability« Browns übernommen hatten, dennoch auch den Prinzipien der Geometrie und der Symmetrie weiterhin Respekt zollten. Bis weit ins 18. Jahrhundert hinein waren Strauch- und Blumenbeete, um Batty Langley zu zitieren, trotz der Natürlichkeit des Landschaftsstils bemerkenswert »steif und vollgestopft«. Wenn auch nicht länger formal, standen sie doch weiterhin unter dem Einfluß der formalen Tradition.

Angesichts dieser Überlegungen erscheint es sinnvoll, sich die Frage zu stellen, was »formal« und was »nicht formal« sei. Dieses Buch macht nicht den Versuch, eine derart gewichtige und komplexe Frage endgültig zu beantworten, wenn das Thema auch zwangsläufig immer wieder auftauchen wird. Eher will es eine neue Diskussion darüber in Gang setzen, daß Architektur und Hortikultur, Kunst und Natur über fünf Jahrhunderte hinweg eben nicht voneinander geschieden, sondern durchaus miteinander verbunden waren – und dies oft auch dann, wenn die Umstände einer solchen Verbindung gar nicht günstig waren. Im Laufe dieser Diskussion werden wir einige der faszinierendsten Gärten der Welt besichtigen.

Meine Absicht ist, der bemerkenswerten Diversität und Anpassungsfähigkeit der formalen Tradition von neuem nachzugehen. Von den uns überkommenen Gärten, die hier behandelt werden, entsprechen viele dem herkömmlichen Bild des »formalen Gartens«, während ich am Beispiel anderer, darunter etwa Chiswick House, der üblichen Kennzeichnung (zum Beispiel »früher Landschaftsstil«) widersprechen möchte. Dabei habe ich nicht etwa Vollständigkeit angestrebt, sondern bin bewußt selektiv vorgegangen. Die zeitliche Beschränkung – meine Beispiele reichen von der Renaissance bis in die Gegenwart – ergab sich zum Teil aus thematischen Gegebenheiten, zum Teil hat sie aber auch damit zu tun, daß ich Wert auf einen guten Erhaltungszustand gelegt habe. (Die Gärten der Antike sind uns ja eher als archäologische Stätten bekannt, und die Gärten des Mittelalters sind teilweise oder ganz verloren.)

Daß ich mich hier auf die wichtigsten westeuropäischen Traditionen – auf Italien, Frankreich, Deutschland, Holland und Großbritannien – und auf den formalen Garten im Osten der Vereinigten Staaten konzentriert habe, schafft, wie ich sehr wohl weiß, ein Schwergewicht; es bedeutet aber nicht, daß ich mir des großartigen Beitrags der osteuropäischen und skandinavischen Länder, der Iberischen Halbinsel, der islamischen Welt vom indischen Mogulnreich bis zum maurischen Spanien und schließlich der formalen Tradition, wie sie durch das Britische Reich in andere Länder getragen wurde, nicht bewußt wäre. Daß Schönbrunn und Hellbrunn hier nicht behandelt werden, sollte uns nicht den Blick dafür verstellen, daß sie in den größeren deutschen Kultur- und Sprachraum hineingehören, und daß ich einen so wundervollen formalen Garten wie Filoli in Kalifornien nicht aufgenommen habe, besagt nichts über seinen Rang und nichts über eine etwaige isolierte Stellung gegenüber der Gartentradition des nordamerikanischen Ostens. »Versäumnisse« dieser Art verdanken sich eher der Notwendigkeit als der freien Entscheidung. In manchen Fällen war es auch der Zufall, der auf merkwürdige Weise selektiv wirkte: Die Villa d'Este war zur Zeit der Entstehung dieses Buches ohne Wasser.

Claude Monets Blumengarten in Giverny: Dieses Foto, das Monet um 1920 in seinem Garten zeigt, erschien 1927 in *L'Illustration*. Daneben der Garten in seiner heutigen restaurierten Form. Die Verquickung des Formalen mit dem Nichtformalen wird vor allem in der Bepflanzung deutlich. Monets Blumengarten vereinigte eine geradlinige Struktur mit üppigster Bepflanzung, die an einen *Cottage*-Garten erinnerte. Interessant ist, daß selbst eine sehr sorgfältige Restaurierung nicht notwendig alle Effekte repliziert – hier hat man sich beispielsweise nicht für die ursprüngliche Purpurwinde, sondern für eine andere Kletterpflanze an den Tripodien entschieden.

Der gegenwärtige Stand der Erforschung und Betreuung historischer Gärten läßt eine Beschäftigung mit den Traditionen formaler Bepflanzung selbst innerhalb dieser Begrenzungen als besondere Herausforderung erscheinen. Das viktorianische Teppichbeet zum Beispiel hat erst in jüngster Zeit die Aufmerksamkeit der Fachleute auf sich gezogen, obwohl es eine wichtige Etappe in der Geschichte der formalen Bepflanzung darstellt. Beispiele dieser Kunst der »mosaiculture«, wie die Franzosen sagen, finden sich noch in Versailles und im einen oder anderen europäischen Stadtpark, während wir ihnen in wirklich viktorianischen Anlagen, also *in situ* und in der Nachbarschaft italianisierender Parterres oder Bandrabatten, in keinem einzigen Fall begegnen. Das heißt also, angesichts dieses auch von Zufälligkeiten geprägten Standes der Erforschung und Konservierung historischer Zustände, vor allem aber angesichts der Tatsache, daß längst nicht alle Gärten erhalten geblieben sind, liegt das Schwergewicht in dieser Untersuchung von Kapitel zu Kapitel jeweils auf einem anderen Land. Während das 16. Jahrhundert in erster Linie durch Italien und das 17. Jahrhundert vor allem durch Frankreich und Holland vertreten sind, orientiert sich die Beschäftigung mit dem 18. Jahrhundert vornehmlich an den deutschen Gärten. Britische Gärten sind in allen Jahrhunderten gut repräsentiert, finden das größte Interesse hier allerdings im 19. Jahrhundert, und die amerikanischen Gärten kommen sowohl in kolonialer (und postkolonialer) Zeit als auch im 20. Jahrhundert zu ihrem Recht. Hervorzuheben ist auch, daß die Auswahl nicht zuletzt im Blick darauf getroffen wurde, sowohl das Auge als auch den Geist zu erfreuen.

Daneben soll dieses Buch demonstrieren, daß zwischen Gärten und Propaganda eine Abhängigkeitsbeziehung besteht. Als Monet seinen Garten in Giverny anlegte, tobte in England eine Meinungsschlacht zwischen denen, nach deren Überzeugung ein Garten so architektonisch zu sein hatte wie das Haus, und anderen, die in der Natur das leitende Prinzip sahen. Im Jahre 1892 erschien Reginald Blomfields Werk »The Formal Garden in England«. Der Autor führte darin aus, daß die architektonische Tradition, die Häuser und Gärten von einer »wohlgeordneten Harmonie« hervorgebracht habe, seit der Mitte des 18. Jahrhunderts untergraben worden sei. Blomfields Kontrahenten, vor allem William Robinson und H. E. Milner, hielten dagegen, daß der Garten durch die Vielgestaltigkeit des Arrangements »so unmißverständlich wie möglich dartun sollte, daß die Natur über die Kunst triumphiert hat«.

Ihre Debatte hat uns in der Ansicht bestärkt, das »Formale« sei unvereinbar mit dem »Nichtformalen«. Allerdings läßt diese Ansicht sich bis ins 18. Jahrhundert zurückverfolgen; Shaftesbury pries die »*natürlich* gearteten Dinge« als jenseits des »formalen Blendwerks fürstlicher Gärten«. Sie taucht sogar schon im 17. Jahrhundert auf. Damals äußerte John Evelyn gegenüber Sir Thomas Browne seinen »Abscheu vor jenen gemalten und formalen ... Gärten ..., die aussehen wie aus Teig und Marzipan und eher nach Farbe als nach Blumen und frischem Grün riechen«. Möge dieses Buch den in der formalen Tradition angelegten Gärten den Duft nach Blumen und frischem Grün zurückgeben.

Villa Lante, Bagnaia, Parterre der ersten Terrasse.
Zwischen den beiden Pavillons geht der Blick in Richtung der Terrasse auf dem Hügel (siehe Vogelschauplan auf S. 27).

1

Gärten der Renaissance

Die Einheit von Architektur und Hortikultur

Im Europa des 16. Jahrhunderts entwickelte sich die Anlage von Gärten nach architektonischen Grundsätzen zu einer raffinierten Kunst. Allerdings nahm das, was wir unter »formaler Gartengestaltung« verstehen, seinen Anfang nicht erst mit den Architekten der Renaissance. Gepflanzte architektonische Strukturen gab es in Ägypten und Babylonien schon Tausende von Jahren zuvor. Die Wurzeln des Renaissancegartens reichen zurück in die Antike und zumal ins alte Rom. Zu den bewußt wiederbelebten Ideen Vitruvs und Plinius' traten der Einfluß der islamischen Welt und das gärtnerische Erbe des Mittelalters. Die Verwendung von Wasser und Brunnen und die Einteilung des Gartens in geometrische Räume waren Elemente dieser weit ausgreifenden Tradition.

Um 1452 hatte Leon Battista Alberti mit seinem Traktat über die Baukunst, der später unter dem Titel *De re aedificatoria* veröffentlicht wurde, die theoretische Grundlage des Renaissancegartens bereitgestellt. Im Rückgriff auf die Schriften des Plinius und andere klassische Texte legte Alberti erneut das Schwergewicht auf die Einheit von Haus und Garten. Wenn die Domäne des Architekten damit eine Ausdehnung erfuhr, so hieß das keineswegs, daß die weitere Umgebung darüber in den Hintergrund geraten wäre; die Lage von Haus und Garten und die Aussicht in die größere, keiner Regel folgende Landschaft waren gleichermaßen wichtig. Die visuelle Wiederbelebung der Vergangenheit lieferte ein ebenso einflußreicher Text, die *Hypnerotomachia Poliphili* des Francesco Colonna. Dieses Buch, 1499 in Venedig gedruckt, wurde 1546 ins Französische und 1592 ins Englische übersetzt. Es bildete Gartengebäude, figürlich beschnittenes Heckenwerk und komplizierte Muster für Blumenbeete ab. Die Resonanz dieser Bilder und ihre Symbolik lassen sich noch Jahrhunderte später in der Gartengestaltung erkennen.

Ab 1504 schuf der Architekt Bramante eine Folge von Treppen und Terrassen, um den Vatikanspalast mit dem Belvedere Papst Julius' II. zu verbinden. Dieses Unternehmen, bei dem er sich von antiken Vorbildern inspirieren ließ, bestätigte den Architekten in seiner Rolle als Gartenkünstler und etablierte einen Prototyp, der zum Vorbild der terrassierten Gärten der Renaissance und des Barock werden sollte. Die untere Ebene diente als Schauplatz zeremonieller Handlungen und heiterer Empfänge. Der darüberliegende Figurenhof bildete eine Art Freilichtmuseum. Die hier aufgestellten antiken Statuen schufen im Verein mit den Gartengebäuden und dem Wasser ein symbolisches Vokabular, dessen Nachhall weit über die Grenzen Renaissance-Italiens hinaus zu spüren ist.

An den Gärten, die um die Mitte und gegen Ende des 16. Jahrhunderts im weiteren Umkreis der Stadt Rom entstanden – Villa d'Este, Villa Lante und Villa Farnese –, wird deutlich, welche Vielfalt der Wirkungen sich mit dem Terrassenmodell erzielen ließ. Pirro Ligorios Plan für die Villa des Kardinals d'Este in Tivoli (ab 1560) war ein komplexes Kunstwerk: Die Brunnenanlagen kündeten von der Genialität des Hydraulikers, in der Ikonographie der Statuen und des plastischen Schmucks spiegelte sich der Einfallsreichtum des Dichters und des Künstlers, und die Blumen, Pergolen, Labyrinthe und Haine zeugten vom Geschick des Gärtners. Vignolas Umgang mit Wasser und Stein im terrassierten Garten des Kardinals Gambara in Bagnaia (ab 1568) stand dem, was in der Villa d'Este geschaffen wurde, an Einfallsreichtum und Schönheit nicht nach. Zudem nahm die Villa Lante mit der Einbettung der formalen Terrassen in einen eher nichtformalen Park bereits zukünftige Entwicklungen der Gartengestaltung voraus. Was auch für den Casino-Garten der Villa Farnese in Caprarola (ab 1584) gilt: Park und Garten waren nicht voneinander zu trennen. Elisabeth MacDougall, David Coffin und Claudia Lazzaro haben unabhängig voneinander darauf aufmerksam gemacht, daß diese nichtformalen waldbedeckten Areale – die *boschetti* – für das Verständnis des formalen Gartens unerläßlich waren.

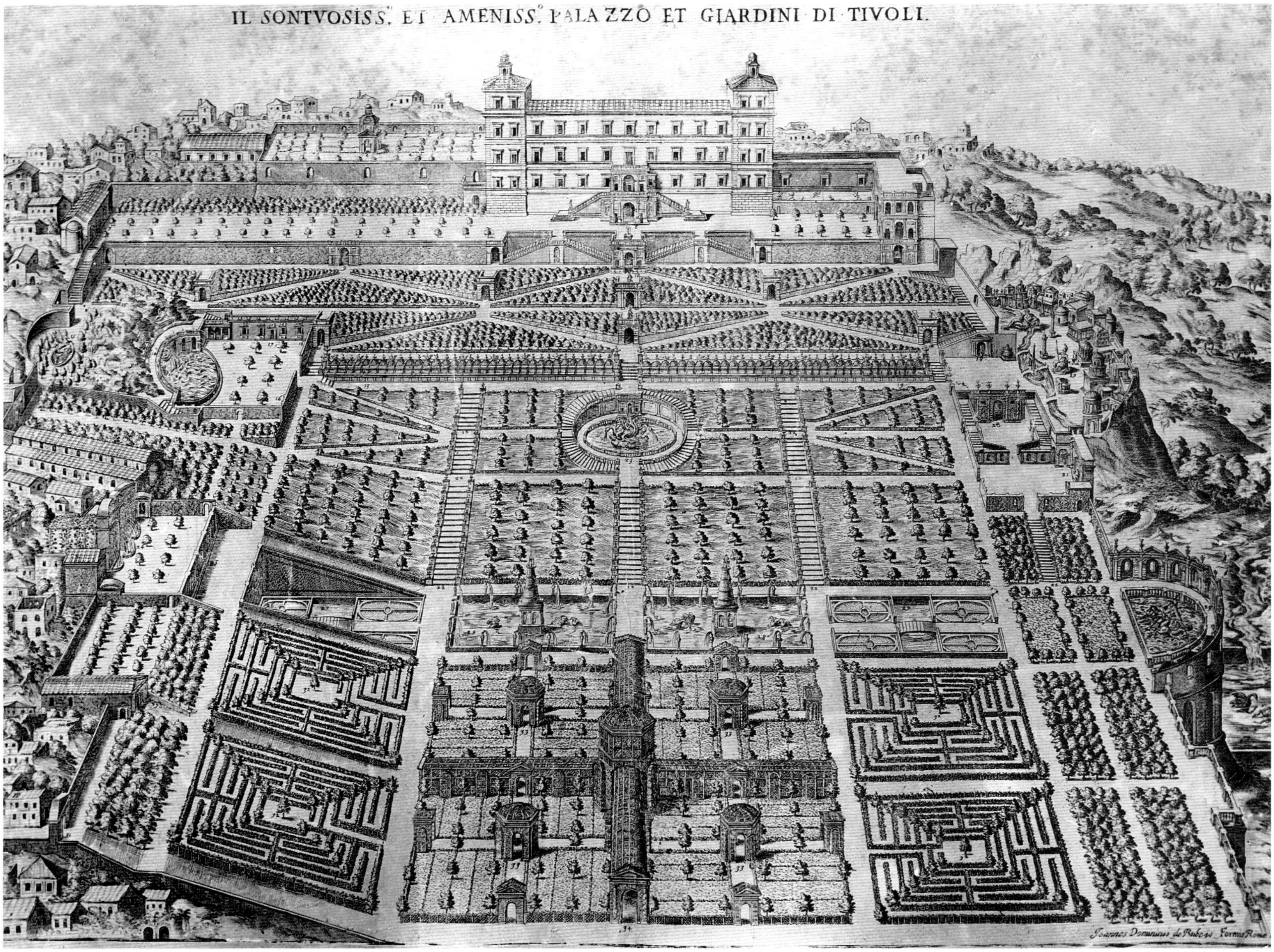

Etienne du Péracs Vogelschauplan der Villa d'Este in Tivoli, 1573. Die ursprüngliche Bepflanzung des Terrassengartens des Kardinals d'Este, wie er hier erscheint, ist heute teilweise verloren, ersetzt oder überwachsen. Im Vordergrund befanden sich Laubengänge und der Blumengarten oder *giardino dei semplici.* Zu beiden Seiten lagen Labyrinthe (von denen nur zwei ausgeführt waren, die später wieder entfernt wurden). Den mittleren Bereich nahmen Obstgärten und ein Rebgelände ein. Auf den steilen Terrassen unterhalb der Villa befand sich der *bosco,* bepflanzt mit Kastanien, Fichten, Ulmen und Lorbeerbäumen.

Am ursprünglichen Aussehen der Villa Medici in Castello sind die in der Renaissance übliche Bepflanzung des italienischen Villengartens und das Zusammenspiel von Kunst und Natur erkennbar. Die im nur leicht hügeligen Gelände um Florenz gelegene Villa, in den 1540er Jahren von Nicolo Tribolo für Cosimo de' Medici geplant und ab 1554 von Giorgio Vasari weitergeführt, erscheint 1599 in einer der von Giusto Utens gemalten Lünetten. Der Vordergrund, der idealisiert wiedergegeben ist (das gilt für viele derartige Darstellungen, die deshalb mit Vorsicht betrachtet werden müssen), vermittelt dennoch ein anschauliches Bild vom damaligen Leben in diesem Haus: Im Vorhof findet soeben ein Lanzenturnier statt; Gestalten in blauer, roter und gelber Kleidung sind in Bewegung. In allen Fenstern des Hauses erscheinen Zuschauer. Die Brunnen versprühen ihr Wasser, in den beiden identischen Wasserbecken ziehen Schwäne ihre Bahn.

Zu beiden Seiten der Villa befanden sich kleine ummauerte Bereiche, die privaten Blumengärten, in denen der Besitzer seine exotischen Lieblinge zur Schau stellte. Zur traditionellen Palette der schon im Mittelalter üblichen Pflanzen – Veilchen, Akeleien, Rosen, Lilien und Iris – hatten sich um 1600 Hyazinthen, Traubenhyazinthen, Kaiserkronen und Tulpen aus dem Osten sowie afrikanische Samtblumen gesellt. Was wir heute als Frühblüher bezeichnen, kam eben damals groß in Mode.

In der Mitte der Hauptterrasse befand sich ein Hain oder Labyrinth aus Zypressen, die in konzentrischen Kreisen angeordnet und mit Arbutis (Erdbeerbaum), Lorbeer und Myrte unterpflanzt waren. Die dunkelgrüne Krone muß einen willkommenen Schatten auf das Areal mit dem runden Brunnenbecken geworfen haben, über dem die Bronzestatue einer Fiorenzia ihr nasses Haar auswrang; denn wer vom Haus her an diesen Ort kam, mußte zunächst eine von der Sonne ausgedörrte Rasenpartie passieren. Man stieg dann eine Reihe flacher Stufen hinauf, auf denen Terrakottagefäße mit kunstvoll beschnittenen immergrünen Pflanzen standen. Dahinter befand sich eine ebenfalls kunstvoll beschnitten Hecke, die in ihrem Umriß an eine Burg oder einen Palast erinnerte. Jenseits davon erhob sich inmitten immergrüner und exotischer Pflanzen der weiße Herkules-und-Antäus-Brunnen. Zu beiden Seiten dieses bewegten Ensembles erstreckten sich mit Kräutern und Gras bedeckte und von kleinen Bäumen, Hecken und beschnittenem Buschwerk umgebene rechteckige Kompartimente, eine Art kunstvoll umrahmter Miniaturwiesen. Im Frühling muß es ausgesehen haben, als blühten in Castello lauter kleine Landschaftsausschnitte.

Zu den Blumengärten und den Wiesen (oder Obstgärten), zwei wichtigen Elementen jedes Renaissancegartens, trat als ein drittes der Hain oder Wald hinzu. In Castello rahmt dieser *bosco* den eigentlichen Garten, auch er – wie die Blumen und die Obstbäume – regelmäßig angelegt. Solche Haine bestanden manchmal ausschließlich aus Immergrünen. In anderen Fällen enthielten sie aber auch blühende Bäume und Sträucher: Erdbeerbaum, Tamariske und Kornelkirsche. Claudia Lazzaro schreibt: »Der Garten als Ganzes war also von Grün umgeben und auch in den Grundzügen seiner Unterteilung von Vegetation definiert.« Diese Vielfalt der Texturen und Farben ist in Castello wie in anderen aus der Renaissance überkommenen italienischen Gärten verlorengegangen. Anderswo sind die Elemente, die einstmals die Unterteilung eines Gartens gefälliger

Detail eines 1599 entstandenen Freskos von Giusto Utens mit der Darstellung der Villa Medici in Castello. Zu beiden Seiten der Villa befinden sich Blumengärten in der später als *parterre de pièces coupées* bezeichneten Art. Den mittleren Bereich nimmt ein Hain oder Labyrinth aus Immergrünen ein, flankiert von mit Gras und Kräutern besetzten rechteckigen Beeten. Auf dem Gelände vor der Villa ist ein Lanzenturnier im Gang.

erscheinen ließen – also Hecken, Treillagen, Laubengänge, Kletterpflanzen und Spaliergewächse –, mit der Zeit verschwunden.

Der heutige Besucher der Villa Medici findet anstelle des Zypressenlabyrinths und der rechteckigen Rasenflächen eine von Buchshecken in einem späteren Stil bedeckte Fläche. Vor der Hitze kann er sich ins Innere der Grotte flüchten. Hier ist die Integrität des Originals gewahrt. Die Grotte ist aus natürlichen Materialien – Muscheln und Flußkieseln – als ein Stück Architektur gestaltet und mit Skulpturen wirklicher und mythologischer Tiere – einem Elefanten, einem Löwen, einem Einhorn, einem Bären, einer Giraffe und einem Rhinozeros – geschmückt. Exotische Tiere dieser Art erhielten die Medici als Tribut von fremden Herrschern, zum Beispiel vom Sultan von Ägypten. Aber die Grotte sollte dem Betrachter nicht allein die Wunder der Natur, sondern auch das Wechselspiel von Kunst und Natur vor Augen führen: natürliche Materialien, zum Kunstwerk vereinigt; Kunst, die Natur vortäuschte. Vor allem das Wasser als lebenspendende Substanz beseelte den Ort: Es quoll aus den Wänden und floß aus den Tiergestalten. Gelegentlich spritzte es auch – zur angenehmen oder ärgerlichen Überraschung der Besucher der Grotte – aus verborgenen Trickleitungen.

Am Ende des 16. Jahrhunderts erlebte der Besucher der Villa Medici oder der Villa d'Este den Garten nicht in erster Linie als eine schöne und interessante Anlage, sondern als Schauplatz von Aktivitäten, sei es bei Tages- oder bei Sternenlicht: Der Garten war zugleich Theater, Museum oder Wunderkammer voll seltener Pflanzen, Mineralien und Tiere sowie Schauplatz glänzender Festlichkeiten oder intimer Diners im kleinen Kreis. Üppig mit Pflanzen bestückt, war er belebt von Menschen, von Wasser und von der Mythologie.

Die Grotte der Tiere in der Villa Medici in Castello. Unter den Tieren befinden sich auch eine Giraffe und ein Rhinozeros.

Schrittweise drangen das Gedankengut der italienischen Renaissance und seine praktische Umsetzung nach Norden vor. Die Gärten von Ancy-le-Franc (ca. 1546) und Anet (ca. 1546-1552) bildeten die in Frankreich zum ersten Mal um 1515 bis 1520 in Bury nachgeahmte axiale Formalität der italienischen Prototypen auf flachem Terrain voll aus. Hier und da wurden Gartenentwürfe auf flachem Gelände jetzt durch Kanäle vereinheitlicht, wie zum Beispiel in Charleval (ca. 1560–1574). Die Terrassen von Saint-Germain-en-Laye (1590er Jahre) zeigten Parallelen mit der Villa d'Este.

Philibert de l'Orme war als Architekt Heinrichs II. verantwortlich für das Schloß von Anet, das der König 1547 seiner Mätresse Diana von Poitiers übereignet hatte. Eine kunstvolle Galerie, ein traditionelles Element des französischen Renaissancegartens, umschloß die Anlage. Die Ikonographie des Gartens kreiste um die Jägerin Diana und ihre Hirsche. Im übrigen war in den emblematischen Knotenbeeten von Anet bereits der dekorative französische Stil ersichtlich. Nach 1582 wurden diese Beete zu den ersten *compartiments en broderie* umgestaltet – an die Stelle der traditionellen kleinen, aus verschiedenen Pflanzen zusammengesetzten Muster trat nun ein großes Muster ganz aus Buchs.

Philibert de l'Orme war auch in Diana von Poitiers' Garten in Chenonceaux (1550er Jahre) tätig. Nach Dianas Tod wurden dort prächtige Feuerwerke, Wasserspiele und Maskeraden für Katharina von Medici veranstaltet. Der Garten war, ähnlich wie in Italien, Bühne aller möglichen öffentlichen und privaten Zusammenkünfte. Über Frankreich gelangte diese Tradition der Festlichkeiten, Spiele und Belustigungen im Garten schließlich auch nach England. So wurde zum Beispiel das Mail-Spiel – das darin bestand, daß man Kugeln aus Buchsbaumholz mittels eines hölzernen Schlegels auf einer Spielbahn von einer halben Meile Länge vor sich hertrieb und schließlich durch einen eisernen Bogen schlug – im zweiten Viertel des 17. Jahrhunderts in England sehr populär. Unter dem Namen *pall-mall*-Spiel entwickelte es sich zum Konkurrenten des Bowling-Spiels, dem man auf dem feinen englischen Rasen nachging.

In Frankreich war Colonnas *Hypnerotomachia Poliphili* bereits 1546 in Übersetzung erschienen, während die Engländer bis 1592 darauf warten mußten – ein Zeichen dafür, daß das Gedankengut der italienischen Renaissance den englischen Garten erst spät erreichte; nach 1540 war der Kontakt mit Italien nämlich infolge des Bruchs Heinrichs VIII. mit der römischen Kirche abgerissen. Wie Roy Strong schreibt, fand Albertis Idee der durch den Architekten geschaffenen Einheit von Haus und Garten in England erst in den 1620er Jahren weithin Aufnahme. Unter Heinrich VIII. ahmten die Gärten von Hampton Court und Whitehall diejenigen Franz' I. nach. In Fontainebleau hatte man Gärten unter den Fenstern der Staatsappartements angelegt, und in Hampton Court befolgte man das gleiche Schema. So konnten die Knotenparterres von oben betrachtet

Giovanni Guerra, Parnaß und Theater in der Villa Medici in Pratolino, 1604. Von den unter schattenspendenden Bäumen im Halbkreis angeordneten Bänken aus konnten die Besucher das Konzert der Musen auf dem Parnaß genießen – im Innern des Berges befand sich nämlich eine Wasserorgel. Der gedankliche Zusammenhang von Garten, Theater, Parnaß und Pegasus hielt sich weit über die Epoche der Renaissance hinaus und findet sich noch im mittleren 18. Jahrhundert zum Beispiel in Veitshöchheim.

werden. Ein typisch englisches Detail waren die Skulpturen heraldischer Tiere, die den heraldischen Mustern der Parterres entsprachen.

Als im Jahre 1603 James I. den englischen Thron bestieg, war der Weg nach Italien offen. Zu Recht macht John Dixon Hunt allerdings darauf aufmerksam, daß italienische Einflüsse, die sich nicht zuletzt den englischen Italienreisenden verdankten, schon vor diesem Datum im englischen Garten anzutreffen waren. In diesem Zusammenhang sei an die Veränderungen erinnert, die Lord Lumley nach 1579 in Nonsuch vornahm. Im frühen 17. Jahrhundert machten Salomon de Caus (1576–1626) und Isaac de Caus (1590–1648) die Engländer näher mit den italienischen und französischen Gärten sowie mit den hydraulischen Errungenschaften der Zeit bekannt. Isaacs Name ist darüber hinaus mit den Gärten der Gräfin Bedford in Woburn und des 4. Earl of Pembroke in Wilton (ab 1632) verbunden. Wilton zeichnete sich besonders durch seine prachtvollen, an italienischen Vorbildern orientierten Grotten aus, die hier mit der neuen Kunst der französischen Broderie verbunden wurden.

Das Knotenbeet des Tudor House Museum in Southhampton, das zu Beginn der 1980er Jahre wiederhergestellt wurde. Es zeigt die traditionelle Kombination verschiedener Pflanzen zum sogenannten *knot:* Heiligenkraut, Gamander, Buchs und Winterbohnenkraut. Diese Art der Bepflanzung wich mit der Zeit dem Buchsparterre, das nach 1582 in Frankreich aufkam. Das »offene Knotenbeet« war mit totem Material gefüllt, das »geschlossene Knotenbeet« mit Blumen.

In den deutschsprachigen Ländern nahmen Fürstengärten wie der Stuttgarter Residenzgarten (1550–1628) allmählich Einflüsse aus Italien und Frankreich auf. Salomon de Caus' nie vollendeter *Hortus Palatinus* in Heidelberg (1614–1619) war eines der herausragenden Beispiele dieser Entwicklung: italienische Terrassen – allerdings ohne die Dominanz des axialen Prinzips – mit einem ganzen Fächer unterschiedlicher Parterres, die sowohl in die Vergangenheit als auch in die Zukunft wiesen. Die kleineren Gärten der vornehmen Bürger des 16. Jahrhunderts, etwa in Augsburg, Frankfurt oder Breslau, behielten dagegen ihren – gemessen an italienischen Maßstäben – kleinteiligen und abgeteilten Charakter bei. Hier entwickelte sich ein Stil des Blumengartens, dessen Muster (später als *parterres de pièces coupées* bezeichnet) an die Blumengärten der Villa Medici in Castello erinnerten. Ansichten solcher Gärten erscheinen auf Bildern und Stichen des frühen 17. Jahrhunderts, zumal im Werk Joseph Furttenbachs und auf einem anonymen Gemälde, das einen Garten in der Nähe von Hamburg zeigt (siehe S. 39).

Johan Vredeman de Vries' Veröffentlichung *Hortorum Formae* (ab 1583), die großen Einfluß auf die Gartengestaltung in Europa hatte, registriert mehr oder weniger vergleichbare Entwicklungen auch für die flämische Sphäre: Die perspektivischen Ansichten zeigten abgeteilte Bereiche mit Laubengängen, Brunnen und Blumenbeeten ebenfalls von der Art des *parterre de pièces coupées*. Sein manieristischer Stil drang auch in den elisabethanischen Garten ein und blieb als Einfluß noch über hundert Jahre später zum Beispiel im Laubengang von Het Loo faßbar. Was man als den klassischen niederländischen Garten des frühen 17. Jahrhunderts (zum ersten Mal repräsentiert durch den Haager Buitenhof aus der Zeit um 1620) bezeichnet hat, ist ein Spiegel des Werks von Vredeman de Vries und entwickelte sich, wie Florence Hopper schreibt, unter dem Einfluß des Gedankenguts der italienischen Renaissance in Honselaarsdijk (um 1621) zum neuen Prototyp des holländischen Kanalgartens des 17. Jahrhunderts. Mit André Mollets Wirken in Honselaarsdijk in den dreißiger Jahren bereiteten sich dann der formale französische Garten, den Mollet 1651 in seinem Werk *Le Jardin de Plaisir* zum ersten Mal systematisch darstellte, und die barocke Planungsweise André Le Nôtres vor.

Wenn man den Abbildungen in Francesco Colonnas *Hypnerotomachia Poliphili* (1499) glauben darf, müßte das italienische Blumenbeet der Frührenaissance den Knotenbeeten ähnlich gewesen sein, die wir eher mit dem England der Tudor und Stuart assoziieren; dieser Stil scheint, vielleicht vermittelt durch die Kreuzzüge, aus der islamischen Welt gekommen zu sein. Beim Anblick der verschlungenen Bänder kann man in der Tat an Teigstreifen denken, was Francis Bacons und John Evelyns abfällige Bemerkungen, solche Beete seien nicht besser als »Torten« oder erinnerten an »Kuchenteig und Marzipan«, verständlich macht.

Im späteren 16. Jahrhundert, also zur Zeit von Kardinal Gambara und Cosimo de' Medici, scheint in Italien dann aber ein anderes Arrangement gebräuchlicher gewesen zu sein: kleine, individuelle Beete in verschiedenen geometrischen Formen, die durch schmale Pfade miteinander verbunden waren (ein Typ, der als *parterre de pièces coupées* bekannt ist). Häufig handelte es sich um Quadrate oder Rechtecke, gelegentlich gehörten auch runde oder diagonale Elemente dazu wie im Garten des Herzogs von Sermoneta bei Cisterna aus den 1620er Jahren. Bartolomeus Menkins bildete (1584) Konfigurationen aus sternförmigen, dreieckigen und sogar herzförmigen Beeten ab. Der Stern als Beetform hat die Renaissance offensichtlich überdauert; er taucht auf einem Plan des späten 17. Jahrhunderts für eine nicht bekannte italienische Villa und noch im 18. Jahrhundert im Garten von Buonaccorsi bei Ancona auf.

Trotz der Beliebtheit dieses (im Englischen als »cut-work« bezeichneten) Beettyps in Deutschland und den Niederlanden behaupteten sich im 16. Jahrhundert auch noch andere Traditionen in Nordeuropa. Das in England heimische Knotenbeet scheint hier schon seit dem 15. Jahrhundert bestanden zu haben. Der Knoten, der in seinen verschiedenen Konfigurationen zweifellos auch kontinentale Einflüsse aufnahm, beherrschte die englischen Gärten bis ins frühe 17. Jahrhundert. Ein deutscher Besucher, Thomas Platter, beschrieb im Jahre 1599 den *Privy Garden* von Hampton Court als voll quadratischer Vertiefungen, von denen einige mit rotem Ziegelmehl, andere mit weißem Sand und wieder andere mit grünem Gras gefüllt waren, so daß das Ganze einem Schachbrett sehr ähnlich gewesen sei. Hier handelte es sich offensichtlich um das, was Gervase Markham später als einen »offenen Knoten« bezeichnete: ein Muster aus bandförmig angeordneten Kräutern – zum Beispiel Ysop oder Thymian – und anorganischem Füllmaterial wie Sand oder Kohlenstaub. Es nahm damit die barocken Parterres mit ihren Mustern aus farbigen Materialien zwischen dem in fließenden Linien angeordneten Buchs voraus. Der »offene Knoten« kontrastierte mit dem »geschlossenen«; letzterer war nicht mit totem Material, sondern mit Blumen gefüllt.

Zu den Varianten dieser beiden Typen zählten Muster in der Form von Wappenschilden oder Initialen. Solche Ornamente gab es in Frankreich und Deutschland; besonders beliebt waren sie aber in England, wo zu den heraldischen Mustern noch die Vorliebe für Säulen mit Skulpturen heraldischer Tiere hinzutrat wie zum Beispiel in Hampton Court und Whitehall. Die erhöhten Blumenbeete waren von niedrigen hölzernen Einfassungen umgeben, die in den Farben des Hauses Tudor – mit grünen und weißen Streifen oder Sparren – bemalt waren. Beschnittene Hecken, die uns zuvor schon in den Gärten der Medici begegnet sind, scheinen ebenfalls zum phantasievollen Schmuck von Hampton Court gehört zu haben: Sie waren hier nicht nur in die Form von Blumen und Zinnen gebracht, sondern stellten auch Männer und Frauen (möglicherweise nach Francesco Colonna), ja sogar Figuren dar, die »halb Mann und halb Pferd« waren, also Kentauren.

Roy Strong hat darauf aufmerksam gemacht, daß Ornamente im elisabethanischen Schönheitsempfinden eine große Rolle spielten. Das galt für die Kleidung ebenso wie für Möbel, Dekorationen und Gärten. In vielen Fällen scheinen die Entwerfer von Knotenmustern sich auch auf die Gestaltung von Stickereien und Intarsien verstanden zu haben. Die Knotenmuster waren aber keineswegs auf England beschränkt. Sie finden sich noch 1620 in Salomon de Caus' *Hortus Palatinus* und sogar in Claude Mollets *Théâtre des Plans* (1652); um diese Zeit war das aufwärts wachsende Buchsparterre bereits fest etabliert.

Das Knotenmuster der Renaissance war sozusagen insofern der direkte Vorläufer der barocken Broderie, als aus den einstigen Kräuterbändern nun Buchsbänder wurden. Und die Tradition der »cut-work«-Beetkompartimente (also der kleinen Beete in geome-

Der Garten der Villa Lante, von Kardinal Gambara 1568 begonnen, wurde von den Zeitgenossen als ungemein schön und anmutig beschrieben, und in der Tat gilt Vignolas Entwurf bis heute als Höhepunkt der italienischen Gartenkunst der Renaissance. Im Laufe der Jahrhunderte wurde das ursprüngliche Konzept mehrfach abgewandelt. Vor allem die Bepflanzung hat den Charakter des Gartens verändert: Der formale Bereich gilt heute nicht mehr als Bestandteil des Parks, und das Parterre ist verändert und neu bepflanzt worden. Kardinal Montaltos Mohrenbrunnen (rechts) ersetzte die ursprünglich von Kardinal Gambara angelegte Wasserpyramide vermutlich schon im späten 16. Jahrhundert. Was die Villa Lante noch heute auszeichnet, ist der schöne Zusammenklang von Stein und Wasser.

Villa Lante

Im Parterre *(unten)* werden weitere subtile Veränderungen des ursprünglichen Entwurfs sichtbar: Seit dem 18. Jahrhundert sind die Blumenkompartimente durch Buchsornament ersetzt. Daß die Villa Lante bis heute so viel von ihrer ursprünglichen Atmosphäre bewahrt, verdankt sie dem reizvollen Zusammenspiel von Stein und Wasser. Der Brunnen der Lichter *(rechts)* soll an die Öllampen der Antike erinnern.

Die Wasserkaskade *(oben)* erinnerte den Betrachter an einen Gebirgsbach und zugleich an den Flußkrebs *(gambero)*, das Wappentier des Kardinals Gambara. Am steinernem Tisch *(rechts)*, der durch Plinius' Beschreibung der auf dem Wasser treibenden Teller angeregt war, konnte der bei Sternenlicht tafelnde Gast erleben, daß er plötzlich naßgespritzt wurde.

Villa Farnese

Der Casino-Garten oder »Barchetto«, von Kardinal Farnese als Eßplatz im Freien konzipiert, war durch einen Wald vom Palast und der größeren Gartenanlage getrennt. Ab 1584 vermutlich nach Plänen Giacomo del Ducas angelegt, wurde der Garten nach 1620 von Girolamo Rainaldi vollendet. Rainaldis Ergänzungen verliehen der Anlage einen stärker architektonischen Charakter; die dominante Mittelachse erstreckte sich über den Garten hinaus und nahm damit bereits barocke Vorstellungen vorweg. Spätere Abwandlungen der Bepflanzung haben das Gesicht der Anlage verändert.

Gerahmt von Rainaldis steinernen Hermen, nahm die Terrasse vor dem Casino *(oben und gegenüberliegende Seite)* ursprünglich immergrüne Pflanzen und Obstbäume in Terrakotta-Gefäßen auf; das Buchsparterre ist jüngeren Datums. Die Terrasse an der Rückseite des Casinos *(rechts)* entstand um 1620 als Rasenfläche und Blumengarten. Von der früheren Anlage hat sich allein der achteckige Brunnen erhalten, den heute ein in späterer Zeit entstandener Mosaikboden aus Kieselsteinen umgibt. Üppiger Blumenschmuck zierte einst die steingefaßten Kompartimente im Hintergrund.

Die Kaskade und der Brunnen der Flußgötter *(links und oben)* vor dem Casino stammen aus dem späten 16. Jahrhundert und erinnern an die entsprechende Ausstattung der Villa Lante; die seitlichen Pavillons wurden in den zwanziger Jahren des 17. Jahrhunderts von Rainaldi hinzugefügt.

Chenonceaux

Die aus der Mitte des 16. Jahrhunderts stammenden Akten über den Garten der Diane de Poitiers liefern »das vollständige Bild gärtnerischer Praxis im Frankreich des mittleren 16. Jahrhunderts«. Der Garten, ein Rechteck von etwa einem Hektar, enthielt ursprünglich Obstbäume und Gemüsebeete, eingefaßt von Veilchen, Lilien und Moschusrosen, ferner Blumenbeete und ein Labyrinth. Die Garteninsel hat die Zeiten überdauert, aber ihre Bepflanzung hat sich radikal verändert. An die Stelle der rechteckigen Flächen ist eine einheitliche Komposition aus diagonal und orthogonal verlaufenden Wegen, phantasievollen Broderien und Formbäumchen getreten.

Vor dem Hintergrund des anmutigen Schloßbaus *(oben)* vereinigen sich Lavendel, Hibiskus, beschnittene Eiben und einjährige Blumen in leuchtenden Farben zu einem anziehenden Bepflanzungsschema, das nichts mehr mit den ursprünglichen Obst- und Gemüsebeeten zu tun hat. Der Blick aus dem Schloß über den erhöht angelegten, von Waldland umgebenen Garten *(rechts)* bringt dem Betrachter den hohen Stand des Ingenieurwesens zur Zeit der Renaissance zum Bewußtsein.

trischen Formen, die wir in Italien und in dem Garten bei Hamburg antrafen) blühte in der Form des *parterre de pièces coupées pour des fleurs* weiter, jener barocken Blumenkompartimente, wie sie uns im folgenden Kapitel in Vaux-le-Vicomte begegnen werden. Diese individuellen Blumenkompartimente unterschieden sich in einem wichtigen Punkt – es gab solche, die mit einer einzigen Spezies (oder Farbe), und andere, die mit einer Mischung von Spezies (oder Farben) bepflanzt waren. Der Zweck war allerdings in beiden Fällen der gleiche: Blütenpracht als Muster zur Schau zu stellen, nicht in Gestalt des einzelnen Gewächses.

In den Niederlanden bildete der Blumengarten insofern eine Variante, als die Blumen hier sparsam, in größeren Abständen, gepflanzt wurden, so daß die einzelne Pflanze zur Geltung kam. Das wird in Crispin de Passes jahreszeitlichen Gartenillustrationen (1614) deutlich. Das Phänomen läßt sich noch 1694 in einem merkwürdigem Titelblatt zu Johan Walthers d. Ä. Buch über die botanische Sammlung seines Herrn, Johann von Nassau, beobachten: Der Idsteiner Garten zeigt Blumenbeete in der Form von Früchten, auf denen die Kaiserkronen und Tulpen weit auseinander gesetzt sind. Daß es sich dabei nicht nur um eine Künstlerlaune handelte, wird an der Tatsache ersichtlich, daß die Tradition des »isolierten Pflanzens« in den Barockgärten von Het Loo wiederkehrte.

So gut wie alle diese Traditionen sind im 16. Jahrhundert auch in Frankreich anzutreffen. So gab es zum Beispiel auch in Anet heraldische Muster, und Du Cerceau bildete eine Vielzahl geometrischer Muster in Gärten der Jahrhundertmitte ab. Knotenbeete finden sich in Etienne/Liébaults *L'Agriculture et Maison Rustique* (1554; spätere Ausgaben 1570, 1572 und 1582). Dabei ist die Terminologie in bezug auf die zukünftige Entwicklung interessant: Das Wort *parterre* war bereits in Gebrauch und bezeichnete den Blumengarten insgesamt; als *compartiment* wurde nur das einzelne quadratische Knotenbeet bezeichnet; der ältere Ausdruck *parquet* war im Schwinden begriffen. Nach Claude Mollet war es Etienne du Pérac, der ihm in Anet zeigte, wie ein großes *compartiment en broderie* in Buchs anzulegen sei. Das war nach 1582, dem Jahr, in dem Pérac aus Italien zurückkehrte. Von dieser Zeit an arbeitete Mollet »im großen Maßstab«, und das *compartiment en broderie* wurde zum *parterre de broderie*.

Bis dahin hatte man es in Italien ebenso wie in Frankreich vermieden, mit Buchs zu arbeiten, und zwar wegen seines Geruchs. Wie Mollet schreibt, änderte sich das mit dem Übergang von den kleinen Knotenbeeten zum großen Parterre: »Als ich die ersten *compartiments en broderie* anlegte, wurde noch kaum mit Buchs gearbeitet . . ., so daß ich meine *compartiments en broderie* mit verschiedenen Gartenpflanzen bepflanzte, die eine Vielzahl von Grüntönen ergaben. Aber diese Pflanzen können in unserem französischen Klima mit seinen extremen Temperaturunterschieden nicht lange überleben. Die großen Mühen und Kosten, die mit der Neuanlage und Neubepflanzung der Kompartimente alle drei Jahre verbunden waren, brachten mich darauf, mit Buchs zu experimentieren, um nicht immer wieder mühsam alles erneuern zu müssen.« Nach Anet wurden in den 1590er Jahren auch Saint-Germain-en-Laye und Fontainebleau mit Buchsbroderien ausgestattet; danach eroberte der Buchs ganz Frankreich, fand Eingang in die Gärten der übrigen europäischen Länder und gelangte schließlich auch ins koloniale Nordamerika. Aber die Traditionen der Alten Welt fanden im 17. Jahrhundert nur sehr allmählich den Weg über den Atlantik; die eigentliche Gartenkunst begann in der Neuen Welt erst im Laufe des 18. Jahrhunderts.

Der Blumengarten der Renaissance ist in **Italien** wie anderswo verschwunden. Diese Art der Bepflanzung hat sich nur noch an wenigen Orten, so im **Giardino Buonaccorsi** bei Ancona, erhalten. Die Geschichte dieses Gartens liegt im dunkeln; angelegt wurde er vermutlich im 17. Jahrhundert. Mit Sicherheit glich er – im Arrangement der Statuen, der kleinen Obelisken und vor allem der steingefaßten Beete – weitgehend der Wiedergabe auf einem Bild aus der Mitte des 18. Jahrhunderts. Die Konfiguration aus stern- und diamantförmigen Beeten erinnert an die Bepflanzungspläne des Bartolomeus Menkins (1584). Die Blumen, die über die Beetränder hinausquellen, sprechen noch immer von den Idealvorstellungen der Renaissance, auch wenn es sich nicht mehr um die ursprünglichen Anemonen und Tulpen handelt.

Villa Lante

17–19 Mein erster Besuch der Villa Lante liegt inzwischen mehr als zehn Jahre zurück. Es war zeitig im Frühjahr, und die Gegend um Rom war voll zarter Anemonen und üppig gedeihender Wolfsmilch. Nach den kalten Märztagen unter einem nördlichen Himmel schienen die Wiesen und Olivenhaine schon voll im Saft zu stehen. Vom Städtchen Bagnaia kommend, betrat ich die große Terrasse und ließ die ländliche Umgebung hinter mir; Hügel und Pinien jenseits der Gartenmauer schienen in weiter Ferne zu liegen. Im Garten wirkte alles geordnet, zeitlos, ja fast so, als herrschte gar keine Jahreszeit: die massiven beschnittenen Hecken, der von Flechten überwachsene Stein und hinter den beiden identischen Wohngebäuden nur eben der Anflug gelbgrüner Knospen in den hohen Platanen. Ich war allein, es war ganz still, und ich konnte mich am Geräusch des tropfenden Wassers von Brunnen erfreuen, die aus den Tagen Vignolas stammten.

Ein Besuch im Garten des Kardinals Gambara um 1570 hätte sehr andere Eindrücke beschert. Damals kamen sowohl private als auch offizielle Besucher hierher. Ein privater Besuch der Villa Lante war nicht in jedem Fall ein stiller Besuch. Wenn der Papst hier Aufenthalt nahm, wurde er von einem ganzen Gefolge begleitet: 80 leichte Reiter, 180 Schweizer Gardisten. Der Besuch Gregors XIII. im Jahre 1578 kostete den Kardinal 4000 Scudi. Zwanzig Jahre später, als Clemens VIII. zu Besuch weilte, wurde die Terrasse zum Schauplatz eines militärischen Spektakels hergerichtet: Fackeln brannten, Tierskulpturen schossen Salut, und die Luft war erfüllt von Artilleriegetöse. Am zweiten Abend erfreuten Musik und Feuerwerk den Gast. In anderen Fällen gestaltete sich der Empfang zweifellos intimer, aber kaum weniger exotisch: So wurden die gewöhnlichen Gäste des Kardinals zum Beispiel unversehens naßgespritzt, während sie zur Nachtzeit am sogenannten Wassertisch tafelten, der auf eine Schilderung des jüngeren Plinius zurückging und in den eine Trickleitung eingebaut war.

Wenn der Kardinal Gäste in der Villa Lante beherbergte, blieb der formale Garten für die Außenwelt verschlossen. Die Herrschaften betraten ihn durch das – private – mittlere Portal, das man auf Giacomo Lauros Abbildung der ganzen Anlage aus den Jahren 1612 bis 1628 erkennt. Der Garten wurde demnach von unten nach oben begangen. Der Besucher passierte die Folge der Terrassen und gelangte am Ende in den Park. Um allerdings das Skulpturenprogramm des Gartens in seiner ganzen Bedeutung erfassen zu können, mußte er den Weg noch einmal machen, und diesmal in umgekehrter Richtung. Ebendas tat im Jahre 1578 auch Gregor XIII.

Wenn der Kardinal sich dagegen in Rom seinen Aufgaben widmete, stand der Garten der Allgemeinheit offen. Die Besucher betraten das Areal dann durch das Parktor, das auf Lauros Stich rechts unten erscheint, passierten den nicht formalen Teil der Anlage mit seinen plastischen Anspielungen auf das Goldene Zeitalter, in dem der Menschheit noch keinerlei Fesseln auferlegt waren, und gelangten dann in den formalen Garten, dessen verschlüsselte Ikonographie die Errungenschaften der Zivilisation feierte. Wenn der gewöhnliche Besucher dieses Gedankengut nicht in allen Einzelheiten erfaßte, so war er doch mit Sicherheit von der großartigen Atmosphäre des Ortes gefangen.

Es mag überraschen, daß diese vornehmen Gärten der Allgemeinheit offenstanden. Der Zugang war durch die sogenannte *Lex Hortorum*, das »Gartenrecht«, gesichert, wie es auf einer Tafel am Eingang des Gartens zu lesen stand. Die entsprechende Inschrift am Eingang der Villa Borghese besagt, daß der Besitzer seinem Gast wie im Goldenen Zeitalter keine eisernen Gesetze aufzwingen wolle. Diese freie Zugänglichkeit war zwar nicht auf Rom beschränkt, im übrigen Europa aber kaum irgendwo garantiert. Michel de Montaigne hebt denn auch hervor, daß hier allen Menschen Zutritt gewährt sei, »selbst um dort zu schlafen«. Das galt selbstverständlich nicht für die Außenseiter der römischen Gesellschaft: die Bettler und Juden. 1581 wird in den Akten der Villa Medici von einem samstäglichen Besuch einiger Juden im Garten des Kardinals unterhalb von S. Trinità dei Monti berichtet: Sie seien hier gegen ihren Willen zum Transport von Erde mittels Schubkarren gezwungen und anschließend mit einem guten Essen entschädigt worden.

Brunnen der Flußgötter, Villa Lante, Bagnaia.

Miniaturboot in einem der Fischbecken der Villa Lante, Bagnaia.

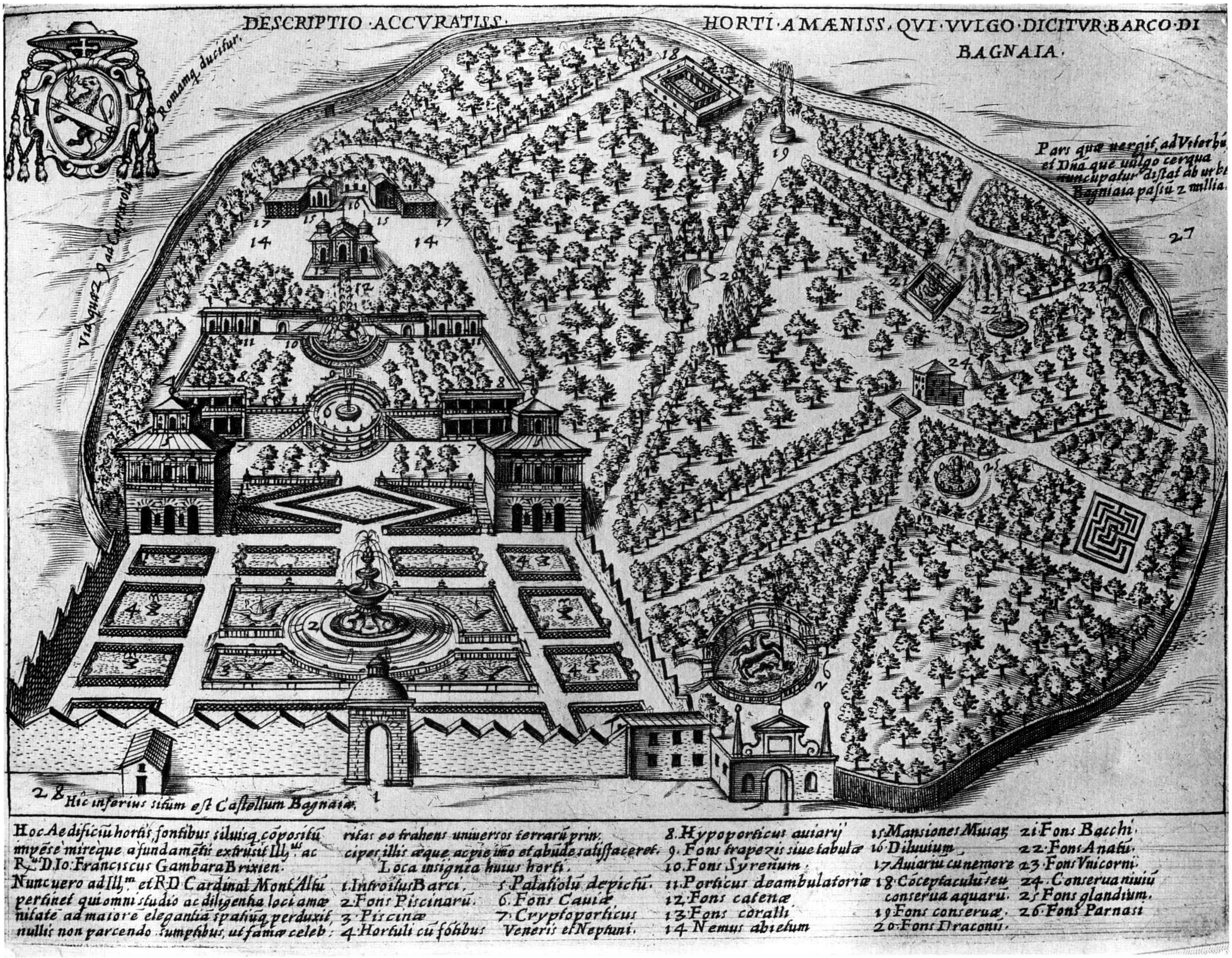

Giacomo Lauro, Villa Lante, Bagnaia, aus *Antiquae urbis splendor,* Rom 1612–1628. Viele architektonische Elemente des formalen Gartens, wie er hier erscheint, haben sich bis heute erhalten. Die Fotografien auf den Seiten 10 und 17 zeigen den Blick vom unteren Teil des Gartens nach oben; an der mit »2« bezeichneten Stelle steht heute der Mohrenbrunnen; auf den Seiten 18/19 erscheinen der Brunnen der Lichter (Nr. 6), die Wasserkette (Nr. 12) und der Tischbrunnen (Nr. 9); auf Seite 26 sind der Brunnen der Flußgötter (Nr. 10) und die Figur eines Mannes in einem Boot auf dem Fischteich (Nr. 3) zu sehen.

Heutige Besucher der Villa Lante oder historischer Stätten ganz allgemein versuchen oft, den Ort so zu fotografieren, als seien außer ihnen selbst keine weiteren Menschen anwesend; dahinter steht der Gedanke, daß nichts von der genußvollen Betrachtung des Kunstwerks ablenken sollte. In den Tagen des Kardinals Gambara war der Garten aber Schauplatz aller möglichen Aktivitäten, die für Leben und Betrieb sorgten. Wir sollten uns bunte Kleider vor dem grünen Hintergrund und die Farben eines Feuerwerks vor dem nachtblauen Himmel vorstellen.

Die Villa Lante und der sogenannte »Barchetto«, der Casino-Garten der Villa Farnese in Caprarola, gehören zu den besterhaltenen Renaissancegärten in der Umgebung von Rom. Sie bieten kontrastierende Bilder von der Gartengestaltung jener Zeit, und Caprarola bedeutet einen Wendepunkt in Richtung des Barock. Es handelt sich aber nicht, wie ich bei meinem ersten Besuch noch glaubte, um Kunstwerke, die wie durch Zauber dem Wirken der Zeit widerstanden hätten. Die Gäste des Kardinals, von ihm zu lärmenden Festlichkeiten oder intimen Zusammenkünften gebeten, haben den Touristen und den Gartenhistorikern Platz gemacht, und der Garten und seine Pflanzen haben sich im Laufe der Zeit verändert. Wenn die Mauern und Brunnen aus der Zeit der Renaissance auch überlebt haben – Blumen verblühen, Laubengänge und Spaliere werden brüchig.

Das heißt also, ein Rundgang durch die Villa Lante oder auch durch die Villa Farnese muß die Imagination ebenso beschäftigen wie die Sinne. Wer an einem Tag im Mai, von modrigem Buchsgeruch und dem Geräusch plätschernder Brunnen umgeben, im Parterre der Villa Lante steht, muß sich vorstellen, die Gärten zur Zeit ihrer Entstehung zu durchwandern, wie es einst auch die Gäste des Kardinals Gambara taten.

Zunächst einmal würde ein solcher Besucher das Parterre ganz anders erleben. Statt von Buchsgeruch wäre er vom Duft von Blumen und Kräutern – der »semplici«, also der Heilkräuter – umgeben. Denn diese Hauptterrasse war den Blumen vorbehalten. Sie blühten in zwölf noch heute vorhandenen quadratischen Beeten, umgeben von einer Bordüre aus Lorbeer-Schneeball. Diese Pflanze *(Viburnum tinus)* wurde an niedrigen Spalieren wie eine Hecke gezogen. Entlang der Hecke standen in regelmäßigen Abständen Obstbäume, die der Terrasse je nach Jahreszeit die Farben ihrer Blüten und Früchte liehen und einen Ort, der heute architektonisch-flach erscheint und nur vom Grün des Buchses und vom Rot der Ziegel belebt ist, mit zurückhaltenden vertikalen Akzenten versahen.

Das Geräusch des Wassers in den Becken im Zentrum der Terrasse wäre vernehmlicher. Denn außer aus dem Hauptbrunnen schossen Wasserstrahlen auch aus jedem der vier Becken auf: Aus den Arkebusen und Trompeten der kleinen Gestalten in den Booten kamen weder Geschosse noch Musik, sondern Wasser. Montaigne beschrieb den zentralen Brunnen als »eine hohe Pyramide, aus der das Wasser auf vielerlei Weise heraussprüht; ein Strahl steigt auf, ein anderer fällt nieder.« Diese Pyramide geht auf die antike *meta sudans* zurück, und die ganze Komposition mit den Kriegsschiffen *en miniature* sollte an die römischen Naumachien, die Aufführungen von Seeschlachten, erinnern. Für uns Heutige liegt die Schönheit des Wasserparterres eher in der gläsernen Unbewegtheit der Becken und in der dunklen Silhouette des Mohrenbrunnens, den Kardinal Montalto nach dem Tod des Kardinals Gambara errichten ließ.

Jenseits des Parterres hätte sich dem Betrachter ein unsymmetrisches Bild geboten. Giacomo Lauro zeigt zwar zwei kleine Wohnpavillons im Hintergrund, tatsächlich war zu Gambaras Lebzeiten aber nur ein solches Gebäude vorhanden; das zweite wurde erst unter Kardinal Montalto von dem Architekten Carlo Maderno errichtet. Die zweite Terrasse erreichte der Besucher über eine der Treppen, die zu beiden Seiten der Hauptachse verliefen. Heute ist der architektonische Charakter der Hauptterrasse durch die Buchshecken und Buchsornamente gewahrt, die sich den grasbewachsenen Abhang hinaufziehen. Ursprünglich muß dieser offene Bereich aber in einem gewissen Kontrast zur blühenden unteren Terrasse gestanden haben. Damals hätte der Brunnen der Lichter, der an die flackernden Öllampen der Antike erinnern sollte, die Hauptachse beherrscht; heute tauchen prachtvolle alte Platanen das Areal in tiefen Schatten und mildern die Konturen des Hügels hinter den beiden Gebäuden.

Der päpstliche Sekretär Fabio Arditio, der die Villa 1578 besuchte, bemerkte, daß »man auf den ersten Blick nicht *einen,* sondern tausend, ja einen ganzen Hügel voller Brunnen« vor sich zu haben glaubte. Von der zweiten Terrasse muß es in der Tat so ausgesehen haben, als sei der ganze Garten von Wasser belebt. Hinter dem Brunnen der Lichter befand sich eine dritte Terrasse, die in der Art eines Gartenspeisesaals angelegt war. Der steinerne Tisch, in der Mitte mit einer Mulde versehen, in der man den Wein kühlhielt, lebte sozusagen durch das Wasser: Es sprudelte aus der Tisch-»Platte«, schoß aus einer an der Schmalseite befindlichen grotesken Maske und bespritzte die Vorübergehenden. Dahinter lag der Brunnen der Flußgötter, der durch die von der oberen Terrasse herabkommende Wasserkette gespeist wurde. Die Miniaturkaskade sollte sowohl an einen wirbelnden Gebirgsbach als auch an den Krebs *(gambero)* erinnern, das Wappentier Gambaras. Hier, im sinnenfrohen Zusammenspiel von Stein und Wasser, hat sich die Atmosphäre der Villa Lante unverfälscht erhalten.

Wenn wir uns die ursprüngliche Situation dieser Brunnen vorstellen wollen, dann müssen wir uns statt der Buchshecken und schattigen Haine eine große, offene Rasenfläche denken. Sie nahm die ganze Breite des Geländes ein und wiederholte damit die Dimensionen des Parterres. Hier standen Reihen von Platanen und andere regelmäßig angeordnete Bäume.

Den höchsten Punkt des formalen Gartens beherrschten der Brunnen der Delphine und die Grotte der Sintflut. Von hier nahm alles Wasser seinen Anfang. Dieser Bereich war einst erfüllt vom Gesang der Vögel und vom Geräusch plätschernden Wassers. Zu beiden Seiten der Grotte befanden sich Loggien und Aviarien; Juniper, Arbutus und

Detail vom Brunnen der Delphine, Villa Lante, Bagnaia.

Myrte lieferten Beeren für die Singvögel. Von der ganzen Anlage haben sich nur die Musenloggien zu seiten der Grotte erhalten. Sie hätten möglicherweise intimere Speiseräume abgegeben als der monumentale steinerne Tisch. Heute ist dies ein stiller Ort.

Für den gebildeten Besucher der Villa Lante, der nach einem langen Spaziergang durch den Park hierher, an den Höhepunkt des formalen Gartens, zurückkehrte, war dieser Ort nicht nur schön und spektakulär; er steckte darüber hinaus voller historischer und mythologischer Bezüge. Die Brunnen des Parkteils – Pegasusbrunnen, Eichelbrunnen, Entenbrunnen und Bacchus-Brunnen – riefen die Erinnerung an das Goldene Zeitalter wach, an eine Zeit, da die Menschen sich von den Eicheln ernährten, die vom Baum Jupiters fielen, und »der Wein überall in Strömen floß«. Während der Besucher dann die formalen Terrassen hinabschritt, erschloß sich ihm allmählich die Bedeutung des Gartens:

So wie bei Ovid die Geschichte der Sintflut auf die Schilderung des Goldenen Zeitalters folgt, so schließt in der Villa Lante die Grotte der Sintflut unmittelbar an den Park an. Der Brunnen der Delphine nimmt Ovids Schilderung der Sintflut auf, in der »Delphine die Wälder durchziehen«. Die Häuser der Musen vermitteln den Gedanken, daß die Natur vom Geist der Kunst gelenkt werde; in der Wasserkette ergriff der Kardinal Gambara gewissermaßen Besitz von Flüssen und Quellen. Mit Hilfe der Quellen – symbolisiert durch die Flußgötter Tiber und Arno – brachte das Land Produkte für den Tisch des Kardinals hervor. Auf der untersten Ebene, der Blumenterrasse, wandelt sich die materielle Ausstattung der Natur zur Ästhetik. Kunst und Natur werden eins. David Coffin schreibt: »Das Nebeneinander von unverfälschter Natur und formal-gestaltender Tätigkeit des Menschen – von Natur und Kunst – bewirkt eine großartige Fusion von Sinn und Form.«

Pegasus-Brunnen, Villa Lante, Bagnaia (Nr. 26 auf dem Vogelschauplan). Im Hintergrund einer der beiden Pavillons.

Caprarola

20–21 Unmittelbar vor den Toren der Villa Lante machte Gregor XIII. 1578 als Gast des Kardinals Farnese in Caprarola Station. Der spätsommerliche Exodus aus Rom – die sogenannte *villegiatura* – war ein fester Bestandteil des Kirchenkalenders. Auch der Kardinal Gambara war häufig Gast in der Villa Farnese. Wenn der Papst Anspruch auf eine von ihm bevorzugte Villa erhob, kam es vor, daß der Hausherr selbst seinen Sommersitz woanders aufschlug und damit »ein spannendes Spiel in der Art des ›Bäumchen-wechsel-dich‹ in Gang setzte, bei dem allein die eigene Position in der sozialen Hierarchie von Wichtigkeit war«, wie David Coffin schreibt. Im September 1578 machte der Papst aber nur eine Stippvisite in Caprarola. Immerhin fand er Zeit zu einem geruhsamen Plausch mit dem Gärtner und zog sich dann in sein Appartement zurück, um allein zu speisen.

Das um 1586 entstandene Fresko im Casino von Caprarola vermittelt eine Vorstellung davon, was der Kardinal Farnese in den Jahren nach dem Besuch des Papstes plante. Hier war ein privater Lustgarten, abgeschieden vom Palast und zugänglich nur auf dem Weg durch Kastanien- und Fichtenwälder; das Fresko läßt an einen Wildpark denken. Den Vordergrund nimmt eine architektonische Rampe als Zugang ein; im Hintergrund liegen Terrassen. Die Terrasse vor dem Casino sieht sehr einfach aus, während diejenige dahinter Beete und einen Laubengang aufweist.

Aus einer Skizze von Giovanni Guerra aus dem Jahre 1604 geht hervor, daß der Kardinal auch eine Wasserkette ähnlich derjenigen in der Villa Lante plante. Die Situation, wie sie sich heute darbietet, ist allerdings das Ergebnis späterer Verschönerungen. Zu ihnen zählen die nach 1620 von Rainaldi errichteten Pavillons, welche die Wasserkette zu beiden Seiten begleiten, sowie die Figuren aus späterer Zeit – seltsamerweise als Prudentia und Silentium bezeichnet –, die das Ganze gewissermaßen bewachen. Guerras Skizze legt es nahe, diese Situation in erster Linie als anmutiges, in Bewegung übersetztes Zusammenspiel von Stein und Wasser aufzufassen. Wenn die Wasserkette und die Flußgötter an die Villa Lante erinnern, so machen die späteren Hinzufügungen das Ganze eher zu einer architektonischen Anlage, in der die zentrale Achse durch die begleitenden Pavillons akzentuiert wird.

Um 1620 bot auch die Terrasse vor dem Casino, verglichen mit dem im Fresko festgehaltenen Zustand, ein verändertes Bild. Die Stufen und Brunnen waren mit Einhörnern, Delphinen und Seepferdchen geschmückt, die umlaufende Balustrade mit riesigen männlichen und weiblichen Hermen. Der Bewuchs bestand nach Aussage des Inventars von 1626 aus Grünpflanzen, mit Sicherheit aber nicht aus Buchs. Das Inventar zählt 55 Obstbäume in Terrakottakübeln sowie zu Pfauen und Farnese-Lilien beschnittene Myrten, die möglicherweise ebenfalls für diesen Bereich bestimmt waren. Im frühen 18. Jahrhundert war diese Terrasse zum verschlungenen Buchsparterre geworden, wie ein Plan von 1746 zeigt. Voller heraldischer Lilien, war sie für diese Zeit inzwischen recht altmodisch. Was wir heute sehen, wenn wir den Blick über die

Der Aufgang zum Casino-Garten zwischen den in den 1620er Jahren von Girolamo Rainaldi hinzugefügten rustizierten Pavillons. Auf dem Plan (gegenüberliegende Seite) stehen wir auf der unteren Ebene *(primo ripiano);* von hier geht der Blick über den Brunnen, die Wasserkette und die Flußgötter bis zum Casino.

Das um 1586 entstandene Fresko im Casino der Villa Farnese in Caprarola zeigt die ursprüngliche Anordnung der Terrassen und Rampen.

Giuseppe Vasi, Casino-Garten, Villa Farnese, Caprarola, aus G. C. von Prenner, *Illustri fatti farnesiani coloriti nel real Palazzo di Caprarola,* Rom, 1748. Der Plan trägt die Jahreszahl 1746.

Principio del ultimo Vialone
Viale novo per le mute che conduce a Viterbo
Strada publica che conduce a Viterbo
Giardino di fiori ornato
con parapetti, e fontane
Piazza, e quarto ripiano ornato
con due Fontane piccole, ed
una grande
in mezzo
Cordonata per cui si
sale al ultimo piano
Macchia di Abeti
Macchia di Castagneti
Viale e Strada vecchia
Loggia
Loggia
Ornati di bussi
Ornati di bussi
Scalinata della Palazzina
Piazza, e terzo ripiano
con bussi
Vasca
Vasca
Or
taggi
Or
taggi
Secondo ripiano
Primo ripiano del
Giardino grande
Termine del Vialone
Pianta geometrica della Palazzina,
e Giardino grande del
Real Palazzo di Caprarola
1. Piedistalli con Busti giganteschi, e
fontane nelli zocoli
2. Peschiera con 8. picciole fonti intorno,
e nel mezzo una gran copia di ruscelli
che formano un gran Giglio
3. Portici con fontane di Tarteri
4. Sito per bagnare i meno accorti Spettatori
5. Catena di Delfini intrecciate, con conchiglie
che formano una continuata fontana in
mezzo della gran cordonata fianchegia=
ta d'architettura d'ordine Ionico come
sono i Portici, e tutto il resto
6. Fontane n.º 10. che circondano, e adornano
7. Altra peschiera con 9. picciole fonti ed
un gran vaso che manda abondante acqua
8. Riposo doppo la doppia cordonata per
passare al 3.º ripiano
9. Cavalli sopra piedistalli che tramandano
acqua in due gran conchiglie sostenute
ciascuna da un Tritone marino
10. Fontane di Delfini, e Cavalli marini
disegno di Michel Angelo Buonarota
11. Parapetti con sedili, e piedistalli sopra
cui si alzano n.º 28. Termini gigante=
schi rapresentanti Uomini, e Donne
12. Fontane diverse
13. Parapetto con dui Putti, e molti Delfini
che tramandano acqua in altretante tazze
14. Palazzina per ricreazione nel Giardino
15. Cappella
16. Scala
17. Selciata di breccie bianche, e pietre di (paragone
18. Fontane n.º 18. che adornano la fioriera
19. Prospetto, e Teatro ornato di Ninfe à
cavallo, nichie vasi, e mascaroni
20. Eco che rimbomba artificiosamente
verso la Palazzina
21. Parapetti, e Sedili di travertino
8 16 24 30 40 80
Scala di palmi ottanta Romani
Architettura di Giacomo Barozzi da Vegnola
Disegnata, ed incisa in Roma da Giuseppe Vasi da
Corleone Diocesi di Monreale in Sicilia l'anno 1746.

neueren Buchsbeete wandern lassen, ist also im Grunde der ursprüngliche Entwurf, vermittelt durch die Vision späterer Interpreten, sei es der 1620er Jahre, des 18. Jahrhunderts oder unserer eigenen Tage.

Was im Inventar von 1626 als »Blumengarten« beschrieben wird, befand sich auf der dritten Terrasse hinter dem Casino. Es war zweifellos der Aufstellungsort für jene 82 Blumenkübel, von denen im Inventar ebenfalls die Rede ist. Gegenüber der auf dem Fresko dargestellten Situation mit den umlaufenden Laubengängen wurde dieser Bereich später erweitert. Vom ursprünglich vorgesehenen Zustand blieb nur der Brunnen an seinem Platz. Er wurde später mit einem Fußbodenmosaik aus Flußkieseln umgeben, das wiederum das Motiv der Farnese-Lilien aufnimmt und möglicherweise als Eßplatz diente. Sowohl dieses Mosaik als auch die Blumenbeete erscheinen auf dem Plan von 1746. Claudia Lazzaro macht darauf aufmerksam, daß dieser neue Plan in einem Gegensatz zur auf dem Quadrat aufbauenden Geometrie der Villa Lante steht und den Ort »weder meßbar noch endlich« erscheinen läßt. Er nimmt damit bereits den ausgreifenden Stil des Barock voraus.

Ohne den reichen Blumenschmuck besitzt die Terrasse heute den sehr anderen Charme einer Art verklungener Harmonie. Der Casino-Garten oder »Barchetto« in Caprarola und die Villa Lante in Bagnaia sind Zeugen des Werdens eines Gartens über die Zeiten hinweg. Die Hinzufügungen und Erweiterungen besitzen eine eigene Schönheit, die das Wirken der jeweiligen Generation überdauert.

Chenonceaux

22–23 Chenonceaux und seine Gärten, die zunächst Diana von Poitiers und später Katharina de'Medici gehörten, entstanden etwas früher als die Gärten von Bagnaia und Caprarola. Die erste Bauphase begann 1551, als Heinrich II. den Palast seiner Mätresse zum Geschenk machte. Die zweite Phase begann 1560: In diesem Jahr, in dem ihr Gemahl bei einem Turnier tödlich verwundet wurde, nahm Katharina Besitz von Chenonceaux. Du Cerceaus Vogelschauplan von 1559–1565 zeigt eine Vielzahl von Elementen, die heute nicht mehr vorhanden sind: die Blumengärten am rechten unteren Ende, dahinter das runde Spalier des sogenannten Felsenbrunnens, zwei Gärten auf dem jenseitigen Flußufer und Dianas Garten am Nordufer, unten links. Dieser letztgenannte war von einem Graben und einem massiven Wall umgeben und existiert noch heute, wenn auch mit veränderter Bepflanzung. Dianas Beschreibung informiert uns im einzelnen darüber, wie das große rechteckige Areal bepflanzt war. Nach Kenneth Woodbridge liefern diese Berichte »das vollständigste Bild, das wir von der Praxis der französichen Gartengestaltung des mittleren 16. Jahrhunderts besitzen«.

Der Garten der Diana von Poitiers war im Grunde ein Obst- und Gemüsegarten, aber er war ornamental angelegt und mit Veilchen, Lilien und Moschusrosen geschmückt. Das vom Wall umgebene, etwa 1 Hektar große Rechteck wurde von zwei Alleen in vier kleinere Rechtecke und schließlich von schmalen, an jeder Kreuzung von Bäumen akzentuierten Wegen in insgesamt 24 gleiche Flächen unterteilt. Wer den Garten in den späten fünfziger Jahren des 16. Jahrhunderts zur Frühlingszeit aufgesucht hätte, wäre überwältigt gewesen von den weißen Blüten der Pflaumen-, Kirsch- und Birnbäume, von den rosa überhauchten Blüten des Zwergapfels, den kräftig treibenden und gedeihenden Johannisbeersträuchern, den Artischocken, Kohlköpfen, Zwiebeln, Melonen und Erbsen. Dennoch handelte es sich hier nicht nur um einen wohlbestellten Küchengarten, denn einzelne Bereiche waren als »Knoten« und als Labyrinth angelegt, von dem wir heute nur vermuten können, wie es aussah. Vielleicht war der Garten nicht ganz so kunstvoll und phantasiereich wie der berühmte *potager* des 20. Jahrhunderts in Villandry, mit Sicherheit aber gab es keine Trennung zwischen Blumen und Gemüse.

Die Garteninsel hat dem Angriff der Zeit widerstanden. Das Erdreich wird von einem hölzernen, mit Steinen verkleideten Rahmen zusammengehalten. Ein Hochwasser schwemmte im April 1555 einen Teil dieser Konstruktion hinweg; sie konnte aber repariert werden, und schon 1557 beaufsichtigte der Gärtner des Erzbischofs von Tours die Neubepflanzung. Heute wirkt die Insel uneinnehmbar. Die Bepflanzung, bestehend aus Broderien, Hibiskusbäumchen und in Puddingform geschnittenen Eibenhecken und insgesamt eine Art Union Jack bildend, zeugt von einem späteren Geschmack und ist nicht ohne eigenen Reiz. Die wundervolle Atmosphäre des Gartens verdankt sich zu

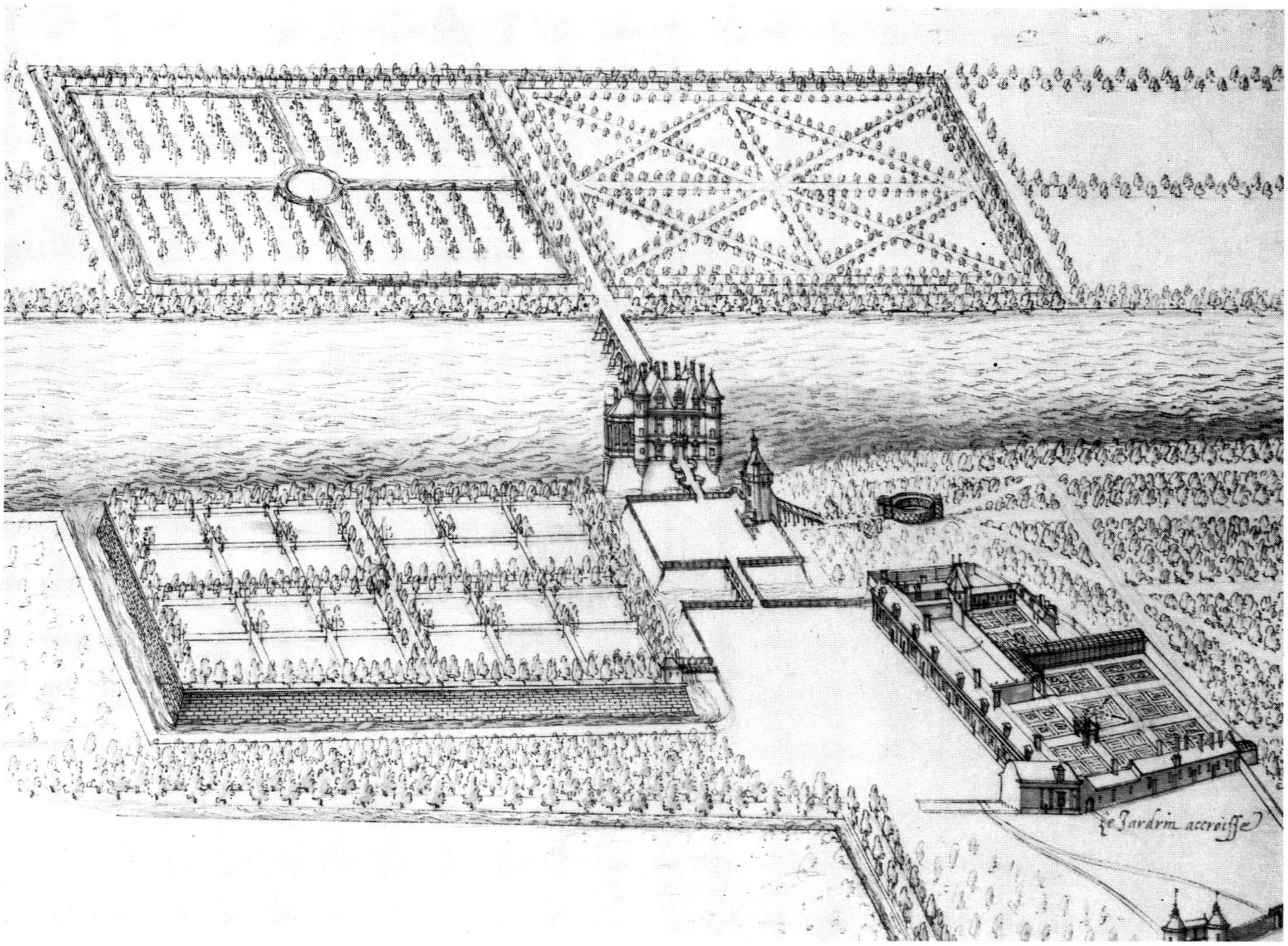

Detail einer Zeichnung von J. A. du Cerceau, die das Schloß und die Gärten von Chenonceaux zeigt. Diese Zeichnung ist die einzige erhaltene Darstellung der Bepflanzung dieser Gärten.

gleichen Teilen dem scheinbar auf dem Wasser treibenden Traumschloß im Hintergrund und den dichten Wäldern, die den Ort umgeben.

Unter Katharina de' Medici entwickelte Chenonceaux sich zum Schauplatz vielfältiger Belustigungen. Die Beschreibungen dieser Festlichkeiten schärfen unsere Sinne für diesen Garten und lassen uns ganz andere Aspekte erkennen, als sie uns Du Cerceaus Skizze oder der Gedanke an die Melonen und Johannisbeeren, die in Dianas Sommergarten reiften, vermitteln können. Das erste Fest dieser Art fand 1560 zu Ehren des jungen Königs Franz II. und seiner Gemahlin Maria Stuart statt. Die ephemere Festdekoration bestand aus einem efeuüberwachsenen Triumphbogen, riesigen Hermen, welche Wasser versprühten, vielfarbigen Fackeln im Laubwerk der Eichen und allen möglichen »grünen« Bauten im Park: Rasentheatern, Tunneln, Laubengängen und Mail-Alleen. Die Verse und Inschriften, die anläßlich des Festes ersonnen wurden, waren dürftig verkleidete politische Aussagen, die sich auf Katharinas Rivalin Diana von Poitiers bezogen. Deren Ruhm schwand mit diesem Fest endgültig dahin.

Im Jahre 1563 sah der Garten Feuerwerke, Wasserfeste, Picknicks und Maskeraden. Das aufwendigste Spektakel aber fand 1577 an dem von Treillagewerk umgebenen Felsenbrunnen statt, den Du Cerceau abbildet. Der Anlaß war wiederum ein politischer – die Einnahme des von den Hugenotten gehaltenen Ortes La Charité durch Katharinas jüngsten Sohn Franz von Anjou. Glänzende Feste feierte Katharina auch in Fontainebleau. Bei einem Wasserfest im Jahre 1564 sangen Sirenen Lieder von Ronsard; Neptun fuhr in einem von vier Seepferdchen gezogenen Wagen; in einer dramatischen Schlacht eroberten katholische Ritter unter der Führung des Dauphins eine verzauberte Insel, die der Hugenottenfürst Condé besetzt hatte und mit Hilfe von Teufeln, Riesen und Zwergen trotzig zu verteidigen suchte.

Der emblematische See in Elvetham, den Lord Hertford für den festlichen Empfang Elizabeths I. im Jahre 1591 anlegen ließ. Aus John Nichols, *The Progresses of Queen Elizabeth*, 1823.

England: Chastleton und Packwood

Die Mode der Wasserfeste breitete sich von Italien und Frankreich nach England aus. In Elvetham zum Beispiel inszenierte Lord Hertford im Jahre 1591 ein glanzvolles Spektakel zu Ehren Elizabeths I., die mit der Mondgöttin Cynthia gleichgesetzt wurde. Er ließ in seinem Park einen großen See in Gestalt des zunehmenden Mondes ausheben, aus dem drei Inseln hervorragten. Auf der einen erhoben sich Bäume in der Form von Schiffsmasten; die zweite trug eine Neptunsfestung – zur Verteidigung Englands; die dritte war mit einer 24 Fuß hohen, spiralförmig geschnittenen Ligusterhecke als Schnekkenberg ausgebildet. Auf dem Höhepunkt des Festes, während feurige Garben zum Himmel aufstiegen, behauptete sich Neptuns Fort gegenüber dem bösen Berg, so wie England sich im Jahr 1588 über die spanische Armada behauptet hatte. Daß politisches Theater dieser Art im englischen Renaissancegarten möglich war und neben den formalen Anlagen hier derart naturalistische Schauplätze existierten, wird dem heutigen Gartenbesucher, der nur Ernest Laws Knotenbeete von 1920 in Hampton Court kennt, merkwürdig erscheinen.

Auch in der Bepflanzung konnte sich, ebenso wie in anderen Elementen des Gartens, eine symbolische Bedeutung äußern. Das wird in Roberts Smythsons um 1609 entstan-

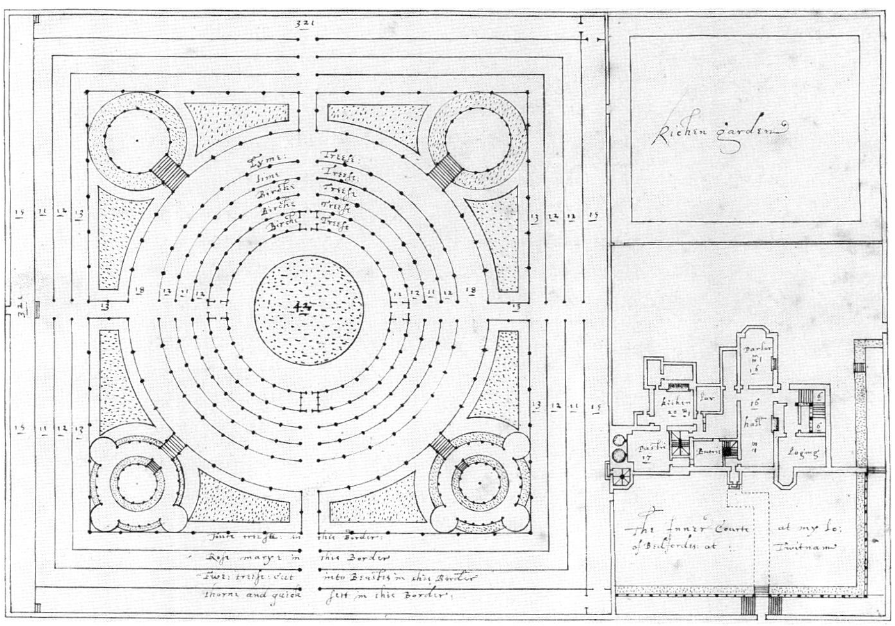

Robert Smythsons Bepflanzungsplan für den Garten der Gräfin Bedford in Twickenham, ca. 1609. Die Kreisfläche in der Mitte scheint mit Gras bewachsen zu sein. In den Ecken befinden sich über Stufen zugängliche Hügel.

Der Garten von Chastleton House, erstmals angelegt im frühen 17. Jahrhundert, neu bepflanzt um 1828.

denem Bepflanzungsplan für den Garten der Gräfin Bedford in Twickenham deutlich. Die Gräfin, Lucy Harington, die 1594 den 3. Earl of Bedford geheiratet hatte, war Mittelpunkt einer Gruppe von Schöngeistern, zu der John Donne und Ben Jonson gehörten, und eine herausragende Figur unter den Gartenliebhabern ihrer Zeit. Ihr Wirken auf dem Gebiet der Gartengestaltung belegt die noch heute vorhandene Grotte in Woburn Abbey. Von Twickenham hat sich dagegen nichts erhalten.

Der Garten war auf quadratischem Grundriß angelegt und von einer Mauer umgeben. Mehrere labyrinthartig angeordnete Hecken, zwischen denen jeweils ein Abstand von 11 bis 13 Fuß bestand, definierten dieses Quadrat noch stärker. Die äußere Hecke bestand aus Weißdorn, die zweite aus »Bäumen, die in Tierform geschnitten« waren, die dritte aus Rosmarin, die vierte aus Obstbäumen – eine höchst merkwürdige Zusammenstellung. Das innere Quadrat nahm ein kreisförmiges Arrangement auf, das ebenfalls an ein Labyrinth erinnerte. Es bestand aus Bäumen, die in (wiederum im Abstand von 12 Fuß aufeinanderfolgenden) konzentrischen Kreisen um ein anscheinend grasbewachsenes Rundbeet angeordnet waren: die drei inneren Kreise mit Birken, die beiden äußeren mit Linden bepflanzt. In den Zwickeln zwischen der quadratischen und der runden Fläche befanden sich vier über Stufen zugängliche Hügel. Sie trugen möglicherweise jeweils einen Pavillon, denn sie waren eindeutig als Plattformen gedacht, von denen aus man den ganzen Garten überschauen konnte. Wie Roy Strong schreibt, bot sich dem damaligen Besucher von hier aus wohl eine emblematische Version des vorkopernikanischen Universums: Das grasbewachsene Rund war die Erde, die von Mond, Merkur und Venus (den Birken), von Sonne und Mars (den Linden) sowie von Jupiter (den Obstbäumen) umgeben war; was jenseits davon lag, repräsentierte Saturn.

Von dieser Bepflanzung hat sich keine Spur erhalten. Zwei englische Gärten lassen allerdings noch heute etwas von der einstigen Vorliebe für die gepflanzte Geometrie erkennen: Chastleton House in Oxfordshire und Packwood House in Warwickshire. Chastleton House wurde 1614 für Walter Jones errichtet, einen reichen Wollhändler, der das Terrain von einem Mitglied der Pulververschwörung erworben hatte. Was wir heute

Ansicht der sogenannten »Bergpredigt« in Packwood, Warwickshire. Den besten Blick auf die Eibenbäume, die Christus inmitten seiner Zuhörer darstellen sollen, hat man von oben.

in Chastleton sehen, ist eine um 1828 erfolgte Neubepflanzung auf der Grundlage des ursprünglichen Entwurfs von 1602–1614. Die konzentrisch um eine Sonnenuhr angeordneten Rosenbeete (die für sich genommen an den Rosengarten des frühen 19. Jahrhunderts in Chiswick erinnern) und die Formhecken sind nicht mehr als ein fernes Echo dessen, was Lucy Harington pflanzte, aber in der Geometrie der Bepflanzung steckt noch etwas von dem manieristischen Stil, wie er zur Zeit James' I. in England herrschte.

Ein weiteres Beispiel für die gärtnerische Liebe zur Geometrie ist der wunderschöne Garten in Packwood mit seinem interessant gestalteten Mauerwerk und den üppig bepflanzten Rabatten. Er wird beherrscht von einer monumentalen Konfiguration aus beschnittenen Eiben, die an prähistorische Megalithen erinnern. Die riesigen Bäume, die angeblich die Situation der Bergpredigt nachstellen (»Christus, der, auf dem Berg stehend, auf die Evangelisten, die Apostel und die Menge des Volkes herabschaut«, wie Reginald Blomfield es 1892 beschrieb), sind die in der Viktorianischen Ära erneuerte Anlage eines manieristischen Gartens aus der Zeit vor dem Bürgerkrieg. Die Proportionen und die schlichten abstrakten Formen dürften kaum noch etwas mit dem Original zu tun haben, wie immer dieses ausgesehen haben mag. Doch scheint die Neuschöpfung, wie Roy Strong schreibt, »die Atmosphäre dieser Art von religiös-emblematischer Hortikultur einzufangen«.

Der Stich zeigt den Botanischen Garten in Padua im frühen 19. Jahrhundert. Jedes Beet enthielt eine andere Pflanze. Im Hintergrund die Antonius-Basilika.

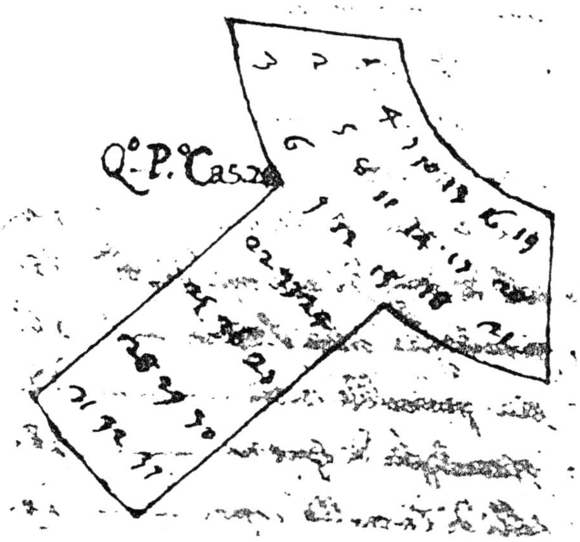

Dieses Blatt aus dem Manuskript der Bepflanzungspläne für den Blumengarten des Francesco Caetani, Herzogs von Sermoneta, von 1625 zeigt ein einzelnes Beet im Zentrum des Gartens; die Positionen der verschiedenen Blumen sind mit 1, 2, 3 etc. numeriert; die so bezeichneten Blumen selbst werden auf der gegenüberliegenden Seite aufgezählt.

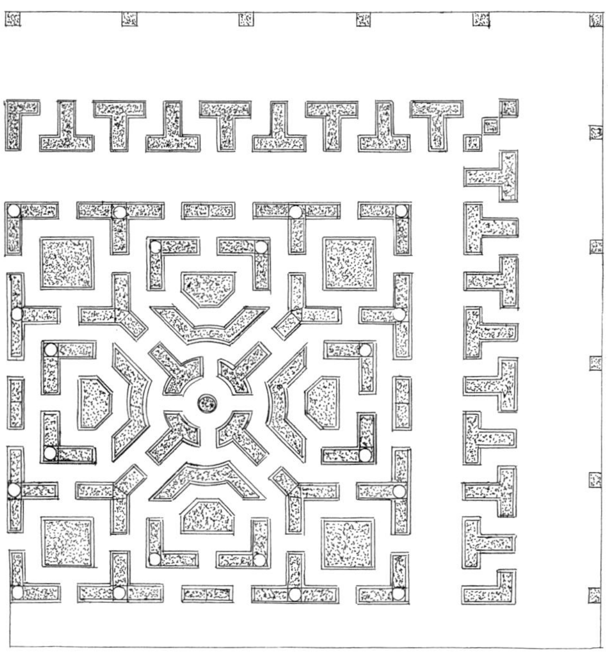

Handgezeichnete Kopie des Plans aus G. B. Ferraris *Flora . . . ,* 1638. Die Beete im Zentrum folgen dem oben abgebildeten Bepflanzungsplan; die quadratischen Beete waren durch eine Päonie in der Mitte unterteilt.

Die Bepflanzung mit Blumen

In Italien wie anderswo ist die originale Blumenbepflanzung aus den Renaissancegärten verschwunden. Nur im Botanischen Garten von Padua, der im 18. Jahrhundert erneut angelegt wurde, und in Buonaccorsi bei Ancona hat sich die Tradition der Bepflanzung mit Blumen erhalten. Die winzigen steingefaßten Beete in Buonaccorsi haben die Form von Sternen und Diamanten; die Blumen darin folgen allerdings der eigenen Lust und Laune und wachsen üppig über die Beetränder hinaus. Die Anfänge des Gartens von Buonaccorsi liegen im dunkeln. Daß er auf einem Gemälde aus der Mitte des 18. Jahrhunderts erscheint, soll wohl auf die ungewöhnliche Tatsache seines langen Überlebens aufgrund des für die adriatische Region Marken typischen Festhaltens an der lokalen Gartentradition hinweisen, auf das auch Georgina Masson wiederholt aufmerksam macht. Die heutige Bepflanzung entspricht nicht mehr der ehemals üblichen aus Anemonen und Tulpen. Das kann allerdings nicht von der wunderbaren Atmosphäre dieses Ortes, von der Qualität seiner Obelisken, Statuen und Beeteinfassungen und vor allem von der Ästhetik seines unerschütterlichen Fortbestehens ablenken.

Es sei hier darauf hingewiesen, daß das Blumenbeet der Renaissance nicht in jedem Fall mit Stein, Ziegel oder Holz eingefaßt war. Oft bestand die Einfassung aus Kräutern *(erbette),* wie dies auf den Fresken der Villa Lante und der Villa Farnese und in den Lünetten des Giusto Utens zu sehen ist. Buchs kam als Einfassung in Anlehnung an das französische Vorbild erst im 17. Jahrhundert in Gebrauch; vorher diente er – zusammen mit Myrten und Erdbeerbäumen – lediglich zur Unterpflanzung des *bosco.* Sein Geruch wurde als unangenehm empfunden, und dies offensichtlich noch über die Renaissance hinaus. Es wird immer wieder behauptet, daß Queen Anne sich zu Beginn des 18. Jahrhunderts von der Buchsbroderie in Hampton Court trennte, weil sie den Geruch verabscheute. Dabei gehört der Geruch des in der Sonne aufgeheizten Buchses heute mit Sicherheit zu den anhaltenden Freuden eines Besuchs in einem italienischen Garten.

Das reizende Gemälde eines Blumengartens vor den Toren der Stadt Hamburg aus dem frühen 17. Jahrhundert vermittelt besser als alle Einzeldarstellungen, welche Fülle von Blumen auf dem Schachbrettmuster eines Renaissancegartens gedieh. Der Garten selbst ist eher langweilig in seiner Anlage – er trennt sich nirgendwo vom Element des Quadrats –, aber die Wirkung der Bepflanzung ist überwältigend. Jedes der kleinen Kompartimente ist von einer niedrig gehaltenen Kräuterbordüre eingefaßt. Die Innenflächen sind mit unterschiedlichen Kombinationen von Pflanzen gefüllt – manche mit kompakten Massen von Tulpen, andere nach dem Prinzip der gemischten Bepflanzung zum Beispiel mit einer von kleineren Blumen umgebenen Kaiserkrone in der Mitte. Auf der rechten Seite des Gartens herrscht absolute Symmetrie, während links ein gewisses Maß an Variation zugelassen ist, wenn auch kaum wahrzunehmen. Allerdings mildert die unterschiedliche Höhe der Blumen und Sträucher das im übrigen repetitive Muster der Beete ein wenig. Aus einem der Quadrate ragt sogar – eher unvermittelt – ein ausgewachsener Baum. Wir haben es hier also mit dem idealisierten Portrait dieser Bepflanzungspraxis zu tun.

Im Gegensatz zum Prinzip der sparsamen Bepflanzung, wie sie in manchen Gegenden Nordeuropas üblich war und von Crispin de Passe dargestellt wurde, wirkte der italienische Blumengarten vor allem durch seine dichte Bepflanzung. Und wo man dieses letztere Prinzip (wie auf dem Hamburger Bild) befolgte, wurde das einzelne Beet manchmal mit einer einzigen Art oder mit einer einzigen Farbe und machmal mit einer Mischung bepflanzt; es ging darum, Variation im Rahmen der Regelmäßigkeit zu schaffen. Dieses Nebeneinander von »massing« und »mingling« (wie die beiden Prinzipien später genannt wurden) hielt sich bis ins 19. Jahrhundert hinein. Wir werden es zu dieser Zeit in einem sehr anderen »italienischen Garten« – in Chiswick House – wieder antreffen.

Wirklich erschließen läßt sich die ursprüngliche Bepflanzung von Gärten wie Buonaccorsi nicht mit Hilfe bildlicher Darstellungen, sondern nur durch den Blick auf die spezifischen Bepflanzungspläne der Zeit. Das beste Beispiel bietet der Blumengarten des Francesco Caetani, Herzogs von Sermoneta, bei Cisterna. Seine Bepflanzung ist in Handschriften aus den 1620er Jahren so ausführlich festgehalten, daß eine Rekonstruktion möglich ist. Nach Giovanni Battista Ferrari, der in einem 1638 erschienenen Buch das Lob des Gartens von Cisterna singt, waren die Beete hier nicht mit *erbette,* sondern mit Rundziegeln eingefaßt. Jedes Beet wurde mit einer Mischung aus zwei oder drei Arten von Blumen besetzt, wobei *eine* Farbe vorherrschte und insgesamt der Eindruck eines farbigen Teppichs entstand. Das klingt nach »massing«, und wir können uns die Komposition insgesamt wohl wie einen farbigen Marmorfußboden oder wie eine Intarsienarbeit vorstellen. Aus den eigentlichen Bepflanzungsplänen von 1625 ergeben sich allerdings ein komplexeres Bild und eine erheblich größere Mischung verschiedener Blumen. Zu dieser Zeit befanden sich 2329 Pflanzen im Garten von Cisterna. Ihre Zahl wuchs auf erstaunliche 62 095, von denen fast die Hälfte Anemonen waren.

Die Pflanzen standen zwar ordentlich in Reihen, aber ihre Anordnung variierte von Beet zu Beet beträchtlich. Bei den inneren Beeten betrugen die Abstände zwischen 7 und 30 cm, die äußeren waren dagegen so vollgestopft, daß die Blüten nur als farbige Kleckse aus dem Blattwerk heraussahen. Die Blumen selbst beherrschten die inneren Beete, und zwar manchmal als »Mixtur« und manchmal als »Masse«, je nachdem, wie viele von einer Sorte es gab oder wie rar eine bestimmte Art war. An jeder Wegkreuzung standen überdies Töpfe oder Kübel mit Blumen. Die größeren quadratischen Beete scheinen unterteilt gewesen zu sein: Sie trugen zum Beispiel in der Mitte eine Päonie und in den Ecken gefüllte Anemonen, einmal scharlachfarben, einmal weiß, einmal rot und einmal zu einem weiß-pfirsichfarbenen Schachbrettmuster geordnet.

Der Herzog hatte eine Vorliebe für die gefüllte Anemone, die heute so gut wie ausgestorben ist. Bei der pfirsichfarbenen handelte es sich um die doppelte *Anemone persichina;* die »Casertane« war »schwefelfarbig mit karmesinroten Rändern, das Sammetartige tief scharlachrot«, die »Gayetane« war insofern merkwürdig, als »die ersten Blüten weiß und purpurfarben sind, die letzten taubengrau und pfirsichfarben«. Häufig wurde der wahre Name einer Pflanze damals nicht preisgegeben, weil man sich vor Spionen oder Informanten schützen wollte.

Es wäre falsch, diese Blumengärten als rein ornamental anzusehen. Sie waren nicht nur als Muster angelegt, die man vom Haus aus betrachten konnte, sondern sollten auch den Geruchs- und Geschmackssinn erfreuen. Liébault listet sowohl Schnittblumen als auch solche auf, die man wegen ihres Dufts oder ihrer Würzkraft pflanzte. Zu den Schnittblumen zählten Nelken, Levkojen, Maiglöckchen, Akelei und Lilien; zum Kochen wurden die traditionellen Kräuter verwendet – Rosmarin oder Zitronenmelisse zum Beispiel. Georgina Masson macht darauf aufmerksam, daß Blumen als Objekte des wissenschaftlichen Interesses und als Raritäten in Kuriositäten- oder Wunderkammern gezeigt wurden. Im Blumengarten der Familie Chigi in Rom gab es ein solches Kuriositätenkabinett, das im Jahre 1688 Schauplatz einer glanzvollen *festa gastronomico-musicale* war. Im gleichen Jahr wurde auch in Versailles ein solches Bankett im Freien abgehalten. Damit sind wir nun allerdings schon bei einer weiteren Etappe im Werdegang des formalen Gartens angelangt.

Ein Blumengarten vor den Toren Hamburgs, gemalt von einem anonymen Künstler der ersten Hälfte des 17. Jahrhunderts, aus den »Horti Anckelmanniani«. Die »Stückbeete« solcher Gärten bildeten häufig ein Schachbrettmuster. Die Blumen sind teils nach dem Prinzip des »mixing«, also gemischt, teils nach dem Prinzip des »massing«, also jeweils in ganzen Blöcken oder Gruppen, dicht zusammengefaßt.

Die in Terrassen aufsteigende Treppe der Villa Garzoni in Collodi bei Lucca, heute als Villa Gardi bekannt. Die Architektur ist noch diejenige des 17. Jahrhunderts; die ornamentale Bepflanzung ist dagegen jüngeren Datums.

2

Barockgärten

Das Zeitalter der Parterres und Boskette

Mit dem Beginn des 17. Jahrhunderts machten sich in Italien neue Impulse in der Gartengestaltung bemerkbar. Dafür steht beispielhaft die Villa Montalto in Rom: Zwischen 1585 und 1588 hatte Papst Sixtus V., der Nachfolger Gregors XIII., ein rund 65 Hektar großes Terrain für seine Villa erworben. Die gigantischen Dimensionen des Parks, der in den ersten Jahren des 17. Jahrhunderts noch erweitert wurde, und die Dominanz der Landschaft über die architektonische Ausstattung unterschieden Montalto von der engen, umschlossenen Geometrie des Renaissancegartens, in dem die Villa der strukturierende Mittelpunkt gewesen war. Auch andere römische Villen – die Villa Borghese, die Villa Ludovisi und die Villa Doria-Pamphili – wiesen parkartige Merkmale auf; David Coffin spricht von der »neuen, expressiven Landschaftsgestaltung«. Wenn diese römischen Parkvillen unter der späteren Entwicklung der Stadt gelitten haben, so lebte ihr Geist im weiteren Verlauf des 17. Jahrhunderts im Stil André Le Nôtres fort.

Dabei war die Tradition des Terrassengartens der Renaissance keineswegs untergegangen; sie hielt sich bis ins 17. Jahrhundert hinein, wie vor allem das Beispiel der Villa Aldobrandini vor den Toren Roms und das der Villa Garzoni bei Lucca zeigt. Die zwischen 1598 und 1603 angelegte Villa Aldobrandini entwickelte mit dem prachtvollen barocken Nymphäum den in Caprarola erreichten hohen architektonischen Standard noch weiter. Zudem erfolgte hier der Übergang von diesem monumentalen formalen Element zum natürlich gewachsenen Wald unvermittelter als zuvor. Georgina Masson schreibt in diesem Zusammenhang: »Der Wandel vom Renaissance- zum Barockgarten läßt sich am besten als ein allmähliches Verwischen der Konturen oder, wie Luigi Dami sagt, ein Abmildern der Kanten beschreiben. Die Grundregeln sind noch die gleichen, und in der Nähe des Hauses gilt weiterhin die vom Menschen erdachte Ordnung; mit zunehmender Entfernung vom Haus verliert der Garten dann aber seine architektonischen Merkmale, und wo die beschnittenen Alleen schließlich in den natürlich gewachsenen Wald und die freie Landschaft übergehen, büßt auch der Kontrast von Licht und Schatten etwas von seiner Härte ein. Es ist die logische Fortentwicklung des Prozesses, der in der Villa Lante begann und in dem man bereits die Anfänge des pittoresken Geschmacks erkennen kann.«

Treppe und Kaskade der Villa Garzoni (heute Villa Gardi) bei Collodi aus der zweiten Hälfte des 17. Jahrhunderts standen der Situation in der Villa Aldobrandini an Großartigkeit nicht nach. Interessant ist allerdings ihre Anordnung auf einer tangentialen Achse seitlich der Villa, die damit nicht mehr den Mittelpunkt der Anlage bildet. Ein Buchsparterre auf der untersten Terrasse verriet darüber hinaus den zunehmenden Einfluß des französischen Geschmacks.

Von den um 1600 auftauchenden Buchsbroderien in Anet, Fontainebleau und Saint-Germain-en-Laye war schon die Rede. Wie entwickelte sich nun aber das Parterre von diesen ersten Anfängen zu seiner Vormachtstellung in den Gärten Europas? Und wie konnte sich der formale französische Stil des 17. Jahrhunderts so souverän entwickeln?

Claude Mollet hatte die Parterres von Anet und Fontainebleau als *compartiments en broderie* bezeichnet. Dabei hatte er allerdings nicht jene fließenden, pflanzengleichen Formen im Sinn, wie sie später mit Jacques Boyceau und André Le Nôtre assoziiert wurden. Er dachte vielmehr an ein einheitliches, in Buchs ausgeführtes Muster im Gegensatz zu einem Ensemble separater, mit verschiedenen Pflanzen bewirkter Formen. Seine frühen Parterregestaltungen waren heraldischer und symbolischer Art; es fehlte ihnen noch an jener Feinheit und Delikatesse, wie sie dann um die Jahrhundertwende erreicht wurden. Es war Jacques Androuet du Cerceau, der in einem Phantasieplan als erster mit den organischen Formen experimentierte, die aus der Tradition der Groteske stammten. Die frühesten ausgeführten Beispiele dessen, was später zu einem Höhepunkt der Parterrekunst werden sollte, scheinen allerdings Maria von Medicis »Stickmuster« im Palais de Luxembourg (1630er Jahre) gewesen zu sein.

Das *parterre de broderie* im Luxembourg war umgeben von balustradengeschmückten Terrassen (ähnlich dem Amphitheater in den Boboli-Gärten des Palazzo Pitti, in dem Maria aufgewachsen war) und lag in nächster Nähe des Schlosses. Die Mode der unmittelbar unter den Fenstern der Gartenfassade liegenden Broderien war also bereits etabliert; sie hatte sich aus der Tradition der Knotenbeete von Fontainebleau und Hampton Court entwickelt. John Evelyn nannte dieses Buchsparterre 1644 »so vortrefflich angelegt und so genau zugeschnitten, daß die Stickerei, von dem davorliegenden Gebäude aus betrachtet, eine wunderbare Wirkung macht«.

Die »Stickereien« des frühen und mittleren 17. Jahrhunderts beschränkten sich nicht auf vegetabilische Formen. Zu den stilisierten Akanthusblättern traten Masken, Vogelköpfe oder Drachen, die Mittel des grotesken Ornaments. Im Jardin de Luxembourg wurden eine Krone und der Buchstabe M in das Gewebe des Parterres integriert. Gegen Ende des 17. Jahrhunderts bildete der Stickereistil dann eher abstrakte Muster aus. Sie waren allerdings von natürlichen Objekten – Palmblättern, Nelken oder der rankenden *Bryonia* – abgeleitet. Bei aller Bewegtheit blieben zudem die *parterres de broderie* von Boyceau und den Söhnen Claude Mollets brav im traditionellen Rahmen – häufig dem in vier Flächen unterteilten Quadrat oder Rechteck. Erst André Le Nôtre setzte sich über diese starre Unterteilung hinweg, indem er das filigrane Buchsmuster der Innenflächen über das ganze Parterre zog.

Der Jardin de Luxembourg hatte keine Blumen. Hier gab man sich offensichtlich mit dem Kontrast zwischen dem Buchs und den farbigen Füllmaterialien zufrieden. André Mollet verwandte verschiedenfarbigen Sand für seine Parterres, die in der Regel von einem einfachen oder doppelten Buchsband eingefaßt waren. Erst später traten an dessen Stelle die Blumenrabatten, die unter dem Namen *plate-bandes* bekannt geworden sind.

Die Broderien aus der Zeit der Maria von Medici, die nach Wilfried Hansmann zu »den Höhepunkten französischer Parterrekunst vor Le Nôtre« zählten, sind nicht mehr vorhanden. Lediglich Pläne, Illustrationen und Beschreibungen haben sich davon erhalten. Unter diesen sind es vor allem die zum Teil schon zitierten Bemerkungen John Evelyns, die Beachtung verdienen. Er erwähnt den Schildkrötenteich und das Schneehaus und gibt dann eine lebhafte Schilderung der Vergnügungen, denen man sich um die Mitte des 17. Jahrhunderts im französischen Garten hingab: »Manche Wege sind bevölkert von Kavalieren und Damen; auf anderen sieht man melancholische Mönche, eifrige Scholaren oder fröhliche Bürger; diese liegen oder sitzen im Gras, andere laufen und springen; diese spielen mit Kugeln und Bällen, jene tanzen und singen; und all das spielt sich dank der Größe des Ganzen ohne die geringste gegenseitige Störung ab.«

Wenn die großen Traditionen des Luxembourg und des (aus den vierziger Jahren des 17. Jahrhunderts stammenden) Liancourt zusammen mit dem Leben und Treiben, wie es an diesen Orten möglich war, untergegangen sind, so haben sich doch gewisse architektonische Reste – vor allem Grotten – in den gleichzeitigen Gärten von Wideville, Richelieu und Tanlay (aus den 1630er und 1640er Jahren) erhalten. In der winzigen Terrassenanlage von Brécy bei Bayeux in der Normandie ist noch heute etwas von der Welt der Mollets und Alexandre Francinis zu spüren – einer Welt, welcher der Auftritt des größten Meisters der Gartengestaltung in Frankreich, André Le Nôtre, noch bevorstand.

In Holland entwickelte sich trotz italienischer und französischer Einflüsse in Het Loo und in vielen anderen Gärten des 17. Jahrhunderts ein durchaus eigenständiger Gartenstil. Erik de Jong macht auf das wichtige Moment der Umfassung und damit auf die Binnenorientierung dieser Gärten aufmerksam. Dieser Stil entwickelte sich als Reaktion auf die landschaftsprägenden Elemente Kanal und Deich, in Anlehnung an das fortbestehende Phänomen des flämischen Manierismus und als Widerschein der ausgeprägten hortikulturellen Tradition. Er kam in der Tendenz zur Einteilung des Gartens in Kompartimente zum Ausdruck – in dem, was John Dixon Hunt meint, wenn er davon spricht, daß der holländische Garten gewissermaßen aus lauter Stückchen zusammengestoppelt sei. Von diesen Traditionen hat sich allerdings kaum etwas erhalten. Nichts ist von Honselaarsdijk auf uns gekommen, fast nichts vom ehemaligen Huis ten Bosch (1645–1652),

Entwurf für ein *parterre de broderie* von Jacques Boyceau, vermutlich für das Palais Luxembourg. Das dort ausgeführte Parterre wurde Boyceau aufgrund dieses Entwurfs zugeschrieben, der in seinem posthumen Werk von 1638 mit dem Titel *Traité du jardinage* enthalten war. Die Broderie ist typisch für den frühbarocken Stil und steht damit in Kontrast zu Le Nôtres Parterre in Vaux (S. 75): hier das feine Filigran mit den Emblemen und die geradlinige Rahmung, dort kühnere Muster und weniger strenge Konturen. An die Stelle der doppelten Buchseinfassung trat schließlich die *plate-bande* oder Blumenrabatte.

Der Kanal und die Wasserparterres von Chantilly, wie sie sich im 17. Jahrhundert präsentierten. Die Darstellung vermittelt einen lebhaften Eindruck vom Leben und Treiben im französischen Barockgarten und demonstriert zudem Le Nôtres meisterhafte Verwendung der *plate-bande* als Umrahmung des Parterres. Diese Rahmung ist heute nicht mehr vorhanden, aber die Struktur der Anlage ist erhalten geblieben.

von Hofwijck (1640), Zorgvliet (1640er–1680er Jahre) und Clingendaal (1680), um nur einige der großen Gärten jener Zeit zu nennen. Die prächtige Muschelgalerie von Rosendael (1720er Jahre) ist heute von einem Landschaftspark umgeben, den J. D. Zocher 1836/37 anlegte. Vom originalen holländischen Pflanzstil zeugt nur noch das großartig restaurierte Het Loo.

Die Tendenz, Blumen eher als individuelle Gewächse denn als Einheiten innerhalb des Formenmusters des Parterres vorzustellen, war in den Niederlanden mindestens bis in die Zeit von Crispin de Passe (1614) zurückzuverfolgen. Aus L. Scherms um 1700 entstandenem Stichwerk mit Ansichten von Het Loo geht hervor, daß die Blumen in den königlichen Gärten innerhalb der Rabatten oder *plate-bandes* in einer einzigen Reihe und in einem gewissen Abstand voneinander gepflanzt wurden. Wenn sie sich in dieser Weise jeweils als Einzelpflanzen hervortaten, so entstand durch ihre symmetrische Anordnung andererseits eine übergreifende Einheit; jede Seite spiegelte die andere. Von weitem erschienen die Blumen als Teile eines Musters; in der Nähe bot sich jede einzelne Akelei, Päonie oder Lilie als individuelles Portrait dar.

Um den Kontrast zur alternativen französischen Tradition der *plate-bandes* zu verstehen, wie sie sich unter Le Nôtre entwickelte, braucht man nur einen Blick auf den an-

Bepflanzungsplan für das Grand Trianon, 1693. Diese dichte Bepflanzung im französischen Stil diente als Vorbild für die Restaurierung – wenn auch mit modernen Blumen – der *plate-bande* im Brühler Schloß Augustusburg. Das Resultat ist auf dem Farbfoto auf S. 64 zu sehen.

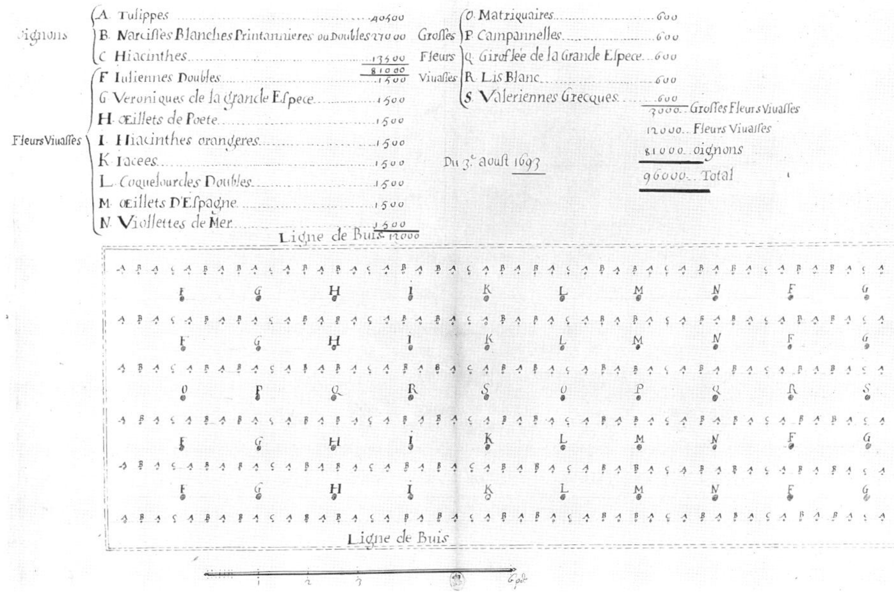

onymen Bepflanzungsplan von 1693 für das Grand Trianon in Versailles zu werfen. Sein Aufbau, obwohl für eine sehr viel intimere Örtlichkeit gedacht, scheint auch in größerem Maßstab realisierbar. Die Frühjahrsbepflanzung besteht aus Tulpen, Narzissen und Hyazinthen, die in sechs jeweils fußbreit voneinander entfernten Reihen im Abstand von ca. 11 cm gepflanzt wurden. Der Sommerflor präsentiert sich als ein komplexeres Raster aus mehrjährigen Pflanzen – darunter Lilien, Bartnelken, blaues Sperrkraut und »violette de mer«, eine Veilchenart – ebenfalls in rhythmischer Abfolge. In der Brühler Schloßgärtnerei hat man ein Probebeet nach dem Rhythmus des Trianon-Plans angelegt, das allerdings nicht mit den dort angegebenen, sondern mit modernen Pflanzen bestückt ist.

Wenn der französische Stil in den ganzen deutschen Kulturraum vorgedrungen war, so spielten hier doch auch holländische und einheimische Traditionen eine Rolle, wie der Große Garten von Herrenhausen zeigte. Auch der aufgegebene Garten von Gaibach (1677) ließ holländische Einflüsse erkennen; der Abschluß glich demjenigen von Het Loo, das vertieft angelegte ovale Bassin erinnerte an Heemstede, und der Nutzgarten spielte eine große Rolle. Allerdings war Gaibach einheitlicher und weniger kleinteilig als seine weiter nördlich gelegenen Gegenstücke. An holländische Vorbilder erinnerte auch das Kanalsystem in Schleißheim. Andererseits schuf Dominique Girard, bis 1715 »garçon fontanier« in Versailles, sowohl in Schleißheim (1715–1717) als auch in Brühl (1728) großartige Parterres in der Manier seines Lehrers André Le Nôtre. Das Brühler Parterre ist wie viele deutsche Parterres restauriert worden, und zwar in den 1930er Jahren, während Schleißheim im 19. Jahrhundert verändert wurde; nach dem Zweiten Weltkrieg trat hier eine Rasenfläche an die Stelle der *parterres de broderie*. Am anderen Ende des Spektrums präsentiert der kleine, aber reizvolle Garten von Weikersheim (ab 1708) in seinem Skulpturenschmuck noch heute das komplette ikonographische Programm der Zeit.

Zwei Gärten in England klaffen, was ihre Dimensionen angeht, ähnlich weit auseinander wie Schleißheim und Weikersheim; es sind Wrest Park in Bedfordshire (ab ca. 1671) und Westbury Court in Gloucestershire (ab 1696). Häufig heißt es, sie repräsentierten den französischen bzw. den holländischen Stil; beide stellten allerdings eindeutig englische Merkmale zur Schau – so zum Beispiel das schlichte Rasenparterre in Wrest oder die einander abwechselnden Stechpalmenkugeln und Eibenpyramiden in Westbury Court. Wie so viele englische Gärten des 17. Jahrhunderts sind sie, verändert und umgestaltet, längst nicht mehr reine Vertreter ihrer Entstehungszeit. Immerhin aber lassen sie noch mehr von der ursprünglichen Bepflanzung erkennen als andere Anlagen aus dieser Zeit: Hampton Court hat sein kompliziertes Parterre eingebüßt, Melbourne Hall und Bramham bewahren zwar die Struktur, nicht aber die Details der originalen Bepflanzung; und alle Wasserbauten von Chatsworth können nicht über den Verlust der einst großartigen Parterres und Boskette hinwegtäuschen. Es gibt eine Reihe neuerer Studien über den italienischen Einfluß auf die englischen Gärten der Zeit zwischen 1600 und 1750 und mehrere Publikationen über die Gärten von William und Mary; ein umfassen-

Entwurf für den Großen Garten in Herrenhausen von M. Charbonnier, frühes 18. Jahrhundert. Die neue Anlage stellt eine Synthese aus holländischen und französischen Stilformen dar und geht auf Charleval, Honselaarsdijk und Mollets *Jardin de plaisir* zurück. Das Theater im italienischen Stil und die *parterres à l'angloise* spiegeln weitere Einflüsse.

Das Amphitheater in Kleve mit der Fontana Miranda (links, auf einem Stich von ca. 1665), nur teilweise erhalten, war Bestandteil einer riesigen gestalteten Landschaft des Johann Moritz von Nassau-Siegen. In dieser Landschaft befanden sich mehrere künstlich aufgeschüttete Hügel, die als Aussichtspunkte dienten und mit Bauwerken oder Monumenten ausgestattet waren, welche den Frieden nach Kriegszeiten (zum Beispiel in der Gestalt von Mars und Minerva) symbolisierten; eine um 1680 entstandene Zeichnung von J. van Call *(rechts)* zeigt die Marssäule. Es scheint, daß die das Amphitheater abschließende Exedra mit einer optischen Vorrichtung versehen wurde, damit der Blick auch noch die jenseitige Ebene erfassen konnte. (Zum Vergleich die heutige Ansicht über die Minervastatue hinweg auf die Becken und den Kanal.) Die Fontana Miranda sollte die Wunder der Kunst und der Natur zur Schau stellen – darunter offensichtlich auch vier Schuppentannen, die Johann Moritz aus Südamerika mitgebracht hatte.

des Werk über den formalen Garten in England nach 1660 ist aber bisher nicht geschrieben worden.

Die Reste des großartigen Gartens des Johann Moritz von Nassau-Siegen in Kleve an der deutsch-niederländischen Grenze erinnern daran, daß nicht alle formalen Gärten jener Zeit sich in bezug auf eine Ausstattung mit Parterres oder Bosketten auf terrassiertem Gelände am Vorbild von Versailles oder Het Loo orientierten. Kleve wies im übrigen einen Bilderreichtum auf, von dem sich für den heutigen Besucher dieses Gartens der Wasserbecken und Perspektiven nichts erhalten hat.

Dabei war Kleve keineswegs eine Einzelerscheinung. In Frankreich sahen sich die immer größeren und komplexeren geometrischen Gärten – Liancourt, Richelieu, Vaux-le-Vicomte und Versailles – von Anlagen herausgefordert, die sich die Unregelmäßigkeit ihres Terrains zunutze machten, so vor allem Saint-Cloud (1620er Jahre) und Rueil (ab 1630). Kenneth Woodbridge schreibt, daß »Rueil jener europäischen Tradition angehörte, der zufolge der Garten der Ort der Phantasie sein durfte«; die Obszönitäten der Höllenschlund-Grotte stellten eine »Anstiftung zur Unordnung« dar. Hier waren italienische Einflüsse am Werk. Schon 1581 hatte Montaigne bei seinem Besuch in Rom festgestellt, daß die Italiener sich die Unregelmäßigkeiten eines Terrains zunutze machten, um Diversität zu schaffen. Die Fusion des Regulären mit dem Irregulären in der Villa Lante und in Caprarola und die scheinbare Unordnung des phantastischen Gartens von Bomarzo repräsentieren unterschiedliche Tendenzen innerhalb dieses Spektrums. Und auch in Deutschland zeigte Joseph Furttenbach in seiner *Architectura Civilis* (1628) einen Idealgarten, in dem Ordnung und Formalität der Unordnung oder Nichtformalität an die Seite gestellt waren. In Frankreich ging dieses Spannungsverhältnis von Kunst und Natur, von Ordnung und Freiheit, wie es in Rueil und Saint-Cloud zum Ausdruck kam, schließlich im geometrischen Stil André Le Nôtres unter und erwachte erst in der pittoresken Bewegung des 18. Jahrhunderts zu neuem Leben.

LEVANDAM OPPORTVNO

Villa Aldobrandini

Zwei Hauptattraktionen im Garten der Villa Aldobrandini in Frascati. Unten links: Faldas Ansicht der *Fontana rustica* aus *Le Fontane di Roma,* 1683. Oben: Das Nymphäum in seinem heutigen Zustand mit der dahinter aufsteigenden Ilexhecke sowie eine Nahaufnahme eines der Alkoven.

Wer, mit dem Zug von Rom kommend, in Frascati aussteigt und den Bahnhof verläßt, dem bietet sich schon nach wenigen Schritten hügelaufwärts der imposante Anblick der Villa Aldobrandini, deren massiver Sprenggiebel sich gegen die umliegenden Hügel und den Himmel abzeichnet. Von Giacomo della Porta entworfen und von Carlo Maderno ab 1598 in der kurzen Zeitspanne von nur fünf Jahren erbaut, hat sich die Villa Aldobrandini von den vielen prächtigen Villen, die einst die Hügel um Frascati zierten, als das vollständigste Ensemble aus Haus und Garten erhalten. 49–53

Zuvor hatte das Gelände, das man mit Cicero und dem antiken Tusculum in Verbindung brachte, rund sechzig Jahre lang Kardinälen und Päpsten als bevorzugtes Refugium gedient. Das »Bäumchen-wechsel-dich«-Spiel der *villeggiatura,* des allsommerlichen Rückzugs aus der Stadt aufs Land, machte ständige Umbauten und Erweiterungen dieses schönen Landsitzes notwendig. Als der Neffe Clemens' VIII., Kardinal Pietro Aldobrandini, die Villa erwarb, war er entschlossen, in einen Wettstreit mit den Gärten von Caprarola und Bagnaia zu treten. Von ganz entscheidender Bedeutung war hier, wie in so vielen italienischen Gärten, das im Aquädukt herangeführte Wasser. Seine festliche Präsentation erlebte es in der Kaskade und im Nymphäum, die noch immer die Hauptanziehungspunkte dieses herrlichen Gartens sind.

Den heutigen Besucher begeistern die wunderbare Lage des Landsitzes und der Garten, der sich gleich hinter dem Wohnbau den Hügel hinaufzieht. Ehemals gelangte man auf einem steil ansteigenden Weg zum Haus. Die horizontalen und diagonalen Linien der mit Orangenbäumen geschmückten Terrassen und Rampen nahmen die Linien der Architektur auf. Heute, vierhundert Jahre später, ist die auf beiden Seiten von Rasen und Bäumen begleitete Mittelachse zu einer massiven Allee aus beschnittenem Ilex zusammengewachsen; die Orangenbäume sind nicht mehr vorhanden.

Zu beiden Seiten des Hauses fällt der Blick des Besuchers zunächst auf eine Quincunx prachtvoller alter Platanen. Auf der Westseite ist diese Baumgruppe mit Hortensien in runden Beeten unterpflanzt. Sie bilden ein abstraktes Muster, dessen Schönheit gefangennimmt, wenn sie auch weit entfernt ist vom ästhetischen Verständnis della Portas und Madernos. Ein Plan aus dem Jahre 1647 zeigt das anschließende Areal mit komplizierten Parterres oder Knotenbeeten in den in der Renaissance üblichen Viereckformen geschmückt. Daß solche Blumengärten sich trotz der Ausbreitung des französischen Buchsornaments in Italien noch weit bis ins 17. Jahrhundert hinein hielten, bezeugen die in Dumbarton Oaks aufbewahrten anonymen Bepflanzungspläne aus dieser Zeit. Das kostbare Musterbuch enthält individuelle kleine Beete in der Form von Kreisen und Sternen – wie die Sterne von Menkins, nur hundert Jahre später.

Im und am wichtigsten Ausstattungsstück des Gartens, dem halbrunden Nymphäum, ist der Geist der Entstehungszeit lebendig geblieben. Das prachtvolle Bau-

Ein Blatt aus einem Manuskript des späten 17. Jahrhunderts, das Bepflanzungspläne für den Garten einer nicht näher bezeichneten italienischen Villa enthält. Nach diesem Musterbuch zu schließen, erfreuten sich die traditionellen Blumenbeete in der Form von Kreisen und Sternen in manchen Gärten Italiens trotz des Vordringens des französischen Buchses – zum Beispiel in der Villa Garzoni – weiterhin großer Beliebtheit.

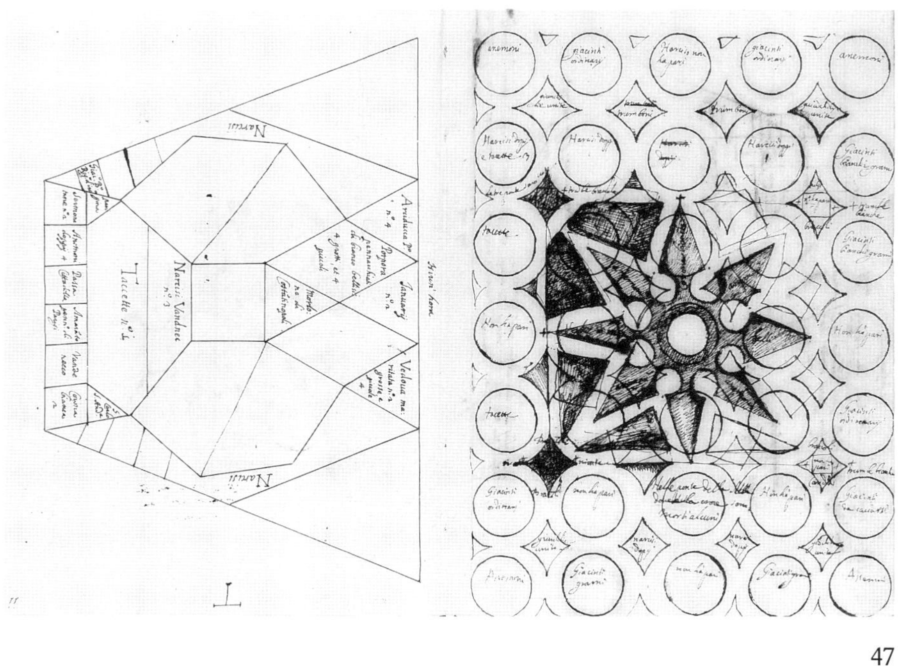

werk, das Haus und Garten miteinander verbindet, diente einem praktischen Zweck. Seine nach Norden orientierten, halb in der Erde liegenden Räume boten im Sommer willkommene Kühle. Sie waren belebt von Wasser, Skulpturen, *trompe l'œil*-Malerei und der Ovidschen Mythologie.

Es war vor allem diese Belebtheit, die Besucher wie John Raymond und John Evelyn im 17. Jahrhundert so beeindruckte. Raymond lieferte eine detaillierte Schilderung des »Parnaß und der neun Musen mit ihren künstlich tönenden Blasinstrumenten. Unter dem Hügel befinden sich Instrumente, die verschiedene Melodien so schön und klar von sich gaben, daß wir glaubten, hier spiele ein Meister, aber dann erkannten wir, daß sie von selbst spielten, und sahen später auch den Grund: In der Mitte des Raumes befindet sich ein Loch im Boden, aus dem ein Luftstrom so gewaltig bläst, daß er eine halbe Viertelstunde lang einen Ball emporhebt.« Und John Evelyn berichtete von den »vielen Mechanismen, die den Betrachter unversehens naßspritzen«.

Was sie beschrieben, war der Saal des Apollo. Er war damals mit Fresken von Domenichino geschmückt, die Szenen aus den *Metamorphosen* des Ovid schilderten, unter anderem die Geschichte von Apollo und Daphne. Apollo ist in Liebe entbrannt, denn Amors liebebewirkender goldener Pfeil, vom Parnaß abgeschossen, hat ihn getroffen. Er verfolgt Daphne, doch dieser hat der Gott seinen stumpfen bleiernen Pfeil zugedacht, der keine Liebe erzeugt. Sie fleht um Hilfe, wird in einen Lorbeerbaum verwandelt und entgeht so der weiteren Verfolgung. – Der Parnaß ist unlängst restauriert worden.

Leben und Bewegung kennzeichneten auch den Außenbau des Nymphäums: Das Horn des Kentauren erklang, aus der mit spitzen Röhren besetzten Erdkugel des Atlas sprühte das Wasser, während darunter der Gigant Enkeladus, von den Felsen fast erdrückt, nach Atem rang; ein künstlicher Sturm »brachte Regen, Hagel, Schnee und Donner«. Die Nischen, bevölkert von Pan und dem Kentauren, waren mit Tuff und Bimsstein ausgekleidet, die natürliches Felsgestein imitierten. Die kunstvolle Wasserkaskade oberhalb des Nymphäums bietet der Phantasie weiteren Spielraum – John Dixon Hunt spricht vom »metamorphischen Spiel mit den Elementen der Kunst und der Natur«. In John Evelyns Augen war die Kaskade nicht so sehr ein Wasserlauf, sondern »eher ein gewaltiger Fluß, der in ein großes Wassertheater herabstürzt und im hellen Sonnenschein einen vollkommenen Regenbogen bildet«. Auch den heutigen Besucher, der hier keine kunstvollen Wasserspiele mehr antrifft, beeindrucken die Architektur des Nymphäums und sein plastischer Schmuck so sehr, daß ihm sehr wohl Metamorphosen in den Sinn kommen können.

Aus den beiden Säulen, die das obere Ende der Kaskade markieren, schießt Wasser empor, das anschließend in kunstvollen, in Spiralform um die Säulen geführten Girlanden scheinbar natürlich herunterrinnt. Dazwischen sind die Säulenschäfte mit Mosaiken aus roten, grauen, gelben und weißen Steinchen geschmückt. Blickt man vom oberen Ende der Kaskade zurück, dann rahmen die Säulen den Mittelsaal der Villa; von dort aus erscheint umgekehrt der Garten von ihnen gerahmt. Die Achse wird von den hohen Ilexhecken begleitet, die auf der Ebene des Nymphäums dessen hemisphärische Form nachbilden. Wenn Faldas Stich zuverlässig ist, müßten diese Hecken ehemals aus zwei Abteilungen bestanden haben und von einzelnen Bäumen überragt worden sein. Die gleiche Wirkung kann man noch heute in den Boboli-Gärten bewundern: Neben anderen Immergrünen bilden dort Laurustinus *(Viburnum tinus)*, Alaternus *(Rhamnus alaternus)*, Phillyrea *(Phillyrea latifolia)* und Myrte *(Myrtus communis)* das grüne Mosaik der unteren Abteilung, während die obere mit Ilex *(Quercus ilex)* bestanden ist. In der Villa Aldobrandini dominiert heute eine einzige massive Ilexwand.

Auf Faldas Stich der *Fontana rustica* in der Villa Aldobrandini ist zu erkennen, wie plötzlich der Übergang zwischen der erhabenen Formalität des Nymphäums und der eher groben Formalität des *bosco* war. In der Bepflanzung dieses Bereichs zeigt sich eine seltsame Verquickung von Kunst und Natur – ein regelmäßiges Parterre und beschnittene Hecken, kombiniert mit unregelmäßig verteilten Bäumen und dem keiner Regel folgenden Wald. Die Unterschiede haben sich in dem heute ziemlich zugewachsenen Teil des Gartens verwischt, aber dank Falda können wir uns die einstigen Übergänge und Abweichungen in der Bepflanzung immerhin noch vorstellen. Trotz aller Veränderungen, welche die Parterres, die Hecken und Haine erfahren haben, ist und bleibt die Villa Aldobrandini eine Freude für den Rombesucher, ein ungewöhnlich eindrucksvoller und schöner Garten.

Im Garten der zwischen 1598 und 1603 entstandenen Villa des Kardinals Pietro Aldobrandini in **Frascati** führten Giacomo della Porta und Carlo Maderno den in Caprarola erreichten architektonischen Hochstand noch weiter: Der Ort ist beherrscht von dem großartigen barocken Nymphäum, hinter dem sich die markante Zentralachse in Form der von den oberen Brunnen herabkommenden Kaskade fortsetzt. Damit ergab sich ein dramatischer und plötzlicher Übergang von der erhabenen Formalität des Nymphäums zur rustikalen Formalität des *bosco*. Die ursprüngliche Bepflanzung, die diesem Übergang in subtiler Weise entsprach, ist in dieser Form nicht mehr vorhanden. Die Skulpturen des Nymphäums und die jüngst restaurierte Halle des Apollo zeugen aber auch heute noch von der Vitalität der ursprünglichen Konzeption. Von den im Vordergrund der nebenstehenden Ansicht erkennbaren Resten der *Fontana rustica* geht der Blick hinunter auf die Rückseite der Villa.

Villa Aldobrandini

Der Garten der Villa Aldobrandini liegt an einem steilen Hang an der Südseite des Gebäudes. Der von Frascati, also von Norden, kommende Besucher näherte sich der Villa ursprünglich auf der Mittelachse eines formalen Gartens.

Vierhundert Jahre nach ihrer Anlage erstreckt sich an dieser Stelle eine monumentale Allee aus beschnittenem Ilex *(gegenüberliegende Seite)*, auf beiden Seiten von Gras und unregelmäßig stehenden Bäumen begleitet. Wer heute auf dem Weg in den Garten seitlich an der Villa vorbeigeht, stößt als erstes auf eine Quincunx knorriger Platanen *(rechts)*, die auf der Westseite mit Hortensien unterpflanzt sind. Die Nordfassade der Villa wird von einem imposanten Sprenggiebel gekrönt *(oben rechts)*. Das obere Ende der Kaskade markieren zwei Säulen, von denen das Wasser in Spiralen herunterfloß.

Das von den *Metamorphosen* des Ovid inspirierte Nymphäum, zentrales Element der Anlage, wirkt mit seiner eindrucksvollen Komposition und seinem reichen plastischen Schmuck noch heute überwältigend. Wasser bringt die Architektur zum Leben: Es sprüht aus dem von Atlas getragenen Erdball, während unten der Gigant Enkelados unter dem Felsen nach Atem ringt *(oben)*, und läßt das Horn des Kentauren erdröhnen *(unten)*. Im Innern des Nymphäums befindet sich der Saal des Apollo; der Parnaß ist durch die unlängst erfolgte Restaurierung in seiner ganzen farbigen Pracht wiedererstanden *(rechts)*.

Vaux-le-Vicomte

Der Garten, wie wir ihn heute in Vaux-le-Vicomte sehen, ist nur zum Teil das Werk André Le Nôtres. In der Regierungszeit Ludwigs XIV. entworfen, wurde Vaux 1661 vollendet, aber ab 1665 schon wieder zerstört. Nach einer langen Zeit des Verfalls wurde der Park am Ende des 19. Jahrhunderts von den Landschaftsarchitekten Lainé und Duchêne wiederhergestellt. Die ursprüngliche Bepflanzung ist freilich von Grund auf verändert worden.

Das betrifft zumal die drei von Le Nôtre entworfenen Parterretypen: Das schöne und farbenreiche *parterre de pièces coupées pour des fleurs* ist heute durch Rasen ersetzt, während das *parterre de broderie (links, im Vordergrund)* eine sehr viel massivere Version des delikaten und organischen Le Nôtreschen Flechtwerks darstellt. Allein im *parterre à l'angloise* hat sich in Gestalt der schlichten Rasenflächen *(oben)* etwas von der ursprünglichen Wirkung erhalten. Ein Stich des 17. Jahrhunderts (S. 75) zeigt den Garten noch ohne die zu Kegeln und Kugeln beschnittenen Eiben, die eine spätere Zutat sind und bis heute die Hauptachse begleiten *(links)*. Ungeachtet der Veränderungen haben sich die Großartigkeit und Schönheit des Ganzen erhalten: das reizvolle Schloß in seinem Wassergraben; die Wirkung des endlosen Raumes; die kalkulierten Überraschungen, die auf den Besucher warten; die Wälder, die mit dem Alter höher geworden sind.

Versailles

Der Park, den André Le Nôtre ab 1661 in Versailles für Ludwig XIV. anlegte, galt vielen Generationen als ein Muster der Gartengestaltung; seine komplexe Ikonographie und die Fülle der durch Wasser, Ornament und Bepflanzung erzielten Wirkungen betörten die Herrscher Europas. Der Garten, ursprünglich mit einer Fülle von Bedeutungen behaftet, hat eine so lange Entwicklung erfahren, daß keine Geschichtsschreibung ihn in seiner ganzen Komplexität erfassen kann. Es ist ähnlich wie bei Bühnenbildern – ein Gutteil des Dekors ist zugleich mit den Lebensäußerungen, für die er gedacht war, verschwunden. Das gilt vor allem für die Boskette. Die ornamentale Bepflanzung der Parterres steht nur noch zum Teil in einem Bezug zum Werk Le Nôtres. Dennoch hat Versailles sehr wohl eine machtvolle Qualität bewahrt.

Das Südparterre *(oben rechts)* mit den Blumenrabatten und Formhecken ist eine gröbere Version des ursprünglichen Le Nôtreschen Entwurfs, während die massiven Buchskompartimente des Nordparterres *(links)* mit modernen einjährigen Pflanzen gefüllt sind. Das Latona-Parterre, welches die Hauptachse auf beiden Seiten begleitet *(gegenüberliegende Seite)*, besteht aus Rasenstücken und modern bepflanzten Rabatten.

Die ursprüngliche Ikonographie des Sonnengotts Apollo ist in der Wechselbeziehung der beiden Brunnen auf der Mittelachse *(gegenüberliegende Seite)* erhalten geblieben. Im Vordergrunde das Latona-Becken (Latona war die Mutter Apollos; sie floh vor Junos Rache und wurde von Bauern beleidigt, die Jupiter daraufhin in Frösche verwandelte – ein Bild herrscherlicher Macht über Andersdenkende); in der Ferne das Apollobecken, Sinnbild der aufgehenden Sonne. Die Sphinx *(oben links)*, hier an ihrem neuen Platz, trug einst zu diesem Thema von Autorität und Gehorsam bei.

Die Kolonnade *(gegenüberliegende Seite)*, 1685 bis 1689 von Jules Hardouin-Mansart erbaut, und das Bacchus-Becken *(oben)*, einer der vier Brunnen, welche die Jahreszeiten verkörpern, belebten einst die Boskette von Versailles. Der Wald, der dem heutigen Betrachter vielleicht eher langweilig erscheint, barg ursprünglich Brunnenanlagen, Theater und ein Labyrinth. Die Neuanpflanzung des Bosketts, das von einem Zaun umgeben ist *(rechts)*, hat diesem Teil des Gartens eine gelungene Verjüngung beschert.

Het Loo

Die Gärten von Het Loo, in den Jahren 1684/85 für Wilhelm III. von Oranien und seine Frau Mary entworfen, wurden zwischen 1977 und 1984 mit großer Sorgfalt restauriert. In ihrem heutigen großartigen Erscheinungsbild kommen sie dem ursprünglichen Zustand nahe. Die Restaurierung hat der Anlage ihre authentischen Proportionen und die exquisiten Dekorationselemente des niederländischen Barock wiedergegeben. Mit dem sprühenden blau-gelben Brunnen der Himmelskugel *(oben)*, dem Gitterwerk und der Kaskade, der Muschelgrotte und den blumenübersäten Parterres sind Farbe, Leben und Vielfalt nach Het Loo zurückgekehrt.

Die Parterres von Het Loo zeigen das ganze Repertoire der Bepflanzungseffekte, wie es in der Zeit des Barock erreicht war. Diverse Muster aus Rasen, Kies und Buchs werden durch die sie umgebenden Blumenrabatten oder *plate-bandes* zusammengefaßt. Die letzteren sind typisch für den niederländischen Stil der Bepflanzung, der sich vom französischen durch das weite Auseinandersetzen der einzelnen Blumen unterscheidet. Kletterpflanzen an Stangen und einfach beschnittenes Buschwerk – Juniper und Eibe – sind ebenfalls kennzeichnend für die ursprüngliche Bepflanzung, die auf dem um 1700 entstandenen Stich von Scherm erscheint (s. S. 80).

Der sogenannte Untere Garten zeigt zwei verschiedene Arten der Bepflanzung: ein *parterre à l'angloise*, das die englische Liebe zum Rasen mit der französischen Vorliebe für den Buchs vereinigt, und das doppelte, aus Broderien bestehende *parterre de compartiment (links, Vordergrund und Hintergrund)*. Im *Garten der Königin (oben)* wurden traditionell »weibliche« Blumen – Akelei und Lilien, Symbole der Jungfrau Maria – mit in Kübeln stehenden Orangenbäumen zusammengesetzt.

Der Garten der Königin in Het Loo stand durch die reizende, mit glänzenden Muscheln und Marmorsplittern ausgestattete Muschelgrotte *(gegenüberliegende Seite)* mit Marys Appartement in Verbindung. Die Grotte ist heute kunstvoll restauriert; ein Detail der Decke *(links)* macht die Verbindung von Kunst und Natur anschaulich. Ein in einer Ecke angeordnetes Aviarium ermöglichte es den Vögeln, zwischen dem Innenraum und dem Vogelkäfig draußen hin- und herzufliegen. Nach ihrer Wiederherstellung ist die Grotte nun wieder belebt von Vogelgezwitscher und dem Geräusch versprühenden Wassers. Muscheln fanden auch am Venusbrunnen im Unteren Garten Verwendung *(oben)*.

Der deutsche Barock

Deutsche Barockgärten sind häufig eine Synthese aus französischen, italienischen und niederländischen Einflüssen: Herrenhausen spiegelte zunächst venetianische und altdeutsche Traditionen, später erinnerte es an Charleval und Honselaarsdijk; Groß-Sedlitz ist von den Treppen und Kaskaden italienischer Gärten und den französischen Brunnen inspiriert. In der Kunst der Parterregestaltung war der französische Einfluß vorherrschend, so zum Beispiel im Werk Dominique Girards, der im Brühler Schloß Augustusburg, in Schleißheim und in Nymphenburg tätig war.

Das Parterre in **Brühl** *(oben)*, 1933 bis 1935 restauriert, zählt zu den besten Beispielen spätbarocker Broderie; die *plate-bandes*, obwohl aus modernen Einährigen bestehend, lehnen sich an den Bepflanzungsplan für das Versailler Grand Trianon von 1693 an (s. S. 43).

Die eleganten Stufen der »Stillen Musik« in **Groß-Sedlitz**, so genannt nach den musizierenden Tritonen auf der Balustrade, dienten August dem Starken einst als Schauplatz festlicher Empfänge.

Die wiederhergestellte Bepflanzung in **Herrenhausen** *(oben)* ist eine freie Interpretation alter Traditionen des *parterre de broderie*, während die Rabatten in **Nymphenburg** *(rechts)* eher modern denn historisch anmuten; um 1715 bis 1720 befand sich ein *parterre à l'angloise* auf der Hauptachse. Unter dem Einfluß der Forderung nach »Natürlichkeit«, wie sie von dem Franzosen Dézallier d'Argenville erhoben wurde, war das beschnittene Buschwerk zugunsten von Gras und Blumen zurückgedrängt worden.

In Dominique Girards Parterres werden unterschiedliche Tendenzen der Gartengestaltung des frühen 18. Jahrhunderts sichtbar. Sein Plan von 1715 bis 1717 für **Schleißheim** gibt dem an *zentraler Stelle angeordneten parterre de pièces coupées pour des fleurs* den Vorzug vor der Broderie. Das wiederhergestellte Parterre *(oben)* hält sich an das Vorbild der Girardschen Blumenbeete. Dennoch ist es nicht mehr im strengen Sinne authentisch, denn es ist nicht in Kies, sondern zwischen Rasen gesetzt und mit Blumen in leuchtenden Farben bestückt. An die Stelle der Ballspielbahn ist ein Kanal getreten *(rechts)*.

Chantilly

Von Le Nôtre in den Jahren 1662/63 für Louis II. de Bourbon angelegt, ist Chantilly nicht nur ein (wenn auch nur in Teilen) authentisches Zeugnis vom Werk dieses großen Meisters, sondern auch das Beispiel des großen formalen Gartens, der spätere – formale und nichtformale – Zutaten aufgenommen hat. Louis-Sébastien Mercier sprach im 18. Jahrhundert von Chantilly als von der »schönsten Ehe, die Kunst und Natur jemals miteinander eingegangen sind«. Von den späteren Hinzufügungen ist vieles verlorengegangen, aber das entzückende Hameau von 1774/75 hat sich an seinem pittoresken Schauplatz erhalten.

In Chantilly führt die Hauptachse seitlich am Schloß vorbei, dessen romantische Silhouette *(oben)* sich mit der Landschaft verbindet. Le Nôtre machte sich die Niveauunterschiede des Geländes zunutze und errichtete eine massive Zugangsrampe, von deren oberem Ende der Park zum ersten Mal ins Blickfeld des Betrachters rückt *(rechts)*. Die Achse passiert zwei identische Wasserparterres (1666), quert dabei einen gigantischen, auf der Gegenachse verlaufenden Kanal (1671–1682) und führt hinauf zu einem Rasen-Amphitheater. Auch wenn die farbigen Blumenrabatten heute fehlen, hat die großartige Anlage ihre immanente Schönheit bewahrt (s. S. 43).

Wrest Park und Chatsworth

Von den formalen Gärten, die zwischen 1660 und 1740 in großer Zahl in England angelegt wurden, sind nur wenige annähernd in ihrem ursprünglichen Erscheinungsbild überkommen. In Hampton Court zum Beispiel hat sich von der Gestaltung und Bepflanzung der Parterres und von der Wildnis so gut wie nichts erhalten. Melbourne Hall und Bramham Park bewahren Elemente der einstigen Gestaltung, allerdings ohne die feinen Details der ursprünglichen Bepflanzung.

Chatsworth in der Grafschaft Derbyshire liefert ein Beispiel dafür, daß die Landschaftsgestalter gelegentlich auch formale Elemente beibehielten: Kanal und Kaskade aus der Zeit um 1700 wurden von Capability Brown nicht angetastet und auch in die im 19. Jahrhundert wieder erneuerte formale Anlage übernommen. In Wrest befolgte Brown das Prinzip des *laissez-faire* sogar noch entschiedener: Er respektierte nämlich das axiale Arrangement von Kanal und Pavillon ebenso wie die Umrisse des flankierenden Bosketts. Die Achse *(oben)* wurde später durch das neue Haus und den »französischen« Garten der 1830er Jahre noch betont. Das Ergebnis dieser Entwicklung wird in den kontrastierenden Ansichten auf diesen Seiten deutlich: Chatsworth mit dem Kanal von 1702/03 und Paxtons Kaiserbrunnen von 1843/44 *(links)*, Wrest mit seinem Kanal und Thomas Archers Pavillon (1709–1711), wie sie hinter den Figuren des »französischen« Gartens des Earl de Grey erscheinen.

Archers Pavillon *(oben)* vor dem neuen Haus des Earl de Grey von 1834 bis 1839. In Wrest ist die Bepflanzung des Bosketts, das gegenwärtig wiederhergestellt wird, besonders interessant. John Rocques Plan von 1737 zeigt, daß den schnurgeraden Alleen mäandernde Fußwege hinzugefügt wurden; diese Waldwege führten zu heckenumschlossenen Räumen, die mit Gartensitzen, Urnen und Säulen ausgestattet waren. Einige davon haben sich, wenn auch in etwas veränderter Form, erhalten, so der sogenannte Duchess's Square *(links)*.

Westbury Court

Westbury wurde in den Jahren 1696 bis 1705 angelegt und nach 1715 fertiggestellt. Heute restauriert, präsentiert es sich mit Sommerhaus und Kanälen im holländischen Stil als exquisite Neuinterpretation der ursprünglichen Anlage. In den Akten aus der Zeit um 1700 ist von Eibenpyramiden und Stechpalmenkugeln die Rede, die abwechselnd über die den Hauptkanal begleitenden Hecken hinausragten. Teile des Gartens waren dem Obst- und Gemüseanbau vorbehalten. Die Restaurierung betonte vor allem das dekorative Moment.

Das Parterre *(rechts)* basiert auf dem von Kip in seinem Stich von 1707/08 dargestellten Parterre (s. S. 86). Die Bepflanzung mit Tagetes, Gräsern und Salbei entspricht allerdings eher unserem heutigen Geschmack. Dagegen sorgen Obstspaliere und Blumen aus der Entstehungszeit des Gartens an den Mauern und in dem kleinen Gartenteil mit dem Ruhesitz *(ganz oben und oben)* für eine durchaus authentische Atmosphäre.

Vaux-le-Vicomte

Der Kontrast zum riesigen, südöstlich von Paris gelegenen Park von Vaux-le-Vicomte, in 54–55
dem die ornamentale Bepflanzung eine so große Rolle spielte, könnte nicht größer sein. Für den Besucher, der sich an einem dunstigen Herbsttag von Melun her nähert, scheint Vaux sich noch immer wie ein großartiges Spektakel aus den niedrigen Wäldern und Feldern der Umgebung zu erheben.

Als erstes von André Le Nôtres Meisterwerken wurde Vaux nach 1650 für Nicolas Fouquet, den Finanzminister Ludwigs XIV., geplant. Das Projekt führte den Architekten Louis II Le Vau, den Künstler Charles Le Brun und den Gartengestalter André Le Nôtre zusammen, die ihre gemeinsame Arbeit später in Versailles fortsetzten, nachdem der König, verärgert über den Versuch seines Ministers, ihm bei jenem legendären Fest am 17. August 1661 die Schau zu stehlen, Fouquets Besitz konfisziert hatte.

Fouquet beabsichtigte, die fertige Anlage seinem König anzubieten – allerdings nicht umsonst. Der König war aber durch seine Mätresse, Louise de la Vallière, bereits gegen seinen Minister eingenommen. Louise, die das Herz des 23jährigen Monarchen gewonnen hatte, ärgerte sich über Fouquets Versuche, sie zu manipulieren. Hätte Ludwig XIV. seiner Wut ungehindert Luft gemacht, dann wäre Fouquet noch während des Festes und damit im Augenblick seines Triumphes in seinem eigenen Garten festgenommen worden. Die Königinmutter, Anna von Österreich, griff ein und ersparte ihm diesen Schimpf. Seine spätere Verhaftung konnte sie allerdings nicht verhindern.

Wir können uns das Geschehen an jenem 17. August 1661 vorstellen, wenn wir Israel Silvestres Stich betrachten und seine Darstellung mit den zeitgenössischen Berichten vergleichen. Die Gärten waren belebt von prächtig gekleideten Menschen, die sich wie in einer Choreographie durch die Folge der Ereignisse bewegten. Anders als heute, da sich eine heitere Stille über den Garten gesenkt hat, war die Szene damals vom Spiel der Brunnen belebt. Der König wurde durch den Garten geleitet und mußte jeden Winkel der riesigen Anlage betrachten: die Parterres im Vordergrund, die Querachse mit der sogenannten *Grille d'Eau,* die gigantische Grotte und die Kaskade im Hintergrund. Nach einem üppigen Festmahl wurde Molières Komödie *Les Fâcheux* aufgeführt. Schauplatz war die Kaskadentreppe der *Grille d'Eau* (links im Stich Silvestres). Als besonderen Jux hatte man sich ausgedacht, daß Molière vorgeben sollte, vom Besuch des Königs nichts gewußt zu haben; er trug seine gewöhnliche Kleidung, und Schauspieler oder Versatzstücke schienen nicht vorhanden zu sein. Als Ludwig dann aber befahl, mit dem Spiel zu beginnen, öffnete sich eine Muschel, in der eine Wassernymphe sichtbar wurde; während des Prologs nahmen die Bäume Leben an, und die Statuen begannen zu agieren.

Mit einsetzender Dämmerung ging auch mit dem Schloß eine gewaltige Veränderung vor sich: Die Gesimse waren nämlich mit Laternen besetzt. Die Grotte wurde illuminiert; heraldische Lilien stiegen in den samtigen Himmel; auf dem Kanal bewegte sich ein riesiger Walfisch, aus dessen Rücken feurige Garben emporschossen. Beim Klang von Trommeln und Trompeten setzte eine Schlacht ein. Als der König den Garten verließ, wurde von der Kuppel des Schlosses ein letzter pyrotechnischer Höhepunkt gestartet: Das Himmelsgewölbe erstrahlte im Licht.

Etwa drei Wochen später, am 5. September 1661, wollte Fouquet sein Anwesen soeben verlassen, als ein Musketier mit Namen D'Artagnan ihn verhaftete. Der Prozeß zog sich über drei Jahre hin; anschließend wurde Fouquet in die Festung Pignerol gebracht, wo er bis zu seinem Tod im Jahre 1680 schmachtete.

In den Jahren 1665 und 1666 wurde der Besitz in Vaux mehr oder weniger leergeräumt; Tausende von Büschen und Bäumen wurden in die königlichen Gärten verbracht. Es gelang Fouquets Frau, den Besitz irgendwann zurückzuerlangen, aber ihre Mittel waren erschöpft; die Gärten verwilderten, Statuen und Brunnen wurden verkauft. Als im Jahre 1705 ihr Erbe, der Comte de Vaux, allzufrüh verstarb, löste sich Madame Fouquet aus ihren Verpflichtungen. Vaux ging an den Marschall Villars, und es begann eine dunkle Zeit. Immerhin blieb die Erinnerung an den Garten erhalten – an einen Ort, an dem Madame de Sévigné ihre Reise nach Paris unterbrach »in der Absicht, ein Bad in den Zierbecken zu nehmen und zwei frische Eier zu genießen«. In den siebziger Jahren des 19. Jahrhunderts wurde Vaux schließlich von dem Industriellen Alfred Sommier erworben, der den Landschaftsarchitekten Lainé mit der »Restaurierung« der Gärten

Von den vielen prächtigen Gärten, die in der ersten Hälfte des 17. Jahrhunderts in Frankreich für die neue wohlhabende Klasse angelegt wurden, haben sich nur geringe Reste erhalten. Maria de Medicis Luxembourg und Du Plessys Liancourt aus den 1630er bzw. 1640er Jahren sind ganz und gar verschwunden. In der kleinen Terrassenanlage des Gartens von Brécy in der Normandie ist dagegen noch etwas von der Welt der Mollets und Alexandre Francinis zu spüren. Die dekorativen Vasen und Ziergiebel erinnern an die manieristischen Dekorationen in Francinis *Livre d'Architecture* (1631). Die Broderie wurde anhand von André Mollets *Le Jardin de Plaisir* (1651) rekonstruiert.

beauftragte. Mit der Arbeit an den Parterres betraute Sommiers Sohn Edme den Landschaftsarchitekten Achille Duchêne. Zu einer sklavischen Nachahmung ihres originalen Zustands, wie er in Silvestres Stichen erscheint, konnte Duchêne sich allerdings nicht entschließen.

So war Le Nôtres Vaux nur eine kurze Blütezeit beschieden: die vier Jahre zwischen seiner Fertigstellung und dem Beginn der Räumung. Das ist besonders bemerkenswert, wenn man bedenkt, daß für diesen Garten immerhin drei Dörfer dem Erdboden gleichgemacht wurden, daß mit den Erdbewegungen Tausende von Arbeitern, ausgerüstet mit Spaten und Schubkarre, beschäftigt waren und daß für diese Arbeiter in einem der umliegenden Orte sogar eine Krankenstation gebaut wurde. Israel Silvestres Stiche vermitteln zwar eine Vorstellung von der ursprünglichen Anlage, aber es fehlt ihnen das Atmosphärische dieses Fouquetschen Spektakels und seiner glanzvollen ersten Präsentation. Was wir heute sehen, ist eine stark modifizierte Version des Anblicks, den Silvestre wiedergibt. Um die Unterschiede wahrzunehmen, bedarf es allerdings gewisser Anstrengungen.

Der erste gedankliche Sprung besteht darin, daß man sich Silvestres Stich in Farbe vorstellt. Vom Palast schauen wir hinunter auf Herren in langen blauen, roten und goldfarbenen Mänteln, mit voluminösen Perücken, Federhüten und eleganten Stöckchen; auf Damen in bunten, spitzenbesetzten Kleidern, die ihre Fächer bewegen, und auf Hunde, die ohne Leine frei herumlaufen. Sie alle ergehen sich auf Wegen, die mit farbigem Sand ausgelegt sind. Im Hintergrund erkennt man drei ornamentale Parterres: in der Mitte das *parterre de broderie* aus dunkelgrünem Buchs auf farbigem Untergrund, rechts das prachtvolle, in allen Farben des Regenbogens leuchtende *parterre de pièces coupées pour des fleurs,* links schließlich das aus Rasen und Sand bestehende *parterre à l'angloise.* Wenn der Vordergrund farbenprächtig leuchtet, so begnügt sich der Hintergrund mit den Grüntönen von Gras und Bäumen und den Blau- und Grautönen der fernen Hügel.

Unter diesen Parterres ist uns das mittlere aus der vorangegangenen Diskussion über die Ursprünge der Broderie schon etwas vertraut. Anders als die Mollets oder Jacques Boyceau im Luxembourg hatte Le Nôtre allerdings an den Enden mit der Rechtwinkligkeit gebrochen; ein Kringel Buchs greift sogar auf den Gehweg über. Ganz im Sinne der Tradition war das Parterre von einer doppelten Buchsreihe umschlossen und nicht, wie später, von einer Blumenrabatte oder *plate-bande.* Beschnittenes Strauchwerk fehlte auf diesem Parterre, alles war flach wie ein Teppich, und allein die Brunnen setzten einen vertikalen Akzent. Das filigrane Innere bestand teils aus abstrakten Spiralen, teils aus Formen, die an Pflanzenteile erinnerten – an verschiedene Blumen, Kerne und Ranken. Wenn es Farbkontraste gab, dann verdankten sie sich dem roten, schwarzen und weißen (oder gelben) Füllmaterial: Erde, Ziegelmehl, Eisenfeilspäne, Kohle und Sand. Der heutige dominierende rote Hintergrund hat nichts mit der ursprünglichen Unterlage aus Sand gemein.

Dagegen war der Charakter des rechts anschließenden Blumenparterres eher durch Farben als durch Muster bestimmt. Üblicherweise denkt man bei Le Nôtres Gärten nicht an Blumen; in Vaux allerdings muß er geradezu begeistert mit ein- und mehrjährigen Blumen experimentiert haben. Dieses *parterre de pièces coupées pour des fleurs* war allerdings nicht seine Erfindung; es war abgeleitet von den individuellen Blumenbeeten des Renaissancegartens, denen wir schon in Hamburg, Buonaccorsi und Cisterna begegnet sind.

In der Frühzeit des Barock waren Blumengärten in der Regel von einem Laubengang oder einer Balustrade umgeben; diese einfassenden Strukturen boten den Kletterpflanzen zusätzlichen Halt. In Liancourt war das Blumenparterre um 1650 zwar in die Gesamtanlage integriert, hatte seinen Platz aber immer noch an der Seite des Schlosses; die Broderie nahm den wichtigsten Platz ein. In Vaux-le-Vicomte führte Le Nôtre dann insofern eine Neuerung ein, als er das Blumenparterre in den Hauptgarten, neben das alles beherrschende *parterre de broderie,* plazierte.

Le Nôtres *parterre de pièces coupées pour des fleurs* hatte keinerlei Einfassung. Eine gewisse Giederung erhielt es durch Brunnen und grasbewachsene Rundbeete, die entlang der Achse symmetrisch angeordnet waren. Wir können uns die einzelnen Beete wohl mit Blumen in leuchtenden Farben, hier und da auch mit Sträuchern und beschnittenem Buschwerk besetzt vorstellen. Im Frühling prägten Tulpen, Hyazinthen und Narzissen das Bild, im Sommer die reiche Palette der ein- und mehrjährigen Blumen – viel-

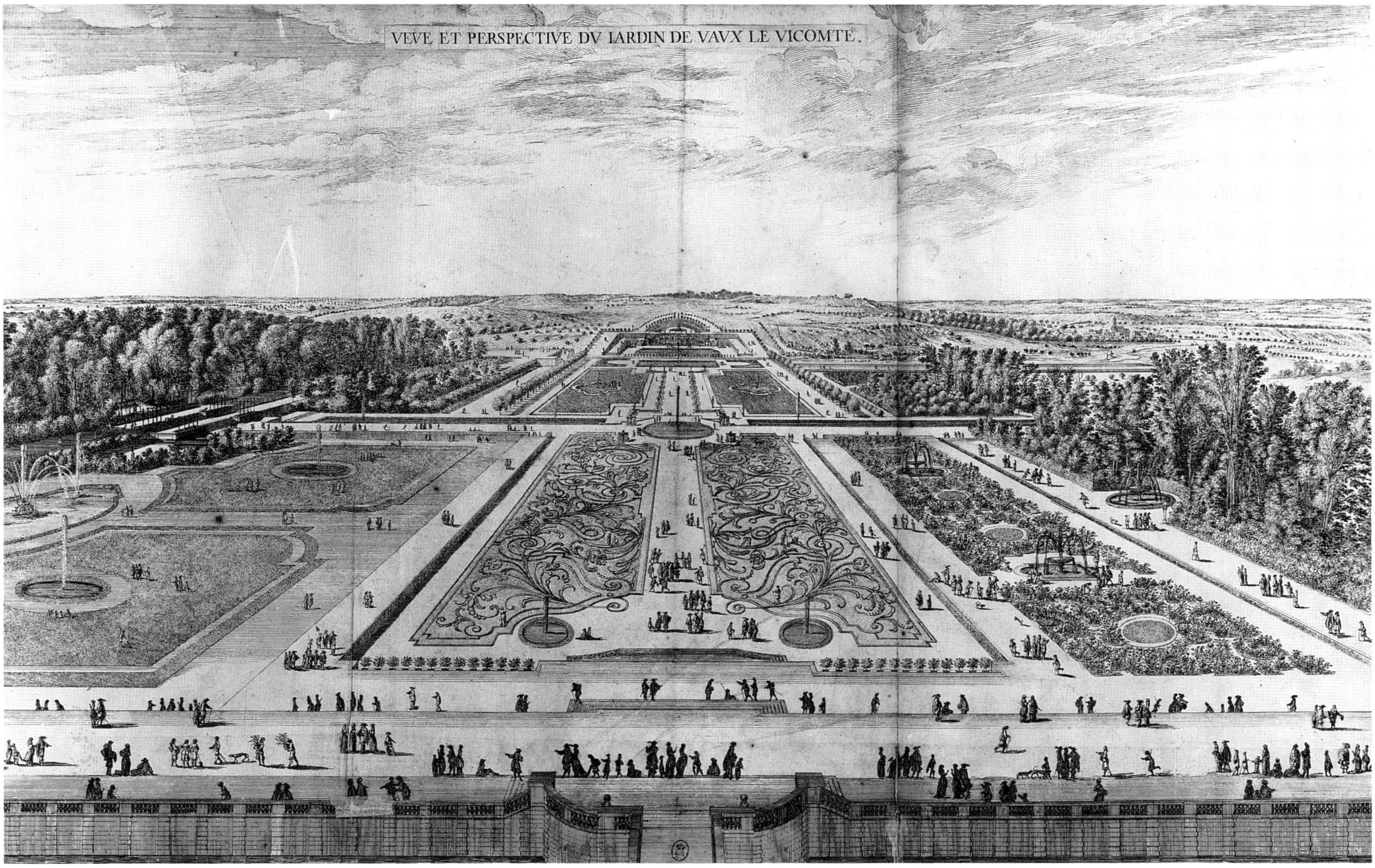

Israel Silvestres Stich von Vaux-le-Vicomte zeigt die Gärten, wie sie sich 1661 präsentierten. Die Farbtafel auf S. 54 zeigt die gänzlich veränderte Bepflanzung.

leicht Klatschmohn, blauer und rosa Rittersporn, Mondviolen oder gelber und roter Hahnenkamm. Da die Blumen symmetrisch angeordnet waren, muß das Ganze, aus der Ferne betrachtet, an einen farbenprächtigen Stoff erinnert haben.

Das Gegenstück auf der linken Seite war das *parterre à l'angloise.* Seine Bezeichnung verdankte es dem Umstand, daß hier die Rasenflächen dominierten. Silvestres Stich macht deutlich, daß man vom Schloß Vaux aus eine zwar ausgewogene, aber keineswegs symmetrische Ansicht vor sich hatte; das englische Parterre war sehr viel breiter und übrigens auch flacher als sein Gegenstück. Le Nôtre scheint fast die einfachste Form gewählt zu haben, die er finden konnte: Rasenflächen, durch Sand voneinander abgesetzt. Bei den komplexeren Varianten war es immerhin möglich, daß die Rasenflächen in bestimmte Formen gebracht und mit Blumenbeeten oder sogar mit Broderie kombiniert wurden. Das dekorative Element lieferte in Vaux der Brunnen in Form einer Krone, der gerade noch innerhalb der Silvestreschen Ansicht liegt. Dem durchweg flachen Parterre fehlen auch die beschnittenen Eiben, wie sie auf anderen Entwürfen dieser Zeit auftauchen. Sie wurden erst im Zuge der Restaurierung von Vaux hinzugefügt.

Heute kommt dieses ebene Rasenparterre dem ursprünglichen Zustand am nächsten. Von der unmittelbar darüberliegenden Terrasse hat man am Abend, wenn die Sonne im Westen versinkt, einen schönen Blick auf die funkelnde Krone in ihrem Bassin. Die kühnen Eibenpyramiden, -kegel und -kugeln, die heute die drei Parterres markieren, werfen lange Schatten. Die ganze Anlage wird durch diese beschnittenen Büsche und durch das samtige Gras zusammengehalten, das jetzt das Blumenparterre und überhaupt den größten Teil des Areals von Vaux bedeckt. Das restaurierte Buchsfiligran im Innern des *parterre de broderie* erinnert an das Original, ohne allerdings dessen Feinheit und Anmut zu erreichen. Das Parterre wirkt, zumal wenn die Sonne schräg darauf fällt, eher massiv und monumental; die Farben sind Grasgrün, Ziegelrot, Kohlschwarz und Kieselweiß.

Die Kombination aus Rasen und beschnittenen Eiben setzt sich über die drei Hauptparterres und die Querachsen bis zur Grotte fort. Wenn Silvestre genau gearbeitet hat, existierten derartige geometrische Figuren in Fouquets Vaux nicht. Zu seiten der Grotte standen damals Zypressen und Juniper, während sich an der *Grille d'Eau* Zypressen und Zedern abwechselten. Die heute hier vorhandenen Eiben sind wohl wiederum dazu bestimmt, den Verlust der vertikalen Akzentuierung auszugleichen, wie sie durch die Brunnen gegeben war, die ursprünglich für den Zusammenhang der Anlage sorgten. Mademoiselle de Scudéry sprach von diesen Brunnen als von einer »kristallenen Balustrade«.

Die von Michel Anguier und Lespagnandel geschaffenen Skulpturen sind zum großen Teil aus dem Garten von Vaux entfernt worden. Geblieben ist nur der plastische Schmuck der architektonischen Ausstattung: die riesigen Hermen der Grotte und die Masken und Gefäße der *Grille d'Eau.* Zehn nach einem Entwurf von Nicolas Poussin geschaffene Hermen wurden 1684 nach Versailles verbracht. Zwei dieser Figuren sind auf Silvestres Stich auf beiden Seiten der Nische zu erkennen, die das Blumenparterre begleitet. Pan, Faunus, Herkules, Pomona, Minerva, Bacchus, Ceres und Flora waren traditionelle Symbole des Gartens und der Fruchtbarkeit. Vaux zeigt heute also nicht nur eine andere Bepflanzung, sondern hat darüber hinaus auch eine ikonographische Komponente eingebüßt, an die allein die großartige Figur eines farnesischen Herkules erinnert, der den Garten überblickt.

Wir Heutigen mögen das Blumenparterre, die Hermen und das donnernde Geräusch des Wassers der Kaskade vermissen, die dem Besucher des 17. Jahrhunderts als »gläserne Säule« erschien. Aber die Großartigkeit und Schönheit des Ganzen hat sich erhalten: das anmutige Schloß in seinem Wassergraben; die Wirkung des unendlichen Raumes; die kalkulierten Überraschungen, die auf den zu Fuß gehenden Besucher warten und die sich angemessen weder beschreiben noch abbilden lassen; die Wälder, die je älter desto höher geworden sind.

Versailles

56–59 Vaux war und ist noch heute ein Garten der offenen Räume. Dagegen schuf Le Nôtre in Versailles einen Garten sowohl der offenen als auch der geschlossenen Räume. In Vaux hatte er das Innere der Waldzone so gut wie gar nicht genutzt; in Versailles wandte er seine Aufmerksamkeit den intimen »Räumen« in den Bosketten ebenso zu wie den großen offenen Flächen des Parterres.

Im Vergleich mit Vaux brauchte Versailles lange Zeit zu seiner Entstehung. Es entwickelte sich ab 1661 über Jahrzehnte und wurde schon zu Lebzeiten seines Herrn und Meisters, Ludwigs XIV. (der 1715 starb), wiederholt und in immer wieder anderer Weise verändert. Auch die späteren Umgestaltungen waren tiefgreifender Art und sind bis heute nicht abgeschlossen; gegenwärtig ist die Restaurierung der Boskette im Gang. Es gibt mithin keinen einzigen Zeitpunkt, zu dem der Garten als »fertig« hätte beschrieben werden können. In diesem Sinne erinnert Versailles, wie übrigens auch Vaux und viele andere historische Gärten, an Bühnenbilder, die im Blick auf eine jeweils spezifische Szene geschaffen wurden und nur so lange erhalten blieben, wie die Festivitäten und Aktivitäten dies verlangten oder die finanziellen Mittel es zuließen.

Die ersten größeren Bemühungen Ludwigs XIV., das Jagdschloß Versailles zum Residenzpalast zu machen (ab 1682 war es offizieller Sitz seines Hofes und Mittelpunkt des politischen Lebens), fielen in die sechziger und frühen siebziger Jahre des 17. Jahrhunderts und mündeten in eine Bündelung der Talente Le Vaus, Le Bruns und Le Nôtres. In dieser frühen Periode müssen wir uns das Schloß noch ohne die vertrauten Flügelbauten vorstellen, die Jules Hardouin-Mansart erst 1682/83 anfügte.

Zu Füßen des auf der Südseite gelegenen Appartements der Königin und oberhalb der massiven, vertieft angelegten Orangerie legte Le Nôtre 1662 das sogenannte Parterre de l'Amour an. Es wurde später zu einem *parterre de compartiment* umgestaltet, während das auf der Nordseite unter den Räumen des Königs gelegene Parterre sich zwar nicht in seiner Bepflanzung, wohl aber in seiner Form seit 1663 unverändert bis heute erhalten hat. Diese Form ist ungewöhnlich: zwei symmetrische Teile, in je fünf von Blumen und Formbäumchen gesäumte Rasenstücke unterteilt. Es handelte sich also um ein *parterre à l'angloise,* das allerdings sehr viel kunstvoller war als sein Gegenstück in Vaux. Etienne Allegrains um 1690 entstandene Darstellung des Nordparterres zeigt sowohl die Bepflanzung als auch flanierende Menschen. Im Vordergrund stehen, umgeben von Höflingen, Ludwig XIV. und Le Nôtre, beide mit Federhut und großer Perücke; die Damen mit dem

Etienne Allegrains wohl 1690 entstandene Ansicht des Nordparterres von Versailles (oben), verglichen mit seinem heutigen Aussehen (gegenüberliegende Seite). Le Nôtres Parterres waren in unterschiedlicher Weise bepflanzt. Das Nordparterre war ein (aus zwei *pièces de gazon en compartiment* bestehendes) *parterre à l'angloise,* gerahmt von *plate-bandes,* die mit Formbäumchen in der Gestalt von Schachfiguren sowie mit – vermutlich blühenden – Sträuchern besetzt waren.

mit Hilfe von Draht modisch aufgetürmten Haar sind an die Bildränder verbannt. Im Hintergrund ist das Parterre dargestellt. Die Blumen scheinen in einer einzigen Reihe dicht zusammengepflanzt; dazwischen stehen Eiben, die in die Form von Schachfiguren – König, Dame und Läufer – gebracht sind.

Dieses phantasievoll beschnittene Heckenwerk mag in Versailles überraschend wirken. Wenn wir es in den italienischen Gärten – der Villa Medici oder der Villa Garzoni – antrafen, so fehlte es in Vaux vollkommen. Und in der Tat orientierte Le Nôtre sich hier an italienischen Prototypen und damit an der *Hypnerotomachia Poliphili* des Francesco Colonna. Mit der Präsenz dieser Formbüsche in Versailles erweist sich, daß die Kunst des Formschnitts keineswegs allein von den Niederländern und den Engländern gepflegt wurde, sondern ihre Wurzeln in Italien und Frankreich hat.

Wenn das Nordparterre sich in seiner Struktur bis heute erhalten hat, so sind an die Stelle der kunstvollen Eibenfiguren heute allerdings schlichte Kegel getreten, und massive Buchsstreifen umschließen farbenfrohe moderne Blumen. Auf der nächsttieferen Ebene bildete einst ein *parterre de pièces de gazon coupées* die dekorative Ergänzung zum Latona-Becken: Rasenstreifen, in die Form von Palmetten, Muscheln und verschlungenen Bändern gebracht. Sie sind heute durch schlichte Rasenflächen und grellbunte einjährige Blumen ersetzt. Dem Blick von der *Galerie des Glaces* bietet sich mithin ein insgesamt schlichtes Bild: eine einheitliche Komposition aus Rasen und beschnittenen Immergrünen, wo einst Buchs und Eibe, zu filigranen Mustern und kunstvollen Figuren beschnitten, mit vielfarbigen *plate-bandes* und Rasenpalmetten kontrastierten.

Wie die Renaissancegärten war auch Versailles ein Ort, den man bei bestimmten Anlässen – politischer und festlicher Art – oder auch aus persönlichem Interesse aufsuchte. Als John Locke 1677 zum ersten Mal nach Versailles kam, begleitete ihn der König höchstselbst. Ludwig XIV. ging in Versailles lieber zu Fuß, als daß er die Kutsche benutzte. In höfischen Kreisen war dies allerdings ungewöhnlich, wie seine deutsche Schwägerin, Liselotte von der Pfalz, bemerkte: »Die Menschen sind hier lahm wie die Gänse, und außer dem König kenne ich niemanden, der auch nur zwanzig Schritte gehen kann, ohne zu schnaufen und nach Luft zu ringen.« Da in den 1670er Jahren nicht genügend Wasser vorhanden war, um alle Brunnen gleichzeitig laufen zu lassen, wurden die Rundgänge des Königs durch seinen Garten immer im voraus geplant. Wie Ann Friedman schreibt, bedurfte es insoweit »einer regelrechten Choreographie, wobei die Leute, welche die Brunnen bedienten, sich untereinander mit Trillerpfeifen verständigten«. Später war Ludwig gezwungen, eine Art Rollstuhl zu benutzen. Mit seiner eigenhändig verfaßten Anleitung zum Besuch der Gärten, die in sechs zwischen 1689 und 1705 entstandenen Versionen existiert, kann man sich aber als Fußgänger den Park von Versailles auch heute noch so vorstellen, wie er ursprünglich war. Die Gemälde J. B. Martins und Jean Cotelles sowie die Stiche von Perelle, Silvestre und Le Pautre liefern dazu die fehlenden visuellen Zusammenhänge.

Nachdem die ersten fünf Stationen der Route – die Parterres, das Latona-Becken und die Orangerie – bewältigt waren, folgte der größere Teil der königlichen Tour, die Route durch das Boskett. Der heutige Besucher konzentriert sich in der Regel auf die Mittelachse, passiert das Apollobecken und erreicht schließlich den großen Kanal, auf dem einst Naumachien stattfanden. Der Wald macht heute einen unspektakulären und langweiligen Eindruck, da sich von den ursprünglichen Szenerien kaum etwas erhalten hat. Dabei war es gerade das Boskett, das den Park von Versailles zu etwas Besonderem machte: Es enthielt großartige Brunnenanlagen, Skulpturen, Gartentheater und ein Labyrinth.

Wenn dem Gang durch das Labyrinth eher etwas Vertrauliches und Intimes anhaftete, so waren andere Teile des Bosketts eindeutig den vielfältigen Formen des Spektakels vorbehalten, wie schon der Blick auf eine Reihe von Gemälden zeigt. So malt zum Beispiel Le Pautre ein Bankett bei der *Fontaine de l'Etoile,* und J. B. Martin zeigt die Zwillingsboskette des *Arc de Triomphe* und der *Trois Fontaines* sowie die sogenannte *Salle des Antiques.* Kenneth Woodbridge schildert das Fest, das im Jahre 1688 bei der *Fontaine de l'Etoile* stattfand, wie folgt: »Für diesen Anlaß wurde das Mittelbecken verhüllt, und nur ein einzelner Wasserstrahl schoß aus dem Felsen empor. Rings um das Becken standen fünf große, von vergoldeten Karyatiden getragene Tische, auf denen sich die Köstlichkeiten türmten: ein Berg, aufgefüllt mit kaltem Fleisch, ein Palast aus Marzipan und anderem Zuckerwerk; lange Reihen von mit Likören gefüllten Gefäßen. Nachdem der König und die Damen gespeist hatten, überließ man die Tische dem Gefolge, und die Zerstörung des schönen Arrangements trug ebenfalls zur Belustigung der Herrschaften bei.«

J. B. Martins Vogelperspektiven zeigen das Repertoire der Wasserkünste von Versailles: ein großes Bassin für Gondoliers, zahlreiche Brunnen, Wasserläufe und Kaskaden. Sie vermitteln darüber hinaus einen Eindruck von der ehemaligen Bepflanzung. Die Boskette bestanden in der Regel aus Bäumen von mittlerer Höhe. Sie waren von an Spalieren hochgezogenen Hecken umschlossen. Bei diesen handelte es sich zumeist um Hainbuchen (wenn man Locke glauben darf, gelegentlich auch um Ahorn). Dazu kamen die Porzellankübel, in denen duftende und farbenfrohe Pflanzen aller Art zur Schau gestellt wurden und – ganz im Gegensatz zur heutigen gedämpften Palette – einen polychromen Akzent setzten.

Bezüglich der Hauptwege versorgt Locke uns mit weiteren Einzelheiten: »Die breiten Alleen des Gartens sind nicht mit Kies, sondern mit Sand bedeckt, auf dem die Kutschen und Pferde sich bewegen; man harkt sie täglich, um die Wagenspuren zu beseitigen und sie eben zu halten. Zu beiden Seiten dieser großen Alleen befinden sich kleinere, etwa 9 Fuß breite Wege für die Spaziergänger. Sie sind von der großen Allee durch eine Hecke oder Wand getrennt, die aus dicht in einer Reihe nebeneinanderstehenden Buchen besteht. Diese Buchenwand ist 20 bis 30 Fuß hoch und auf beiden Seiten gerade beschnitten, so daß sie nicht mehr als einen halben oder einen ganzen Fuß tief ist, dabei aber grün von oben bis unten.«

Das heißt also, Dokumente, die etwas über das Versailles Le Nôtres aussagen, widerlegen die verbreitete Vorstellung vom formalen französischen Garten als einem Ort der kiesbedeckten Spazierwege und der einfachen architektonischen Bepflanzung: Versailles besaß vielmehr Sandwege und Formhecken, und die Gärten waren farbenfroh und phantasiereich. Wenn man alles zusammenzählt, was John Locke außer den Alleen und Bosketten sah – zum Beispiel die Menagerie mit dem Elefanten, der täglich unter anderem 50 Pfund Brot zu sich nahm, oder den *Pavillon des Parfums* –, dann wird klar, daß der Garten viel von seiner ursprünglichen Vitalität eingebüßt hat. Größere Umgestaltungen im Laufe des 18. Jahrhunderts führten zu einem veränderten Aussehen vieler Boskette; die gegenwärtige Neuanpflanzung hat zum Ziel, den Zustand der Zeit um 1700 wiederherzustellen.

Bei alledem wahrt Versailles dank seiner Skulpturen, seiner Gartengebäude und Brunnenanlagen eine machtvoll-numinose Qualität, die, zum erstenmal in der berühmten Photographie von Eugène Atget eingefangen, bis heute mit Worten nicht zu beschreiben ist.

Sozusagen in einem Nachsatz sei daraufhingewiesen, daß John Locke bei seinen späteren Aufenthalten in Versailles als gewöhnlicher Reisender auftrat; die Gärten standen jedermann offen, der geziemend gekleidet war und sein Eintrittsgeld bezahlte. Mit der entsprechenden Garantie scheint es in Paris allerdings weniger gut bestellt gewesen zu

Das Versailler Labyrinth in einer Ansicht von Jean Cotelle d. J. Die Arbeiten am Labyrinth begannen um 1666 und zogen sich bis 1673/74 hin; nach 1775 wurde das Labyrinth durch den noch heute vorhandenen *Bosquet de la Reine* ersetzt. Die 39 Brunnenanlagen des Labyrinths stellten mit naturalistisch bemalten Bleifiguren die bekanntesten Äsopschen Tierfabeln dar. Den Vordergrund seines Bildes füllte Cotelle mit einer Darstellung der Jägerin Diana im Kreis ihrer Nymphen.

Zwei Ansichten der Boskette von Versailles von J. B. Martin: Links eine (nach 1688 entstandene) Ansicht des Neptunbassins mit dem *Bosquet de l'Arc de Triomphe* und dem *Bosquet des Trois Fontaines,* die beide in den Jahren 1677/78 angelegt wurden. Rechts die sogenannte *Salle des Antiques,* 1680–1683 entstanden und später durch die *Salle des Marroniers* ersetzt. Die beiden *Bosquets du Nord* werden gegenwärtig restauriert – ein erster Schritt innerhalb der geplanten und auf zwanzig Jahre veranschlagten Wiederherstellung der Boskette und Parterres von Versailles, wie sie um 1700 aussahen.

sein als in Rom unter der *Lex Hortorum.* Immerhin wurden Bestrebungen des Jahres 1680, den Tuileriengarten für die Öffentlichkeit zu schließen, vereitelt: Die Gärtner überzeugten Colbert davon, daß das Publikum hier keinen Schaden anrichtete. In Versailles war zur Zeit der Neubepflanzung im späten 18. Jahrhundert die Klage zu hören, die Schweizergardisten hätten kein wachsames Auge auf die »Kindermädchen, Hausburschen und Küchenjungen ... (und) all die Kinder gewöhnlicher Leute, die zum Spielen hierherkommen«. Immerhin aber hatte der königliche Garten ein Jahrhundert lang den Angehörigen des Adels wie den gewöhnlichen Bürgern offengestanden und war in dieser Zeit immer voller Menschen gewesen.

Ein Bankett an der *Fontaine de l'Etoile* in Versailles am 18. Juli 1668. Le Pautres Stich von 1678 ist einer Veröffentlichung mit dem Titel *Les Plaisirs de l'Isle Enchantée ... du Roy à Versailles* entnommen.

Der Venusbrunnen in Het Loo aus L. Scherms »Het koninklijk lusthof Het Loo«, ca. 1700. Die einzelnen Pflanzen sind erkennbar in großem Abstand voneinander in die *plate-bandes* gesetzt; auch die hohen Stangen für die Kletterpflanzen folgen einander in Intervallen.

Het Loo

60–63 Wenn wir mit Versailles große Menschenmengen assoziieren, müssen wir uns den Palast von William und Mary in Het Loo als einen Ort der Zuflucht denken. Als Lusthaus errichtet, in dem William sich immer wieder von seinen militärischen Unternehmungen erholen konnte, war Het Loo ein Ort unspektakulärer Beschäftigung, Ausgangspunkt für Jagden und nur gelegentlich Schauplatz größerer Festlichkeiten.

Anders als Versailles war es nicht Regierungssitz und Zentrum höfischen Lebens. Tatsächlich kehrte Mary, nachdem sie im Februar des Jahres 1689 Königin von England geworden war, nie mehr nach Het Loo zurück. Und obwohl William in England König war, blieb sein Status im eigenen Land unverändert. In den Jahren 1672 bis 1674 war er zum Statthalter von fünf der insgesamt sieben holländischen Provinzen berufen worden, aber die Rechte eines Königs hatte er damit nicht erworben; er konnte weder auf große Einkünfte noch auf die Armee von 36 000 Mann zurückgreifen, über die Ludwig XIV. in Versailles gebot. Die Gärten von Het Loo, so großartig sie, gemessen an holländischen Maßstäben, auch sein mochten, waren in Wahrheit so bescheiden wie der König selbst. Wie K. H. D. Haley bemerkt, soll William, obwohl in vieler Hinsicht von der französischen Kultur beeinflußt, zum Beispiel »die einfache englische Kost gemocht« haben. Und man erzählte sich auch, daß der spanische Gesandte den König bei einer zufälligen Begegnung in dessen Palast in London um ein Haar mit einem Diener verwechselt hätte.

Wer heute die restaurierten Gärten von Het Loo besucht, hat das merkwürdige Vorrecht, einen Ort zu besichtigen, den wirklich zu genießen den Besitzern selbst gar nicht mehr vergönnt war. In einer ersten Bauphase entstand in den Jahren 1684/85 der an den Palast anschließende sogenannte Untere Garten. Die im wesentlichen renaissancische Anlage aus acht quadratischen Beeten entsprach noch Williams Status als Prinz von Oranien. Die zweite Phase, die in die Jahre 1692 bis 1694 fiel, sah die Entstehung des in seiner Struktur eher barocken Oberen Gartens; zu dieser Zeit war William bereits König von England.

Mary starb schon 1694 und konnte deshalb ihren Gemahl, der den fertigen Garten bis zu seinem eigenen Tod im Jahre 1702 noch mehrfach besuchte, nicht mehr dorthin begleiten. Allerdings hatte sie Walter Harris mit der Abfassung eines Führers durch die Gärten beauftragt, der 1699 unter dem Titel *A Description of the King's Royal Palace and Gardens at Loo* erschien und sich bei der in den Jahren 1977 bis 1984 erfolgten Restaurierung von Het Loo als unschätzbare Hilfe erwies.

Die restaurierten *plate-bandes* in ihrem heutigen Zustand. Die Intervallbepflanzung, die sich bis zu Crispin de Passes *Hortus Floridus* von 1614 zurückverfolgen läßt, bringt die einzelne Pflanze zur Geltung.

Das *parterre à l'angloise* des Unteren Gartens von Het Loo. Hier hat man Rasen und Buchs jeweils mit einer Kletterpflanze versehen, um einen vertikalen Akzent zu setzen. Der Buchs wird von einem Sandstreifen – der *bande-de-propreté* – begleitet. So lassen sich abgeschnittene Teile sauber entfernen.

Die fünfzehn von L. Scherm um 1700 angefertigten Kupferstiche und weitere Ansichten von der Hand anderer Künstler sind eine willkommene Bereicherung und Ergänzung des Berichts von Harris aus dem Jahr 1699 und des später entstandenen Plans von C. P. van Staden. Dank der sorgfältigen Erforschung der ursprünglichen Bepflanzung kann der heutige Besucher von Het Loo im April, gelegentlich von Schauern überrascht, Beete voll der herrlichsten Tulpen – »Beauty of Volendam«, »Lac van Rijn« und »Zomerschoon« – bewundern oder sich, wenn er im Juli oder August kommt, am Anblick von Rosen und Geißblatt erfreuen, das an rhythmisch zwischen die Wacholderbäumchen und Eibenpyramiden plazierten Pfählen emporklettert. Die restaurierten Parterres präsentieren sich zu jeder Jahreszeit als überaus prächtige Beispiele barocker Bepflanzungskunst.

Der Untere Garten bestand aus zwei Arten von Parterres. Bei den vier mittleren handelte es sich um Broderieparterres, die allerdings wegen ihrer symmetrischen Anordnung entlang beiden Achsen als *parterres de compartiment* bezeichnet wurden (parterre de broderie ist nur entlang der Hauptachse symmetrisch). Die vier äußeren waren als *parterres à l'angloise* angelegt. In der gleichförmigen Beetstruktur Jacob Romans von 1684/85 klingt zwar die Renaissance noch an, aber das Buchsmotiv spricht vom neuen barocken Stil Daniel Marots. Marot war als Hugenotte 1685 aus Frankreich geflohen und um das Jahr 1691 nach Het Loo gekommen; die Parterres stammen wahrscheinlich aus dieser Zeit. Er beeinflußte zweifellos auch den Entwurf für die Parterres im Oberen Garten. Alle acht unteren Parterres sowie die oberen Parterres sind durch umlaufende Blumenrabatten oder *plate-bandes* zusammengefaßt. Wie in Versailles hatte auch hier die Blumenrabatte die ältere Art der Einfassung mit Buchs verdrängt.

Eine von Scherms Ansichten zeigt die *plate-bandes* entlang der Mittelachse. Die Bepflanzung ist in mehr als einer Hinsicht bemerkenswert. Erstens wird hier überhaupt nicht mit der Art von Heckenschnitt gearbeitet, wie wir ihn aus Le Nôtres Versailles kennen. Das heißt also, die übliche Assoziation von Heckenschnitt und holländischem Geschmack findet keine Bestätigung in Het Loo, wo schlichte Kegel- oder Pyramidenformen vorherrschten; sie sind heute in Wacholder und Eibe restauriert. Zweitens wurde Wert auf Vertikalität gelegt und diese mittels rankender Pflanzen an rhythmisch zwischen die Immergrünen gesetzten hölzernen Pfählen erreicht. Nach der Restaurierung sind dies Geißblatt, Rosen und Edelwicken, die an blaugrün gestrichenen Pfählen emporwachsen. Drittens waren die Pflanzen nicht als Masse zusammengesetzt, sondern einzeln und in einer Reihe in einem beträchtlichen Abstand voneinander angeordnet. Diese Tendenz steht im Gegensatz zur französischen Tradition der dichten Bepflanzung; sie erklärt sich wohl dadurch, daß man im 17. Jahrhundert angesichts der gewaltigen Summen, die für Tulpenzwiebeln zu bezahlen waren, die einzelne exotische Pflanze sehr hoch schätzte. Was immer der Grund war, die ästhetische Wirkung ist höchst erfreulich. Die einzelne Pflanze hebt sich deutlich von der fetten schwarzen Erde ab, so wie die Blumen des älteren Jan Brueghel oder Jan van Kessels sich gegen einen dunklen Hintergrund abheben, und doch erscheint die Rabatte dank der Symmetrie des Pflanzmusters als eine Einheit; jede Hälfte spiegelt die andere.

Auf der einen Seite des Palais lag der Garten der Prinzessin (nach 1689 der Garten der Königin), auf der anderen der Garten des Prinzen (nach 1689 der Garten des Königs). Der erstere war mit Marys Appartement durch eine kostbar mit Lapislazuli und rosafarbenen Muscheln ausgestattete Grotte verbunden, in der Wasser und Vögel für Leben sorgten. Die Buchsbroderie des abgeteilten kleinen Gartens war ebenfalls von *plate-bandes* umgeben. Sie sind inzwischen mit traditionell »jungfräulichen« Blumen – Akelei und Lilien – restauriert worden. Im Frühsommer nehmen karminrote Päonien, rosafarbener Diptam, blaue und rote Akeleien sowie purpurfarbene Königskerzen die Farben von Marys Schlafgemach auf, während auf der anderen Seite, im Garten des Königs, rote *Kniphofia uvaria* und der blaue Wiesen-Storchschnabel *(Geranium pratense)* sozusagen den Wänden von Williams Schlafzimmer »antworten«, die mit orangefarbenem Damast mit blauen Fransen, in den Farben des Hauses Oranien-Nassau, verkleidet sind.

Während Williams Blumengarten an das Boulingrin anschloß (also an eine Domäne der Männer, die, als Ort eines sehr populären englischen Zeitvertreibs, natürlich von einem Engländer betreut wurde), enthielt Marys Garten seltene exotische Pflanzen in Kübeln und einen Laubengang. Unter dem gewölbten grünen Dach umfängt den Spaziergänger auch im Hochsommer eine angenehme und geheimnisvolle Kühle, während die Parterres Wärme und Farbigkeit ausstrahlen. Reizvoll beim Besuch von Het Loo ist es auch, den Gärtnern zuzusehen, die sich um die Geometrie der Buchsarabesken, Eibenpyramiden, Wacholderkegel und Grasabhänge kümmern. Während gebeugte Gestalten den Buchs wie zu Williams Zeiten geduldig von Hand beschneiden, wird das Gras an den Hängen von einem gigantischen Rasenmäher kurz gehalten, der eigens für diesen Zweck konstruiert wurde. Auch die Bewässerung erfolgt mit modernsten Beregnungsanlagen; Sprühvorrichtungen zur Bewässerung des Rasens gab es allerdings auch schon in Williams Tagen.

Wenn der Arbeitstag zu Ende ist und die Besuchermassen den Park allmählich verlassen, bieten die Parterres sich in magischer Vollkommenheit dar. Die Bienen summen weiterhin emsig im Geißblatt, der Brunnen der Himmelskugel versprüht auch jetzt noch sein Wasser, und die Figur des Narziß schaut noch immer mit liebendem Blick auf ihr von der Zeit geprägtes Spiegelbild.

Gärten in Deutschland

64–65 Schloß Augustusburg in Brühl steht zwar beispielhaft für spätbarocke Parterres im französischen Stil, aber die Restaurierung der Jahre 1933 bis 1935 (und 1947) hat sie nicht rundum authentisch wiederhergestellt: die *plate-bandes* enthalten moderne Blumen, die in ihrer Anordnung allerdings dem Bepflanzungsplan für das Grand Trianon von 1693 folgen. Im Frühling sollten rote Tulpen, weiße Narzissen und blaue Hyazinthen das Muster bilden; im Sommer roter Salbei, mauvefarbener Leberbalsam (Ageratum), gelbe Pantoffelblumen und weißes Springkraut. In den dreißiger Jahren plazierte man im übrigen Eibenpyramiden dort, wo Dominique Girards Plan plastische Schmuckelemente vorgesehen hatte. Dennoch evozieren die Broderie und die Blumenrabatten vor dem Hintergrund der Alleen und Spiegelweiher aufs schönste Girards prätentiöses Werk in der Lieblingsresidenz Clemens Augusts von Bayern, des Erzbischofs und Kurfürsten von Köln.

Girards Plan von 1728 enthält ein *parterre de broderie mêlée de massifs de gazon*. Dabei handelt es sich um eine Erweiterung des herkömmlichen Broderieparterres, bei dem ein filigranes Buchsmuster mit geschwungenen Rasenbändern kombiniert wurde. Die Restaurierung hat diese Wirkung reproduziert und gegen einen passenden weißlichen Hintergrund gesetzt. Die Idee der inkorporierten Rasenstreifen geht auf die Zeit André Mollets zurück und ist in A. J. Dézallier d'Argenvilles *La Théorie et la pratique du jardinage* von 1709 illustriert, wenn solche Streifen auch zur Zeit Le Nôtres keine unabdingbare Komponente des *parterre de broderie* waren. Daß die beschnittenen Immergrünen im ursprünglichen Bepflanzungsplan fehlen, deutet auf den Einfluß von Dézallier d'Argenvilles Maxime, daß die Kunst der Natur den Vorrang einzuräumen habe. Denn wenn der Formschnitt sich auch bis zur Mitte des 18. Jahrhunderts hielt, wurden doch zunehmend die schlichten Blumenstreifen die Regel, wie die zeitgleichen Parterres in Nymphenburg und Nordkirchen zeigen. Die gleiche Tendenz zur »Natürlichkeit« ließ auch das Rasenparterre in den Vordergrund treten wie zum Beispiel in Nordkirchen.

Die neue Rolle der Blumen wird auch daran erkennbar, daß Girard sein *parterre de pièces coupées pour des fleurs* ins Zentrum seines Schleißheimer Entwurfs setzte, während er den bisherigen Favoriten, die Broderie, an die Seiten plazierte. Das ist, mit anderen Worten, das Gegenteil der Situation von Vaux-le-Vicomte. Girards Plan entstand in den Jahren 1715 bis 1717 für Clemens Augusts Vater, Max Emanuel von Bayern, als Teil eines bereits am Ende des 17. Jahrhunderts in Angriff genommenen Projekts, das die Vereinigung des Lust- und Jagdschlößchens von Lustheim mit dem Schleißheimer Schloß vorsah. Was wir heute sehen, ist das Ergebnis einer ungewöhnlichen Entwicklung, bei der das Kanalsystem, das als Transportweg von und nach München dienen sollte, mehrfach verändert oder erneuert wurde – zuletzt 1962.

Dem heutigen Besucher bietet sich Schleißheim als ein superbes Ensemble: die Architektur reflektiert in Kanälen, auf denen Schwäne ihre Bahn ziehen. Allerdings handelt es sich um eine sehr vereinfachte Version des ursprünglichen Konzepts. Das Blumenparterre entspricht noch dem Entwurf Girards, aber die Beete, die nicht zwischen Kies, sondern im Rasen sitzen, sind mit grellbunten modernen Varietäten gefüllt; die flankierenden *parterres de broderie* sind ganz verschwunden. Zugleich haben die Boskette schwere Beeinträchtigungen erlitten. Das trifft leider auch für die Boskette anderer

Detail aus Dominique Girards Plan von 1715–1717 für Schleißheim. Im Mittelpunkt das *parterre de pièces coupées pour des fleurs*.

Matthias Diesels Stich von 1722 zeigt den Ort des »Jeu des Passes« in Nymphenburg.

Der Stich von Johann August Corvinus hält den Höhepunkt der Feierlichkeiten fest, die August der Starke 1719 anläßlich der Hochzeit des Kurprinzen im Garten des Japanischen Palais in Dresden veranstaltete:
Das große Feuerwerk begleitete eine Aufführung, die Jasons Fahrt nach Kolchis und seinen Kampf um das Goldene Vlies zum Inhalt hatte.

Barockgärten zu, so für Nordkirchen, Brühl und Nymphenburg. In Brühl gab es beispielsweise ein »indianisches« Haus für private Diners und Galanterien; es gab eine Fasanerie, einen Schildkrötenweiher, exotische Vögel und selbstverständlich eine Mail-Bahn für den begeisterten Mail-Spieler Max Emanuel, den Vater des Erzbischofs. Er war es, der das »Jeu de Passes« erfand und in Nymphenburg auch eine Kegelbahn besaß. Außer diesen alltäglichen Vergnügungen dürfen wir uns wohl auch größere Feste vorstellen, bei denen Feuerwerk abgebrannt und Naumachien veranstaltet wurden. Für den Dresdner Hof unter August dem Starken ist dies sehr anschaulich von Johann August Corvinus wiedergegeben worden.

Daß August der Starke die Festlichkeiten – vom Stierballett bis zum Konzert – liebte, kam in seinen Gärten in und um Dresden, im Zwinger, in Pillnitz und in Groß-Sedlitz, deutlich zum Ausdruck. Der Anlaß, den Corvinus in seinem Stich festhält, war eine glanzvolle Veranstaltung anläßlich der Hochzeit des Kurprinzen mit der Tochter Kaiser Josephs I. im Jahre 1719. Das Thema war Jasons Fahrt mit den Argonauten nach Kolchis, um das Goldene Vlies zu holen. In Dresden wurde gezeigt, wie Jason sich dem König Aietes entgegenstellt, sich mit Medeas Hilfe den feuerspeienden Stier gefügig macht und den Drachen, den Hüter des goldenen Vlieses, überwältigt. Kanonenschüsse und ein Feuerwerk bildeten den Höhepunkt des Festes. So lebte die Tradition des Wasserfestes, wie man es schon in Chenonceaux, in Fontainebleau und Elvetham gefeiert hatte, noch mehr als ein Jahrhundert später fort. Der einstige Glanz der großen deutschen Gärten ist in diesen Bildern eingefangen.

Detail eines Gemäldes von G. A. Eger, 1773, das die Familie des Grafen Carl Ludwig von Hohenlohe vor dem Hintergrund des aus dem Beginn des 18. Jahrhunderts stammenden Gartens von Weikersheim zeigt. Die Broderien erscheinen hier als Umgebung von vertieft angelegten und über Grasstufen zugänglichen Brunnenbecken, wie sie ursprünglich die vier Gartengevierte schmückten.

Gegenüberliegende Seite, oben: Die von Johann Christian Lüttich in den Jahren 1719 bis 1723 geschaffene zweigeteilte Orangerie von Weikersheim; unten: Der »Wachtmeister«, einer der in ihrer Karikierung an Callot erinnernden Hofbediensteten, sowie einer der Obelisken der vier Winde.

Der Einfluß des formalen französischen Gartens auch auf Anlagen von erheblich kleinerem Maßstab zeigt sich in dem reizenden Garten von Weikersheim im Taubertal. Trotz seiner sehr bescheidenen Ausmaße enthält dieser Garten das beste in Deutschland erhaltene Beispiel eines vollständigen Skulpturenprogramms der Barockzeit. Der Garten wurde in mehreren Phasen zwischen 1708 und 1725 für den Grafen Carl Ludwig von Hohenlohe geplant. Das von Daniel Matthieu begonnene Projekt kulminierte in der Orangerie des Johann Christian Lüttich (1719–1723), die von der in das jenseitige hügelige Gelände weiterführenden Zentralachse des Gartens durchschnitten wird. Auf dem Portrait der gräflichen Familie sieht man den fertigen Garten, eine schlichte Anlage, aber reich mit Statuen geschmückt. Die meisten von ihnen stammen von Johann Jakob Sommer und seinen Söhnen.

Mit der Entscheidung für die Figur des Herkules als Repräsentant des Hausherrn zeigten der Graf und seine Planer nicht allzuviel Phantasie. Auch in der Anordnung der Figuren, welche die zentrale Gruppe – Herkules im Kampf mit der Hydra – umgeben, folgten sie der üblichen barocken Ikonographie. Dennoch ist das Ensemble wundervoll. Was den Betrachter besonders anspricht, sind die als Karikaturen aufgefaßten Figuren höfischer Bediensteter an der Balustrade vor dem Schloß: der heftig schlagende Trommler mit seinem Bierbauch oder der Wachmann, der gerade sein Schwert ziehen will. Diese sogenannten Callot-Figuren (nach Jacques Callot, 1592/93–1635) bilden ein ironisches Gegengewicht zur Großartigkeit der mythologischen Szene: Der Graf als Halbgott, der neue Herkules, befindet sich in Gesellschaft der olympischen Götter von Apollo bis Zeus und erfreut sich des Wohlwollens der vier Winde, der vier Jahreszeiten, der vier Elemente und anderer allegorischer Figuren.

Ursprünglich befand sich in jedem der vier Gartengevierte ein Bassin, das von Broderien eingerahmt war. Wie anderswo ist aber auch hier die gepflanzte Dekoration ein Opfer der Zeit geworden. Heute heben sich die Weikersheimer Skulpturen von einem Hintergrund aus Rasen, bunten Blumenbeeten und beschnittenen Immergrünen ab. Das tut allerdings der Schönheit der Komposition insgesamt keinen Abbruch, in der sich die Obelisken der vier Winde vor dem roten Dach und den Ziergiebeln des Schlosses scheinbar in den Himmel erheben. Weikersheim ist eingebettet in eine beschauliche kleine Stadt und umgeben vom stillen Taubertal, fern vom Getriebe größerer Orte.

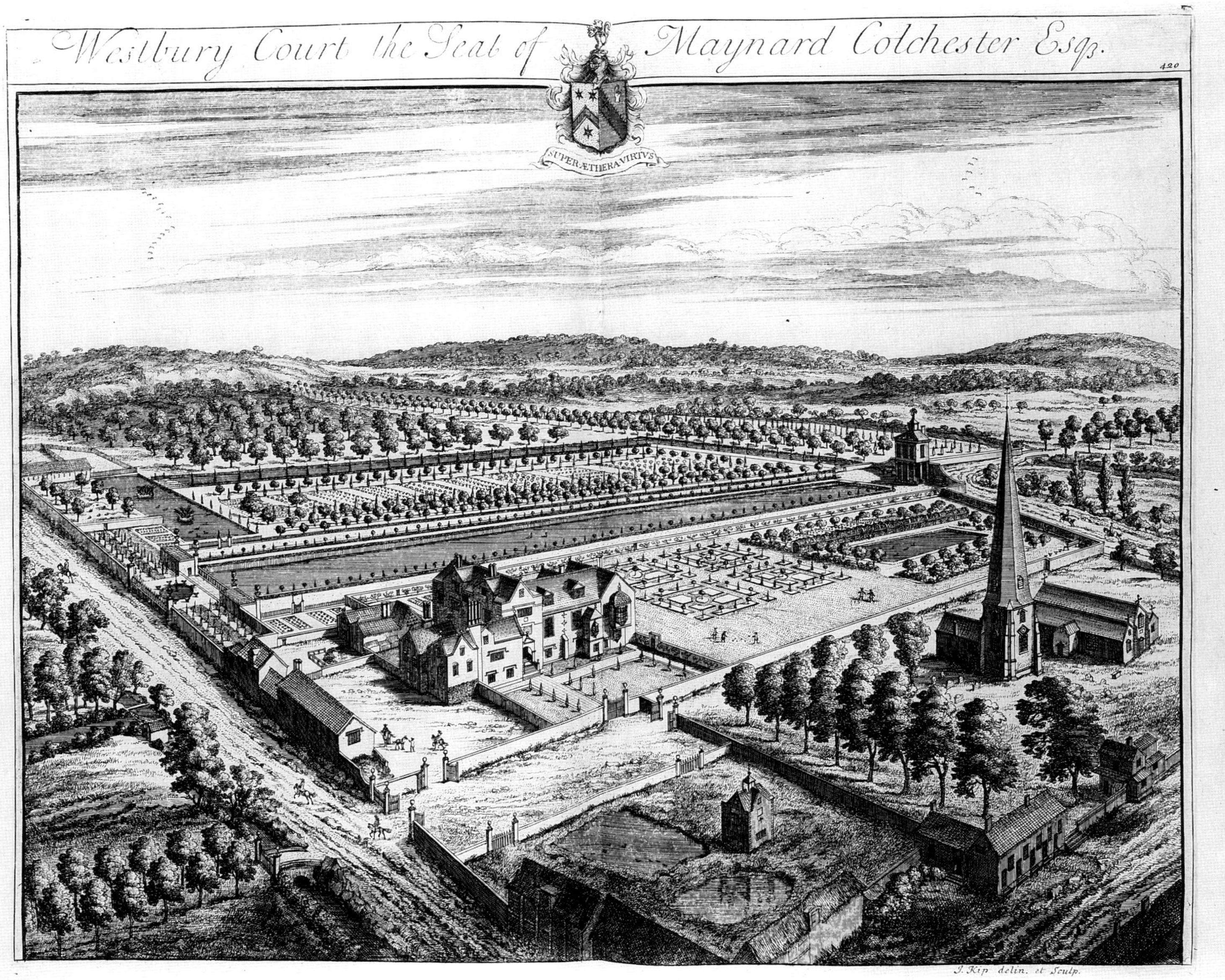

Westbury Court in einem 1707/08 entstandenen Stich von J. Kip. Die Abbildung ist Robert Atkyns' 1768 erschienenem Werk mit dem Titel *The Ancient and Present State of Glocestershire* entnommen. Hinter dem Haus ist der Kanal sichtbar, an dessen Ende sich das Sommerhaus erhebt.

Westbury und Wrest

68–71 Der Größenunterschied zwischen Westbury Court in Gloucestershire und Wrest Park in Bedfordshire entspricht etwa demjenigen zwischen Schleißheim und Weikersheim. Am einen Ende des Spektrums liegt die klein dimensionierte Anlage von Westbury Court. Ein etwa 1707/08 entstandener Stich von Kip zeigt Maynard Colchesters Garten in der ersten Phase seiner Entstehung zwischen 1696 und 1705. Jenseits des alten Tudor-Wohnhauses erkennt man den Wassergarten mit dem aus roten Ziegeln im holländischen Stil erbauten Sommerhaus am fernen Ende eines von immergrünen Hecken flankierten Kanals. Der im Hintergrund von Kips Stich dargestellte Bereich wurde nach 1715 von Colchesters Neffen umgestaltet: Es entstand ein T-förmiger Kanal mit einem Belvedere.

Nach der Restaurierung in den frühen siebziger Jahren unseres Jahrhunderts präsentiert sich Westbury als exquisite Neuinterpretation des originalen Zustands. Da das Haus und das daran anschließende Gelände im Vordergrund von Kips Stich verloren sind, konzentriert sich der restaurierte Garten heute um die beiden Kanäle und den hohen Pavillon, der nach schwerer Beschädigung abgebrochen und unter Verwendung originaler Teile wiederaufgebaut wurde. Die Dokumentation der Bepflanzung von Westbury ist sehr interessant; eine Notiz von 1702 spricht u. a. von beschnittenen Stechpalmen, Eiben, Lorbeer-Schneeball und Steinlinden. Kips den Hauptkanal flankierende Hecke bestand eindeutig aus Eiben; überragt wurde sie von der typisch englischen Kombination aus Eibenpyramiden und Stechpalmenkugeln.

Wohl gab es in englischen Gärten kunstvoller beschnittenes Heckenwerk – so in Staunton Harold, in Levens Hall und in den Oxforder College-Gärten –, doch scheinen diese Pyramiden, Kugeln und Kegel der englischen Vorliebe für Parterres, die im wesentlichen aus ebenen Rasenflächen bestanden, entsprochen zu haben. In Westbury lag ein Schwergewicht auf Anbau und Produktivität; an den Mauern wurden Spalierbäume gezogen, und der Bereich, der in Kips Darstellung im Hintergrund liegt, war den Obstbäumen und den »Bohnen, Erbsen, Samen etc.« vorbehalten, die in den Büchern genannt werden. Die Restaurierung hat gegenüber diesen utilitaristischen Aspekten ein Schwergewicht auf das dekorative Moment gelegt. Dabei sind es mitunter eher die Pflanzen, die typisch für die Zeit sind, als das Pflanzschema selbst.

Westbury bietet, zumal im Frühling, wenn die Ziegelmauern von den Blüten der an Spalieren gezogenen Äpfel und Birnen (Goldrenette, Wyken Pippin, Chaumontel und Jargonelle) weiß und rosa gesprenkelt erscheinen, einen wundervollen Anblick. Unter den Obstbäumen wachsen Frühblüher, vor allem Tulpen der damaligen Zeit: die fedrige kastanienfarbene »Black Parrot«, die gelbe und rote Kaiserkrone, die rosa und gelbe *Tulipa saxatilis.* Der kleine Belvederegarten zeigt einen reichen Blumenflor; auf die Frühblüher und den gefüllten Goldlack folgen Rosen und Geißblatt, Wunderblumen und Flammendes Herz. An der Stelle des ehemaligen Gemüse- und Obstgartens befindet sich heute ein Parterre, das in Anlehnung an das bei Kip in Hausnähe dargestellte angelegt ist. Mit seinen einfachen geometrischen Beeten erinnert es an die in der Renaissance üblichen »Cut-work«-Parterres oder Knoten, die noch nichts mit den französischen *parterres de broderie* oder den *parterres de pièces coupées* zu tun hatten. Die Bepflanzung mit Gräsern und Salbei im Verein mit Kirschbäumen (die ursprünglich nicht vorhanden waren) folgt dagegen unserem heutigen Geschmack.

Wenn man vom Sommerhaus aus oder durch die Gitterfenster der *clairvoyées* über die Wiesen blickt, könnte man meinen, man sei in Holland, zumal an Tagen, an denen niedrige Wolken über das Mündungsgebiet des Severn ziehen. Mit seinen Kanälen und Pavillons hat Westbury etwas mit verlorengegangenen Gärten wie Charlecote in Warwickshire gemeinsam, ein niederländisches Flair, das im Laufe der Generationen fast zur Gänze verwischt worden ist.

Die Entstehungsgeschichte des eher französisch anmutenden Wrest Park ist außerordentlich kompliziert. In der ersten Phase seiner Entstehung unter dem 11. Earl of Kent (1645–1702) wurden der lange Kanal und Parterres mit Labyrinthen angelegt, die auf Kips wohl 1705 entstandenen Stich erscheinen. Was im Vergleich mit französischen oder deutschen Gärten auffällt, ist die Schlichtheit der Rasenparterres entlang der Hauptachse; sie sind durch Rabatten, beschnittene Immergrüne und exotische Pflanzen in Kübeln verschönert. Wohl gab es in England auch kunstvolle *parterres de broderie* – vom phantasievollen Entwurf für Hampton Court bis hin zu den altmodischen, an Mollet

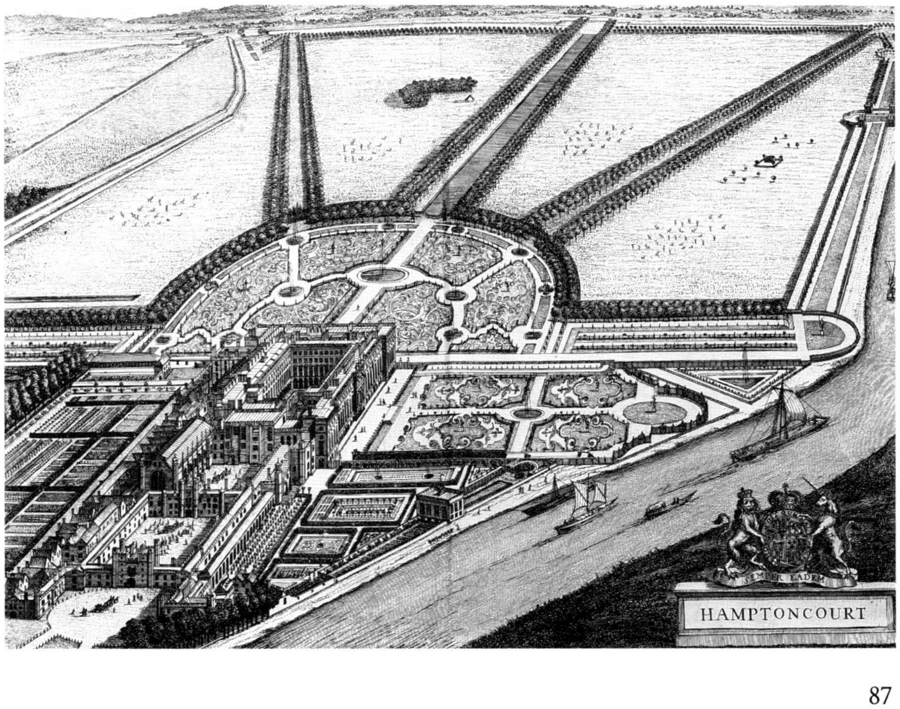

Diese Ansicht von Hampton Court aus der Vogelschau ist dem Werk *Britannia Illustrata* von 1720 entnommen und zeigt Daniel Marots halbkreisförmiges Parterre und die drei als *patte d'oie* ausstrahlenden Alleen.

erinnernden Mustern in Bretby –, vorherrschend waren aber doch Variationen zum Thema des flachen Rasenparterres. In Chatsworth, einer im übrigen sehr komplexen Anlage, bestand das Hauptparterre, ein *parterre à l'angloise,* aus *gazon coupé,* also in Formen geschnittenen Rasenflächen, zwischen denen sich Sand befand. Bemerkenswert am frühen Zustand von Wrest ist auch, daß ein Boskett oder eine Waldzone fehlt; der Bereich zu beiden Seiten des Kanals blieb Wildpark.

Eine zweite Phase begann mit dem 12. Earl (1671–1740); dabei handelte es sich allerdings nicht um eine einzelne Kampagne, sondern um mehrere aufeinanderfolgende Schritte. Die anonyme perspektivische Ansicht aus dem Anfang des 18. Jahrhunderts zeigt eine Erweiterung des schlichten Parterres auf Kosten der Labyrinthe, Thomas Archers Pavillon von 1709–1711 als Abschluß des Kanals und eine neue Waldzone zu beiden Seiten des Kanals. Die kreis- oder ellipsenförmige Bepflanzung auf dem *Cain Hill,* jenseits des tangentialen Kanals, ist eine interessante Erweiterung des formalen Gartens in die größere Landschaft. John Rocques Plan von 1737 zeigt den endgültigen Zustand nach Abschluß der unter dem 12. Earl vorgenommenen Veränderungen: Das Parterre stellt sich jetzt als schlichtes Boulingrin dar, der seitliche Kanal ist zu einem umlaufenden Wasserweg geworden, das Boskett, durch das sowohl gerade als auch mäandernde Wege führen, ist voller Gartensäle, die mit Kleinarchitekturen und Gartensitzen geschmückt sind.

Was wir heute nach einer sorgfältigen Restaurierung vor uns haben, sind Elemente dieser frühen formalen Anlage, vor allem der großartige Kanal und der Pavillon mit Resten des Bosketts. Wasser und Wald sind sowohl an dunstigen Sommermorgen als auch im frostigen Licht des Winters von einer heiteren Schönheit. Diesen formalen Ele-

Unten: Ansicht von Chatsworth aus der Vogelschau, gestochen von J. Kip und L. Knyff, 1699.

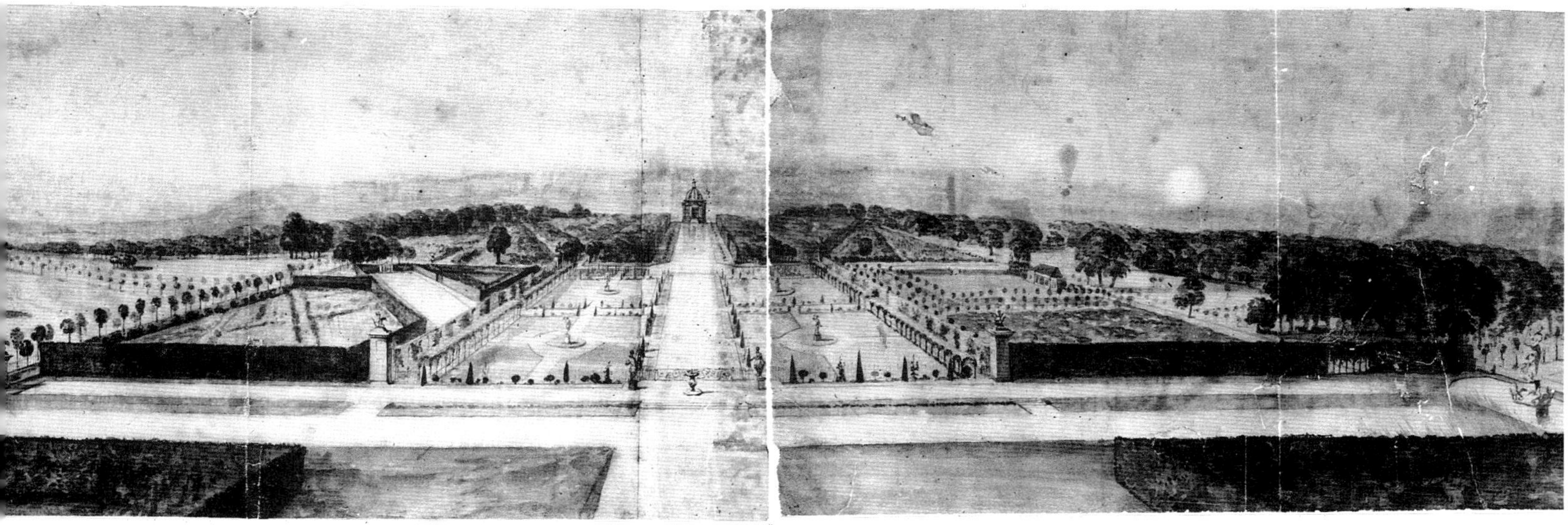

Oben: Unsignierte Ansicht von Wrest Park aus dem frühen 18. Jahrhundert. Im Zentrum die schlichten Rasenparterres, das Boskett, der Kanal und Thomas Archers Pavillon von 1709–1711; links die kreis- oder ellipsenförmige Bepflanzung des Cain Hill.

menten des Gartens sind landschaftliche Merkmale aus der Zeit von »Capability« Brown und ein zweiter formaler Garten der 1830er Jahre übergestülpt. Die Evolution dieses Gartens ist von bemerkenswerter Kontinuität, aber die späteren Veränderungen gehören anderen Zeiten und damit anderen Kapiteln dieses Buches an.

The Alcove Seat in the Lady Dutches's Walk

Das Detail aus einem Plan von John Rocque aus dem Jahre 1737 zeigt den 1726 angelegten Gartensitz am »Lady Dutches's Walk«. Rechts: Blick in eine der Alleen des Bosketts, wie es sich heute präsentiert.

Drei Beispiele für Gartenräume, die noch im mittleren 18. Jahrhundert an der formalen Tradition festhielten. Oben: Das Neue Schloß der Eremitage in Bayreuth in einer Darstellung von J. T. Köppel, 1755. Unten links: Die Menagerie der Villa Crivelli Sormani-Verri, entnommen den *Delizie della Villa di Castellazzo*, 1743. Unten rechts: Blumengarten und Aviarium von Kew Gardens aus William Chambers' *Plans, Elevations, Sections... Kew* von 1763.

3

Themen des 18. Jahrhunderts

Die Verbindung der Geraden mit der Serpentine

Die formalen Traditionen der Gartengestaltung blieben in Europa und Nordamerika auch im Verlauf des 18. Jahrhunderts lebendig, obwohl der Landschaftsgarten zunehmend an Bedeutung gewann. An die Stelle der Parterres, Terrassen und Kanäle traten jetzt vielfach wellenförmig verlaufende Rasenflächen und unregelmäßig geformte Seen, doch geschah dies keineswegs abrupt oder in immer der gleichen Weise. Vielmehr vollzog sich der Übergang vom Formalen zum Nichtformalen eher allmählich, auf vielerlei Art und manchmal nur punktuell. Tatsächlich erwiesen sich viele barocke Anlagen in Italien, Deutschland und Frankreich als immun gegenüber einer totalen Umwandlung, und selbst in England gab es Gärten, wie zum Beispiel Castle Bromwich Hall, welche die pittoreske Bewegung überstanden und im 19. Jahrhundert als geometrische Gärten zu neuem Leben erweckt wurden.

Wie rasch und durchgreifend der Übergang, sei es in England oder anderswo, erfolgte, hing von vielen Faktoren ab: vom sozialen Status des Besitzers, seinem Reichtum und seiner Einstellung, von Lage und Art des Terrains, von der Größe des Gartens, seiner (ländlichen oder städtischen) Umgebung und von der Empfänglichkeit des Entwerfers wie des Kunden für die neuen Strömungen, die, ausgehend von einigen englischen Landsitzen, den Epizentren der Landschaftsbewegung, lokale wie nationale Grenzen überwanden.

Im Überleben des formalen Prinzips spiegelte sich in manchen Fällen einfach das Fortbestehen gewisser ideologischer und sozialer Gegebenheiten. Viele traditionelle Formen und Funktionen behielten ihre Gültigkeit, vor allem in höfischen Kreisen auf dem Kontinent. Sowohl in Veitshöchheim als auch in Caserta ging es, obwohl beide Gärten erst in der zweiten Hälfte des 18. Jahrhunderts fertiggestellt wurden, um das Thema des Fortschreitens von einem Zustand der »Wildheit« zum Zustand der Zivilisation, wobei der Anteil der Besitzerfamilie an dieser Entwicklung entsprechend hervorgehoben wurde. In Caserta bezog man die Bilder noch immer aus den Ovidschen *Metamorphosen*. In Veitshöchheim und Schwetzingen wurde erneut die Wiederkehr des Goldenen Zeitalters beschworen. Allerdings ließ sich dieses Thema, wie Kurfürst Carl Theodor nach 1777 in Schwetzingen bewies, auch in einem nichtformalen Garten darstellen.

Für die amüsante Seite des Gartenlebens war weiterhin gesorgt durch formale Elemente wie Gartentheater, Menagerien und Volièren; ferner waren die sportliche Betätigung und die Entspannung und Erholung möglich. Die Heckentheater von Veitshöchheim (1767–1768) und Villa Rizzardi (1796) bezeugen die fortdauernde Wirkung italienischer Vorbilder (Villa Marlia, zweite Hälfte des 17. Jahrhunderts); das in Ruinen liegende antike Theater in der Eremitage von Bayreuth (1743) beweist, daß bestehende Formen sich den um sich greifenden sentimentalen Impulsen anzupassen vermochten. Rund um Le Nôtres Wasserparterre in Chantilly wurden zwischen den 1730er und den 1770er Jahren neue – zunächst regelmäßige, später unregelmäßige – Gartenteile angelegt, darunter das »Bosquet du Jeu d'Oie« für das »Gänse«-Spiel. In den englischen Gärten scheint das Bowling-Spiel noch bis weit ins 18. Jahrhundert hinein beliebt gewesen zu sein, in den deutschen Gärten traf das für das Mail-Spiel ebenfalls zu. Hier waren die Spielbahnen über 2000 Schuh lang, und die Spieler wurden in kleinen Wagen ähnlich den elektrischen Karren unserer modernen Golfplätze hin- und hertransportiert.

Das Fortbestehen der formalen Traditionen äußerte sich auf verschiedene Weise. Tom Williamson hat in seiner Pionierstudie zum Thema des geometrischen Gartens in der Grafschaft Norfolk gezeigt, daß viele Gärten noch bis ins späte 18. Jahrhundert hinein formale Elemente besaßen – ummauerte Gartenräume, axiale Alleen und regelmäßige Boskette. Er schreibt: »Ummauerte Bereiche und andere geometrische Elemente wurden ständig – und oft mit großen Kosten – verändert und neu gestaltet, und dies bis in die

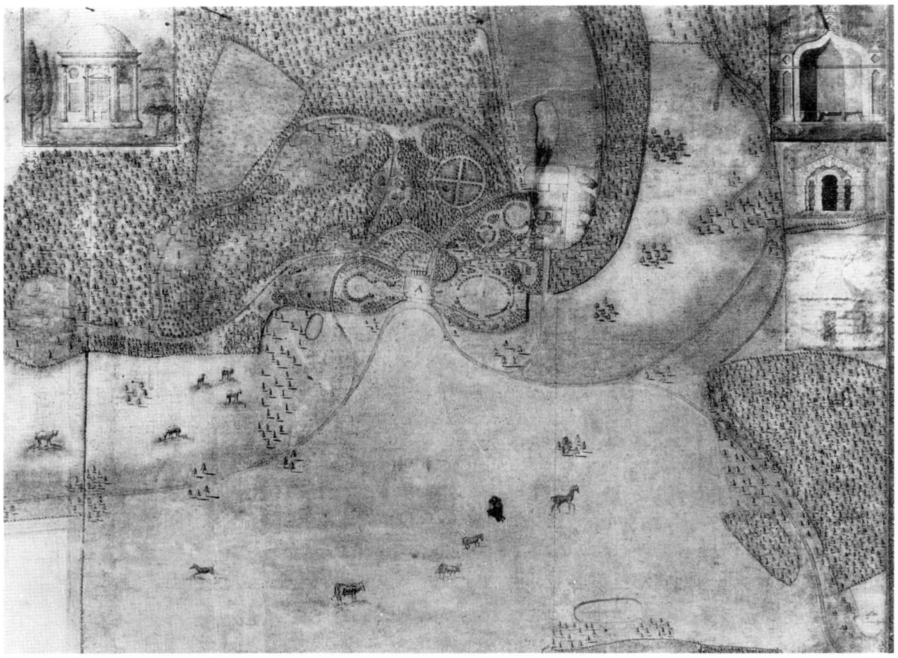

Um 1779 nahm Richard Woods in Wormsley eine Reihe von »Verbesserungen« vor: Der Ausschnitt aus seinem Plan zeigt runde und ellipsenförmige Gärten inmitten eines unregelmäßigen Landschaftsparks. Unten: Thomas Wrights Plan eines Rosariums für Beckett Park aus den frühen 1750er Jahren und ein ebenfalls in Kreisform gehaltener Bepflanzungsplan für den Blumengarten von Hartwell House, 1799.

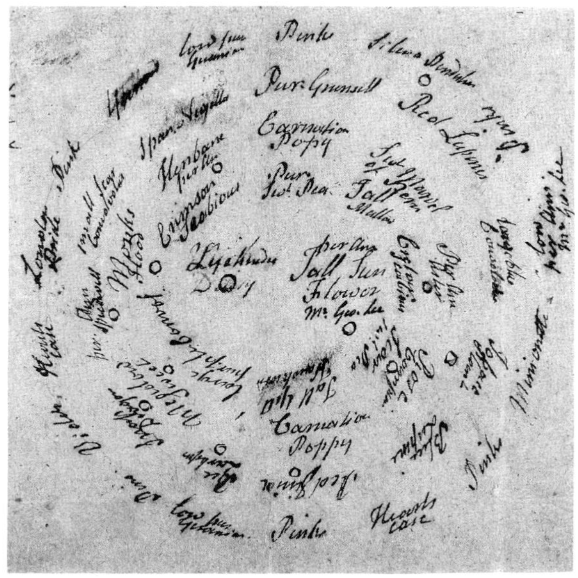

Mitte, ja sogar bis in die späten Jahrzehnte des 18. Jahrhunderts wie zum Beispiel in Intwood und Ditchingham.« Daß man an solchen Elementen festhielt, hatte ebenso utilitaristische wie ästhetische Gründe: Die Angehörigen des kleinen Landadels zum Beispiel wollten in ihren ummauerten Gärten Obst anbauen. Stadtgärten waren weiterhin eher regelmäßig als unregelmäßig, so etwa der Francis-Douce-Garten von 1791 in der Londoner Gower Street oder der erst jüngst restaurierte Garten am Circus in Bath von 1760.

Viele von »Capability« Browns Zeitgenossen hatten ihre Freude daran, geometrische mit naturalistischen Elementen zu kombinieren, oder arbeiteten abwechselnd in beiden Stilen. So zeigt zum Beispiel Richard Woods' Entwurf für Wormsley von ca. 1779 eine Folge kreis- oder ellipsenförmiger Gärten innerhalb eines unregelmäßigen Parks. Thomas Wrights Plan von 1750 für Badminton wies einen gemischten Stil auf, während derjenige von 1766 für den St. James's Park in London sich gerade durch seine Symmetrie auszeichnete. Wrights Rosarium für Beckett Park aus den frühen 1750er Jahren war so kompliziert wie das Muster einer mittelalterlichen Fensterrose.

Am hartnäckigsten hielten sich die alten Traditionen im Blumengarten. Das wird deutlich zum Beispiel am 1799 entstandenen Bepflanzungsplan für die kreisförmigen Blumenbeete von Hartwell in Buckinghamshire. Wenn diese Überbleibsel des geometrischen Gartens dem allgemeinen Trend zur naturalistischen Verschönerung entgegenstanden, so zeigt sich darin doch auch, daß die Kluft zwischen dem formalen und dem nichtformalen Garten nicht so tief war, wie die Gartenhistoriker später glauben machen wollten. Brown verstand es sehr wohl, um die Kaskade von Chatsworth und den Kanal von Wrest sozusagen »herumzuarbeiten«; William Emes ließ die Terrassen von Powis Castle unangetastet. Und in Uvedale Prices Kritik an Browns Seen äußerte sich die Überzeugung des Zeitgenossen, daß der Landschaftsstil sich gewisse formale Kennzeichen zu eigen gemacht habe: »Der Charakter des Formalen ... allein hat sich gewandelt. So hat der alte Kanal zwar in der Tat seine Geradheit und seine Winkel eingebüßt; dafür bildet er jetzt aber eine regelmäßige Serpentine, und seine Ränder sind so nackt und so gleichförmig wie zuvor.«

Ingrid Dennerlein und Iris Lauterbach haben dargelegt, daß der formale französische Stil sich in seinem Mutterland trotz der Herausforderung durch den etwa in Ermenonville und im Garten Désert de Retz vertretenen Landschaftsgedanken im ganzen Verlauf des 18. Jahrhunderts halten konnte. Entstanden aus Stilrichtungen, welche die erste Hälfte des 18. Jahrhunderts geprägt hatten (heute als Régence und Rokoko bezeichnet), beschränkte sich der geometrische Garten am Ende des Ancien Régime immer mehr auf die kleineren Pariser *hôtels.* Dabei ist interessant, daß in den Parterres von Jean-François de Neufforge *(Supplément au recueil élémentaire d'architecture,* 1772–1780) wiederum

Die 1742 entstandene Ansicht von Powis Castle von Samuel und Nathaniel Buck erschien 1774 in *Buck's Antiquities.* Im Vordergrund das obere Ende der Kaskade, im Mittelgrund das Parterre. Ein Plan von T. F. Pritchard läßt vermuten, daß die Kaskade und die Formbäumchen spätestens 1771 entfernt wurden, während die Wasserbecken (vermutlich bis 1809) bestehenblieben. William Emes, der in den 1770er Jahren konsultiert wurde, ließ die Terrassen unangetastet; sie wurden am Beginn des 20. Jahrhunderts wieder hergerichtet und neu bepflanzt.

Renaissancemuster auftauchten. Doch war es keineswegs so, daß die kunstvollen formalen Gestaltungen aus den größeren Gärten etwa verschwunden wären. In Chantilly zum Beispiel entstanden neue Gartenteile zu beiden Seiten von Le Nôtres Wasserparterre: die »Ile d'Amour« und die »Ile des Jeux« von 1765, das Labyrinth von 1770 und der »Jardin de Sylvie« aus den späten 1770er Jahren – eine interessante Mixtur aus regelmäßigen und unregelmäßigen Elementen. Louis-Sébastien Mercier sprach im 18. Jahrhundert von Chantilly als von »le plus beau mariage qu'ait jamais fait l'art et la nature«.

Wilfried Hansmann hat sich sehr kenntnisreich über die Parterrebepflanzung in Frankreich und Deutschland in der ersten Hälfte des 18. Jahrhunderts geäußert. Eine in England entstandene Tendenz (die allerdings bis zu einem gewissen Grade auch in Frankreich, in Deutschland und Holland schon erkennbar war) ging in Richtung der Vereinfachung. So zog man in Cliveden/Buckinghamshire der Broderie schon 1723/24 eine schlichte Gestaltung mit Rasen vor. Auch in Rambouillet und im niederländischen Waterland hatte das Parterre in den ersten Jahrzehnten des 18. Jahrhunderts seine traditionelle Bedeutung verloren, und Gras, Wasser und Wald gewannen die Oberhand über den Buchs; das gleiche gilt für Chiswick House. In St. Paul's Walden Bury in Hertfordshire (1730er Jahre) und in Canon in der Normandie (1727; 1768) bildeten einander kreuzende Alleen das eigentliche Kernstück der Boskettgärten. Sie entstanden aus einer Tradition, die ins 17. Jahrhundert, zu den »wood walks« von Cassiobury zurückreichte.

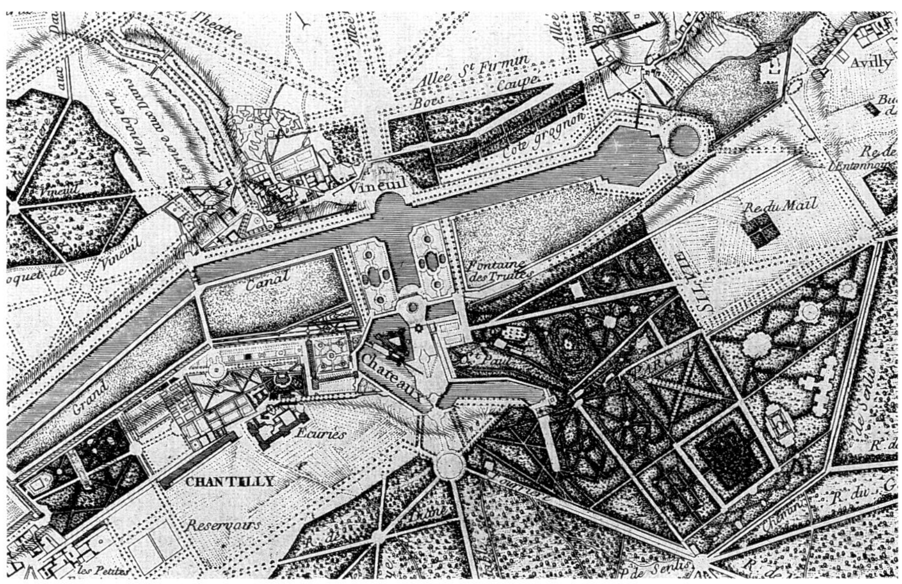

Detail eines Plans von Chantilly aus Le Rouges *Détails des Nouveaux Jardins à la Mode: Jardins Anglo-Chinois,* ca. 1775–1788. In der Boskettzone, die rechts an Le Nôtres Anlage anschließt, befinden sich ein »Windrädchen«-Labyrinth, das auf Dézallier d'Argenville zurückgeht, und die Ellipse mit den spiralig angeordneten Feldern für das »Gänse-Spiel«; die »Ile d'Amour« und die »Ile de Jeux« lagen links vom Wasserparterre.

Die ungewöhnliche, nämlich in Wasser ausgeführte *patte d'oie* von Rambouillet, abgebildet in J. Rigauds *Maisons royales de France,* 1730

Fünf ausstrahlende Alleen in Waterland, gestochen von Hendrik de Leth und veröffentlicht in *Het Zegenpralent Kennermerlant,* 1729–1732. Das Ende dieser Alleen markierten unterschiedliche Blickziele.

In den traditionellen Palastgärten machte sich der englische Einfluß in der immer häufigeren Entscheidung für das *parterre à l'angloise* bemerkbar – zum Beispiel in J. C. Schlauns Plan von 1725 für Nordkirchen. Für das Rasenparterre sprachen seine Pflegeleichtigkeit und sein natürliches Aussehen. Paradoxerweise zeitigte die Forderung nach Natürlichkeit aber auch die alternative Tendenz zur kunstvollen Blumenrabatte; immer häufiger rückten jetzt natürliche Stauden an den Platz der Formbäumchen in den *plate-bandes* der Parterres. Ein Bild von Nymphenburg aus den 1720er Jahren und der Schwetzinger Plan von 1753 zeigen die beiden Tendenzen in Kombination: ein Rasenparterre, umgeben von Blumenrabatten. Tatsächlich avancierten die Blumen in der Periode des Rokoko zum bevorzugten Dekorationselement; gelegentlich wurde dem Blumenparterre sogar die Ehre der zentralen und damit dem *parterre de broderie* überlegenen Position zuteil.

Im deutschen Kulturraum entsprachen die komplizierten geometrischen Anlagen den Wünschen und Bedürfnissen der höfischen Gesellschaft offensichtlich bis weit ins 18. Jahrhundert hinein – bis zu dem Zeitpunkt also, da das Ideengut der Aufklärung die Landgrafen und Kurfürsten für den Gedanken der Nichtformalität hellhörig machte. Die Gärten von Schwetzingen (1750er–1770er Jahre), Veitshöchheim (1760er–1770er Jahre) und Schloß Solitude bei Stuttgart (1760er Jahre) zeugen vom Fortbestehen des Formalismus in einer Zeit, in der Landschaftsgärten wie Wörlitz bereits an Einfluß gewannen. In Italien waren unterschiedliche, aus der Renaissance, dem Barock und dem Rokoko stammende Traditionen weiterhin gültig. Jean Giandas um 1740 entstandener Plan für die Villa Crivelli Sormani-Verri, der aus den 1750er bis 1780er Jahren stammende Entwurf der beiden Vanvitelli für Caserta und Luigi Trezzas Villa Rizzardi aus den 1780er und 1790er Jahren sprechen von einer ganzen Palette geometrischer Stilrichtungen, die auf der italienischen Halbinsel im Schwange waren. Daß der Garten von Buonaccorsi auf einem anonymen Gemälde des mittleren 18. Jahrhunderts erscheint, läßt darauf schließen, daß der Garten der Renaissance nie völlig in Vergessenheit geraten war.

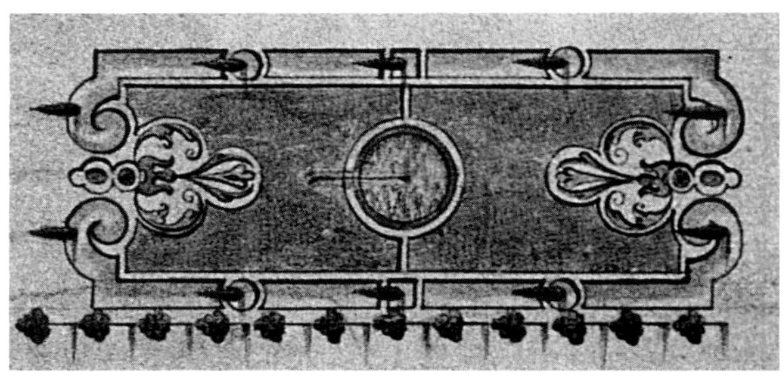

Detail aus J. L. Petris Plan für ein Parterre in Schwetzingen, 1753. Das Rasenparterre mit Blumenrabatten entsprach dem Geschmack des Rokokozeitalters; die Broderie, die in Le Nôtres Parterres eine dominante Position eingenommen hatte, war jetzt auf die Rolle eines dekorativen Elements reduziert. (Der vollständige Plan ist auf S. 128 abgebildet.)

Auf dem europäischen Kontinent wie auch in Nordamerika erfuhr das Formale vielfach eine Aufnahme und Einbettung in das Nichtformale. In Schwetzingen wurde der geometrischen Anlage nach 1777 ein Landschaftsgarten angegliedert; in Kassel integrierte man in den 1780er Jahren die barocke Kaskade in einen romantischen Park; in Caserta entstand im gleichen Jahrzehnt ein »englischer Garten« entlang der Achse von Kanal und Kaskade; in Beeckesteyn bei Haarlem wurde dem regelmäßigen Garten um 1770 ein unregelmäßiger eingefügt; und in Annapolis scheint ein terrassierter »Knotengarten« in Koexistenz mit einem aus den 1760er Jahren stammenden englischen Lustgarten *en miniature* bestanden zu haben.

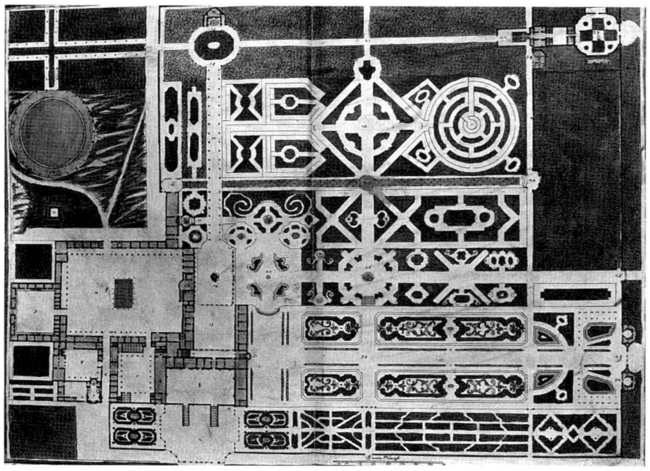

Jean Giandas Plan für die Villa Crivelli Sormani-Verri, veröffentlicht in *Delizie della Villa di Castellazzo,* 1743.

Oben rechts: Anonyme Darstellung des Gartens von Buonaccorsi um die Mitte des 18. Jahrhunderts.

Am Beispiel der um 1740 entstandenen großartigen geometrischen Anlagen von Crowfield und Middleton Place in South-Carolina wird deutlich, daß die Gärten im kolonialen Nordamerika nach bescheidenen Anfängen (Bacon's Castle, entstanden um 1680) in der ersten Hälfte des 18. Jahrhunderts eine bemerkenswerte Verfeinerung erfahren hatten. Die Geometrie blieb bis zum Ende des 18. Jahrhunderts ein dominanter Faktor, obwohl inzwischen auch landschaftlich gestaltete Gärten entstanden waren, wie zum Beispiel William Hamiltons *Woodlands* aus den achtziger Jahren, von Thomas Jefferson als das »reinste Beispiel der Gartenkunst außerhalb Englands« bezeichnet. Barbara Wells Sarudy schreibt in ihrer Studie über die Gärten begüterter Bürger in der Bucht von Chesapeake: »Ordnung, Regelmaß und gezielte Einflußnahme bestimmten im 18. Jahrhundert die Gartengestaltung in Maryland.« Auf Charles Wilson Peales Gemälde von Mount Clare (um 1775) und dem 1774 entstandenen anonymen Bild vom Landsitz George Boyds in Portsmouth/New Hampshire wird die Bandbreite der formalen Wirkungen deutlich, die sich in den kleineren Anlagen erzielen ließen.

Auch in den im späten 18. Jahrhundert angelegten Landsitzen Thomas Jeffersons in Monticello oder George Washingtons in Mount Vernon, die in Teilen eine durchaus progressive landschaftliche Gestaltung aufwiesen, spielte die Geometrie weiterhin eine große Rolle. Wie Allan Brown gezeigt hat, war Jeffersons Ruhesitz in Poplar Forest von präzisen mathematischen Proportionen bestimmt. Was Brown als »Vorliebe für regelmäßige Formen« bezeichnet – die durch das Studium der antiken Schriftsteller und Palladios entstanden und durch die direkte Anschauung geometrischer Gärten im Frankreich des ausgehenden 18. Jahrhunderts noch entwickelt worden war –, prägte Jeffersons Entwurf für Monticello: »Auch wenn er in Monticello in einem romantischen Naturalismus schwelgte, blieb doch die geometrische Disziplin gewahrt, wie das präzise Raster erweist, das er bei der Anlage des Serpentinenweges zugrunde legte.« Regelmäßigkeit und Unregelmäßigkeit waren im 18. Jahrhundert häufig nicht voneinander zu trennen.

Es ist interessant, daß die alte Tradition der öffentlichen Zugänglichkeit der Gärten in England keine zwangsläufige Wiederbelebung erfuhr, als der Landschaftsgarten den »autokratischen« formalen Garten ersetzte. Fürst Pückler-Muskau beklagte ganz im Gegenteil 1828 die »illiberale Gesinnung der modernen Engländer, die ihre Gärten und Landsitze fester verschließen als wir unsere Salons«. Die Borghese-Gärten dagegen waren in den 1770er Jahren zweimal wöchentlich für das Publikum geöffnet – selbst für Engländer, die, wenn wir Lady Miller glauben wollen, hier zum Erstaunen der Römerinnen Kricket und Fußball spielten.

Detail aus einem anonymen Blatt mit dem Titel »The South West Prospect of the Seat of Colonel George Boyd at Portsmouth, New Hampshire«.

St. Paul's Walden Bury

97–99 Die Geschichte von St. Paul's Walden Bury in der Grafschaft Hertfordshire liegt bis zu einem gewissen Grad im dunkeln. Das Haus wurde um 1730 für Edward Gilbert erbaut, und auch der Garten scheint, jedenfalls in seinen großen Linien, um diese Zeit entstanden zu sein. Trotz der Neubepflanzung in späterer Zeit und gewisser Veränderungen, die in unserem Jahrhundert vorgenommen wurden, ist er noch sehr stark dem späten geometrischen Stil vom Anfang des 18. Jahrhunderts verhaftet und zeichnet sich durch gewisse Gemeinsamkeiten mit zeitgleichen französischen und niederländischen Gärten aus. Heute verloren, bildeten sie einst einen eigenen Stil, den Ingrid Dennerlein in Anlehnung an die Historiographie der Innendekoration Régence genannt hat, nach einem Ausdruck also, der die Regentschaft nach dem Tod Ludwigs XIV. im Jahre 1715 bezeichnet. Aus dem Barock entwickelt, stand der Régence-Stil in engem Zusammenhang mit dem Werk A. J. Dézallier d'Argenvilles. Vor dem Hintergrund des formalen französischen Stils leitete dessen Maxime »faire céder l'art à la nature« das neue Streben nach Natürlichkeit ein.

Dem heutigen Besucher von St. Paul's Walden Bury, dem Geburtsort der Königinmutter, fällt die merkwürdige Allianz der geraden Alleen mit der sanft geschwungenen englischen Landschaft auf. Denn dieser geometrische Boskettgarten ist nicht auf ebenem Gelände, sondern auf einem an Anhöhen und Senken reichen Terrain angelegt. Das Ende der Alleen bildet in jedem Fall ein Gebäude oder eine Skulptur: ein Tempel oder eine Figur im Garten, eine Kirche außerhalb des Gartens. Zu jeder Jahreszeit ein genußvoller Anblick, präsentiert sich die Anlage am eindrucksvollsten im Winter: Dann erscheint die Figur der Diana, in ihrer Bewegung »gefroren«, wie ein Echo der kahlen Zweige in der Höhe, und die beiden Athleten ringen vor dem Hintergrund der mit der Bronzefärbung ihrer Blätter müde gewordenen Buchenhecken. In den ersten Frühlingstagen, wenn die dünnen Zweige grüne Spitzen zeigen und das Gras mit Schlüsselblumen übersät ist, läßt sich diese verhaltene Formalität voll auskosten.

Wer die Parterres von Vaux-le-Vicomte, Het Loo oder Brühl kennt, wird mit Erstaunen feststellen, daß die Waldzone in St. Paul's Walden Bury fast bis an den rückwärtigen Eingang des aus Ziegeln erbauten Wohnhauses heranreicht. Die unmittelbare Umgebung des Hauses besteht aus einer heckenumschlossenen rechteckigen Rasenfläche. Sie könnte einmal einen Blumengarten getragen haben, ist aber, verglichen mit dem von Wald bedeckten rautenförmigen Areal, relativ klein. Drei ausstrahlende Alleen führen in Form einer *patte d'oie,* eines »Gänsefußes«, vom Haus fort. Dieses Gestaltungsmittel, das an einen italienischen Straßenplan denken läßt – etwa an die Situation an der römischen Piazza del Popolo oder an Palladios illusionistische Schöpfung im Teatro Olimpico von Vicenza –, eroberte sich im Laufe des 17. Jahrhunderts seinen Platz im Garten. Um 1730 hatte es sich zum zentralen Element der Régence- sowie der frühen Landschaftsgärten – von Chiswick House in England, Waterland in Holland, Rambouillet in Frankreich – entwickelt. Der Blick entlang der Mittelachse von St. Paul's Walden Bury folgt den Hebungen und Senkungen der Allee, die an einer Herkulesstatue endet. Blickziel der rechten Sichtachse ist der Turm der Dorfkirche; am Ende der linken Sichtachse steht die Statue der Diana mit ihrem sie umspringenden Hund.

Eine ganze Reihe weiterer Fußwege haben ebenfalls ihr Blickziel, im Fall des oktogonalen Orgelhauses von 1735 sogar noch ein originales. Andere sind später dazugekommen, wie die Tempel von James Wyatt (1775) und William Chambers (um 1770), die, der eine 1950, der andere 1961, aus Copped Hall respektive Danson Hill an ihren heutigen Ort versetzt wurden. Der einzige Gartenraum, das im Boskett gelegene »cabinet«, birgt einen offenen Rundtempel auf einer kleinen amphitheatralischen Anhöhe; ihm gegenüber steht hinter einem kleinen geometrischen Teich die Figur eines Diskuswerfers. Hier verbindet sich Geoffrey Jellicoes Interpretation der Vergangenheit behutsam mit dem originalen Bestand.

Die Bepflanzung von St. Paul's Walden Bury hat sich im Laufe der Zeit verändert. Die einstigen Hainbuchenhecken wurden nach 1932 durch Buchen ersetzt, und das Gewoge der Narzissen um den See entspricht ebenfalls dem Schönheitsempfinden einer späteren Zeit. Dennoch ist der Charakter dieser Anlage im wesentlichen erhalten geblieben. Als ein Garten der grasbewachsenen Alleen, der Hecken und Waldstücke führt St. Paul's Walden Bury sozusagen überzeugend »Variationen über ein Thema« vor.

In St. Paul's Walden Bury in Hertfordshire bildeten die einander kreuzenden Alleen das wichtigste Element dessen, was seinem Wesen nach ein Boskettgarten war. Es waren verschiedene Einflüsse, die zu Beginn des 18. Jahrhunderts dafür sorgten, daß die kunstvollen Parterres aus den englischen Gärten verschwanden. In Cliveden gab man 1723/24 einer schlichten Rasenfläche den Vorzug vor der Buchsbroderie, und etwa um die gleiche Zeit zog man in Chiswick House und in St. Paul's das Boskett auf Kosten der geometrischen Rasenfläche bis dicht an das Haus heran. St. Paul's ist bis heute wohlerhalten geblieben, wenn auch in unserem Jahrhundert von Geoffrey Jellicoe sozusagen aufgearbeitet worden. Die nebenstehende Ansicht eines mit Rotunde, Wasserbassin und Skulptur geschmückten »Kabinetts« zeigt Jellicoes zurückhaltende Zutat: die geschwungenen Stufen.

St. Paul's Walden Bury

In St. Paul's wurde das Prinzip der *patte d'oie*, der auseinanderstrebenden Sichtachsen, die den frühen Barockgarten kennzeichneten, dazu eingesetzt, eine Reihe »gerahmter Ansichten« vom Haus her zu erschaffen. Blickziele bilden die Kirche jenseits des Gartens *(gegenüberliegende Seite)* sowie die im Garten selbst befindlichen Figuren von Herkules und Diana *(oben links und unten links)*. Das oktogonale Orgelhaus bildet den Endpunkt einer Lindenallee. Der Garten ist vor allem im Winter von großer Schönheit: Die bewegte Figur der Diana nimmt die Windungen der hinter ihr erscheinenden Äste und Zweige auf, und die beiden Athleten ringen vor dem Hintergrund der Buchenhecken mit ihren nun bronzefarbenen Blättern *(unten rechts)*.

Sanssouci

Sanssouci – wörtlich übersetzt »ohne Sorge« – in Potsdam entstand zwischen 1744 und 1764 als ein Ort der Zuflucht, zu dem ein terrassierter Rebgarten gehörte. Er lieferte frisches Obst für Friedrich den Großen, in dessen Umgebung stets Schalen voller Trauben, Pfirsische und Feigen standen. Im Zuge der Umgestaltung des Parks im 19. Jahrhundert wurde auch der Rebgarten in Mitleidenschaft gezogen.

Die sechs Terrassen, die man über eine Folge geschwungener Treppen erreicht *(rechts)*, wurden in den Jahren 1982/83 sorgfältig restauriert. Um die Mitte des 18. Jahrhunderts enthielt jede dieser Terrassen 28 Nischen mit beweglichen Glastüren, um die Südfrüchte vor der winterlichen Kälte zu schützen. An den grünen Spalieren zwischen diese Nischen reiften Kirschen, Aprikosen und Pfirsiche. Zu Seiten der Terrassen wechselten Eibenpyramiden mit in Kübeln stehenden Zitrus- und Granatapfelbäumen ab; dazwischen bildeten weitere Obstbäume eine niedrige sogenannte »Brusthecke«. Diese Bepflanzung ist wiederhergestellt worden und komplettiert nun den reizenden kleinen Schloßbau *(oben)*. Die unterhalb der Terrassen gelegenen *parterres de broderie* waren ursprünglich von Blumenrabatten gerahmt. Diese Bepflanzung ist nicht mehr vorhanden, und das zentrale Bassin ist verändert. Aber die lyrische Komposition ist noch immer von großer und die Sinne ansprechender Wirkung.

Veitshöchheim

Der großartigste Rokokogarten, der sich in Deutschland erhalten hat, Veitshöchheim, verdankt seinen Ruhm zu einem großen Teil dem bildhauerischen Werk von Ferdinand Tietz, in dessen humorvoll aufgefaßten, spielerischen Kindergestalten, Putten und Tänzerinnen der Geist dieser Epoche unmittelbar zum Ausdruck kommt. Die in den Jahren 1763 bis 1776 fertiggestellte Anlage ist allerdings nur noch in Teilen original vorhanden: Die Skulpturen sind zu einem großen Teil durch Kopien ersetzt.

Unter den Gebäuden und Skulpturen von Ferdinand Tietz bezaubert der chinesische Pavillon von 1768, ein Ort der Tafelfreuden im Freien, den Betrachter wohl am meisten *(oben)*. Die Gäste saßen auf steinernen Hockern unter steinernen Palmen, die ihrerseits einen an der Unterseite blauen Baldachin und als Säulenabschluß vier vergoldete Ananasfrüchte trugen. Umgeben war der Pavillon von einem dichten Waldgürtel. Einen weiteren Bereich bildete ein weniger dichtes Boskett, dessen zahlreiche Heckenkabinette von Tietz mit Figuren geschmückt wurden, die sich der Musik, dem Tanz und der Jagd hingaben, den klassischen Formen höfischen Lebens *(rechts)*. An der dominanten Achse lag das Rondell mit dem *berceau* oder Laubengang, der zu den symmetrisch angelegten Gartenpavillons hinführte. Die gestaffelten Hainbuchenhecken entstanden nach dem Geschmack einer späteren Generation *(gegenüberliegende Seite)*.

Im Osten schlossen eine Grotte, ein Belvedere *(unten)* und eine Wasserkaskade den Park von Veitshöchheim ab; letztere ist heute verschwunden. Die Ikonographie des fürstbischöflichen Gartens von Veitshöchheim beginnt mit dem Reich der Natur, wendet sich dann den höfischen Festlichkeiten und schließlich höchsten künstlerischen Zielen zu, verkörpert durch den Parnaß, Apollo und die Musen. Das westliche Ende des Bosketts wird von einem großen Wasserbecken und dem Parnaß beherrscht, auf dessen Gipfel sich der ursprünglich goldene und mit einem eingebauten Glockenspiel versehene Pegasus erhebt *(rechts)*. Göttergestalten und Allegorien der Künste und der Jahreszeiten von der Hand Ferdinand Tietz' bevölkerten die Nischen der umlaufenden Hecke. Heute verleihen die um 1825 gepflanzten Trauerweiden dem Ort eine romantische Note.

Schwetzingen

Die komplexe Geschichte des Schwetzinger Gartens des Kurfürsten Karl Theodor von der formalen Anlage der 1750er bis 1770er Jahre zum Landschaftsgarten Friedrich Ludwig von Sckells (ab 1777) ist dank einer Restaurierung, die sich über Jahrzehnte hinzog, heute vorbildlich belegt. Rokokoparterres und -boskette wechseln mit älteren Elementen des französischen Gartens und solchen des englischen Landschaftsgartens ab. Karl Theodors Garten ist auch ein Beispiel dafür, daß sich ikonographische Themen wie die Wiederkehr des Goldenen Zeitalters aus der Sprache des formalen Gartens in den Stil des Landschaftsgartens übertragen ließen und damit auch dem neuen Ideal – der Aufklärung – gerecht wurden.

Die Parterres in Schwetzingen *(oben)*, die anhand des Plans von Johann Ludwig Petri von 1753 (s. S. 128) restauriert wurden, verbinden die Reize des *parterre à l'angloise* mit der Vorliebe des Rokoko für Blumeneinfassungen. Die kontrastierenden Farben der Kiesel in den Innenflächen der Broderie entsprechen ebenfalls dem Geschmack des Rokoko. Am Ende des 18. Jahrhunderts symbolisierte Karl Theodors Garten auf vielfache Weise – so auch in der Gestalt des Apollo mit der Leier – die Wiederkehr des Goldenen Zeitalters *(rechts)*.

In den Jahren 1761 bis 1766 wurde der Schwetzinger Garten von Nicolas Pigage in Richtung auf einen auf der Querachse verlaufenden Kanal erweitert. Später wurde die Hauptachse durch Flußgötter – Donau und Rhein – als solche hervorgehoben *(unten links)*. Um 1770 entstand das Aviarium *(unten)* mit der Skulptur der Eule, welcher der Spott der über ihr hockenden Vögel gilt. Es ist Teil eines reizvollen *berceau*, das vom Badehaus zu einer *Trompe-l'œil*-Landschaft führt, die heute als das »Ende der Welt« bekannt ist.

Im Tempel des Apollo von 1761 bis 1776 *(rechts und vorhergehende Seite)* stand die Symbolik des Sonnengottes und der Musen im Dienst einer neuen Weltanschauung – der Aufklärung. Apollo repräsentierte hier das Licht der Vernunft, während der Moschee von 1778 bis 1787 im Sckellschen Landschaftsgarten *(oben links)* die Aufgabe zufiel, von Toleranz zu künden. In weiteren Tempeln wurden die Wissenschaften und der landwirtschaftliche Fortschritt gepriesen.

Wilhelmshöhe

Der prachtvolle Park Wilhelmshöhe oberhalb Kassels stellt eine »glückliche Synthese dreier Generationen« der Gartengestaltung zwischen 1700 und 1800 dar. Er wird beherrscht von der Kaskade und dem Oktogon mit der riesigen Herkulesfigur. Nicht mehr als ein Drittel der von Giovanni Francesco Guerniero in den Jahren 1705/06 geplanten ursprünglichen formalen Anlage wurde in die zunehmend pittoreske Landschaft des späten 18. Jahrhunderts einbezogen.

Heute geht der Blick vom Schloß über Rasenflächen und formale Beete zu einem Teich, jenseits dessen die Bäume vor der imposanten Kaskade und dem Oktogon scheinbar auseinandertreten *(links)*. Rechts befindet sich ein klassischer Tempel, der an Stowe oder Stourhead erinnert; von hier geht der Blick hügelauf zum Aquädukt *(oben)*, der ebenfalls aus der Zeit des romantischen Landschaftsgartens von Heinrich Christoph Jussow stammt. An manchen Nachmittagen kann man ein Wasserspektakel bewundern, das an der Kaskade beginnt, die Teufelsbrücke passiert, den Aquädukt erreicht und schließlich im Brunnen vor dem Schloß kulminiert – die Progression des Formalen zum Informellen und zurück zum Formalen.

Canon

Dieser im wesentlichen aus Wald bestehende Garten wurde zwischen 1768 und 1783 von Elie de Beaumont auf der Basis eines älteren geometrischen Entwurfs von 1727 angelegt. Die zentrale Achse westlich des Hauses besteht aus einem Rasenparterre mit Büsten und Statuen sowie einem rechteckigen, von Linden umstandenen Wasserbecken, jenseits dessen eine Allee sich in die Ferne erstreckt.

Die Hauptquerachse endet auf der einen Seite in einem hochroten chinesischen Kiosk *(unten)*, von dem aus man einen schönen Blick die Allee hinab auf den *Temple de la Pleureuse* genießt. Zwischen den gerade verlaufenden Alleen führen gewundene Wege durch den Wald in andere Bereiche des Gartens und zu den Ruinen eines Schlosses, die auf Beaumonts Vertrautheit mit der pittoresken Strömung in England deuten.

Chiswick House

Chiswick wird häufig mit der Entstehung des pittoresken Landschaftsstils in Verbindung gebracht; William Kent legte hier in den dreißiger Jahren des 18. Jahrhunderts einen in Serpentinen verlaufenden Fluß und »natürliche« Haine an. Dennoch erhielten sich viele Elemente des von Lord Burlington geschaffenen formalen Gartens noch über dessen Tod im Jahre 1753 hinaus.

Das Amphitheater in Chiswick *(oben)* setzte die Tradition der geometrischen Orangerie fort, wenn auch in abgeschwächter Form: An die Stelle der gemauerten Terrassen ist Gras getreten. Tempel, Amphitheater und der Obelisk im runden Teich sollten ebenfalls an Italien und das antike Rom erinnern. Orangenbäume in Kübeln – vermutlich 52 an der Zahl, entsprechend den 52 Wochen des Jahres – deuteten weitere ikonographische Bezüge an. Dieser Bereich wird, ebenso wie Burlingtons Exedra und der Hain, gegenwärtig restauriert.

Caserta

Das dramatische axiale Schema von Caserta mit Kanal und Kaskade beweist, daß man in Italien bis weit ins 18. Jahrhundert hinein durchaus noch in formalen Traditionen der Gartengestaltung dachte. Von Luigi Vanvitelli um 1750 für Karl III. entworfen, wurde die große »Wasserstraße« erst in den achtziger Jahren unter der Aufsicht von Luigis Sohn Carlo Vanvitelli vollendet. Er war auch für das Skulpturenprogramm nach den *Metamorphosen* des Ovid verantwortlich. Im Jahre 1786 kam der englische Gartenkünstler John Graefer nach Caserta und legte parallel zu Kaskade und Kanal einen pittoresken Garten an. Der Siegeszug des Nichtformalen hielt in Caserta bis in die zwanziger Jahre des 19. Jahrhunderts an, ohne allerdings die Integrität der Achse zu zerstören.

Die drei auf diesen Seiten wiedergegebenen plastischen Gruppen illustrieren den zentralen Gedanken der »Wasserstraße«, die sich, immer steiler abfallend, über mehr als eine Meile zwischen dem Palast und den Hügeln hinzieht *(folgende Doppelseite)*. Die Skulpturen am Fuß der großen Kaskade erzählen die Geschichte des Aktäon, der von Diana in einen Hirsch verwandelt wird *(oben rechts)*. Ihre Bewegungen werden am nächsten Brunnen von den Putti wiederaufgenommen, die Venus und Adonis umschwirren, Liebende, die hier offensichtlich nicht nach, sondern noch vor der Jagd wiedergegeben sind *(links)*. Es folgen der Ceres-Brunnen *(oben)* und schließlich der Aeolus-Brunnen. Sie vertreten das Thema des Fortschreitens vom wilden zum zivilisierten Leben, von der Jagd hin zu Feldbau und Seßhaftigkeit. Der romantische Garten *(rechts)* zeigt eine kontrastierende Szene.

Nordamerika

Im Amerika der Kolonial- und Postkolonialzeit konnte das geometrische Prinzip sich als dominante und innovative Kraft in der Gartengestaltung halten. Auf George Washingtons Landsitz in Mount Vernon bildeten die Symmetrie des Boulingrin und die Regelmäßigkeit der Blumen- und Gemüsegärten ein Gegengewicht zu dem riesigen Wildpark, von dem aus man den Potomac überblickt.

Der William-Paca-Garten

Der aus der Mitte des 18. Jahrhunderts stammende kleine Landschaftsgarten in Annapolis wurde durch eine spätere Überbauung zerstört, aber in den siebziger Jahren unseres Jahrhunderts nach eingehenden Forschungen und Aktenstudien von Grund auf rekonstruiert. Die oberen Terrassen *(links)* sind mit Parterres versehen, deren Vorbilder in England und an der amerikanischen Ostküste zu finden waren. Die Mittelachse führt zu einem in einem unregelmäßigen Garten mit Teich und Brücke gelegenen Pavillon *(oben)* – das Ganze eine Neuschöpfung, die sich an einem Gemälde von 1772 und an Grabungsergebnissen orientierte.

Mount Vernon

Benjamin Latrobe, der Mount Vernon im Jahre 1796 besuchte, erwähnte den »außerordentlich formalen Serpentinenweg« entlang dem Boulingrin und ein Parterre im Blumengarten »in Form einer üppig blühenden Lilie« *(unten)*. Dann folgte eine abwertende Bemerkung: »Ein letzter Seufzer, so hoffe ich, der großväterlichen Pedanterie.« George Washingtons Wohnhaus war so gelegen, daß man den romantischen Blick über den Potomac genießen konnte *(oben)*; zugleich war es flankiert von gefälligen kleinen Gärten, die in unserem Jahrhundert restauriert wurden. Der Blumengarten beherbergt ein kleines Gewächshaus für empfindliche Exoten *(oben rechts)* sowie rechteckige und kurvige Partien *(unten rechts)*, die im Frühjahr und im Sommer üppig mit Blumen bestanden sind.

Chiswick House

Wenn der Garten in Hertfordshire nur dürftig dokumentiert ist, so läßt sich das vom 113
Londoner Chiswick House nicht sagen. Vielmehr sind Lord Burlingtons Villa und die zugehörigen Gärten Gegenstand zahlreicher Studien gewesen und haben unterschiedliche Deutungen erfahren. Die Zusammenarbeit des Hausherrn mit William Kent wird häufig als der Beginn des pittoresken Stils angesehen: In den 1730er Jahren erhielt Chiswick einen in Serpentinen geführten Fluß und »natürliche« Haine; der rasenbesetzte Hang zwischen Villa und Wasser wurde zum Vorbild des späteren Landschaftsstils. Insgesamt hielten die Veränderungen sich allerdings in bescheidenen Grenzen, und in Wahrheit blieb Chiswick auch über Lord Burlingtons Lebenszeit hinaus in großen Teilen eine formale Anlage. Das gilt für den symmetrischen Vorhof und den rückwärtigen Garten, für die kreisförmige Orangerie und vor allem für das Achsensystem der *patte d'oie,* welches in das regelmäßig-unregelmäßige Boskett führte.

Die Geschichte des Gartens ist außerordentlich kompliziert. Seine entscheidende Zeit liegt zwischen 1705, dem Jahr, in dem Lord Burlington das alte, von Knyff und Kip im Stich von 1707 wiedergegebene Haus erbte, und 1753, als er 59jährig starb. Über die ersten Verbesserungen, die noch vor dem 1727 bis 1729 erfolgten Bau der neuen Villa vorgenommen wurden, herrscht eine gewisse Unsicherheit. Sicher ist dagegen, daß die Gärten zu der Zeit, als die Villa mittels eines Verbindungsbaus an das alte Herrenhaus angebunden wurde, also in den Jahren 1732/33, die folgende Ausstattung aufwiesen: einen von Grenzsteinen und Zedern umgebenen Vorhof im Süden, ein geometrisches Labyrinth mit formaler Bepflanzung und einem Wasserbecken im Westen, ein regelmäßiges Boskett im Norden, an das sich ein Orangengarten, ein Rasen-Amphitheater und eine *patte d'oie* anschlossen, die in den Wald führte. Von diesen Elementen war 1753 nur das Labyrinth restlos entfernt, so daß der Blick auf Kents in Serpentinen verlaufenden Fluß frei war. Die Boskette wurden zwar gelichtet, doch hatte dies keine große Wirkung auf die überwiegend formale Struktur der von Burlington geschaffenen Anlage. Tatsächlich wurde an der rückwärtigen Achse zwischen 1733 und 1742 ein Teil des Bosketts durch eine symmetrische Konfiguration aus Bäumen und Statuen ersetzt, die in einer Exedra endete. Zu dieser Zeit war Kent in Chiswick tätig.

Der Vorhof wurde offensichtlich in Anlehnung an Alberti angelegt, dessen Werk *De re aedificatoria* 1726 von Giacomo Leoni ins Englische übersetzt worden war. So ließ Burlington zum Beispiel die Zedern nach dem von Alberti empfohlenen architektonischen Modul (1 : 3 : 9 : 27) pflanzen. Möglicherweise handelte es sich um nicht mehr ganz junge Bäume aus dem nahe gelegenen Sutton Court; der letzte dieser Bäume erlebte noch das 20. Jahrhundert. Jüngst erfolgte Grabungen haben Wurzeln in entsprechender Position freigelegt, und inzwischen hat man wiederum große Zedern aus Italien – vier an jeder Seite – in den Boden gesetzt. Nach dem gleichen System wurden vermutlich auch die Zypressen und Zedern an der Rückseite der Villa gepflanzt. Auf John Donowells Stich von 1753 führen sie, plaziert zwischen Urnen und Sphingen, zu einer halbrunden abschließenden Exedra. Diese bestand aus einer im Bogen geführten Eibenhecke, in der klassische Statuen zwischen Löwenskulpturen und Urnen aufgestellt waren. Italienische Einflüsse – von der Villa Mattei bis hin zu den römischen Gärten, die Robert Castell in seinem Werk *The Villas of the Ancients Illustrated* (1728) rekonstruiert hatte – sind auch hier offensichtlich. Auch dieser rückwärtige Garten von Chiswick House ist unlängst wieder mit Zedern und Zypressen bepflanzt worden, so daß der von Donowell gezeigte Zustand wiederhergestellt ist.

Die Exedra ersetzte einen Teil des um 1719 an dieser Stelle gepflanzten regelmäßigen Bosketts. Ähnlich wie in St. Paul's Walden Bury reichte es dicht – bis auf zehn Fuß, wenn man dem Bericht eines damaligen Besuchers glauben darf – an das Haus heran. Was nach der Auslichtung von diesem Boskett übriggeblieben war, kann man am rechten Rand von Donowells Stich erkennen. In jüngster Zeit durchgeführte Untersuchungen (mittels Computergraphiken, Widerstandsmessungen und Wünschelrutengängen) hatten zum Ziel, die genaue Position der Bäume dieses Hains zu ermitteln: Sie standen vermutlich in regelmäßiger Quincunx; eine Restaurierung ist vorgesehen.

Im Bereich des Amphitheaters mit dem ionischen Tempel sollten in Anlehnung an niederländische Vorbilder des 17. Jahrhunderts, wie zum Beispiel Zorgvliet, Heemstede und Zeist, im Sommer Orangenbäume aufgestellt werden. In Chiswick hatte dieser

Wie der Plan von Johann Georg Michael von 1772 (s. S. 132) zeigt, war **Beeckesteyn** in der Tat, was man eine Mischehe nennen könnte: die Verbindung des barocken mit dem pittoresken Stil. Nachdem er sich in den frühen 1760er Jahren in England aufgehalten hatte, veränderte Michael im Auftrag des Besitzers, Jacob Boreel, die ursprüngliche geometrische Anlage, indem er unregelmäßige Felder, Waldstücke und Wasser, das Ganze allerdings innerhalb einer rechteckigen Umgrenzung, hinzufügte. In den 1950er Jahren »restauriert«, ist Beeckesteyn heute ebenso ein Produkt unserer Zeit wie ein Relikt des Originals.

Gartenteil nicht die Form eines vollen Kreises, sondern die eines Kreissegments: Drei grasbewachsene Terrassen fielen zu einem in der Mitte befindlichen runden Becken ab. Tempel, Amphitheater und der in der Mitte des Beckens aufragende Obelisk riefen die Erinnerung an das antike Rom wach; die Kübel mit den Orangenbäumen – vermutlich 52 an der Zahl, entsprechend der Zahl der Wochen eines Jahres – legten weitere ikonographische Bezüge nahe. Sie wurden jeweils im Frühjahr aus der Orangerie an der Ostseite des Bosketts herausgebracht, sobald man sicher sein konnte, daß es keinen Nachtfrost mehr geben würde.

Pieter Andreas Rysbrack konnte die *patte d'oie* um 1728 noch in ihrem überkommenen Aussehen darstellen: Die drei ausstrahlenden Alleen eröffneten drei Haupt- und mehrere Nebenachsen. Die mittlere Allee, die zum sogenannten Heidentempel führte, ist die interessanteste. Sie war in einen breiten und zwei schmale Gehwege unterteilt, ähnlich der Situation, die Locke in Versailles vorgefunden hatte, wenn auch in einem sehr viel bescheideneren Maßstab. Dabei war der breite Mittelweg »offen«, während die ihn begleitenden schmalen Wege »geschlossen«, nämlich von Ästen und Zweigen überwölbt waren und damit im Schatten lagen. Dagegen verlief der Gehweg zur sogenannten Casina zwischen schlichten Heckenwänden. Im linken Teil von Rysbracks Bild ist ein Gärtner damit beschäftigt, die Hecke zu schneiden, während auf dem schattigen Waldweg eine weitere Gestalt erscheint. Was wir heute sehen, ist ein schwacher Abklatsch des Originals; die Verschönerungen sind weitgehend entfernt, die Eibenhecken in den fünfziger Jahren nur teilweise wiederhergestellt worden. Man muß nach Schönbrunn reisen, um heute noch Hecken zu sehen, wie Lord Burlington sie kannte.

Für Burlington waren Villa und Garten ein Ort der Künste, an dem Konzerte und Theateraufführungen stattfanden. Er trat als Gönner und Förderer auf, der den Philosophen Berkeley, Schriftsteller wie Pope und Swift und Künstler wie Kent unterstützte; in Piccadilly lebten zu unterschiedlichen Zeiten Gay, Händel, Kent und Guelfi mit der Familie Burlington zusammen. Kent war ein großer Esser, und die Lebensmittelrechnungen müssen hoch gewesen sein. In Kents Briefen war immer wieder die Rede von eingemachtem Hasenfleisch und Wildbret. (»Das Reh, das Sie mir schicken ließen, war ganz ausgezeichnet; je mehr Sie mir davon senden, desto besser.«) Als der Schauspieler Gar-

Pieter Andreas Rysbrack malte um 1728 die *patte d'oie* von Chiswick House. Als John Donowell 1753 das gleiche Sujet darstellte, war die formale Bepflanzung noch vorhanden, wenn auch an einigen Stellen modifiziert.

John Donowell, Die Exedra von Chiswick House, 1753.

rick die Tänzerin Violette heiratete, war es Lady Burlington, die für die Aussteuer sorgte. Der Garten war wie die Villa zugleich Architekturmuseum und Schauplatz der Künste. Wenn die zeitgenössischen Darstellungen zutreffen, war das weitere Gelände allerdings nicht so sehr den spektakulären Äußerungsformen barocken Lebensgefühls, sondern eher den stilleren Beschäftigungen vorbehalten – hier gab man sich dem Angeln, dem Bowling-Spiel und dem Lustwandeln hin.

Viele der formalen Ausstattungselemente von Chiswick überlebten die im Sinne des Landschaftsgedankens vorgenommenen Verbesserungen der 1780er Jahre. Damals stellte der 5. Herzog von Devonshire den ehemaligen Assistenten »Capability« Browns ein, Samuel Lapidge. Tatsächlich war dieses »nichtformale Zwischenspiel« von kurzer Dauer. Drei Jahrzehnte später war man mit Lewis Kennedys italienischem Garten von 1814 zur Formalität zurückgekehrt. Der heutige Besucher erlebt einen Garten im Übergang – einzelne Teile sind bereits restauriert, andere haben die Restaurierung noch vor sich. Auch heute aber rufen uns Vorhof, Exedra und Amphitheater mit den Zedern, Zypressen und Orangenbäumen die Vorstellung Lord Burlingtons vom Garten der Antike wieder ins Gedächtnis.

Sanssouci

Burlingtons Ruhm als Architekt verbreitete sich in ganz Europa. Friedrich der Große bat 100–101
1751 den italienischen Philosphen Algarotti, ihm Bilder von Burlingtons Schöpfungen zu zeigen. Die künstlerischen Interessen des Preußenkönigs waren ähnlich weitgefächert. Als Kind hatte er den Wutanfällen und Züchtigungsmaßnahmen seines Vaters Trotz geboten, indem er unter dem Schutz seiner Mutter und der älteren Schwester Wilhelmine verbotene Bücher las und sich mit seinem Diener im Flötenspiel übte. Als Monarch holte er Carl Philipp Emanuel Bach in den Kreis seiner fünfzig Musiker; als dessen Vater Johann Sebastian 1747 einen Besuch am preußischen Hof machte, war es der König, der das Thema für dessen Komposition mit dem Titel »Das musikalische Opfer« angab. Was Friedrich in Sanssouci erschuf, dem Ort des Rückzugs vom höfischen Zeremoniell, hatte allerdings kaum etwas mit der Intimität von Chiswick House zu tun.

Sanssouci – wörtlich »ohne Sorge« – entstand in den Jahren 1744 bis 1764. Die Gesamtkonzeption stammte vom König selbst; die Planung übernahm Georg Wenzeslaus von Knobelsdorff. Das ganze Projekt ging nicht zuletzt auf Friedrichs Leidenschaft für frisches Obst zurück; stets mußten Schüsseln voller Trauben, Pfirsiche und Feigen in seiner Nähe stehen. Der Garten von Sanssouci bestand aus sechs Terrassen, die dem Obstbau dienten und jeweils eine leichte Wellenbewegung beschrieben. Die Mauern dieser Terrassen waren rund zehn Fuß hoch und mit je 28 Nischen versehen, in denen die Reben und Feigenbäume hinter beweglichen Glastüren vor winterlichen Temperaturen geschützt waren. Damit der König sich schon am Beginn der Saison an Trauben gütlich tun konnte, wurden die Nischen im Frühling mit Kohlenfeuer beheizt. An den dazwi-

J. D. Schleuen, Der Rebgarten von Sanssouci, um 1760–1770. Eine Ansicht des heutigen Zustands findet sich auf S. 100.

schen befindlichen grünen Spalieren gediehen Kirschen, Aprikosen und Pfirsiche. An den Enden der Terrassen wiederholten Eibenpyramiden und in Kübeln stehende Zitrusbäumchen das alternierende Muster der Nischen und Spaliere. Bekrönt von dem reizvollen kleinen Schloßbau, präsentierte sich die ganze Anlage so rhythmisch und lyrisch wie die Flötenmusik, die an Friedrichs Hof komponiert wurde.

Unterhalb der Terrassen erstreckte sich ein weitläufiges, mit Broderien, Blumen, Statuen und Wasserbecken geschmücktes Parterre. Das Zentrum beherrschte ein Bassin in Form eines länglichen Vierpasses, aus dem sich eine vergoldete Thetis-Gruppe erhob. Es war umgeben von vier *parterres de broderie,* an die sich vier Rasenparterres anschlossen. Die *plate-bandes* waren im Frühling mit Tulpen, Narzissen, Hyazinthen, Krokus, Iris, Kaiserkrone, Aurikeln, Goldlack und Anemonen gefüllt; den Sommerflor bildeten Lilien, Levkojen, Astern, Malven, Jasmin und Rosen. Reihen von Kastanien und Nußbäumen umgaben den Garten, während der kleine Schloßbau zwischen Lärchen, Kiefern und Robinien lag – von J. D. Schleuen auf seinem Stich von ca. 1760–1770 als »Lerchen Heide« bezeichnet.

Die Broderie war fraglos von französischen Vorbildern inspiriert, aber die Komposition als Ganzes entzieht sich einer raschen Kategorisierung. Sie war allerdings kein Unikat. Einen ähnlichen Terrassengarten besaß seit etwa 1740 auch das Zisterzienserkloster Kamp am Niederrhein. Er ist heute nur noch in Resten vorhanden, während Sanssouci nach der im letzten Jahrzehnt erfolgten Restaurierung in neuem Glanz erstanden ist. Parterre und Mittelbecken sind zwar nicht unverändert erhalten, aber die restaurierten Terrassen aus Stein und Glas, Reben und Steinobst vermitteln noch etwas von Friedrichs Passion für den Obstbau.

Veitshöchheim

Veitshöchheim, in der Nähe der Rebhänge um Würzburg gelegen, gilt als der schönste 102–105
erhaltene Rokokogarten überhaupt. Diesen Ruf verdankt es weitgehend dem Werk des Bildhauers Ferdinand Tietz. Seine zwischen 1765 und 1768 entstandenen Kindergestalten, Putten und Tänzerinnen verkörpern in der Tat den heiter-verspielten Charakter dieses Zeitalters. Wer den Garten an einem warmen Sommerabend besucht, wird, verzaubert von Tietz' Chinesischem Pavillon mit den vergoldeten Ananasfrüchten, sich weit von den Vorstadtstraßen weggetragen fühlen, die inzwischen bis an die Ränder des Gartens herangewachsen sind. Was wir heute hier sehen, stammt allerdings nur noch zum Teil aus der Zeit der Würzburger Fürstbischöfe. Viele von den Tietzschen Skulpturen sind durch Kopien ersetzt oder verändert, und ihre farbige Fassung ist verlorengegangen; von der ursprünglichen Bepflanzung haben sich nur geringe Reste erhalten. Dennoch wird der Besucher unweigerlich vom Zauber Veitshöchheims gefangengenommen.

Ein Plan von ca. 1780 zeigt die Sommerresidenz, die Fürstbischof Adam Friedrich von Seinsheim auf der Grundlage einer schon 1702/03 begonnenen Anlage in den Jahren 1763 bis 1776 errichten ließ. Der den Schloßbau umgebende Garten mit seinen kunstvollen Parterres bildete eine Einheit für sich, während der Hauptgarten, der um ein großes Wasserbecken herum angelegt war, eine weitere Einheit darstellte. Das mag das Ergebnis des Umstands sein, daß man die Funktionen eines Lustgartens mit denen des einstigen Jagdgeländes zu verbinden suchte.

Die Parterres auf dem Plan bestehen zum großen Teil aus Broderien, zwischen denen Rot-, Gelb- und Grautöne farbige Akzente setzen. Die größten, als *parterres de compartiment* ausgebildeten Flächen erinnern an das Werk Dézallier d'Argenvilles. Mit den die Achse flankierenden Formbäumchen hat der Garten ein für die Zeit um 1780 ausgesprochen altmodisches Aussehen. Die Eckpavillons sind erhalten geblieben, während die Broderien modernisiert wurden; Blutbuchen und Magnolien sind Zutaten einer späteren Epoche.

Die ehemalige Fasanerie im Süden war bereits in drei parallele Waldstreifen unterteilt, als man 1753 beschloß, das in seiner Form an ein Kleeblatt erinnernde Bassin mit Skulp-

Plan von Veitshöchheim von Johann Anton Oth, um 1780. Der restaurierte Garten in seinem heutigen Zustand erscheint auf den Seiten 102–105. Der Pegasus hat seinen Platz in der Mitte des großen Wasserbeckens.

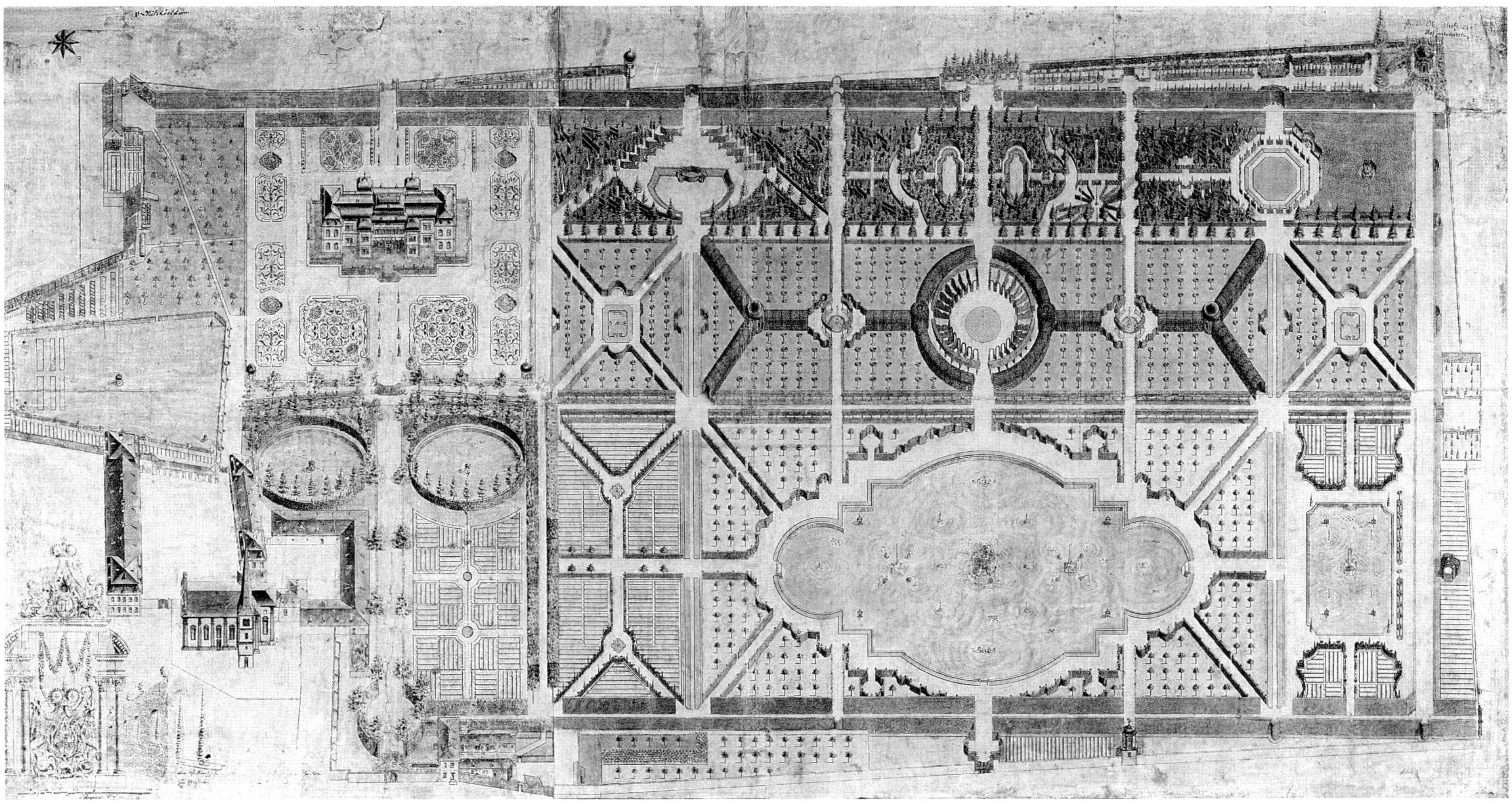

turen zu schmücken. Zunächst war daran gedacht, hier eine Statue des Herkules aufzurichten, der den Höllenhund Zerberus bezwingt. Dieser Plan wurde zehn Jahre später zugunsten eines bewährten und beliebten Themas aufgegeben – des Parnaß mit dem Pegasus. Dazu schuf Ferdinand Tietz eine Gruppe olympischer Götter sowie Allegorien der Künste und der Jahreszeiten, welche die Nischen der das Becken umgebenden Hecke füllten. Der Parnaß ist – allerdings ohne die ursprüngliche auffällige Vergoldung – erhalten geblieben. Die um 1825 gepflanzten Trauerweiden verleihen dem Ort eine romantische Note. Die Bepflanzung der Waldzone ist heute eine radikal andere. Hinter der im Bogen verlaufenden Hecke war dieser größte Bereich auf der Westseite des Gartens seinerzeit mit Obstbäumen und Gemüsebeeten bestückt.

Auch der mittlere Abschnitt jenseits der Lindenallee enthielt ursprünglich ein Boskett. Auf seiner Hauptachse entstand ein *berceau,* das als »das Rondell« bekannt ist. Es führte auf beiden Seiten in heckenumstandene Räume und zu Pavillons. Auch dieses Rondell wurde von Tietz mit Skulpturen und anderen plastischen Elementen geschmückt: Allegorien der vier Erdteile, Tänzerinnen und Musikanten, Vasen mit Tiergruppen, Trophäen mit Musikinstrumenten und Jagdwaffen. Sie priesen die Musik, den Tanz und die Jagd als die Kennzeichen höfischen Lebens. Der plastische Schmuck des Gartens wahrt auch in den Kopien seine Lebendigkeit, aber die Bepflanzung hat an Delikatesse verloren. Das Rondell mit seinen in Form eines Strahlenkranzes angeordneten Heckenwänden, die einst 28 Kompartimente für Skulpturen bildeten, ist heute von vier mächtigen Platanen beherrscht. An die Stelle des *berceau* sind Hainbuchenhecken getreten, die eine scheinbar unendliche Folge von Räumen erschaffen – Ausdruck des Geschmacks einer sehr viel später angetretenen Generation.

Jenseits einer Kiefernallee war der schmalste Abschnitt nahe der östlichen Begrenzung des Gartens dichter bewaldet. Er war von Norden nach Süden in drei Teile geteilt: Sie enthielten ein Heckentheater mit Figuren aus der *commedia dell'arte,* ein zentrales Areal mit dem Chinesischen Pavillon als Eßplatz im Freien und einen heckenumschlossenen Gartenraum mit Figuren aus den Fabeln La Fontaines – ein entfernter Anklang an das Labyrinth von Versailles. Ein schmaler Streifen am äußersten östlichen Ende des

Ferdinand Tietz' Orpheus, umgeben von Eber, Stier, Hirsch und Adler.

Eine von Ferdinand Tietz' Tiergruppen nach den Fabeln von La Fontaine.

Einer der von Hainbuchenhecken umgebenen Pavillons von Veitshöchheim.

Gartens wurde mit einer Grotte, einem Belvedere und einer Kaskade verschönert. Damit war ein prächtiges Ensemble von Gartenelementen auf kleinstem Raum geschaffen. Die ursprüngliche Bepflanzung mit den dunklen Kiefern war 1815 im Verfall begriffen, und die Figuren der *commedia dell'arte* waren bereits 1791 entfernt worden; die Fabeltiere und Pavillons erfreuen den Besucher dagegen noch heute. Bedauerlich ist allein, daß der Eindruck der Farbe fehlt: die emailleartige Bemalung der Komödiantenfiguren, das Gold der Ananasfrüchte, das Rot und Grün der Palmen, das Blau des Baldachins.

Daß das formale Prinzip seine Faszination auch in der Ära des pittoresken Gartens nicht eingebüßt hatte, bezeugt eine Anweisung des Königs Max I. Josef von 1823, derzufolge »die symmetrischen Formen dieses königlichen Gartens« erhalten bleiben sollten. Seit 1776 war der Park für die Öffentlichkeit zugänglich gewesen, was allerdings auch zu Klagen über Verluste und Beschädigungen geführt hatte. Trotz dieser und anderer Beeinträchtigungen, trotz der Verbringung der Figuren (1927) ins Würzburger Mainfränkische Museum und des Bombenschadens vom Frühjahr 1945 lebt Veitshöchheim weiter.

Die Ikonographie des fürstbischöflichen Gartens gilt bekannten Themen: dem Parnaß mit Apoll im Kreis der Musen und der Wiederkehr des Goldenen Zeitalters, in diesem Fall nach dem Ende des Siebenjährigen Krieges im Jahre 1763. Der Fächer der Bedeutungen reicht vom Reich der Natur in der Waldzone über die höfischen Festivitäten zu den höchsten Anliegen der Kunst, symbolisiert im Parnaß, in der Wasserzone. In Schwetzingen, der Sommerresidenz Carl Theodors von der Pfalz, mit deren Anlage 1748 begonnen wurde, stand das Thema des Goldenen Zeitalters im Mittelpunkt. Dort sind Bepflanzung und Farbigkeit der Entstehungszeit durch die Restaurierung der 1970er und 1980er Jahre wiedererstanden.

Schwetzingen

106–109 Von den Hügeln Heidelbergs und den zwischen Kastanienwäldern verbliebenen romantischen Resten des *Hortus Palatinus* kann der moderne Tourist durch die dunstige Rheinebene mit ihren Weizen- und Tabakfeldern nach Schwetzingen fahren. In dem großartigen Park wirkt der kleine Schloßbau in seinem anmutigen Rosaton geradezu winzig; im übrigen stimmt die zentrale Durchfahrt nicht mit der Gartenachse überein, da Schloß und Garten nicht zur gleichen Zeit konzipiert wurden.

Zwischen 1748 und 1755 ließ Kurfürst Carl Theodor den bereits zu Beginn des Jahrhunderts (1699–1715) umgestalteten alten Schloßbau seitlich mit großen Rundflügeln versehen. Sie nahmen eine Orangerie, ein Theater und die Festräume auf, in denen im Juli des Jahres 1763 der junge Mozart konzertierte. Diese Hinzufügungen lieferten ihrerseits das Motiv zur Anlage eines neuen Parterres. Johann Ludwig Petris Plan von 1753 zeigt kurvig geführte *berceaux,* die mit den neuen Zirkelbauten korrespondieren und den Kreis um das Parterre vervollständigen; die Verbindung der Zentralachse mit diesem Kreis erwies sich als eine bis dahin ungekannte Herausforderung. Aus Haarlem wurden 1753 Lindenbäume angeliefert, 1754 legte man Bassins an; die Fertigstellung der ganzen Anlage zog sich aber bis in die Mitte der sechziger Jahre hin.

Plan von Schwetzingen von Johann Ludwig Petri, 1753.

Die vier zentralen Parterres rund um das kreisförmige Arion-Becken bestanden aus Broderien, während die – ebenfalls vier – dominanten Parterres, welche die Hauptachse begleiten, im wesentlichen mit Rasen besetzt waren. Solche *parterres à l'angloise* erfreuten sich seit dem Anfang des Jahrhunderts zunehmender Beliebtheit, wenn Petri sie auch mit agraffenartigen Broderien aus Buchs und mit rahmenden Blumenrabatten versah, um dem Geschmack des Rokokozeitalters Genüge zu tun. Schon 1738 hatte Jacques-François Blondel ein ähnliches Schema als *parterre de broderie mêlé de gazon entouré de plate-bandes de fleurs* abgebildet. In Schwetzingen handelte es sich eher um einen *»gazon mêlé de broderies«*.

Petris Plan gibt auch Auskunft über die Farben der Füllmaterialien: Gelb, Rot und Schwarz auf weißem Untergrund. Im Zeitalter der Régence und vor allem des Rokoko war es üblich, die Innenflächen der Broderien mit leuchtenden Kontrastfarben zu füllen. Es war der neueste Stil, wie ihn Louis Liger und Blondel pflegten. Dagegen hatte Dézallier d'Argenville im Rückblick auf die Praxis Le Nôtres geschrieben, daß zwar weißer Sand generell als Hintergrund und gelber Sand gelegentlich als Unterlage für Broderien verwendet worden, daß für die Innenflächen aber nur schwarzes Füllmaterial in Frage gekommen sei. Das war das in Schleißheim befolgte Schema, und in Brühl kann man noch heute schwarze Akzente auf weißem Untergrund sehen. Nach Dézallier d'Argenville wurde rotes Material dazu verwendet, Rasenbänder, -muscheln oder -palmetten, wo solche auftraten, zu umranden; in Brühl ist es heute aber nicht mehr vorhanden. Tatsächlich gab es für die Füllung der Zierformen zu keiner Zeit – auch nicht zu Zeiten Le Nôtres – nur eine einzige und universale Praxis; in Het Loo folgten die Holländer ihrem eigenen Stil, indem sie sowohl tote als auch lebende Materialien verwendeten.

Heute sind die Schwetzinger Parterres in jedem Detail restauriert: Das bezieht sich auf die Farben der Füllmaterialien, auf die Bepflanzung der *plate-bandes,* auf die Lindenalleen und Laubengänge. Im Frühjahr bilden Tulpen, Goldlack, Mondviole, Vergißmeinnicht und Kaiserkrone einen aus Rosa, Gelb, Weiß, Orange, Mauve und Blau gewirkten Teppich; im Sommer besteht die Palette aus den Blautönen von Jungfer im Grünen und Kornblume, den Gelb- und Orangetönen von Samt- und Studentenblume, dem Rot des Klatschmohns und dem Magenta-Rot der Wunderblume.

Die Blumenrabatten folgen dem französischen Prinzip der dichten im Gegensatz zur bei den Holländern üblichen sparsamen Bepflanzung; die Zwiebeln wurden in einem Abstand von 10 bis 12 cm gesteckt. Zur Mitte hin sind die Beete leicht erhöht; sie bilden einen Esels- oder Karpfenrücken, wie die Franzosen dies nannten; das verstärkte den Eindruck des Plastischen. Die Blumen, in keinem Fall niedrige, sollten sich deutlich gegenüber der Broderie abheben. Zur Zeit Le Nôtres hatte man entlang dem »Rückgrat« der Beete in manchen Fällen sogar hochwachsende Stockrosen und Sonnenblumen zwischen die Sträucher und beschnittenen Immergrünen gesetzt. Als dann im 18. Jahrhundert die komplizierten Formschnitte aus der Mode kamen, erfreuten sich die mittelhohen Blumen wachsender Beliebtheit. In Nymphenburg waren in den 1720er Jahren sogar niedrige Blumen gefragt, während man von Sträuchern nichts mehr wissen wollte. In

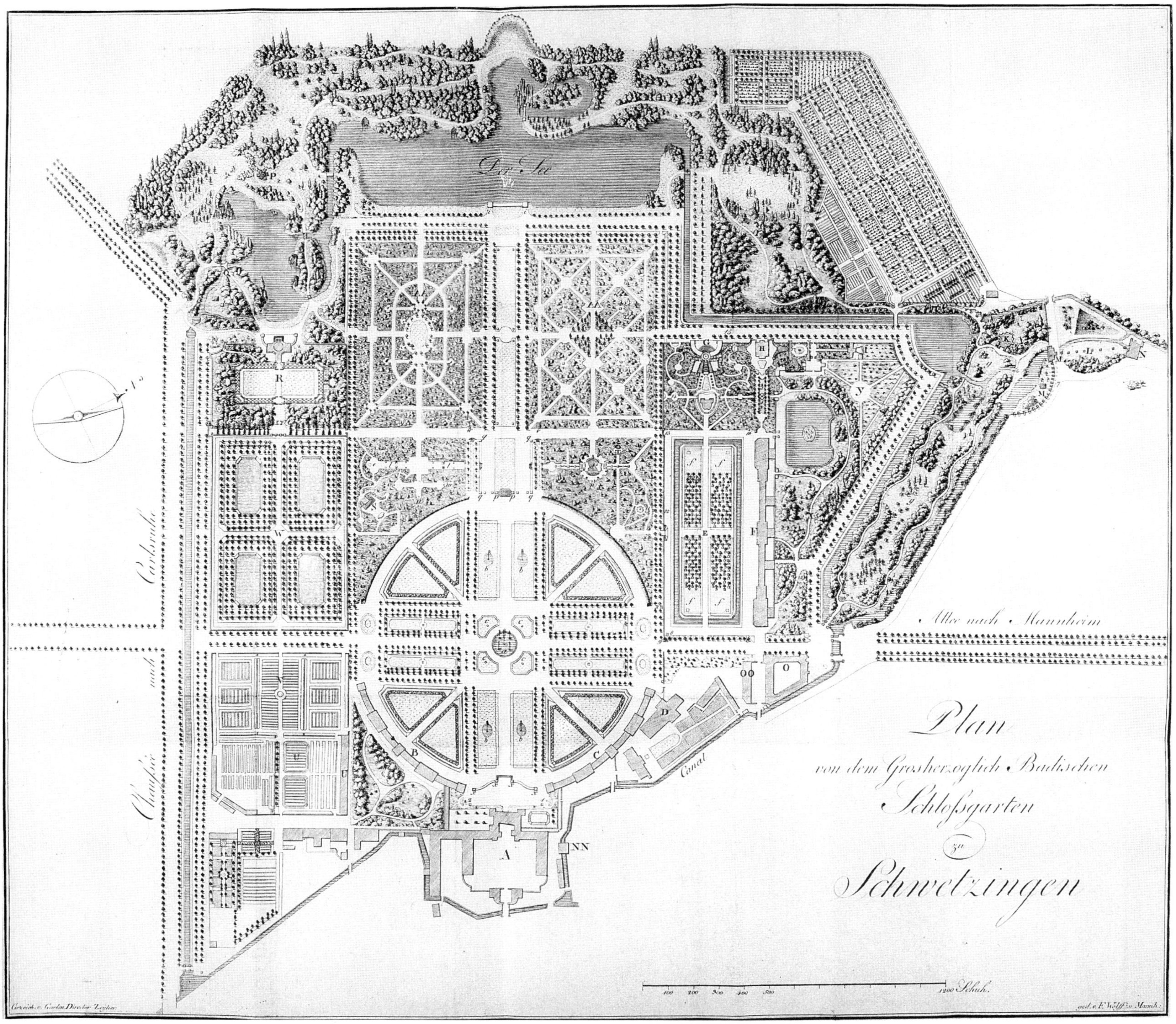

Plan von Schwetzingen aus *Nouveau Guide dans le jardin de Schwetzingen,* 1830. (Anders als bei Johann Ludwig Petris Plan ist Norden hier nicht links, sondern rechts.) Der Plan zeigt die nach 1777 erfolgte Hinzufügung von Sckells Landschaftsgarten zur älteren formalen Anlage; das formale Wasserbecken (hier »Der See«) erhielt seinen unregelmäßigen Umriß erst 1823/24. Das Naturtheater, der Apollotempel und das Badhaus liegen rechts vom Boskett (G und H). In ihrem heutigen Zustand sind sie auf den Seiten 106–109 abgebildet.

Schwetzingen markieren einige Eibenkegel die Rabatten, aber bei der Höhe der Blumen hat man sich für ein mittleres Maß entschieden.

Ursprünglich pflegte man diese Rabatten im Frühling, im Sommer und im Herbst jeweils neu zu bepflanzen. Heute ist man dazu übergegangen, die Bepflanzung nur zweimal pro Jahr vorzunehmen. Der rasche Wechsel – im Grand Trianon alle zwei Wochen – ließ sich nur mit Topfpflanzen bewerkstelligen, Mitte des 18. Jahrhunderts eine ungewöhnliche Extravaganz. Die Restaurierung von Schwetzingen kann, anders als diejenige von Het Loo, nicht in jedem gärtnerischen Detail Authentizität für sich in Anspruch nehmen. Viele der Blumen – zum Beispiel *Cosmos* und *Eschscholtzia* – gehören einer späteren Periode an, aber der Eindruck von Üppigkeit und Farbe kommt der ehemals beabsichtigten, von Dézallier d'Argenville als emailleartig beschriebenen Wirkung nahe.

Nach 1761 wurde der Schwetzinger Garten durch Nicolas Pigage erweitert. Als oberster Gartenarchitekt hatte er mit dem Hofgärtner Petri an den Parterres und *berceaux* gearbeitet. Im Westen vergrößerte er die Boskettzone und zog die dazwischen verlaufende Mittelachse über einen quer dazu neu angelegten Kanal; der Blick ging darüber hinaus in die offene Landschaft. Zu dieser Zeit scheint Carl Theodor sich mit dem Gedanken an einen Neubau des Schlosses getragen zu haben, der allerdings niemals verwirklicht wurde. Im Norden fügte Pigage einen Orangeriegarten, eine Volière und ein Naturtheater hinzu.

Dieser intime Bereich des Gartens, heute mit großer Sorgfalt restauriert, ist von außergewöhnlichem Reiz. Von der Holzbrücke, die über den die Orangerie umschließenden Kanal führt, gelangt der Besucher in einen von Heckenarkaden gebildeten Raum, von dem aus er den Apollotempel (1761–1776) erblickt. Der Tempel ist über einer Grotte errichtet, von der eine Miniaturkaskade ihren Anfang nimmt. Apollo als Symbol der Musen spielt auf seiner Lyra. Sphingen flankieren die Stufen, die in das bezaubernde kleine Amphitheater mit seinen steilen Rasenböschungen und kiesbedeckten Wegen hinunterführen, in dem einst Freilichtaufführungen stattfanden. Wenn der Besucher sich jetzt nach rechts wendet, kommt zunächst das Holländische Teehaus mit seinen Delfter Kacheln und dahinter das elegante Badhaus mit der aus den 1770er Jahren stammenden illusionistischen Malerei in Sicht, die als das »Ende der Welt« bekannt ist.

Nachdem sie sich im Badhaus erfrischt hatten, werden Carl Theodors Gäste sich wohl am Spiel von Licht und Schatten in dem tunnelartigen Laubengang, am Geräusch der Brunnen und am Zwitschern der Vögel erfreut haben. Im Zentrum dieses merkwürdigen *berceau* befand sich nämlich ein Aviarium. Die Inspiration dazu hatte die Fabel von der Eule und den Vögeln geliefert, die auch im Labyrinth von Versailles ihre Darstellung gefunden hatte. Hier in Schwetzingen saß die Eule in einem Wasserbecken, verspottet von den über ihr hockenden wasserspeienden Vögeln. Wir können uns vorstellen, wie die Gäste aus dem Bad hinaus an die frische Luft strömten, die Männer wieder mit ihren lockigen und frisierten Perücken versehen, die Frauen in jenen weiten Reifrockkleidern, die sowohl das Passieren eines Korridors als auch das Sichsetzen zu einer höchst komplizierten Angelegenheit machten.

Detail des zentralen *parterre de broderie* in Schwetzingen mit den farblich kontrastierenden toten Füllmaterialien.

Der Merkurtempel (1784–1787) jenseits des »natürlichen« Sees.

Blick aus den das Parterre umgebenden *berceaux*.

An heißen Julinachmittagen verbindet sich das Schattenmuster der Laube mit dem Gitterwerk der Beckeneinfassung und dem Kieselsteinmuster des Fußbodens. Die Vögel hüpfen und zwitschern in ihren Käfigen, das Licht spielt auf den sogenannten Achathäuschen, den dazwischenliegenden Ruhekabinetten. Am Ende des Tunnels herrscht tiefe Dunkelheit unter den Reben; nur die *Trompe-l'oeil*-Malerei wird von der Sonne erleuchtet.

Carl Theodor identifizierte sich mit dem Sonnengott Apollo, dem Beschützer der Musen. Aber es handelte sich nicht länger um den Apoll von Versailles, denn hier wird »Licht« mit dem Licht der Aufklärung gleichgesetzt. Ab 1770 wurde eine Reihe von Gebäuden für den größer werdenden Garten entworfen, die auf die Ideen der Aufklärung anspielten. Der Tempel der Botanik huldigte den Naturwissenschaften, eine Moschee (1778–1787) kündete von religiöser Toleranz, der Tempel des Merkur (1784–1787) pries die Errungenschaften der Zivilisation. Damit verbunden war ein kontrastierendes Thema: Hirsche symbolisierten die Göttin Diana, den Wald und die Jagd, Flußgötter personifizierten Donau und Rhein, die Flüsse in Carl Theodors Herrschaftsgebiet. Unter seiner aufgeklärten Regentschaft war das Goldene Zeitalter nach Schwetzingen zurückgekehrt.

Die Ikonographie fand ihre Entsprechung in der Landschaft selbst. Denn der Wandlung der traditionellen Symbole des Barock zu Symbolen der aufgeklärten Herrschaft Carl Theodors entsprach der allmähliche Übergang der formalen in eine nichtformale Anlage. Ab 1777 baute Friedrich Ludwig von Sckell nach einer Studienreise durch England den französischen Garten nach Norden und Westen zu einer pittoresken Landschaft aus. Aus dem rechteckigen Bassin wurde ein See mit unregelmäßig geformten Rändern, hinter dem Tempel des Apollo erstreckten sich Wiesen mit »natürlichen« Baumgruppen.

Beeckesteyn

Im Weichbild von Haarlem, dem Ort, aus dem Carl Theodor seine Lindenbäume bezog, 120
liegt der reizende Landsitz Beeckesteyn. Wer ihn heute besucht, erblickt zunächst den kleinen weißen Schloßbau zwischen Ziegelpavillons, die sich über das umgebende Gelände erheben. An Juninachmittagen hört man in den benachbarten Wäldern den Kuckuck rufen, der den Gesang zahlloser Frühlinge wiederholt. Der Garten von Beeckesteyn, in den 1950er Jahren restauriert, ist nur noch ein schwaches Abbild seiner einstigen Pracht, aber er spricht noch immer von der Mischehe des barocken mit dem pittoresken Stil.

Ein Plan von der Hand Johann Georg Michaels aus dem Jahre 1772 zeigt die Veränderungen, die Jacob Boreel, 1761/62 Gesandter am englischen Hof, hier vornehmen ließ. Der ältere, im wesentlichen geometrische Garten rund um das Haus zeichnete sich eher durch seine Vielfalt als durch besondere Raffinesse aus. Er war beherrscht von einem kleeblattförmigen Bassin am Kreuzungspunkt von Haupt- und Querachse, die beide als Lindenalleen ausgebildet waren. Das Haus flankierten Treibhäuser, ein Kirschgarten und Gemüsebeete; zwischen Haus und Bassin lagen Obstgehölze, ein »Windrädchen«-Blumengarten, ein *potager,* eine runde Menagerie und ein von Schlängelpfaden durchzogenes Eichenwäldchen. Jenseits des Bassins schlossen sich noch weitere Gehölze an, darunter ein *bosquet à fleurs,* zweifellos eine frühe Imitation der in England seit 1750 so beliebten *shrubberies.*

Der Plan zeigt den an den geometrischen Garten anschließenden Landschaftsgarten, wie er von Michael im Anschluß an seine in den frühen 1760er Jahren unternommene Studienreise durch englische Gärten gestaltet worden war, noch immer von einer rechtwinkligen Grenze umgeben. Mehr noch – mit der Kolonnade am fernen Ende des Gartens, die dem korinthischen Bogen in Stowe nachgebildet war, blieb das Ende der Hauptachse trotz des dazwischenliegenden unregelmäßigen Terrains formal. Dieses Terrain war als Landschaft mit Weizenfeldern ausgebildet; die anschließende schattige Waldzone zierten eine Eremitage und ein Wasserlauf. Damit nimmt Beeckesteyn nach einem halben Jahrhundert in stilistischer wie funktionaler Hinsicht gewisse Aspekte des Schaffens von Stephen Switzer und Batty Langley aus dem ersten Viertel des 18. Jahrhunderts auf. Andererseits zeigt sich in der architektonischen Anspielung auf Stowe das Bestreben, progressive Tendenzen der englischen Gartengestaltung zu übernehmen.

Rechts: Plan von Beeckesteyn von Johann Georg Michael, 1772; oben: Pavillon und Haus; ganz oben: Die Mauer des »restaurierten« Gartens.

Die in den fünfziger Jahren unseres Jahrhunderts erfolgte »Restaurierung« hat den erheblichen Verfall der ursprünglichen Anlage nicht auffangen können. Das Bassin, die Alleen und Wiesen bilden miteinander eine vereinfachte Umgebung für das elegante Haus, während die Kolonnade und die Eremitage nicht mehr vorhanden sind, die Menagerie nicht mehr belebt und die Fruchtbarkeit der Obst- und Gemüsegärten dahin ist. Die – immerhin von reizenden Zickzackmauern gesäumten – Blumengärten zu beiden Seiten des Hauses sind modern. Dennoch stellt Beeckesteyn eine ähnlich kostbare Erbschaft dar wie die Hirtenmusik des Grafen Wassenaar. Mit Michaels Plan in der Hand kann man sich im Geist durch die Gehölze, Obstgärten und Felder bewegen, die einst sowohl von der Geraden als auch von der Serpentine bestimmt waren.

Der William Paca Garden in Annapolis

Als Beeckesteyn angelegt wurde, überquerten Menschen, Pflanzen, Grundrisse und selbstverständlich auch Ideen den Atlantik in beiden Richtungen. William Paca, später einer der Unterzeichner der Unabhängigkeitserklärung und Gouverneur von Maryland, gehörte zu den Reisenden des Jahres 1760/61. Sein winziger englischer Garten läßt vermuten, daß er mit den neuesten Strömungen der Gartengestaltung in England vertraut war. Das Terrain an der Prince George Street in Annapolis hatte er nach seiner Ausbildung am College in Philadelphia und am Londoner »Inner Temple« als junger Rechtsanwalt im Jahre 1763 erworben. Möglicherweise hat er beim Entwurf von Haus und Garten persönlich mitgewirkt. Der Entwurf selbst ist allerdings nicht erhalten, es gibt so gut wie keine zeitgenössischen Äußerungen, und Teile des Geländes sind in späterer Zeit überbaut worden. Der Garten mußte daher anhand archäologischer Befunde rekonstruiert werden. Ein Gemälde von der Hand Charles Wilson Peales, das 1772 entstand und William Paca vor dem Hintergrund von Pavillon und Brücke zeigt, war in diesem Zusammenhang eine unschätzbare Hilfe. 118

Eines der neu angelegten geometrischen Kompartimente auf den oberen Terrassen des *William Paca Garden* in Annapolis. Es trägt die Bezeichnung »Buchsbaum-Parterre«; bei den drei anderen handelt es sich um das Stechpalmen-, das Blumen- und das Rosenparterre. Siehe auch S. 118.

Es stellte sich heraus, daß der obere Teil der Anlage geometrisch und der untere Teil »natürlich« gestaltet war – eine Miniaturausgabe der Landschaftsgärten, die Paca mit Sicherheit 1760 in England gesehen hatte. Grabungen im oberen Teil ermöglichten die Lokalisierung des Mittelwegs und die Feststellung des Niveaus der abfallenden Terrassen; das Muster der Blumenbeete war dagegen durch die Fundamente des später hier errichteten Hotelbaus zerstört. Im unteren Teil des Gartens hatten sich die Umrisse eines Teichs und eines Kanals sowie die Fundamente der Brücken und eines Pavillons in einer Tiefe von knapp drei Metern unbeschädigt erhalten. Diese Korrespondenz von Gemälde und Terrain war ausschlaggebend für die Restaurierung. Und in der Tat stellte sich im Zuge der Freilegung der Fundamente heraus, daß hier Mauern mit ungewöhnlichen vertikalen Schlitzen, wie sie auf Peales Bild zu sehen sind, existiert hatten.

Wer heute nach Annapolis kommt, findet einen wieder zum Leben erweckten Garten vor. Wenn er den Blick von einem der oberen Fenster des aus Backstein errichteten Wohnhauses über die ganze Anlage wandern läßt, erkennt er die merkwürdige Koexistenz formaler und nichtformaler Elemente: Auf die vier geometrischen Parterre-Kompartimente der beiden oberen Terrassen folgen die Serpentinen des unteren Gartens. Entwurf und Bepflanzung sind zwangsläufig eher eine phantasievolle Neuinterpretation als eine Replik des vergangenen Zustands. Die in ihrer Art sehr präzise und diverse Bepflanzung stellt sozusagen ein idealisiertes Portrait des Originals dar. Dabei ist alles sorgfältig auf Verzeichnissen der in Gärten des 18. Jahrhunderts verwendeten Blumen, Sträucher und Bäume aufgebaut, und die Parterremuster folgen zeitgenössischen Vorbildern aus England und dem Osten Nordamerikas. Die geschickte Verwendung größerer Bäume im oberen Garten trägt dazu bei, das, was ansonsten vielleicht als merkwürdig unharmonische Komposition erscheinen könnte (das Haus ist nämlich nicht genau auf die Zentralachse bezogen, und der Übergang von den geraden zu den fließenden Linien erfolgt abrupt), zu vereinheitlichen. Die so gewonnene Harmonie beruht allerdings auch auf den Proportionen der Anlage – der Geometrie eines Rechtecks aus zwei Dreiecken im Verhältnis 3 : 4 : 5, die den »wilden« Garten ebenso wie die formalen Terrassen definiert.

Mount Vernon

119 Wenn sich über William Pacas Garten nur wenige Besucher äußerten, so trifft dies für Mount Vernon keineswegs zu. Auf seinem seit 1759 bewohnten Landsitz am Potomac empfing George Washington am Ende seines Lebens wahre Scharen von Besuchern, so daß die Washingtons ihre Mahlzeiten praktisch niemals allein einnahmen. Zu diesen Besuchern zählte auch Benjamin Latrobe, dessen Schilderung der Gärten von Mount Vernon im Verein mit den Berichten seiner Zeitgenossen diesen Ort zum bestbeschriebenen Landsitz des 18. Jahrhunderts in Virginia gemacht haben. Latrobes Tagebuch aus dem Jahr 1796 enthält den folgenden Eintrag: »Das Gelände an der Westseite des Hauses ist als ebene Rasenfläche gestaltet, zu beiden Seiten begrenzt von einem weit ausgreifenden, aber extrem formalen Serpentinenweg, der seinen Schatten von Trauerweiden erhält, Bäumen übrigens, die in diesem Land auf trockenem Boden sehr gut gedeihen. An diese Rasenfläche schließt sich auf der einen Seite ein gewöhnlicher Küchengarten an, auf der anderen ein hübscher Blumengarten, der in Gevierte unterteilt und mit großer Präzision bepflanzt ist.« Dann folgt eine abfällige Bemerkung über eben diesen Blumengarten: »Seit meiner Abreise aus Deutschland habe ich hier zum ersten Mal wieder ein Parterre gesehen, das mit unendlicher Mühe und Sorgfalt in die Form einer üppig blühenden Lilie gezwungen worden ist – ein letzter Seufzer, so hoffe ich, der großväterlichen Pedanterie.«

Ein Plan von Mount Vernon, 1787 von Samuel Vaughan gezeichnet, zeigt ebenjene Symmetrie und Regelmäßigkeit, die Latrobe als allzu formal und präzise erschien. Im Gegensatz dazu bestand die Ostseite des Gartens aus einem schlichten, zum Fluß hin natürlich abfallenden Rasen, von dem aus man einen weiten Blick über die Hügel und Wälder von Virginia genoß. Latrobe hielt diesen Blick in einer Skizze fest und notierte dazu: »Nach Osten hin ist die Natur von verschwenderischer Großartigkeit, und die Kunst ist nur insoweit beteiligt, als sie sie vorteilhaft präsentiert.«

Auch der heutige Besucher von Mount Vernon genießt noch den gleichen weiten Blick in die Landschaft – ein wunderbares Erlebnis so nahe der Hauptstadt der Nation. Es wurde im Juni 1789 auch dem polnischen Besucher Julian Niemcewicz zuteil, der hier mit den Washingtons zusammensaß, während das Abendlicht die Landschaft als konturenreiches Relief erscheinen ließ.

Die Überraschung, die man erlebt, wenn man vom gepflegten Rasen im vorderen Teil des Gartens unter die von Geißblatt umrankten Arkaden tritt und sich einer Art Wildnis gegenübersieht, stellt sich seit mehr als zweihundert Jahren ein. Allerdings ist der Kontrast zwischen dem West- und dem Ostteil des Gartens heute nicht mehr so dramatisch. Die Bäume, die den Serpentinenweg begleiten, sind inzwischen so groß, und ihre Zweige greifen so weit aus, daß die einstige Strenge der Komposition verwischt ist. Zu Washingtons Zeiten erfuhr die Symmetrie der Anlage, die auf Vaughans Plan sogleich ins Auge springt, noch eine Betonung durch das Haus selbst, durch die perimetrisch angeordneten Büsche und Bäume sowie durch die beiden Wälle zu seiten des Eingangstors. Tatsächlich lobte Washington in einem Brief an Vaughan die Genauigkeit von dessen Plan, wies aber auch auf das Fehlen dieser Wälle und auf die Aussicht hin, die sich zwischen ihnen öffnete – »ein unverstellter und weiter Blick auf die fernen Wälder«.

Am 19. Januar 1785 war George Washington »bis zur Essenszeit damit beschäftigt, meinen Serpentinenweg und das angrenzende Gebüsch zu planen«. Es war einer jener Sonnentage, die den Winter in Virginia als ewigen Frühling erscheinen lassen. In den folgenden Monaten wurden entlang den Serpentinenwegen alle möglichen einheimischen Bäume und Büsche gepflanzt: Pappeln, Scheinakazien, Pinien, Ahorn, Tupelobäume, Eschen, Ulmen, Lebensbäume, Hemlocktannen, Hartriegel, Schneeflockensträucher, Magnolien, Sassafrasbäume. Die Pinien trugen zur Verdichtung der Bepflanzung bei und verbargen zugleich die seitlich anschließenden Blumen- bzw. Küchengärten. Der polnische Besucher Niemcewicz muß diese *shrubbery* im vierten Jahr ihres Bestehens – im Juni 1789 – gesehen haben, als die Bäume und Sträucher noch nicht mehr als Augenhöhe erreicht hatten. Zur Vielfalt der Bepflanzung äußerte er sich wie folgt: »Tausend weitere Büsche, zumeist Lorbeer und Weißdornarten, alle von Blüten in verschiedenen Farben bedeckt, alle so gepflanzt, daß sich die herrlichsten Schattierungen ergeben.« Wir können uns diese Bepflanzung bei all ihrer Varietät so vorstellen, daß sie sich, mit dem Niveau und der Führung des Weges korrespondierend, in geordneter Weise darbot.

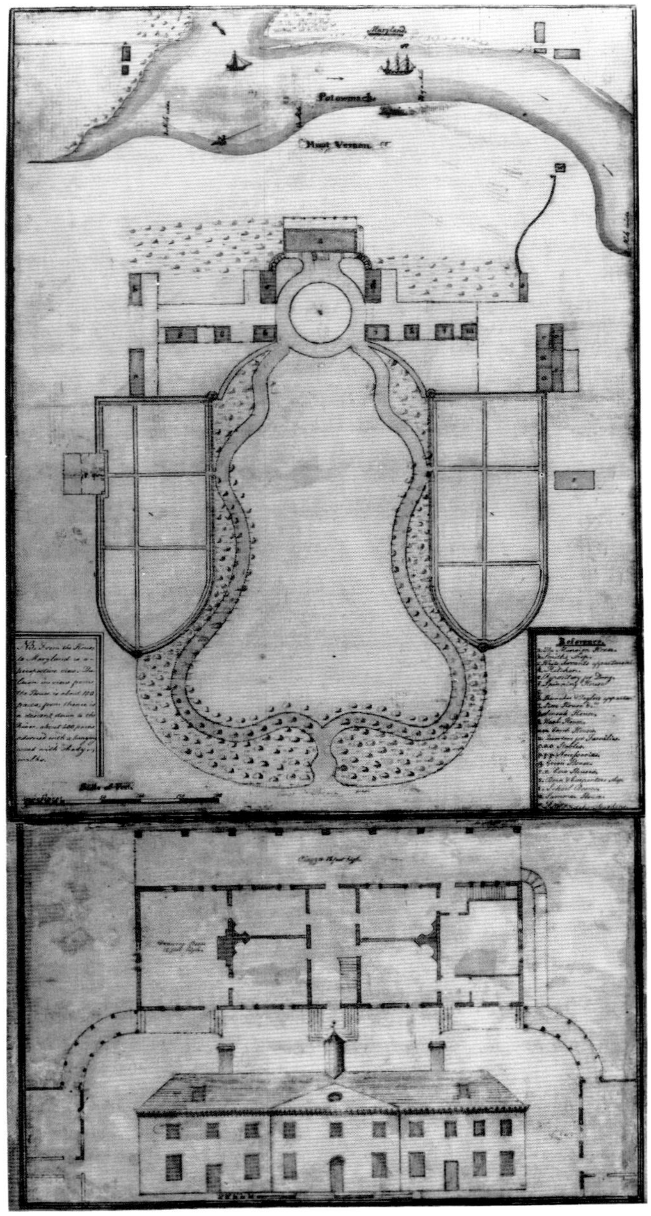

Plan der Gärten von Mount Vernon von Samuel Vaughan, 1787. Im Osten (oben) fällt das Gelände zum Potomac ab.

Der restaurierte Gemüsegarten von Mount Vernon.

Denn Washington hatte sich an den kleineren, halbformalen englischen Gärten der 1760er Jahre orientiert, die in Anlage und Bepflanzung noch ein gewisses Maß an Symmetrie und Regelmäßigkeit bewahrten.

Heute ist der Kontrast zwischen dieser zwanglosen Rasenfläche und den geradezu peinlich akkuraten Blumen- und Gemüsegärten zu beiden Seiten noch größer. Hochgewachsene Bäume breiten ihr Geäst über das Boulingrin aus, und zwischen ihren buschigen Kronen leuchtet das Rot und Weiß des Hauses im hellen Sonnenlicht. Dagegen erscheinen der Obere Garten mit seinen Blumen und der Untere Garten mit den Gemüsebeeten, beide in ihrer einstigen Formalität wiederhergestellt, geradezu als Inbegriff von Akkuratesse und Ordnung.

Neben dem anmutigen kleinen Backsteinbau von 1784, der das Treibhaus beherbergt, befindet sich jenes Buchsornament in Form einer Lilie, das Latrobe in seiner Schilderung von 1796 erwähnte und das ihm so mißfiel. Davor liegen die Blumenbeete, die den weniger kosmopolitischen Reverend John E. Latta bei seinem Besuch im Jahre 1799 sehr beeindruckten: »Der Garten, in Gevierten und Knotenbeeten sehr schön angelegt, enthält eine große Vielfalt von Bäumen, Blumen und Exoten aus fast allen Gegenden der Welt.« Heute steht der Blumengarten im Juni voller Mohnblumen, Iris, Päonien, griechischem Baldrian und *dames violet,* Nachtviolen. Vor dem Treibhaus stehen Orangenbäume. Von der Vielfalt der Farben heben sich die Buchshecken, die kiesbestreuten Wege und der anmutige weiße Lattenzaun ab, der den kleinen Garten umschließt. Mit der gleichen weißen Umzäunung und einem entzückenden Belvedere versehen, ist der im Süden gelegene Gemüsegarten ebenfalls ein Juwel der Hortikultur. Hier sah Niemcewicz 1789 »alle Gemüse für die Küche, Johannisbeeren, Himbeeren, Erdbeeren, Stachelbeeren, Mengen von Pfirsichen und Kirschen«.

Wilhelmshöhe

110–111 Wenn an Sommertagen pünktlich um 14.30 Uhr die Kaskade von Wilhelmshöhe in Gang gesetzt wird, kommt Leben in die Landschaft über der Stadt Kassel. Erwartungsvoll richten die Besucher den Blick auf die über den Spitzen der dunklen Nadelbäume sichtbare kupferne Kolossalstatue des Herkules auf dem Oktogon. Von dort fließt das Wasser herab – zunächst als ein silbernes Gesplitter, dann als noch immer ferne Folie, schließlich als reißender Sturzbach. Einheimische und Touristen bewegen sich schnellfüßig über den Rasen, der die Kaskade zu beiden Seiten begleitet, oder auch in das herabfallende Wasser hinein, und die ganz Schnellen folgen dem Spektakel hügelabwärts, vorbei am Aquädukt bis zu dem riesigen Brunnen mit dem aufsteigenden und wieder fallenden Wasserstrahl.

Am Fuß des Hügels stehend, ist der Besucher erstaunt zu hören, daß diese riesige Anlage nur etwa ein Drittel des ursprünglichen Entwurfs darstellt. Ein Stich von 1705/06 hält die erste Konzeption für Schloß und Garten fest; das Areal hieß damals Weißenstein. Landgraf Karl von Hessen-Kassel hatte auf seiner Italienreise (1699–1700) die Villa Aldobrandini besucht und anschließend den römischen *stuccatore* Giovanni Francesco Guerniero als Architekten für Weißenstein an seinen Hof geholt. Neben der grandiosen Anlage mit der axialen Kaskade und den tangential verlaufenden Alleen sollte die umgebende Baum- und Buschlandschaft offensichtlich als Jagdgelände erhalten bleiben. Auf Anordnung des Landgrafen wurde das obere Drittel ausgeführt. Die Arbeiten begannen

Perspektivische Ansicht von Wilhelmshöhe (damals Weißenstein) von Alessandro Specchi nach G. F. Guerniero, *Delineatio montis*, 1706. Oben: Die Kaskade und das Oktogon in ihrem heutigen Zustand. Siehe auch S. 110.

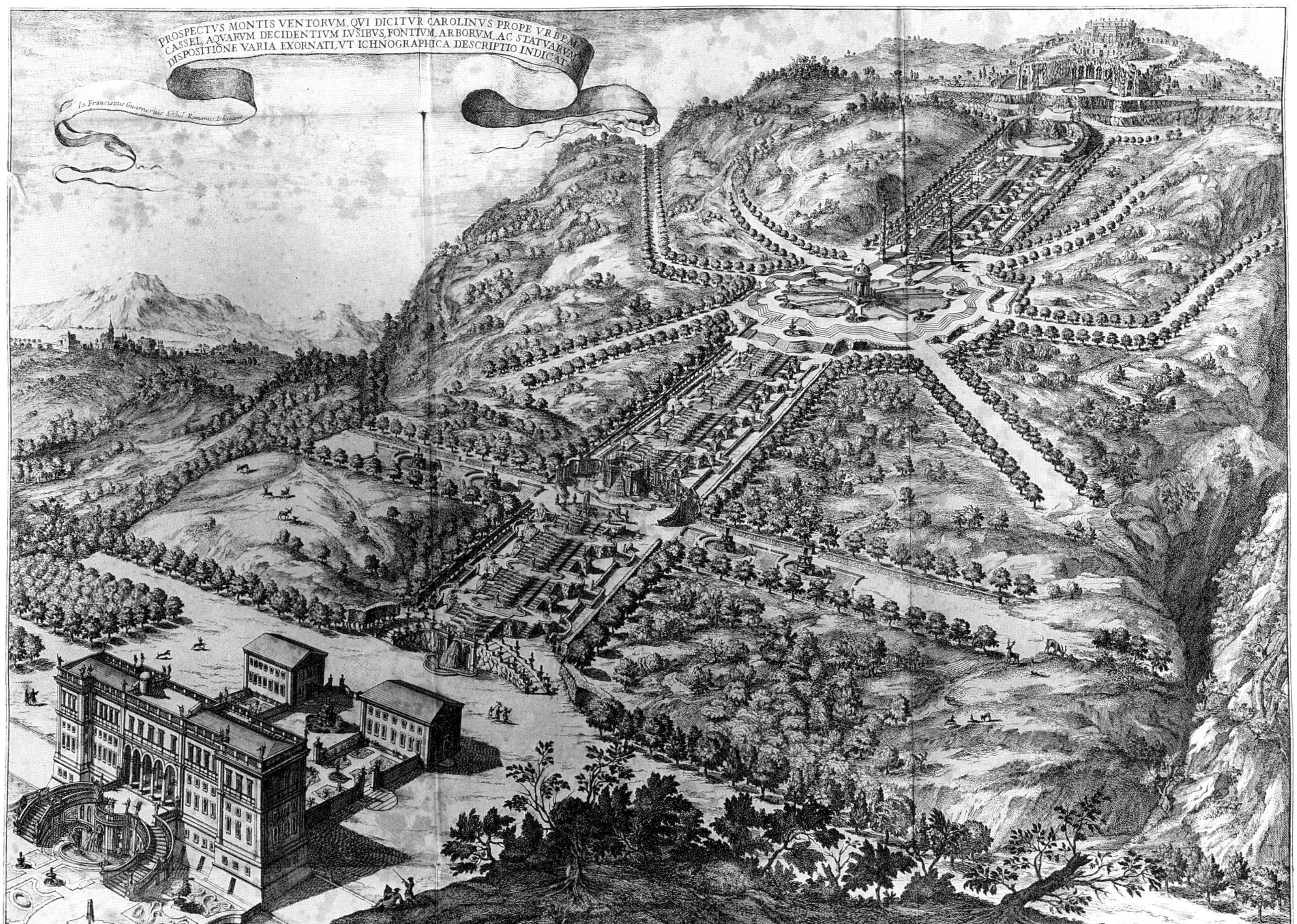

Gemälde von Wilhelmshöhe von J. E. Hummel, ca. 1800.
Unten: Der in Ruinen liegende Aquädukt.

im Jahre 1701 mit dem imposanten Oktogon, das von der pentagonalen Villa Farnese angeregt war. Nach 1713 wurde die Ostseite mit einem Obelisken versehen, der die Kaskade überragte. Im Jahre 1717 war die Herkulesstatue vollendet – rund dreißig Fuß hoch, bietet sie in ihrem Innern etwa acht Personen Platz. Der Bau wächst sozusagen aus dem felsigen Untergrund empor. Wie Guerniero in seiner *Delineatio montis* schrieb, verdankte sich seine Errichtung auf dem Hügel »nicht allein der Kunst, sondern sozusagen der Natur«.

Ein Plan von ca. 1780 zeigt die unter Landgraf Friedrich II. und seiner englischen Gemahlin Mary erfolgte Verwandlung der unvollendeten barocken Anlage in eine von diversen Rokokoszenen belebte Landschaft; der klassische Tempel und die türkische Moschee waren Kopien der Bauten, die William Chambers in Kew errichtet hatte. Bemerkenswert waren ferner ein Rosarium von 1765 und der bereits 1785 mehr als 400 Exemplare zählende Baumbestand, darunter viele Exoten aus Nordamerika. Eine wirkliche Transformation in eine romantische englische Landschaft erfolgte allerdings erst unter Landgraf Wilhelm IX. (Kurfürst Wilhelm I.), nach dem Weißenstein (1798) den Namen Wilhelmshöhe erhielt. Eine Folge von Illustrationen von J. H. Müntz schildert diesen zwischen 1786 und 1796 unternommenen Umgestaltungsprozeß. Hofarchitekt war damals Heinrich Christoph Jussow, der das alte Schloß im klassizistischen Stil zu einem dreiteiligen Ensemble umbaute. Bereits 1791 konnte Müntz die fertiggestellte Anlage mit der neogotischen Löwenburg als Kontrast auf dem benachbarten Hügel abbilden. Ein um 1800 entstandenes Gemälde von J. E. Hummel hält diese Veränderung inmitten der weiteren parkartigen Landschaft fest.

So wird das Zusammengehen formaler und nichtformaler Elemente – »eine glückliche Synthese dreier Generationen«, wie Hans-Christoph Dittscheid bemerkt – in der Architektur wie in der Landschaft deutlich. Dabei ändert sich das wechselseitige Verhältnis dieser Elemente zueinander bis auf den heutigen Tag, je nach dem gerade herrschenden Geschmack. Als K. Götze gegen Ende des 19. Jahrhunderts sein *Album für Teppichgärtnerei und Gruppenbepflanzung* veröffentlichte, bildete er den Blick ab, wie er sich vom Schloß her bot. Das sogenannte Boulingrin im Vordergrund war mit formalen Teppichbeeten geschmückt – geometrischen Mustern aus niedrig wachsenden Pflanzen. Das bestätigte sozusagen die Zentralachse bis zur Kaskade und kontrastierte mit der von Tempeln belebten pittoresken Rasenlandschaft, die sich dazwischen erstreckte. Heute liegt jenseits dieser Beete eine einfache Rasenfläche, die bis an den See reicht, bis an einen Ort also, an dem Hängebuche und klassischer Tempel an die Schönheiten von Stourhead erinnern. Rechterhand geht der Blick über einen rauhen Felsen zum Aquädukt, während unmittelbar geradeaus die Bäume vor der imposanten Kaskade und dem Oktogon auseinanderzutreten scheinen.

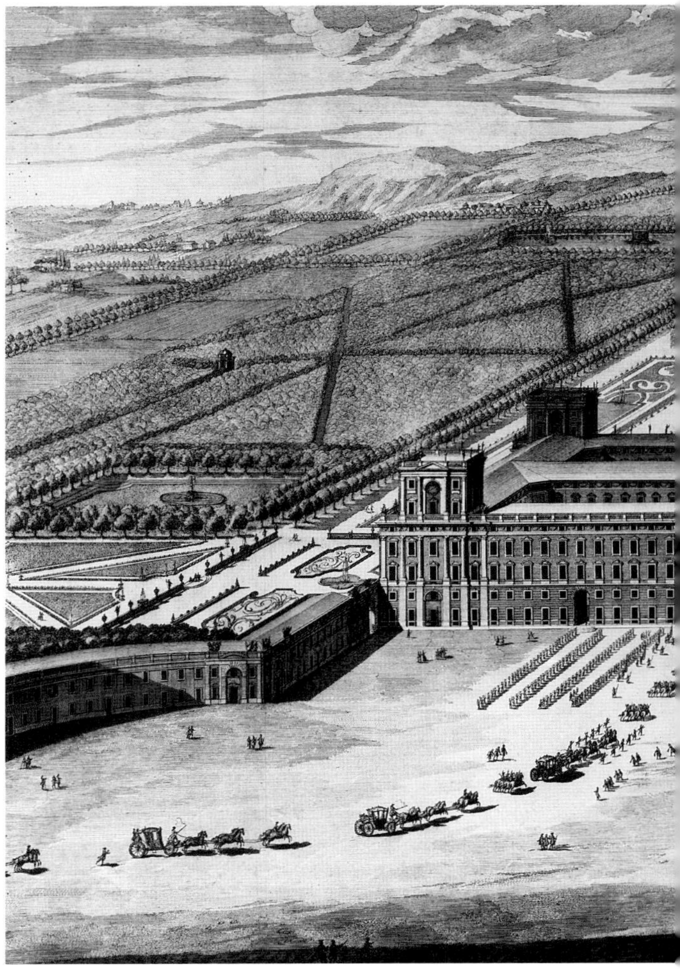

Caserta

114–117 Kunstvolle Parterres waren zu keiner Zeit Bestandteil von Guernieros Entwurf. Anders als Brühl oder Schwetzingen folgte Wilhelmshöhe nicht französischen, sondern italienischen Vorbildern. Der Plan aus der Zeit um 1780 enthält zwar auch Blumengärten, sie lagen aber an der Seite des Schlosses; die Zentralachse begann mit einem grasbewachsenen Boulingrin. Dagegen war Luigi Vanvitellis Projekt für den Palazzo Reale Karls III. in Caserta bei Neapel von Parterres und Bosketten im französischen Stil und von der »italienischen« Kaskade bestimmt. Die Ansichten, die er in seiner *Dichiarazione dei Disegni del Real Palazzo di Caserta* von 1756 veröffentlichte, zeigten die geplante, nicht etwa die vollendete Anlage und präsentierten kunstvolle *parterres de broderie,* flankiert von *parterres à l'angloise.* Wenn diese Hierarchie den Traditionen des französischen Barock folgt, so erinnern Stil und Disposition von Parterre und Boskett insgesamt an das Werk Dézallier d'Argenvilles.

Heute sind die Parterres verschwunden, der Garten ist beherrscht vom Kanal und der berühmten Kaskade, und vom Werk Luigi Vanvitellis haben sich nur geringe Reste erhalten. Denn wenn auch in seiner *Dichiarazione* vorweggenommen, so war der prachtvolle Wassergarten doch ganz und gar die Schöpfung von Luigis Sohn Carlo Vanvitelli, nachdem der Vater 1773 gestorben und Karl III. 1759 nach Spanien gegangen war. Er entstand zwischen 1777 und 1783, also in den späten Jahren »Capability« Browns in England und den »formativen« Jahren Sckells in Deutschland. Immerhin hatte der englische Stil spätestens 1786, als der Engländer John Graefer nach Italien berufen wurde, auch Caserta erreicht. Dieser Trend zum nichtformalen Garten sollte bis in die zwanziger Jahre des 19. Jahrhunderts anhalten, ohne allerdings die Integrität der großartigen Wasserachse anzutasten.

Ein Spaziergang vom Palast bis ans obere Ende der Kaskade ist an heißen Tagen zwar mühsam, aber auch lohnend. An der Herkules-Brücke, wo der Kanal seinen Anfang nimmt, geht der Blick zwischen hochaufragenden Stechpalmenwäldchen über das unbewegte Wasser bis zu den waldigen Bergen in der Ferne. Kaum hat man wieder ein paar hundert Schritte getan, bietet sich ein neuer Anblick: zuerst der Delphinbrunnen, dann der Äolus- und schließlich der Ceres-Brunnen. An diesem Punkt, an dem das Gelände stärker abfällt, ändert das Wasser des Kanals seine Geschwindigkeit und wird zur flachen Kaskade. Die Neigung des Geländes verstärkt sich bis zum Venus-und-Adonis-Brunnen und weiter zu den Figuren von Diana und Aktäon. Dahinter wird die Kaskade zum reißenden Gewässer. Wenn der Besucher, der bisher die Außenwelt völlig vergessen hat, sich jetzt umdreht und den Blick auf den am Ende der Achse sichtbaren Palast richtet, stellt er mit Erstaunen fest, daß die Besiedlung dort bereits bis an die Ränder der Achse vorgedrungen ist. Vom Jagdgelände Karls III. ist nur noch ein schmaler Keil inmitten der sich ausbreitenden städtischen Bebauung übriggeblieben.

Die Ikonographie der Brunnen und Kaskaden von Caserta folgt einer bekannten Tradition: Auch sie schöpft in erster Linie aus den *Metamorphosen* des Ovid, und ihr zentrales Thema ist wiederum das Fortschreiten von einem Zustand der Wildheit zum Zustand der höchsten Verfeinerung. Das untere Ende der großen Kaskade markieren Figurengruppen zu beiden Seiten. Dargestellt ist Aktäon im Augenblick seiner Verwandlung in einen Hirsch, nachdem er die nackte Göttin Diana nach erfolgreicher Jagd im Tal Gargaphia belauscht hat. Hungrige Jagdhunde, deren Rippen sich unter dem Fell abzeichnen, lechzen nach Blut – aber ihre Beute ist Aktäon. Während Diana ihren Befehl gibt, weichen die sie begleitenden Nymphen entsetzt zurück. Ihr Erschrecken und Erstarren spiegelt die rasenden Bewegungen der Hunde. Es handelt sich um Aktäons eigene Hunde – Schwarzfuß, Spurengänger, Sturmwind; sie machen sich über ihn her, und sein Stöhnen, weder menschlich noch tierisch, hallt in den Bergen wider.

Der Venus-und-Adonis-Brunnen stellt eine ganz andere Szene dar: Liebende, umgeben von Nymphen und Putten, und zwar in diesem Fall noch *vor* der Jagd. Venus fleht Adonis an, wilde Tiere wie den hitzigen Eber – der drohend und mit gesträubtem Fell neben den Liebenden steht – nicht zu verfolgen. Der Brunnen nimmt die Geschichte vorweg, die im 10. Buch der Ovidschen *Metamorphosen* erzählt wird: Der von einem Pfeil gestreifte Eber streckt Adonis nieder; Venus, die sein Stöhnen vernimmt, eilt herbei und besprengt sein Blut mit duftendem Nektar. Aus dem Blut sprießt eine Blume – die Anemone – empor, deren rote Blütenblätter dem Granatapfel gleichen.

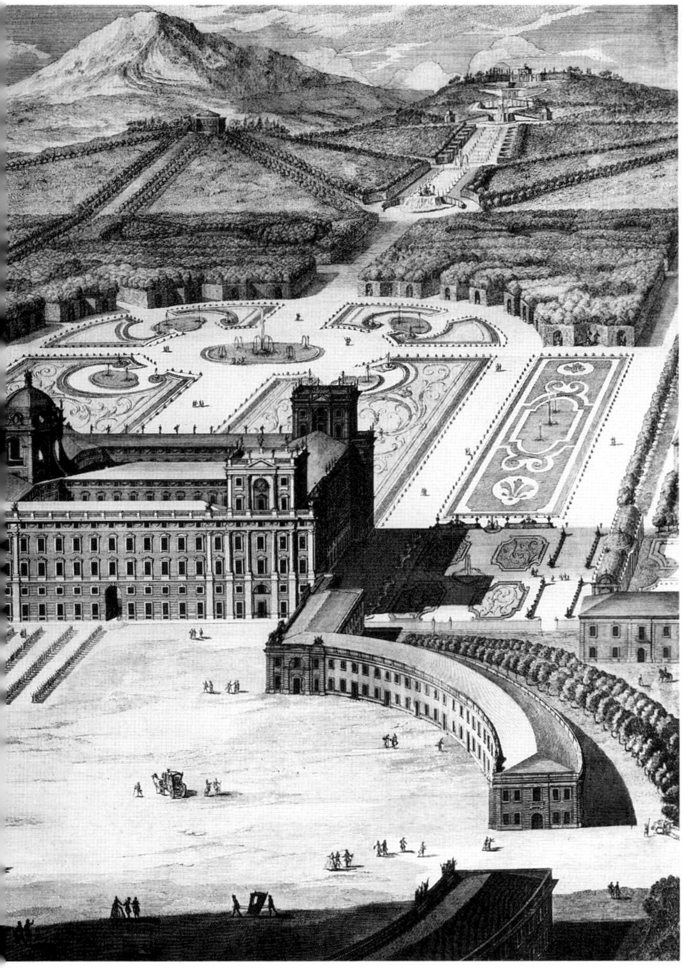

Am Ceres-Brunnen scharen sich Tritonen, Delphine und Flußgötter um die Gestalt der Göttin. Nach Ovid war es Ceres, die der Welt das Getreide und die Gesetze gab. Hier trägt sie ein Medaillon mit den drei laufenden Beinen, dem Symbol Trinacrias oder Siziliens. Damit wird das Thema Landwirtschaft in einen Zusammenhang mit jenem mythischen Geschehen gebracht, das sich in Sizilien abgespielt haben soll: Ceres' Tochter Proserpina wird von Pluto in dessen unterirdisches Reich entführt. Jupiter verspricht Ceres, ihr die Tochter wieder zuzuführen, aber nur unter der Bedingung, daß diese jeweils sechs Monate bei ihrem Gatten in der Unterwelt und sechs Monate auf der Erde lebt – die Einteilung des Jahres in Winter und Sommer.

Der Äolus-Brunnen besteht aus einer rustizierten und mit Balustraden versehenen Mauer mit abwechselnd rundbogigen und gerade abschließenden Öffnungen, über die das Wasser in ein weites Becken herunterfällt. Auf Felsbrocken sitzen und stehen 29 Figuren, die Personifikationen der Winde. Der Äolus-Brunnen sollte ursprünglich die Figur der Juno in ihrem Wagen zeigen, die den Gott der Winde anweist, Äneas nach Karthago zu bringen. Dann aber ging das Geld aus, und der Brunnen blieb bis auf die Figuren der Winde unvollendet. In der ursprünglichen Geschichte erfreut sich Äneas nicht der Unterstützung der Winde, sondern wird im Sturm umhergetrieben; erst nachdem Neptun eingreift, kann er nach Karthago und von dort nach Kampanien gelangen, um am Ende die Stadt Rom zu gründen. Wenn also Ceres für Sizilien stand, so Äneas für Kampanien – das Königreich Beider Sizilien, das vom Haus Bourbon regiert wurde. Nach George L. Hersey war dieser Brunnen zum bildhauerischen Höhepunkt der Wasserstraße bestimmt: Hier geriet die Mythologie zur Geschichte, und das Thema des Fortschreitens vom Zustand der Wildheit zu dem der Zivilisation – von der Jagd über die Agrikultur zur urbanen Seßhaftigkeit – fand seinen Abschluß.

Die einstige Bepflanzung – Parterres, Boskette und Parkland – ist fast vollständig verloren. Wir haben uns diese außergewöhnliche »Wasserstraße« nicht nur als einen für sich bestehenden Korridor vorzustellen, sondern als den kultivierten Teil eines sehr viel »wilderen« Jagdparks. Innerhalb dieses Parks legte John Graefer östlich der oberen Brunnen einen »natürlichen« englischen Garten an. Graefer war auf Vorschlag von Joseph Banks durch Sir William Hamilton, den britischen Gesandten am Hof König Ferdinands, empfohlen worden. Er betreute später den Landsitz der Brontë in Sizilien und legte in Castello di Maniace einen Garten für Horatio Nelson an, den Geliebten Emma Hamiltons.

Offensichtlich war Graefer es auch, der die Kamelie aus England nach Caserta brachte. Eines dieser originalen Exemplare existiert dort noch heute. Zu Beginn des 19. Jahrhunderts erlebte Caserta ein neues Stadium seiner Entwicklung. Der Architekt De Lillo bereicherte das Ensemble aus barocker Kaskade und pittoreskem Park 1838 um einen formalen Blumengarten, den er an einer Seite des Palasts anlegte. Der zu neuem Leben erweckte formale Stil, der sich ab etwa 1800 von England her ausbreitete, hatte nun auch das südliche Italien erreicht.

Oben: Projekt von Caserta von Luigi Vanvitelli, Tafel XIII in *Dichiarazione . . .*, 1756. Die äußeren Parterres sind unverkennbar von Dézallier d'Argenvilles *parterres à l'angloise*, Tafel 6B in *La Théorie . . .* (1709), beeinflußt. Unten: Blick von oberhalb des Äolus-Brunnens über die von Luigis Sohn Carlo vollendete Achse auf das Schloß von Caserta.

4

Revival-Bewegungen und eklektizistische Ansätze

Von der Broderie zur »gemischten« und »massenhaften« Sommerbepflanzung

Der Terrassengarten von Drummond Castle, undatiertes Gemälde von Jacob Thomson. Die Bepflanzung der Rabatte besteht offenbar aus Stockrosen, Pelargonien und Levkojen zwischen konischen Immergrünen in einem Arrangement, das den *plate-bandes* des französischen Barockgartens nicht unähnlich ist. Heute ist die ursprüngliche Bepflanzung dieses von der Revival-Bewegung des 19. Jahrhunderts geprägten Gartens aus den 1820er und 1830er Jahren durch Rosen und verschiedene Formbäumchen ersetzt.

Daß gewisse Elemente des formalen Gartens in der einen oder anderen Form das ganze 18. Jahrhundert hindurch am Leben blieben, sollte uns nicht den Blick dafür verstellen, daß um 1800 der Landschaftsgarten zur vorherrschenden Gartenform in Europa geworden war. Und ein Blick nach Nordamerika – zum Beispiel auf *Woodlands*, den in den 1780er Jahren angelegten Besitz William Hamiltons – zeigt, daß sich auch jenseits des Atlantik ein neuer Trend zur Nichtformalität ausgebildet hatte.

Trotzdem gab es in England aber auch Anzeichen für eine Wiederkehr des formalen Gartens. 1795 hatte Humphry Repton eine große Terrasse als Plattform für Burley-on-the-Hill in Leicestershire empfohlen: »Ich schließe mithin einen Kompromiß zwischen der alten und der neuen Gartengestaltung, zwischen Kunst und Natur. Indem ich den Höhenunterschied – oder besser den Tiefenunterschied – zwischen oben und unten, also zwischen der Terrasse und der Ebene des Geländes, vergrößere, ziehe ich *hier* die Demarkationslinie zwischen dem gestalteten Terrain und dem Park.« Schon 1803 hatte Repton einen kleinen Garten im altenglischen Stil für das Gartenhaus von Woburn/Bedfordshire entworfen, und nach 1810 folgten phantasievolle formale Anlagen in Ashridge/Hertfordshire und Beaudesert/Staffordshire.

Als um das Jahr 1803 das landschaftlich gestaltete Mount Edgcumbe bei Plymouth mit einem »französischen« und einem »italienischen« Garten versehen wurde, die sich an die »natürlichen« *shrubberies* des »englischen« Gartens anschlossen, setzte dies ein Zeichen, dem im Laufe des 19. Jahrhunderts immer größere Bedeutung zukam: Gärten wurden jetzt »im nationalen Stil« angelegt. Lewis Kennedys Plan von 1814 für den »italienischen Garten« an Chiswick House ist eine frühes Beispiel dieses bewußten Wiederanknüpfens an alte Traditionen. In Wilton/Wiltshire verwandelten Lady Pembroke und Richard Westmacott in den 1820er Jahren die Terrasse in einen italienischen Garten mit Zypressen, Parterres und plastischem Schmuck.

Dabei ist interessant, daß ausgeprägte Niveauunterschiede an beiden Orten fehlten und das Parterre in Chiswick sehr französisch anmutete – eine vereinfachte Version von Dézallier d'Argenvilles *parterre de compartiment*. In manchen Fällen war es also schlicht das Vorhandensein von Statuen oder Zypressen, durch das sich ein italienischer Garten von einem französischen unterschied, und häufig basierten diese nationalen Stile auf einer recht vagen Differenzierung. Laut Repton waren der französische und der niederländische Stil ohnehin nur Varianten des italienischen, und nach Charles Barrys Plänen für Trentham (also nach 1840) diente das Wort »italienisch«, wie Brent Elliott schreibt, als eine Art Oberbegriff für alle Stilrichtungen, mit denen der Versuch einer Wiedererwekkung und Wiederbelebung der Vergangenheit verbunden war. So wurde zum Beispiel George Kennedys Terrasse in Bowood/Wiltshire von 1851 zunächst als »französisch« und erst später als »italienisch« bezeichnet. Ab etwa 1880 aber wurde das, was zuvor »italienisch« gewesen war, plötzlich »holländisch«. Diese großzügige Interpretation historischer Nationalstile war nicht auf England beschränkt. Bei den Blumenbeeten Peter Joseph Lennés von 1860 für den »Nordischen und Sizilianischen Garten« in Sanssouci ist eine bemerkenswerte stilistische Überschneidung zu beobachten, obwohl doch an einen Kontrast zwischen der düsteren nordischen Farbgebung und den strahlenden mediterranen Tönen gedacht war. Frederick Law Olmsteds erster Plan für den italienischen Garten in Biltmore (1892) hätte leicht als »französisch« bezeichnet werden können, zumal angesichts des im Château-Stil errichteten Hauses.

Immerhin wurde in England zumindest eine Zeitlang versucht, die nationalen Kennzeichen zu kodifizieren. »Im echten englischen Stil ...«, so schrieb M'Intosh 1837/38, »haben wir weder die italienische Terrasse noch das französische Parterre, noch auch die beschnittenen Immergrünen der Holländer.« In den Gärten, die zwischen 1848 und 1852 in Shrubland entstanden, erinnerte die Terrassierung selbstverständlich an italienische

Vorbilder. Viele von William Andrews Nesfields Entwürfen orientierten sich am Vorbild französischer Parterres; so folgte beispielsweise das Parterre von Worsley Hall eindeutig einem Entwurf Dézallier d'Argenvilles. Und in seinen Plänen für Kew deutete Nesfield zumindest an, daß die Formhecken sich von französischen Beispielen herleiteten: »Je mehr Abwechslung – wie bei den Spiralen, Rundformen und Pyramiden von Versailles –, desto besser.«

In der Regel identifizierte man das beschnittene Immergrün allerdings mit Holland. William Barron orientierte sich bei der Gestaltung des Gartens »Mon Plaisir« in Elvaston/Derbyshire an einem Entwurf von Daniel Marot, wobei er allerdings höhere Formbäumchen verwendete, während das Parterre sozusagen heruntergespielt wurde. Als man in Holland dann im weiteren Verlauf des 19. Jahrhunderts daranging, Gärten wie Twickel mit kunstvollen Vogel- und Spiralformen zu »restaurieren«, lenkte dies die Aufmerksamkeit noch weiter von dem Umstand ab, daß die Ursprünge des Heckenschnitts ja in Italien und Frankreich lagen.

In England wurde zur gleichen Zeit die heimische Tradition in einer Weise wieder zum Leben erweckt, daß die Gärtner der Tudor- und Stuartzeit sie nicht wiedererkannt hätten, und parallel zu dieser Wiederbelebung formaler Stilrichtungen entstand der Impuls zur »Restaurierung« alter Gärten, die der Landschaftsbewegung und ihren Verbesserungen auf irgendeine Weise entgangen waren. Das beste Beispiel dafür dürfte Levens Hall in Westmorland sein. Die ursprüngliche Anlage aus der Zeit um 1700 hatte phantasievoll beschnittenes Heckenwerk enthalten, das allerdings ein Jahrhundert später nicht mehr vorhanden war. Mit der Beförderung von Alexander Forbes zum neuen Obergärtner (1810) kamen die alten Praktiken wieder in Gebrauch. Wieweit es sich dabei tatsächlich um eine Neuanpflanzung und nicht nur um eine Neubeschneidung handelte, ist nicht mehr auszumachen; mit Sicherheit stammen aber die goldgelben Eiben aus dieser Zeit, und einige Figuren – so der gekrönte Löwe – verraten Forbes' Insignien.

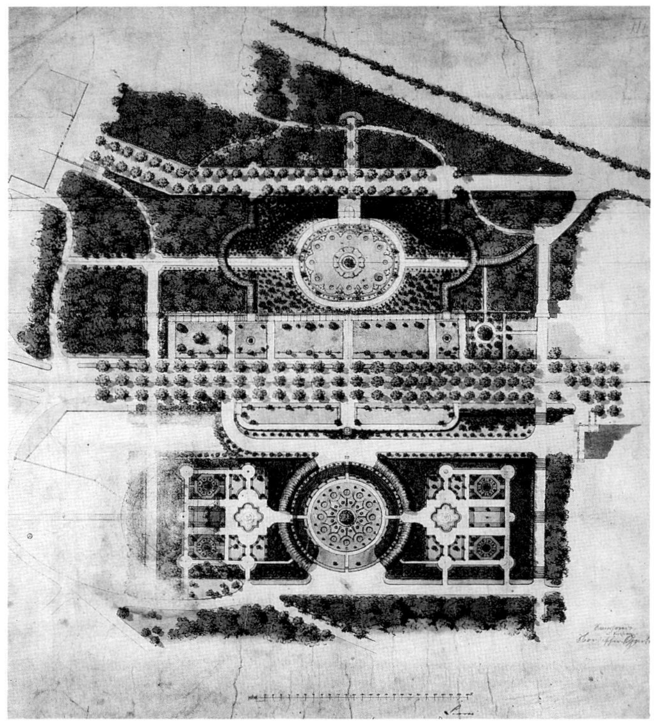

Plan für den Nordischen und den Sizilianischen Garten in Sanssouci von Peter Joseph Lenné, 1860. Der Nordische Garten (oben) enthielt dunkle Nadelbäume, während der Sizilianische Garten sich durch eine »leichtere« Atmosphäre auszeichnete. Sein dominantes Element war eine runde Hainbuchenlaube; seitlich davon schlossen sich Brunnen und geometrische Areale an, die Palmen aufnehmen sollten. Beide Gärten enthielten leuchtendbunte Teppichbeete.

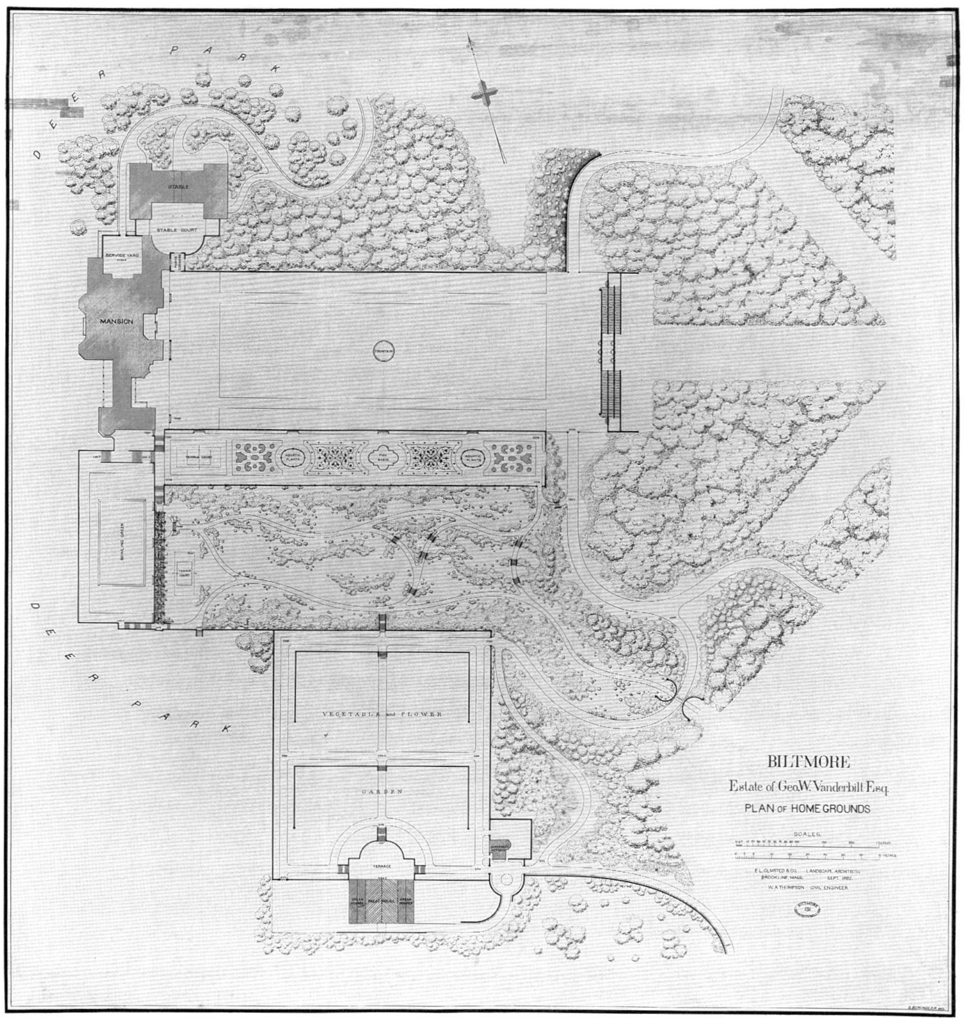

Plan von Frederick Law Olmsted für die Gärten von Biltmore, 1892. Die lange, schmale Terrasse, heute als »italienischer Garten« bekannt, war mit kunstvollen Parterres zwischen von Fischen und Wasserpflanzen belebten Becken geschmückt; im Plan von 1894 waren die Parterres nicht mehr vorhanden und die Becken vergrößert. Sie erinnern an die Fischbecken der Villa d'Este. Die Terrasse hat sich in dieser Form bis heute erhalten.

E. Adveno Brookes Ansicht von Elvaston Castle, Mon Plaisir, aus *The Gardens of England* (1858). Der Garten geht auf einen Entwurf Daniel Marots zurück.

Das eigentlich Wichtige aber ist, daß Levens Hall in den größeren Zusammenhang eines Trends zur Erneuerung alter Gärten gehört, für den beispielhaft auch die Neubepflanzung von Chastleton/Oxfordshire (1828) und die spätere Umgestaltung von Packwood/Warwickshire stehen. Diese beiden Gärten gelten seither als getreue Beispiele des englischen Gartens des 17. Jahrhunderts.

Die Parterres von Audley End, Wrest Park und Cliveden zeigen die Bepflanzung aus der Zeit der Renaissance und des Barock in der Interpretation des 19. Jahrhunderts. Dem Besitzer von Audley End/Essex, dem 3. Baron Braybrooke, ging es darum, seinen aus der Zeit Jakobs I., also aus dem Anfang des 17. Jahrhunderts stammenden Besitz original wiederherzustellen. Diese Wiederherstellung bezog auch den Blumengarten ein, und so wurde um 1830 hier ein formales Parterre entworfen, um den ursprünglichen Charakter des Hauses zu unterstreichen. In Wrest, einer ehemals französischen Anlage, ließ der Earl de Grey zur gleichen Zeit ein Parterre anlegen, das der französischen Note des neuen Hauses entsprach. Dagegen erarbeiteten Charles Barry und John Fleming in den 1850er Jahren in Cliveden ein Parterremuster aus ineinandergreifenden keilförmigen Beeten, das trotz des »italienischen« Charakters von Barrys Gebäude mit französischen oder italienischen Vorbildern nichts zu tun hatte. Im übrigen gingen sie auch bei der Bepflanzung neue Wege – sie arbeiteten mit Liguster und Fichte, Rhododendron, Azaleen und Frühblühern.

Die aus der Renaissance und dem Barock überkommenen Formen der Parterrebepflanzung erfuhren im 19. Jahrhundert eine radikale Veränderung. Das hatte seinen Grund in der Einführung neuer Pflanzen, in den gartenbautechnischen Fortschritten und schließlich in den neuen Theorien der farblichen Komposition. Brent Elliott schreibt in diesem Zusammenhang: »Die botanische Erschließung Südafrikas und Nordamerikas erbrachte eine ständig zunehmende Zahl starkfarbiger Blumen, die zunächst, als zarte Pflanzen, den Weg in die Treibhäuser fanden; im Jahre 1826 konnte man dann in einem der ersten Artikel in Loudons *Gardener's Magazine* über ein Experiment im Dubliner Phoenix Park lesen, wo solche Blumen im Sommer in die Beete ausgepflanzt worden waren.«

Paxtons als »Great Stove« bekannt gewordenes Gewächshaus in Chatsworth entstand in den Jahren 1836 bis 1840. Heute existiert es nicht mehr.

In den 1830er und 1840er Jahren wurden weitere aus Südafrika und Südamerika stammende Blumen in leuchtenden Farbtönen – *Pelargonium, Verbena, Calceolaria, Lobelia, Petunia* und *Salvia splendens* – in großen Mengen hybridisiert und avancierten in der Folge zu den bevorzugten »beddings plants«: Sie wurden in den inzwischen verbesserten Treibhäusern in großen Mengen gezogen und im Frühjahr nach den letzten Nachtfrösten ins Freie gepflanzt. Mit J. C. Loudons patentiertem schmiedeeisernem *sash bar*, dem tragenden Verglasungsprofil für Pflanzenhäuser von 1816, und Joseph Paxtons Falt- und Rippendach-Konstruktion, dem sogenannten Great Stove in Chatsworth (1836–1840), machte der Bau von Glashäusern rasche Fortschritte; James Hartleys Verfahren von 1847 zur Herstellung von Tafelglas ebnete den Weg für weitere Verbesserungen.

Im ersten Viertel des 19. Jahrhunderts waren Blumen vorzugsweise entsprechend dem »gemischten« System zusammengestellt worden, wie es von den *plate-bandes* des 17. und den Blumenrabatten des 18. Jahrhunderts bereits bekannt war. Dieses System nutzte auch Lewis Kennedy 1814 im »Italienischen Garten« von Chiswick House. Um 1830 hatten dann aber Gärtner wie Philip Frost in Dropmore »die Vorteile der massenhaft ausgeteilten Schönheit« dargetan. Das Parterre in Audley End scheint sich dieser Strömung um 1833 angeschlossen zu haben, und in Chiswick House hatte die »massenhafte« Bepflanzung die »gemischte« in den 1840er Jahren durchweg ersetzt. In Shrubland bestand das fächerförmige Parterre des sogenannten *Panel Garden* in den 1850er Jahren aus Pantoffelblumen, Pelargonien und Verbenen in farblich sorgfältig abgestuften Blöcken.

Andrew Murray hat diesen Wandel in Zusammenhang mit Experimenten gebracht, »die riesigen blühenden Prärien Mexikos (nachzuahmen) .... Es waren die Nemophilae, die Coreopsides, die Eschscholtziae dieser Ebenen, aus denen die farbenglühenden Beete zunächst bestanden.« Nicht zuletzt aber ging die Idee, Blumen in großen, farblich kontrastierenden Gruppen zusammenzustellen, auf Goethes *Farbenlehre* von 1810 (1840 als *Theory of Colours* ins Englische übersetzt) und auf Michel-Eugène Chevreuls *De la loi du contraste simultané des couleurs* von 1839 zurück. So schließt sich W. P. Ayres der Chevreulschen Theorie der Komplementärfarben an, wenn er (1841) schreibt, daß »blaue und orangefarbige, gelbe und violette Blumen zusammengesetzt werden können, während die roten und rosafarbigen Blumen mit ihren eigenen grünen Blättern harmonieren.«

In Deutschland verlief die Entwicklung in der ersten Hälfte des 19. Jahrhunderts ähnlich: Blumen wurden »in Massen« und im Einklang mit der Farbtheorie zusammengepflanzt. Klaus von Krosigk behandelt unter diesem Gesichtspunkt die Blumenbeete Peter Joseph Lennés in Klein-Glienicke (ab 1816); es handelte sich um runde und ovale Beete im Rasen, gesäumt von Tonziegeln in der Form von Akanthusblättern. In diesen Beeten waren die Blumen in zwei oder drei farblich kontrastierenden konzentrischen Bändern angeordnet, wobei der Kontrast nicht notwendig zwischen Komplementärfarben (etwa Gelb und Violett oder Orange und Blau) bestand; es konnten auch »charakteristische« (also durch eine Zwischenfarbe im Farbkreis separierte) Farben verwendet werden, zum Beispiel Rot, Blau und Gelb.

Das heißt nicht, daß das auf Goethe und Chevreul zurückgehende System etwa unwidersprochen vorgeherrscht hätte. Donald Beaton setzte sich über das Prinzip der Komplementärfarben hinweg; und andere Theoretiker, zum Beispiel Owen Jones, orientierten sich an kalten Farben wie Blau und warmen Farben wie Gelb; manche Gartengestalter holten sich ihre Inspiration auch im Werk der Maler von Rubens bis Turner. In Shrubland Park (ab 1848), wo Lady Middleton Beete kreierte, die aussahen wie Wollstickereien, scheint man abgestufte Farben bevorzugt zu haben.

Im übrigen war es auch nicht so, daß das ältere System der »gemischten« etwa ganz und gar von der »massenhaften« Bepflanzung verdrängt worden wäre; die Stauden mußten den exotischen einjährigen Blumen zu keiner Zeit wirklich weichen. In den 1850er Jahren war die gemischte Staudenrabatte »wieder da«, wenn es auch noch Jahrzehnte dauerte, bis die Stauden auch in den Parterrebeeten zugelassen waren. Um 1870 ließ Lady Lothian den Vorschlag Markham Nesfields für das Parterre in Blickling/Norfolk fallen und ersetzte die Buchsornamente durch Staudenbeete.

Alle möglichen anderen Wirkungen ließen sich durch ein formales Pflanzschema erzielen. Die Tradition des *parterre de broderie* erfuhr eine Fortsetzung durch die »Stickerei«gärten, wie sie vor allem W. A. Nesfield anlegte: Buchsarabesken, deren Zwischenräume mit farbigem Material (gelbem, rotem, weißem, blauem Spat) ausgefüllt wurden. Diese Erweiterung des Spektrums ging allerdings nicht ohne Rückschläge ab; der blaue Spat, den man in Stoke Edith verwendete, enthielt soviel Blei, daß der Buchs daran zugrunde ging. In den 1850er Jahren entwickelte Nesfield eine Vorliebe für Monogramme, was darauf deutet, daß er sich nicht mehr so sehr am barocken Parterre als vielmehr am Knotenbeet der Tudorzeit orientierte. Der Marquis of Northampton folgte seinem Beispiel und legte in den 1860er Jahren in Castle Ashby ein heraldisches Parterre an, dessen Muster nicht aus Buchs, sondern aus Pelargonien, Lobelien und purpurfarbenen Verbenen auf einer Unterlage von weißen Verbenen bestand. Es war außerordentlich schwer zu pflegen, ein Problem, dessen Lösung dann andernorts im neuen Stil des Teppichbeets gefunden wurde.

Der wegen seiner Formhecken berühmte Garten von Levens Hall hat sich in Teilen noch so erhalten, wie ihn Guillaume Beaumont nach 1689 anlegte, ist zugleich aber auch eine Schöpfung des 19. Jahrhunderts. Von 1810 an wirkte hier der Obergärtner Alexander Forbes, der den Garten um einige Goldeiben und neue Buchsfiguren bereicherte. Levens gehört in den größeren Zusammenhang jener Wiederbelebung historischer Stilformen, wie sie auch in Chastleton (1828), in Packwood und in anderen bedeutenden Gärten stattfand. Die modernen Beete mit den Stiefmütterchen stehen der einstigen Bepflanzung noch ferner.

Die Wiederkehr des Formalen im englischen Garten

In den ersten Jahrzehnten des 19. Jahrhunderts sahen die Gartengestalter sich aufgefordert, in »nationalen Stilen« zu denken, obwohl dieser Forderung keineswegs immer eine deutliche Differenzierung zugrunde lag.

In **Mount Edgcumbe** *(oben)* gab es den »französischen« und den »italienischen« Garten. Louis Kennedys Parterre in Chiswick *(rechts)* war als »italienischer Garten« bekannt, obwohl Kennedy sich einer französischen Vorlage bedient hatte. Anfangs wurden die Beete in der traditionellen »gemischten« Weise, also mit verschiedenen Blumen, bepflanzt. Etwa ab 1840 setzte sich dann das neue »massierte« System durch – ganze Bereiche von Blumen in einer einzigen Farbe. Das kürzlich restaurierte Parterre von **Audley End** *(unten)*, aus den 1830er Jahren wird sich in einigen Jahren als authentische Version der »massierten« Bepflanzung präsentieren.

Klein-Glienicke

Der Park von Klein-Glienicke wurde ab 1816 von Peter Joseph Lenné im damals vorherrschenden englischen Landschaftsstil mit mäandernden Wegen, kurvigen Rasenpartien und unregelmäßigen Baum- und Strauchgruppen angelegt, in den folgenden Jahrzehnten aber auch mit einer Reihe formaler Elemente ausgestattet. Dazu gehören ein Laubengang mit Sphingen, das Stibadium – ein halbrunder, erhöhter Gartensitz – und der Löwenbrunnen. Vor allem die runden, mit Ziegeln in der Form von Akanthusblättern eingefaßten Blumenbeete brachten eine formale Note in die Bepflanzung, obwohl sie wie zufällig inmitten der Rasenfläche arrangiert waren.

Klein-Glienicke ist heute sorgfältig restauriert und zeigt sich wieder so, wie es um 1840 aussah. Das komplexe Wechselspiel pittoresker und architektonischer Elemente kommt in den kontrastierenden Ansichten anschaulich zum Ausdruck. Der anmutige, von Sphingen flankierte, tunnelförmige Laubengang *(oben)* schafft ein Bindeglied zwischen Schloß und Stibadium. Das runde Bassin mit dem Löwenbrunnen *(rechts oben)* ist als imposanter Bezugspunkt in die Achse des Schlosses gesetzt. Aus dem Rasen erheben sich pittoreske Säulenreste, hier vor dem Hintergrund des Froschbrunnens *(rechts)*. Antike Skulpturen auf klassischen Sockeln schmücken die Pavillons *(gegenüberliegende Seite)*.

Charlottenhof

Ab 1816 war Peter Joseph Lenné für die Neugestaltung des ausgedehnten Areals zwischen Friedrichs Rebgarten in Sanssouci und dem westlich davon gelegenen Neuen Palais verantwortlich. 1826 wurde ein weiteres, im Süden angrenzendes Terrain erworben, auf dem Lenné ab 1830 einen Komplex von Gärten rund um das Schlößchen Charlottenhof anlegte.

Der direkt an den Charlottenhof angrenzende Garten schloß mit einer von einem blau-weißen Baldachin oder Velarium überdeckten Exedra ab. Nach Norden hin blickte man über Wiesen hinweg auf das Neue Palais *(oben)*. Pergola und Brunnen vermitteln noch etwas von der ursprünglichen Atmosphäre *(links)*. An einen See schlossen sich die Römischen Bäder an. Der Blumengarten und der Pavillon am See haben sich erhalten, aber ohne die ursprünglichen Teppichbeete *(gegenüberliegende Seite)*.

Wrest Park

Als der 2. Earl de Grey im Jahre 1833 sein Erbe antrat, beschloß er, das alte Wohngebäude abzureißen und statt dessen rund 350 Meter nördlich des Kanals ein neues Haus im französischen Stil errichten zu lassen. Auf dem neu hinzugekommenen Terrain sollte ein dazu passender »französischer« Garten entstehen.

Das Parterre geriet zu einer erheblich massiveren Version französischer Vorbilder. Es bestand aus Broderien in Tulpen- und anderen Formen, untermischt mit geschwungenen Kiesbändern und Rasen. Heute fehlen die prachtvollen alten Bäume, die Broderie zeigt vereinfachte Formen, und das Parterre steht zur weiteren Restaurierung an *(gegenüberliegende Seite)*. An das Parterre schloß sich eine Rasenfläche mit Statuen und einem zentralen Brunnen; dieses Arrangement hatte wenig Ähnlichkeit mit barocken französischen Vorbildern. Der Blick vom Brunnen zum Haus erweist die Individualität der Anlage, so wie sie noch heute besteht *(oben)*.

Shrubland Park

Der Terrassengarten von Shrubland wurde zwischen 1848 und 1852 von Charles Barry angelegt; er ist allerdings nur noch in Teilen vorhanden.

In ihrem ursprünglichen Glanz erhalten geblieben ist vor allem die pompöse Treppenanlage *(oben)*, von der aus man den sogenannten »Panel Garden« mit Brunnen und Loggia überblickt *(gegenüberliegende Seite)*. Die architektonische Anlage, die sich an italienische Vorbilder, besonders an die Villa Garzoni in Collodi, anlehnt, erscheint heute dank des Bewuchses mit Kletterpflanzen nicht mehr so dominant wie zur Zeit ihrer Entstehung. Das fächerförmige Buchsparterre war ursprünglich mit Pantoffelblumen, Geranien und Verbenen in leuchtenden, aber sorgfältig abgestuften Farbtönen bepflanzt. Heute bilden Santolinen und Pelargonien eine vereinfachte Version dieses Pflanzschemas. An anderer Stelle setzen Vasen mit Hängepflanzen *(rechts)* die in viktorianischer Zeit hochentwickelte gärtnerische Tradition von Shrubland Park fort.

Cliveden

Nach einem Brand im Jahre 1849 wurde Cliveden von Charles Barry im italienisierenden Stil wiederaufgebaut. Das von Barry und John Fleming angelegte Parterre ließ eine neue und einfallsreiche Art der Bepflanzung erkennen. Die großen keilförmigen Beete waren nicht von Buchs, sondern von Liguster und Fichte eingefaßt und im Frühling mit Azaleen und Rhododendron, im Sommer mit Stockrosen und Gladiolen gefüllt. Die äußeren Rabatten besetzte Fleming mit Frühlingsblumen.

Um 1862 hatte er erkannt, daß die »gemischte« Bepflanzung den Betrachter von der »großen Wirkung« des Entwurfs ablenkte. Er ging deshalb zur »massierten« Form der Bepflanzung über. Dieses 1976 wiederhergestellte Bepflanzungsschema arbeitet weiterhin mit Kontrasten, aber die Palette ist begrenzt *(oben und links)*. Der sogenannte Lange Garten *(unten)* wurde am Ende des 19. Jahrhunderts von Lord Astor angelegt. Er enthält phantasievolle Formhecken und ist mit Skulpturen geschmückt, die Figuren aus der *Commedia dell'arte* darstellen. Die Rabatten sind eine spätere Hinzufügung von Norah Lindsay.

Weldam

Zwei der schönsten Zeugnisse der Gartenbaukunst aus der Zeit der Jahrhundertwende befinden sich in Holland; sie verdanken ihre Entstehung allerdings beide der Mitarbeit des französischen Gartenbauers Edouard André. In Weldam führte H. A. C. Poortman einen Entwurf Andrés aus dem Jahre 1886 aus, in Twickel entwickelte Poortman mit dem vollendeten Projekt von 1907 einen Gedanken von André weiter.

Von Kanälen begrenzt, spiegelt das Gelände um das Wasserschloß Weldam die Tradition des holländischen Gartens des 17. Jahrhunderts *(oben)*. Andrés Entwurf steckte allerdings voller Anspielungen auf das Werk Dézallier d'Argenvilles: Ein Parterre ist aus dessen 1709 erschienenem Werk *La Théorie et la Pratique du Jardinage* kopiert, und im Zentrum des Andréschen Broderie-Parterres erschien Dézallier d'Argenvilles Version eines *parterre à l'angloise*. Von dieser Erstausstattung hat sich nur das Broderie-Parterre erhalten; das massive Buchswerk und die riesigen immergrünen Pyramiden sind charakteristisch für Andrés Zeit. Das Parterre wird an einer Seite von einer Buchenallee flankiert *(unten rechts)*. Vom Zentrum des Labyrinths genießt man den Blick auf das Haus und die monumentalen Eibenformationen, die um 1900 an die Stelle eines Pfauenschwanzmotivs traten *(gegenüberliegende Seite)*.

Ein Teppich- und ein Blattpflanzenbeet in Wilhelmshöhe aus K. Götzes *Album für Teppichgärtnerei und Gruppenbepflanzung*, um 1900.

In England wurde dieser neue Stil von John Fleming eingeführt, der 1868 ein Beet mit dem Monogramm HS für Harriet Duchess of Sutherland anlegte. Das HS entstand aus *Arabis, Echeveria* und *Sempervivum* vor einem Hintergrund aus verschiedenfarbigem Sedum. Im *Gardener's Chronicle* des gleichen Jahres wurde im Zusammenhang mit dieser Anlage zum ersten Mal von »carpet bedding« gesprochen. Über die Verbreitung dieser Bepflanzungsweise in ganz Europa in den 1860er Jahren hat sich unlängst Clemens Alexander Wimmer geäußert. Unter den Gärtnern, die sie mit Vorliebe praktizierten, verdient Edouard André hervorgehoben zu werden, der in den Jahren 1873 bis 1885 eigene und fremde Entwürfe veröffentlichte. In Deutschland waren vor allem Schleißheim und Nymphenburg wegen ihrer Teppichbeete berühmt.

Das andere Ende des Spektrums und eine Alternative zu den Blumen in den formalen Beeten bildeten die großen Blattpflanzen – *Canna, Ricinus, Coleus, Caladium, Dieffenbachia* und *Philodendron*, ferner Rhabarber, Mais und Kohl. Diese beiden divergierenden Stile – das Teppich- und das Blattpflanzenbeet – werden in K. Götzes *Album für Teppichgärtnerei und Gruppenbepflanzung* im formalen Kontext von Wilhelmshöhe vorgestellt. Die Mittelachse in der Flucht von Guernieros mächtiger Kaskade wurde durch ein symmetrisches Arrangement von Teppichbeeten im Rasen ein weiteres Mal bestätigt. Seitlich davon demonstrierte ein Rundbeet die kühnere Wirkung großer Blattpflanzen in einem formalen Arrangement. Wenn auch vollkommen anders in der Palette der Pflanzen, so erinnerte diese ansteigende Bepflanzung doch an die hundert Jahre zuvor entstandenen Pläne für Hartwell House. Die höchste Stufe der Hierarchie nahmen dann aber die Blumenpyramiden ein, wie sie – zum Beispiel ausschließlich aus Pelargonien bestehend – in den späten 1850er Jahren von Shirley Hibberd empfohlen wurden.

Über die sozialen Funktionen des formalen Gartens im 19. Jahrhundert ist bisher noch zuwenig geschrieben worden. Die öffentlichen Parks in Europa und Nordamerika, in denen die architektonischen und landschaftlichen Traditionen der Vergangenheit neuen gesellschaftlichen Bedürfnissen angepaßt wurden, haben den Großteil der Aufmerksamkeit auf sich gezogen. Viele Elemente des Renaissance-, des Barock- und des Rokoko-Gartens hatten Eingang in den öffentlichen Bereich gefunden, sei es in der Form zoologischer Gärten, sei es in der Form von Stätten, die der sportlichen Betätigung und der Erholung dienten oder an denen Musik, Tanz und Theater gepflegt wurden. Zudem zeigten zeitgenössische Darstellungen des formalen viktorianischen Gartens – zum Beispiel E. Adveno Brookes Ansichten von Bowood, Elvaston Castle, Harewood House und Shrubland Park aus den 1850er Jahren – die Besitzer oder Besucher als steif und nichtssagend spazierend, schauend und paradierend.

Aber wenn Gärten wie Shrubland Park – »eine sehr perfekte Kopie italienischer Gartenkunst« – typisch waren, dann scheinen sich doch gewisse Traditionen erhalten zu haben, und dies trotz Verlusts der ikonographischen Bedeutung und trotz veränderter sozialer Strukturen. Die öffentliche Zugänglichkeit zum Beispiel überlebte die »illiberalen« Tendenzen, die Pückler-Muskau 1828 beobachtet hatte; allerdings beschränkte Sir William Middleton die Öffnung auf die Freitage und auf diejenigen Interessenten, die sich zuvor schriftlich um eine Besuchsgenehmigung bemüht hatten. Das »Kuriositätenmuseum«, wie es in *The Florist* beschrieben worden war, existierte noch, aber jetzt in Form eines Schweizerhauses, in dem Andenken »an Napoleon I., den Herzog von Wellington, Lord Nelson etc.« aufbewahrt wurden. Und das Labyrinth wurde auch ohne das Versailler Skulpturenprogramm noch immer vage mit dem »Labyrinth der Liebe« assoziiert. Donald Beaton schrieb 1856: »Einer der Fußwege führt über zwei Treppenabsätze hinunter ins Labyrinth, in dessen Mitte sich ein Zelt mit einem Tisch und Sitzgelegenheiten befindet. Durch ein Tor können die Gesetzten, die Bedenklichen und die Alten sich ohne Umschweife zum Zelt begeben, während die Fröhlichen, die Leichtsinnigen und Unbekümmerten ihr Glück versuchen und in den Irrgängen … herausfinden müssen, wer als erster heiraten wird.«

In Twickel unweit von Weldam hat sich ebenfalls eine Version des Pfauenschwanzmotivs erhalten. Es besteht aus roten und weißen Begonien und umgibt den Brunnen im Orangeriegarten.

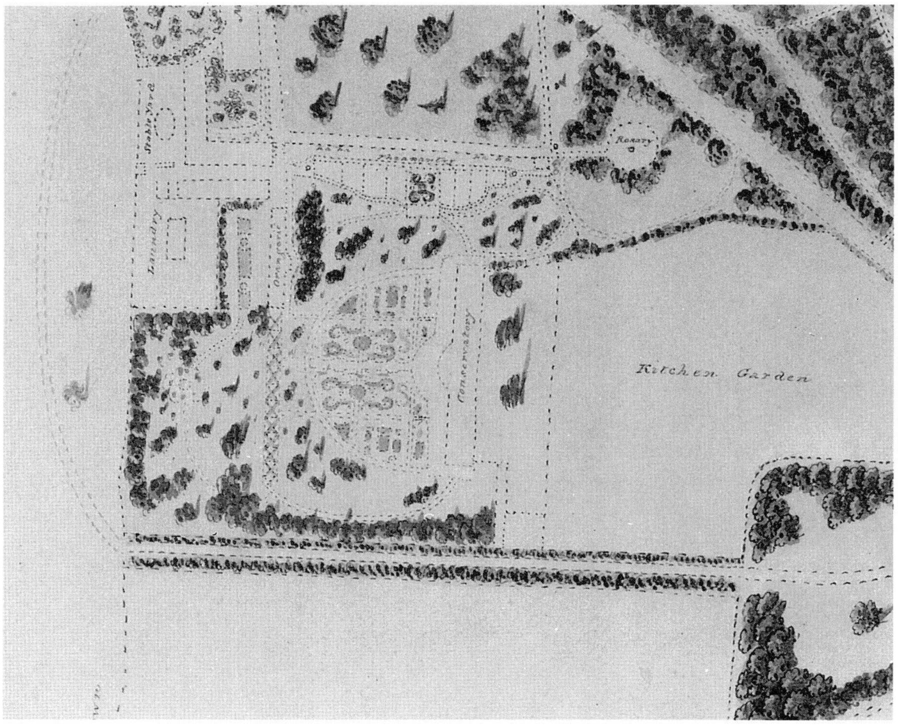

Links: Das Detail aus Lewis Kennedys Plan von 1814 für Chiswick House zeigt den Italienischen Garten und das Rosarium. Unten: Der Italienische Blumengarten in Chiswick, wie ihn Charles M'Intosh in seinem *Book of the Gardens* von 1853 abbildete.

Chiswick House

146–147 Anläßlich seines Besuches in Chiswick House am 2. April 1786 notierte Thomas Jefferson mißbilligend: »Chiswick ... gehört dem Herzog von Devonshire ... Der Garten zeigt noch immer zuviel Kunst. Ein Obelisk von sehr übler Wirkung; ein weiterer inmitten eines Beckens sinnlos.« Dieses abfällige Urteil – »zuviel Kunst« – war insofern signifikant, als es von einem Manne stammte, der »Gefallen an regelmäßigen Formen« fand, und zeigt, daß vieles von der alten Struktur des Gartens die pittoreske Bewegung überdauert hatte. Wir können heute zwar annehmen, daß die beiden rechteckigen Wasserbecken zu diesem Zeitpunkt bereits entfernt waren und das Boskett einiges von seiner Geometrie eingebüßt hatte; die Exedra, das Amphitheater und die Orangerie zeichneten sich aber weiterhin durch strenge Formalität aus.

Hier handelte es sich natürlich um die »Kunst« Lord Burlingtons, die Jefferson im Jahre 1786 einigermaßen altmodisch angemutet haben muß, nachdem sie auf irgendeine Weise den Verbesserungen entgangen war, die Samuel Lapidge in den frühen 1780er Jahren unter dem 5. Herzog vorgenommen hatte. Charles M'Intosh schrieb 1853, die Gärten seien »1770 wegen Reinheit des italienischen Stils bekannt« gewesen, und Chiswick House sei, obwohl in gewissem Umfang verlandschaftet, »wahrscheinlich die einzige britische Residenz, die diesen Stil annähernd in seiner ursprünglichen Reinheit bewahrt hat«.

Dieses Fortbestehen formaler Traditionen zeigte sich in den Jahren 1812 bis 1814 auch in der Entscheidung des 6. Herzogs, ein Gewächshaus zu bauen und einen »Italienischen Garten« anzulegen. Architekt des Gewächshauses war Samuel Ware. Er errichtete einen eindrucksvollen Bau von mehr als dreihundert Fuß Länge, in dem 1828 eine prachtvolle Kameliensammlung untergebracht wurde. Lewis Kennedy erhielt den Auftrag, einen halbrunden Garten zu entwerfen, der sich über die volle Länge des Glashauses erstrecken sollte. Im Januar 1814 präsentierte er seinen Entwurf für diesen »Italienischen Garten« in der Form von »Notitiae« – langatmigen Ausführungen, die von wunderschönen Aquarellen begleitet waren. Das Ganze, in grünes Velin eingeschlagen, erinnerte sehr stark an die *Roten Bücher* Humphry Reptons.

Kennedy war 1813 aus Frankreich zurückgekehrt, wo er in Navarre und Malmaison ähnliche Gärten für die Kaiserin Joséphine angelegt hatte. Sein Entwurf war daher ebensosehr französisch wie italienisch; er leitete sich von Dézallier d'Argenvilles Muster eines *parterre de compartiment* ab, wie es in *La Théorie et la pratique du jardinage* (Tafel 2 B)

Oben: Das *parterre de compartiment*, Tafel 2B, aus Dézallier d'Argenvilles *La Théorie et la pratique du jardinage* (1709; die hier zitierte Ausgabe: 1723).

Zwei Ansichten des restaurierten Gartens von Chiswick House: das Rosarium und ein Detail der Bepflanzung des Italienischen Gartens.

abgebildet war. Das große Parterre wurde entlang der Terrasse des Treibhauses leicht vertieft angelegt. Das Zentrum des halbrunden, von einem Raster kiesbedeckter Pfade unterteilten Areals bestand aus Blumenbeeten, von denen einige die Form der F-förmigen Schallöcher einer Violine aufwiesen. Es handelte sich, mit anderen Worten, um ein *parterre de pièces coupées pour des fleurs*, wie es schon in der Renaissance und im Barock existiert hatte und hundert Jahre zuvor in Dominique Girards Entwurf für Schleißheim aufgetaucht war. Die Hauptbeete waren von Buchsstreifen gesäumt und von Kies umgeben. Im Gegensatz dazu lagen die äußeren Blumenbeete, die verschiedene geometrische Formen aufwiesen, auf einem Untergrund von Gras; zwischen ihnen verliefen schmale kiesbedeckte Wege.

Kennedys Blumenbeete scheinen in der sogenannten »gemischten« Weise mit einem Sortiment verschiedenfarbiger Stauden bepflanzt gewesen zu sein. Das war das aus dem französischen Barock überkommene Schema, wie es detailliert bei Dézallier d'Argenville beschrieben wird und in den Blumenrabatten des Landschaftsgartens fortlebte. Um 1840 war dieses »gemischte« System allerdings dem System der »massenhaften« Bepflanzung gewichen, bei dem, wie Thomas Faulkner in Chiswick feststellte, kühn Gruppen von Pflanzen »entsprechend den Farben ihrer Blüten« zusammengesetzt wurden. Das entsprach einer verbreiteten Tendenz. Joseph Paxton schrieb 1838: »Die alte Praxis der Zusammenordnung vieler verschiedener Pflanzen auf einem großen Beet, auf dem sie nach Höhe und Farbe arrangiert wurden, ist ganz und gar verschwunden; im modernen Blumengarten ist an ihre Stelle das System der Gruppierung von Pflanzen einer Sorte in kleinen Beeten getreten.«

Dieser Geschmackswandel war unter anderem durch die Fortschritte der Farbtheorie ausgelöst worden, nämlich durch Goethes *Farbenlehre* von 1810 und Chevreuls wichtiges Werk aus den 1830er Jahren. Kontrastierende Komplementärfarben traten an die Stelle der »assortierten Tönungen« des »gemischten« Systems. In einem Brief an den *Cottage Gardener* von 1850 hieß es: »Die Anordnung der Blumen unter dem Gesichtspunkt des farblichen Kontrastes ist für das Auge zweifellos erfreulicher als ihr Arrangement unter dem Gesichtspunkt des farblichen Zusammenklanges. Es sollte folglich eine blaue Blume neben eine orangefarbene, eine gelbe neben eine violette gesetzt werden.«

Auch die Fortschritte auf dem Gebiet des Glashausbaus und die Einführung weiterer Exoten, darunter vieler aus Südamerika, spielten eine Rolle. Das Auspflanzen der empfindlichen einjährigen Blumen hing von der Produktion großer Quantitäten in den verbesserten Grünhäusern der frühen Viktorianischen Ära ab, jener 13 000 »Verbena, Petunia, Calceolaria, Aenothera, Fuchsia, Salvias, Anagalis«, die Faulkner 1845 in Chiswick antraf. Wir können uns den »Italienischen Garten« von Chiswick House im Hochsommer also voller rosa und gelber, blauer und roter Blumen vorstellen, in separaten Beeten kühn zur Schau gestellt, dazu die sanfteren Töne der hochstämmigen und der China-Rosen, die dem Halbkreis in drei Reihen folgten, ferner das lichte Grün der wuschelköpfigen Robinien, das mit den dunklen Grüntönen des Gebüschs kontrastierte. Wenn der Sommerflor abgeblüht war, lagen die Beete im späten Herbst und zeitigen Winter kahl, bis ein Teppich von Stiefmütterchen im Spätwinter und im Frühling den Blumengarten wieder zum Leben erweckte.

Wer heute nach Chiswick kommt, kann das gleiche saisonale Ritual verfolgen und sich an einem flammenden Blumenmeer erfreuen, das den mit Vasen und Urnen bestückten Halbkreis füllt. Selbst die drückende Hitze eines Julinachmittags kann den lebensvollen Beeten nichts anhaben. Muster und Bepflanzung folgen heute allerdings der Situation der 1880er Jahre und zeugen eher von modernen hortikulturellen Praktiken als von den Traditionen des frühen 19. Jahrhunderts. Die umgebende Hecke stammt aus den 1950er Jahren. Eine sorgfältige Restaurierung des Italienischen Gartens ist ins Auge gefaßt; sie soll die Situation der Zeit um 1840 wiederherstellen. Probepflanzungen sind an anderer Stelle bereits vorgenommen worden.

Auf Lewis Kennedys Plan von 1814 sind noch weitere geometrische Elemente zu erkennen, nämlich der seitlich des Gewächshauses liegende Orangeriegarten und das kreisförmige Gebilde weiter nordwestlich, das als »rosary« bezeichnet ist. Die einstige Orangerie Lord Burlingtons war durch das neue Gewächshaus überflüssig geworden. Der 6. Herzog ließ das Dach entfernen, und die so entstandene, von Eibenhecken flankierte »Pergola« bildete nun das visuelle Verbindungsglied zwischen dem alten und dem neuen Garten. Der ehemalige Orangeriegarten wurde zur Fasanerie umgestaltet. Befanden sich hier im Jahre 1824 nur Gold- und Silberfasane, so sah der Zar, der den Herzog

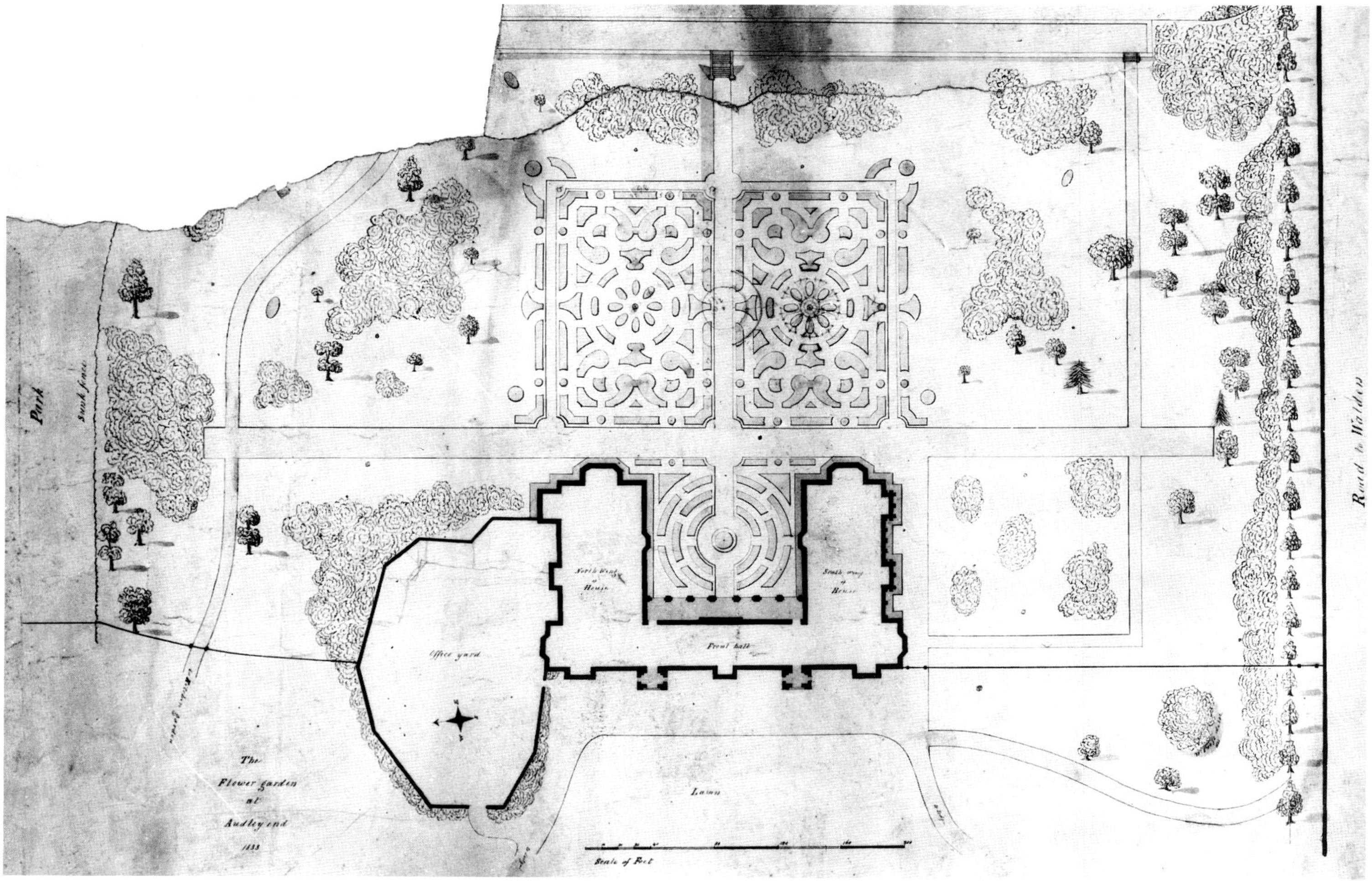

1844 besuchte, in Chiswick House auch exotische Tiere, darunter eine Giraffe, einen Elch, Emus und Känguruhs. Damit hatte sich die aus der Renaissance stammende Tradition der Menagerie über das Zeitalter des Barock und des Rokoko hinweg bis in die Mitte des 19. Jahrhunderts erhalten.

Das auf einer Rundfläche angelegte Rosarium setzt seine eigene formale Tradition fort. Auch Thomas Wrights Plan aus den frühen 1750er Jahren war kreisförmig, und Humphry Repton legte seinen Rosengarten für Ashridge 1813 ebenfalls als Rundfläche an. Tatsächlich war Lewis Kennedys Entwurf von 1814 elliptisch, aber dem Auge erschien er als Kreis. Wie eine Maßaufnahme des Jahres 1895 zeigt, bestand er aus konzentrisch angeordneten Beeten. Die äußeren waren mit Efeu bepflanzt und mit klassischen Vasen geschmückt, die inneren trugen Rosen. Den Mittelpunkt markierte eine Säule. Kürzlich im Zustand von etwa 1840 wiederhergestellt, wird dieses Rosarium mit den Rosa-, Rot- und Weißtönen hybrider Rosen, der *Rosa gallica, damascena, centifolia, alba,* der Moos-, Portland- und China-Rosen und mit »London's Pride« an den Rändern bald zu einer der sommerlichen Attraktionen von Chiswick House werden.

Audley End

146 Wenn der heutige Besucher von Chiswick House seine Phantasie bemühen muß, um sich ein Bild vom ursprünglichen Zustand des Italienischen Gartens zu machen, so braucht es keine große Vorstellungsgabe, um sich an dem geometrischen Blumengarten von Audley End bei Saffron Walden zu erfreuen. Er bietet sich heute so ursprünglich dar wie in seiner ersten Saison, die gut hundertfünfzig Jahre zurückliegt. Es wird noch einige Sommer dauern, bis die Bepflanzung wirklich eingewachsen ist, aber jedenfalls bietet sich dem Besucher nach der kürzlich erfolgten Restaurierung hier die einmalige Gelegenheit, einen frühviktorianischen Garten in seinen authentischen Farben zu erleben. Gründliche archäologische und gartenbautechnische Untersuchungen haben es ermög-

Plan des Blumengartens von Audley End von William Press, 1833. Lord Braybrooke mag sich ein Parterre im jakobitischen Stil im Einklang mit seinem original wiederhergerichteten Haus vorgestellt haben, doch erinnert der Plan für den Blumengarten – den vermutlich William Sawrey Gilpin entwarf – in gewisser Weise an das *parterre de pièces coupées pour des fleurs* (Tafel 6B) in Dézallier d'Argenvilles *La Théorie . . .*; die konzentrischen Kreise des Hofparterres lassen an das Rosarium von Chiswick House und an die 1828 erfolgte Neubepflanzung von Chastleton denken.

Blick auf das restaurierte Parterre von Audley End. Das in konzentrischen Kreisen angelegte Hofparterre ist noch nicht restauriert.

licht, die Anlage der Jahre 1825 bis 1833 wieder zum Leben zu erwecken, die nach dem Tod (1858) ihres Schöpfers, des 3. Barons Braybrooke, allmählich verfallen war.

Dieser 3. Baron Braybrooke, der den Landsitz 1825 erbte, war ein begeisterter Historiker. Seine Entscheidung, das aus der Zeit Jakobs I. stammende Haus wieder in den ursprünglichen Zustand zu versetzen, schloß zweifellos den Gedanken an einen entsprechenden formalen Garten ein. Ein weiterer Impuls zur Wiederherstellung des jakobitischen Parterres war dadurch gegeben, daß der sogenannte Elysische Garten – eine nichtformale Anlage aus Blumen und Sträuchern, die der Landschaftsgärtner Richard Woods in den 1780er Jahren angelegt hatte – verfallen war. Feucht und schattig, war er inzwischen »für die Blumenkultur ungeeignet«, wie Lord Braybrooke sich 1836 erinnerte.

Ein Grundriß von William Press aus dem Jahre 1833 zeigt die intendierte, aber nicht ausgeführte Anlage. Der Entwurf stammte vermutlich von William Sawrey Gilpin: ein Hauptparterre, symmetrisch zur Achse, und ein kleineres Hofparterre mit in konzentrischen Kreisen angeordneten Beeten. Das Ganze war eingebettet in ein von Rasen und Buschwerk bedecktes Gelände. Lord Braybrooke hat diesen Entwurf offenbar abgewandelt und einen zentralen Brunnen anlegen lassen, der bei der Untersuchung des Geländes unter der heutigen Oberfläche zum Vorschein kam. Ein Bepflanzungsplan von 1833 für die eine Hälfte des Hauptparterres hat sich erhalten; er ist allerdings nur noch in Teilen lesbar. Danach wurde hier nicht nur das Prinzip der »gemischten«, sondern auch das der »massenweisen« Bepflanzung befolgt: Der Plan zeigt separate Beete, die Fuchsien, Verbenen, Eschscholtzien und Rosen aufnehmen sollten.

Als Vorbild der Anlage könnte sehr wohl der Blumengarten von Dropmore gedient haben, der Lady Jane Braybrookes Onkel, Lord Grenville, gehörte. Mit Bezug auf diesen Garten schrieb J. C. Loudon 1828: »Die Wirkung großer Gruppen, die jeweils ausschließlich aus *Geranium, Celsia,* Heliotrop, Fuchsie, *Salvia coccinea ...* bestehen, ist in ihrer Neuheit und Seltenheit großartig und verdient es sehr wohl, nachgeahmt zu werden.« Es wird nicht mehr lange dauern, bis die Fuchsien und Eschscholtzien in Audley End ein wahrhaft überwältigendes Schauspiel bieten, das dem eindrucksvollen jakobitischen Haus Gerechtigkeit widerfahren läßt. Der wiederhergestellte Blumengarten macht diesen Ort in der reizvollen Umgebung von Saffron Walden zu einem der anziehendsten in England überhaupt. Den besten Blick auf die Zierbeete hat man vom oberen Stockwerk des Hauses oder schräg vom hochgelegenen *Temple of Concord* in den von »Capability« Brown landschaftlich gestalteten Teilen des Parkes. Auf seinem weiteren Weg gelangt der Besucher in den Elysischen Garten mit der Teehaus-Brücke von Robert Adam (1782) und schließlich – über eine weitere Brücke – in den außerordentlich formalen Rosengarten, der 1868 angelegt wurde und einen Fischteich enthält.

Eines der runden Blumenbeete im Park von Klein-Glienicke. Im Frühsommer betonen die hochstämmigen Sträucher erst recht die formale Note dieses geometrischen Beetes. Im Hochsommer bilden Blumen in den Farben Rot, Gelb und Blau ein kontrastierendes »Nadelkissen«-Muster.

Klein-Glienicke

Der ab 1816 von Peter Joseph Lenné angelegte *Pleasureground* von Klein-Glienicke enthält runde Blumenbeete inmitten wellenförmig verlaufender Rasenflächen, die von mäandernden Wegen durchzogen sind. Diese Beete sind heute wieder so bepflanzt wie zur Zeit ihrer Entstehung im frühen 19. Jahrhundert. Damals waren zunächst der Preußenkanzler Karl August Fürst von Hardenberg und später der preußische Prinz Karl Besitzer der Anlage. Im Frühling stehen im Zentrum des einen Beets blaue Vergißmeinnicht, umgeben von rosa Tausendschön; ein weiteres Beet ist mit roten Primeln, umgeben von weißen Tausendschön, gefüllt. Im Sommer bilden rote Geranien, gelbe Pantoffelblumen und blauer Heliotrop konzentrische Kreise. Sie folgen den Grundsätzen der Farbkomposition, wie sie sich aus Goethes und Chevreuls Schriften ergeben. 148-149

Anstatt einfache Komplementärfarben zu verwenden – diejenigen, die auf den entgegengesetzten Seiten des Farbkreises liegen, also zum Beispiel Blau und Orange –, konnte man diesen Grundsätzen zufolge auch zwei oder drei »charakteristische« Farben miteinander kombinieren, das heißt solche, die durch eine Zwischenfarbe im Farbkreis voneinander getrennt sind, also zum Beispiel Rot, Gelb und Blau. Weiß empfahl sich immer dann, wenn es darum ging, eine beliebige andere Farbe hervortreten zu lassen; Weiß oder eine andere helle Farbe eignete sich im übrigen besonders gut zur Randbepflanzung, weil sie sich vom Grün des Rasens abhob. Höher wachsende Pflanzen wurden ins Zentrum der Beete gesetzt, so daß sich ein leicht gewölbtes Bouquet in der Tradition der barocken *plate-bande* und des pittoresken Blumenbeets oder der Blumenrabatte ergab.

Der Beetrand wurde – im Gegensatz zu den buchsbaumgesäumten *plate-bandes* und den Nelken und wilden Stiefmütterchen auf dem Plan von 1799 für Hartwell House – häufig mit totem Material gestaltet. Hatten die Blumenbeete der Renaissance eine steinerne Einfassung gehabt, so wurden nun Metall- oder Holzspäne verwendet, gelegentlich auch Ziegel. In Klein-Glienicke hatten diese die Form von Akanthusblättern.

Wer heute nach Klein-Glienicke kommt, ist von der Schönheit der Restaurierung angerührt. Neben den nadelkissenartigen Blumenbeeten, den kiesbedeckten Wegen und seidigen Rasenflächen sorgen die sorgfältig erhaltenen architektonischen Versatzstücke für einen formalen Anstrich des im übrigen »natürlichen« Geländes – eine Pergola mit Sphingen sowie das sogenannte Stibadium mit den Karyatiden. Sie verraten den Stil der Architekten Karl Friedrich Schinkel und Ludwig Persius. Nicht weit von hier legt das Boot ab, das zur berühmten Pfaueninsel fährt. Wenn es den Besucher nicht dorthin zieht, kann er die Havel und die ehemalige Grenze nach Ostdeutschland überqueren, um das gleichermaßen sehenswerte Charlottenhof zu besichtigen.

Ludwig Persius' sogenanntes *Stibadium* von 1840 im Park von Klein-Glienicke. Der erhöhte Gartensitz gewährte den Blick über die Havel in Richtung Potsdam.

Charlottenhof

150–151 Im gleichen Jahr 1816, in dem die Arbeiten in Klein-Glienicke begannen, legte Lenné auch mehrere Pläne zur Umgestaltung der Landschaft rund um den Rebgarten von Sanssouci vor. Der größte dieser Pläne – rund 3 x 6 Fuß groß – zeigt die intakten Rebterrassen und das mehr als eine Meile entfernte Neue Palais. Diese formalen Elemente waren hier allerdings in einen ganz neuen, »natürlichen« Landschaftsgarten integriert, in dem sich der Einfluß des pittoresken englischen Stils äußerte.

Die frühen Pläne wurden später zugunsten eines neuen Entwurfs aufgegeben. Das ausgeführte Projekt, wie es 1836 und 1839 festgehalten wurde, betont die zugrundeliegende Geometrie sehr viel stärker. Anstelle einer Rasenfläche schmückt ein halbkreisförmiges Parterre den Platz vor dem Neuen Palais, bei dessen Gestaltung Lenné sich von einem Parterre in Eaton Hall hatte leiten lassen; die Mittelallee ersetzte eine gerade verlaufende, aber nur annähernd axiale Sichtachse; das architektonische Ensemble von Rebgarten und Bildergalerie wurde beibehalten und vergrößert; und eine ganz neue geometrische Komposition fand Platz auf einem Gelände, das erst 1826 als Erweiterung der Landschaft nach Süden erworben worden war. Dabei handelte es sich um den Komplex, der heute unter dem Namen Charlottenhof oder Siam bekannt ist. Er schloß einen bepflanzten Hippodrom-Garten, eine Fasanerie, einen runden Rosengarten und die sogenannten Römischen Bäder jenseits eines natürlich geformten Sees ein.

Die Assoziationen mit Siam berühren merkwürdig, wenn man bedenkt, daß Charlottenhof doch in erster Linie von der römischen Architektur und vom römischen Garten beeinflußt war. H. Schönemann hat dargelegt, daß die Vision einer idealen Welt nicht nur im Gedanken des Goldenen Zeitalters, sondern auch in der Sicht Siams und der Antipoden als des Reichs der »Freien« begründet war. Schinkel und Lenné hatten es, so schreibt Schönemann, in Charlottenhof verstanden, die Vision einer neuen und vollkommenen gesellschaftlichen Ordnung zu präsentieren.

Der 1836 erstmals bepflanzte Hippodrom-Garten setzt die Tradition der englischen Amphitheater des 18. Jahrhunderts (so etwa Painshill Park), der Boboli-Gärten in Florenz und schließlich der von Plinius beschriebenen Gärten der Antike fort. Die Bepflanzung sollte den Gedanken an stufenartig aufeinanderfolgende Sitzreihen erwecken: im Vordergrund Jasmin, in zweiter Reihe Flieder, in dritter Reihe Linden, in vierter Reihe Kastanien und in fünfter Reihe Kiefern. Hohe Pappeln aus der Lombardei bildeten die äußere Umrandung. Es gab hier Weinlauben, ein Stibadium und einen Wassertisch in Anlehnung an die Beschreibung des Plinius und das Vorbild in der Villa Lante; es gab Bänke, auf denen man sich ausruhen und dem Gesang der Vögel und Brunnen lauschen konnte; und schließlich gab es einen Ort, an dem nächtens beim Schein von Kandelabern getanzt werden konnte.

Das Hippodrom lag am westlichen Ende der Achse von Schloß Charlottenhof. Wer es in den 1830er Jahren besuchte und sich von hier aus ostwärts wandte, passierte ein Wäldchen und eine Quincunx von Kastanien, bevor er das Schlößchen erreichte. An den Bau selbst schloß sich nach Osten ein kleiner Garten an, der mit einer Exedra abschloß und auf der einen Seite von einer Pergola flankiert war; auf der anderen Seite fiel das Gelände zu einem See ab. Von hier aus ging der Blick über Wiesen zum Neuen

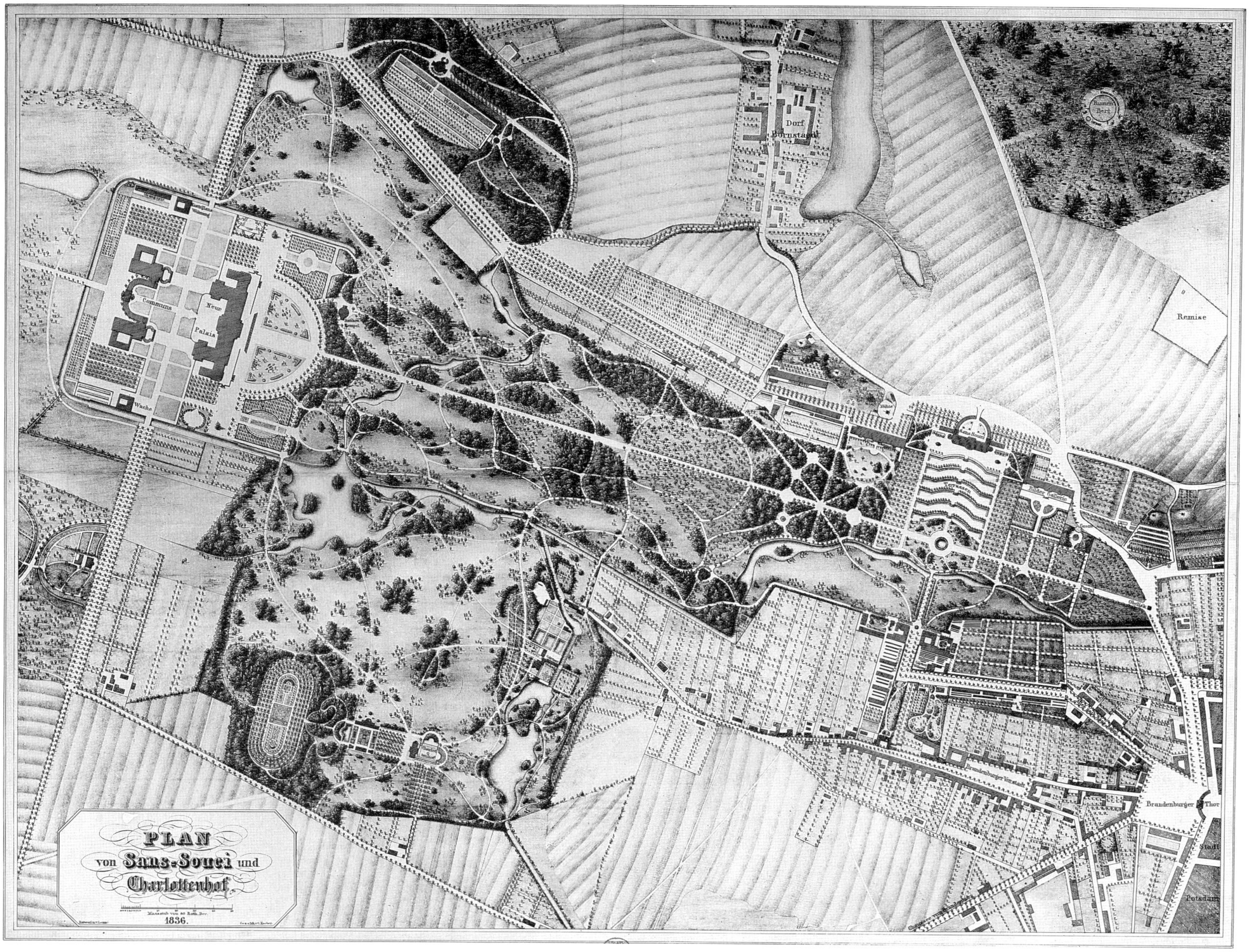

Peter Joseph Lennés Plan von 1828 für Sanssouci und Charlottenhof, gezeichnet 1836 von G. Koeber. Der Rebgarten erstreckt sich rechts oben, das Parterre des Neuen Palais befindet sich links im Bild. Die Achse vom Hippodrom über Charlottenhof zum Rosengarten ist in der linken unteren Hälfte des Plans zu erkennen; jenseits des natürlich geformten Sees wurden die sogenannten Römischen Bäder errichtet. Siehe auch S. 150–151.

Palais. Brunnen und Wasserläufe belebten die Szene, ein weißblaues Velarium schützte den Sitzplatz in der Exedra vor der Sonne. Den östlichen Abschluß der Achse bildete ein runder Rosengarten mit Pergola; von hier aus ging der Blick über einen natürlich geformten See zu den Römischen Bädern.

Die Römischen Bäder bestanden aus einem Komplex von Gebäuden, der in den Jahren 1834 bis 1840 errichtet wurde. An der Südseite zwischen diesem Komplex und einem am See gelegenen Pavillon befand sich der Blumengarten mit Brunnen, Teppichbeeten und einer weinlaubumkleideten Pergola. Nördlich lagen drei Teiche mit Goldfischen und Sumpfschildkröten. Im Westen schlossen sich Obstgärten an, untermischt mit Reben und Kürbispflanzen; ferner wurden hier Mais, Brokkoli und Artischocken gezogen, und es gab Maulbeer- und Feigenbäume. Diese ungewöhnliche pflanzliche Ausstattung ist nicht als Ganzes erhalten geblieben, aber nach der umfassenden und sorgfältigen Restaurierung kann man sich auch heute noch an dieser wunderbaren Anlage erfreuen. Die Gesamtheit der formalen und „natürlichen“ Gärten von Potsdam und entlang der Havel bildet eine der schönsten gestalteten Landschaften der Welt.

Wrest Park

152–153 Chatsworth in Derbyshire, Wrest Park in Bedfordshire und Cliveden in Buckinghamshire lassen jeweils auf ihre Weise erkennen, daß und wie gewisse Merkmale des einstigen Barockgartens in der neuen formalen Anlage des frühen bis mittleren 19. Jahrhunderts fortleben. Im Fall von Chatsworth, das dem Herzog von Devonshire gehört, hält diese Entwicklung bis in unsere Tage an.

Zwei Planskizzen des Geländes von Wrest Park aus den Jahren 1828 und 1829 zeigen, wieviel von der Geometrie der aus dem frühen 18. Jahrhundert stammenden Gärten die landschaftlichen Verbesserungen »Capability« Browns unbeschadet überdauert hatte. Diese Umgestaltungen der 1750er bis 1770er Jahre hatten sich im wesentlichen auf den serpentinenartig geführten Wasserlauf beschränkt, der das Gelände nach außen begrenzte. Der 2. Earl de Grey, der sein Erbe im Jahre 1833 antrat, bezeichnete die Gärten als »die größten und vollständigsten ihrer Art in England, im wesentlichen im französischen Stil Ludwigs XIV. gehalten«.

Man mag diese stilistische Einordnung in Frage stellen, da Wrest sich von jeher durch eine Vielzahl ausgesprochen englischer Merkmale ausgezeichnet hat. Aber der Respekt vor dem Überkommenen war doch von erheblichem Gewicht und lenkte die Überlegungen des Earls. Beim alten Haus zeigte er sich weniger nostalgisch; es war nach seinen Worten »schlecht gebaut und architektonisch wertlos«. Ein Jahr nach dem Abriß, 1834, wurde rund 400 Meter nördlich des Kanals mit dem Bau eines neuen Hauses im französischen Stil begonnen. Auf dem neugewonnenen Gelände legte der Earl, der im gleichen Jahr zum ersten Präsidenten des *Institute of British Architects* ernannt worden war, einen dazu passenden »französischen« Garten an. Das Parterre, das aus Broderien in Tulpen- und anderen Formen, Rasenflächen und geschwungenen Kieswegen bestand, war eine schwerer wirkende Version französischer Vorbilder. Es ging in eine von Wegen durchschnittene und mit Statuen geschmückte Rasenfläche über, die ihrerseits kein Vorbild im barocken französischen Garten hatte. In seiner *History of Wrest House* (1846) schrieb der Earl, der französische Garten falle »sicherlich aus dem Rahmen des Üblichen, aber auf jeden Fall ist er originell und neu«. Auf der westlich verlaufenden Querachse ließ er eine Orangerie anlegen. Sie wurde mit Orangenbäumen bestückt, die aus dem Verkauf der Effekten Louis Philippes stammten.

Photographien, die 1904 für die Zeitschrift *Country Life* aufgenommen wurden, zeigen den damals siebzigjährigen Garten in voller Schönheit. Die inzwischen hochgewachsenen Bäume bildeten ein harmonisches Gegengewicht zur Weitläufigkeit des Parks zwischen Haus und Kanal. Heute sind die Bäume nicht mehr vorhanden, das Parterre ist sozusagen ungeschützt, und die nüchternen Linien von Buchs, Gras und Kies bieten eine zwar gefällige, aber doch vereinfachte Version des ursprünglichen Zustands. In der Folge der sorgfältigen Restaurierung, die soeben im Gang ist, wird die Schönheit des de Greyschen Entwurfs eines Tages wiedererstehen.

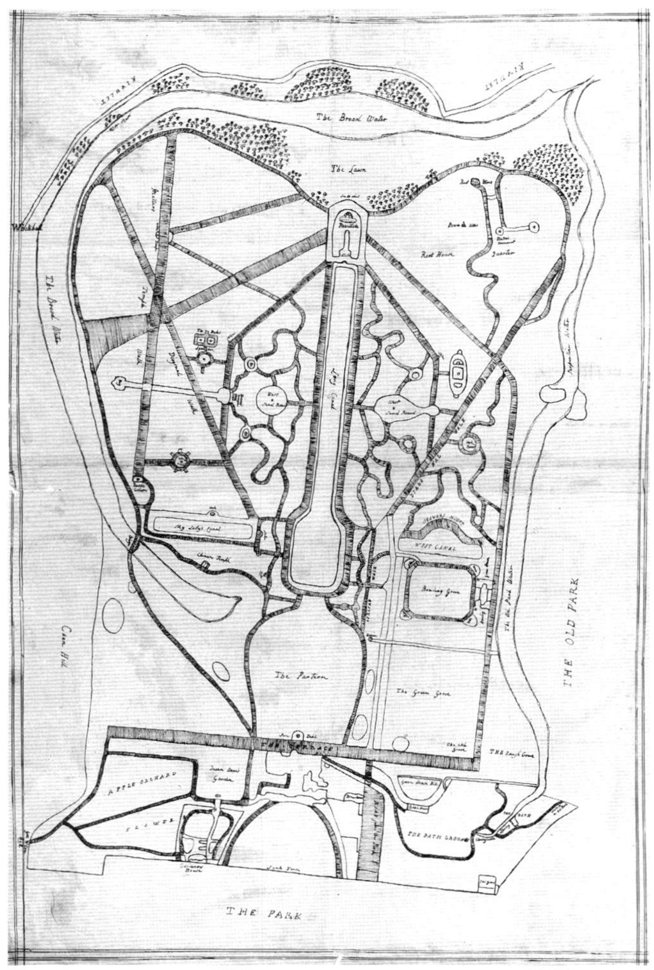

Planskizze von Wrest Park im Jahre 1829: Kanal, Pavillon, Boulingrin und Boskett haben sich innerhalb von »Capability« Browns serpentinenartig geführtem »Broad Water« erhalten.

Das neue Haus und der unmittelbar davor angelegte »französische« Garten des Earl de Grey in Wrest, ca. 1834.

Luke Sullivans Stich aus dem Jahre 1759, der Cliveden von Süden zeigt, entstand nach einem Gemälde eines unbekannten Künstlers. Deutlich erkennbar ist Lord Orkneys schlichtes geometrisches Rasenparterre von 1723/24. Die lange Terrasse nahm zu Beginn der 1850er Jahre das kunstvolle Parterre von Barry und Fleming auf.

Cliveden

Die Geschichte des Gartens von Cliveden in Buckinghamshire ist ähnlich interessant 156–157 und bewegt wie diejenige von Chatsworth und Wrest. Die wundervolle Anlage gestattet herrliche Ausblicke über das darunter liegende blauverschwommene Themsetal. Nachdem Lord Orkney Cliveden 1696 erworben hatte, beauftragte er Le Nôtres Neffen und Nachfolger in Versailles, Claude Desgots, mit der Anlage der Parterres. Die Entwürfe von 1713 wurden allerdings 1723/24 aufgegeben, und zwar zugunsten einer riesigen grasbewachsenen Terrasse, die von kiesbedeckten Wegen und Reihen von Ulmenbäumen umgeben war. An das Rechteck schloß sich eine erhöht liegende kreisförmige Rasenfläche an, auf der Lord Orkney seine Pferde paradieren ließ. Im Jahre 1759, als Luke Sullivans Ansicht von Cliveden entstand, war dieses schlichte formale Arrangement, von dem sich William Windes großartiger architektonischer Komplex der 1660er und 1670er Jahre mit den 1706 von Thomas Archer angefügten Flügelbauten abhebt, noch vorhanden.

Die Struktur des Rasenparterres scheint den Brand des Jahres 1795, dem das von Winde errichtete Wohnhaus zum Opfer fiel, den Neubau von William Burn und ein weiteres Feuer von 1849 unbeschadet überstanden zu haben. Ein Vorschlag des Count d'Orsay aus den 1830er Jahren, hier formale Beete um einen zentralen Brunnen anzulegen, wurde nicht verwirklicht. Inzwischen war aus dem geschorenen Rasen allerdings eine »riesige Fläche aus Gras und wildwachsenden Blumen« geworden, und Charles Barry und John Fleming wurden beauftragt, den Entwurf für ein neues Parterre im Einklang mit Barrys »italienischem« Haus von 1850/51 vorzulegen.

Dieser Entwurf, der große ineinandergreifende Beete in Keilform zeigte, erinnerte in keiner Weise mehr an den barocken französischen oder italienischen Garten. Die Form insgesamt – wenn auch nicht die Bepflanzung – ging eher auf einheimische Vorbilder des späten 17. und frühen 18. Jahrhunderts zurück, wie sie von Kip und Knyff illustriert worden waren, zum Beispiel auf die Situation in Southwick Park/Hampshire. Im Bepflanzungsschema selbst spiegelten sich die neuen Tendenzen viktorianischer Gartengestaltung. Die Einfassungen bestanden nicht mehr aus Buchs, sondern aus Liguster und Fichte. Rund 20 cm hoch und 23 cm breit, umschlossen sie Blumenrabatten von knapp 3 m Breite. An diese schloß sich nach innen ein Rasenstreifen gleicher Breite an; die von diesem umschlossene innere Dreiecksform war mit Azaleen und Rhododendron gefüllt. Dazwischen blieb Raum für die Sommerblumen: Stockrosen und die neu gezüchteten Gladiolen.

Flemings wichtigster Beitrag zum Bepflanzungsschema war allerdings die Wiedereinsetzung der Frühblüher. Er vertrat die Ansicht, daß Anemonen, Tulpen und Hyazinthen

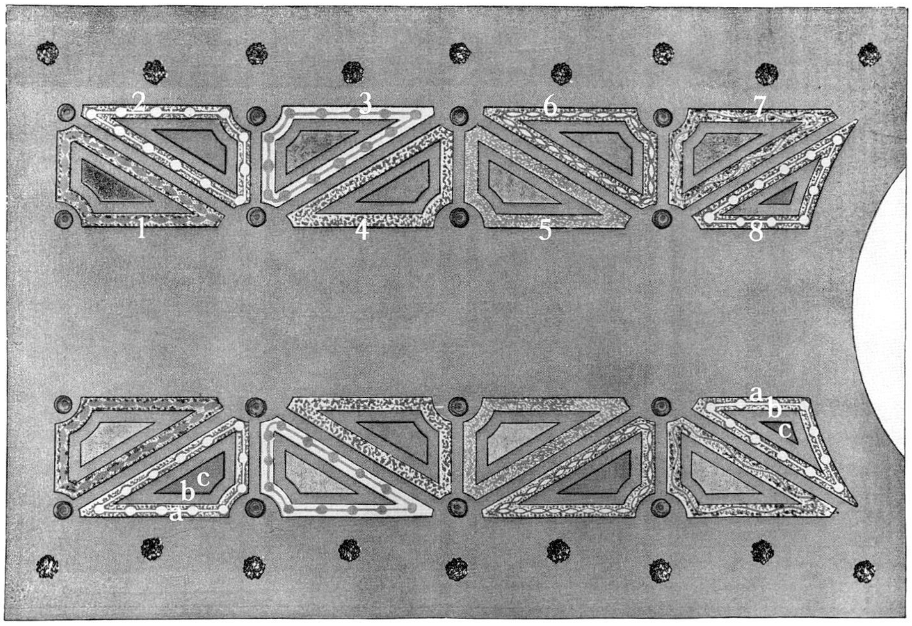

Plan der Frühjahrsbepflanzung in Cliveden, übernommen aus John Flemings Abbildung im *Journal of Horticulture and Cottage Gardener* vom 29. Juli 1862. Waren die Zwiebeln für den Frühjahrsflor des Jahres 1862 noch nach dem gemischten Prinzip gesteckt worden, so ging man 1863 zum Prinzip der massenhaften Bepflanzung über. Die nachfolgende Aufstellung bezieht sich auf die 1863 getroffene Anordnung der Pflanzen: a) bezeichnet die äußere, mit Frühlingsblühern besetzte Beetfläche, b) den Rasenstreifen und c) das Beet für die Rhododendronbüsche, Stockrosen und Gladiolen.
Beet Nr. 1: Blaue Vergißmeinnicht und La-Candeur-Tulpen
Beet Nr. 2: Anemone und gelbe Jonquille
Beet Nr. 3: *Limnanthes Douglassii* und Tournesol-Tulpen
Beet Nr. 4: *Silene pendula,* rosa, und Rex-Rubrorum-Tulpen
Beet Nr. 5: *Silene pendula,* weiß
Beet Nr. 6: Blaue Vergißmeinnicht und Queen-Victoria-Tulpen
Beet Nr. 7: Anemonen und *Narcissus poeticus.*
Beet Nr. 8: *Alyssum saxatile,* gelb, und gelbe Rosen-Tulpen.

im Verein mit der Vielfalt der Stiefmütterchen eine ebenso farbenprächtige Palette ergeben konnten wie die zarten exotischen Sommerblumen. 1862 gelangte er zu der Meinung, daß die gemischte Bepflanzung von der »großen Wirkung« des Entwurfs ablenke, und befolgte von nun an das Prinzip der »massenhaften« Bepflanzung. Sein Plan von 1862/63 zeigt blaue Vergißmeinnicht, gelbe Jonquillen und rosafarbene *Silene pendula,* die mit einer Palette von Tulpen kontrastieren.

Man muß sich diese Frühjahrsbepflanzung vor den Orange- und Rottönen der Azaleen und des Rhododendron vorstellen. Um das farbenprächtige Schauspiel zu vervollständigen, waren die runden Flächen in den abgeschrägten Ecken des Parterres mit Bändern aus Krokus, Hornkraut *(Cerastium tomentosum),* Vergißmeinnicht, Goldlack und *Lunaria* gefüllt. Weißdorn und spanischer Flieder umschlossen die formale Anlage und boten dem Besucher im April oder Mai der 1860er Jahre ein Fest der Farben und Muster. Wir können uns die Gäste der Herzogs von Sutherland vorstellen – Queen Victoria, Gladstone, Lord Acton, ja sogar Garibaldi –, die sich, auf der Terrasse des Hauses stehend, am Anblick des Parterres erfreuten. Im Jahre 1896 fügte William Waldorf Astor die berühmte, von der Villa Borghese in Rom inspirierte Balustrade hinzu.

Wer heute nach Cliveden kommt, findet das Parterre in dem 1976 vom *National Trust* restaurierten Zustand: Die Struktur ist die gleiche geblieben, aber an die Stelle der einst geradezu überschwenglichen Bepflanzung ist eine schlichte, wenn auch gefällige Palette aus grauer *Santolina incana* und *Senecio* »Sunshine« getreten. Im Führer heißt es, dies seien die »subtileren Farbtöne eines italienischen Gartens«. Dabei entsprechen die zurückhaltenden Farben und die massiven Buchs- und Eibenfigurationen durchaus den Pflanzgewohnheiten des ausgehenden 19. und beginnenden 20. Jahrhunderts und haben nichts mit den *giardini dei semplici* zu tun. Auf die leuchtenden Farben viktorianischer Parterres trifft man heute ebenso selten wie auf diejenigen des italienischen Renaissance-Gartens.

Shrubland Park

154–155 Brent Elliott bezeichnet Shrubland Park in Suffolk als »bedeutendsten Vertreter des reinen architektonischen Gartens der hochviktorianischen Zeit« und fügt hinzu, daß »die Folge der den Hang harmonisch gliedernden Treppenabschnitte zwischen der architektonischen Plattform und dem Parkgelände zur Idealvorstellung des allmählichen Übergangs zwischen Kunst und Natur wurde«. In Shrubland Park schlossen nichtformale an die formalen Bereiche an, und der Übergang von der Geometrie zur Wildnis erfolgte allmählich.

Die in Terrassen abfallenden Gärten wurden in den Jahren 1848 bis 1852 von Charles Barry für Sir William und Lady Middleton angelegt. Vorausgegangen war ihnen eine

Ansicht des »Panel Garden« in Shrubland aus E. Adveno Brookes *The Gardens of England* (1858). Der Garten hat sich unversehrt erhalten (siehe S. 155), aber die Bepflanzung ist verändert.

ältere Anlage, die J. P. Gandy-Deering zwischen 1830 und 1832 geschaffen hatte. Zu den vielen formalen Gartenteilen auf der fast eine Meile langen Hauptterrasse zählten der mit Rosen und halbharten Pflanzen in sechs Farben ausgestattete Brunnengarten sowie der von einer Lorbeerhecke begrenzte »französische« Garten, den Statuen und Buchsornamente zwischen silberfarbenem Sand schmückten. Diese sogenannte »grüne Terrasse« fluchtete mit dem Haus und verlief quer zur Hauptachse des Gartens, die ihrerseits mit der spektakulären Folge von Treppen und terrassenartig ausgebildeten, vasengeschmückten und mit Balustraden versehenen Treppenabsätzen das glanzvolle Bild der Villa Garzoni in Collodi beschwor. Die Stufen führten hinunter in den sogenannten *Panel Garden,* ein leicht vertieftes Parterre, das mit einer Loggia abschloß und von dem aus der Blick über die waldreiche Landschaft von Suffolk wanderte. Der *Panel Garden* ist derjenige Teil von Shrubland Park, der sich am vollständigsten erhalten hat.

Die Besucher der 1850er und 1860er Jahre waren von der in Terrassen geführten Treppe und dem *Panel Garden* zutiefst beeindruckt. Ein 1858 entstandenes Gemälde von E. Adveno Brooke vermittelt eine Vorstellung dessen, was sie damals sahen: Vasen, aus denen scharlachfarbene Geranien und Kapuzinerkresse quollen, sowie Zypressen, die, aus dem Buchs aufragend, es dem hochaufschießenden Wasserstrahl des Brunnens am Fuß der Treppe gleichtaten. Im *Gardeners' Chronicle* von 1867 heißt es: »Am Fuß der Treppe entsteht eine einmalige und anmutige Wirkung durch ein merkwürdiges Beet. Es besteht aus Eibenbändern von etwa 18 inches Höhe und Breite, die auf einzigartige Weise in sich verwunden sind. Die Zwischenräume sind mit Rasen, silbernem Sand und Blumen gefüllt. Das Großartigste aber ist eine Art doppelköpfiger Schlange, die träge auf dem Rücken eines jeden Beetes liegt und aus Buchs besteht, der auf alle mögliche Weise in, zwischen, über und durch das Eibenband geflochten ist.« Aus einer Notiz im *Cottage Gardener* von 1857 ergibt sich ein weiteres Detail im Zusammenhang mit der Bepflanzung: »Diese Beete sind mit farblich fein abgestuften Geranien gefüllt. Und zwar wird grundsätzlich so vorgegangen, daß auf eine weiße Geranie am äußeren Rand, zum Beispiel die *Hendersonii,* die wir hier als ›White Nosegay‹ kennen, eine blaßrosafarbene folgt und der Ton dann immer dunkler wird, bis hin zur scharlachfarbenen Blüte im Zentrum des Beetes.«

Die Parterres zu beiden Seiten der Loggia hatten die Form von Fächern und waren von Buchs gesäumt. Das mittlere Beet war im Innern mit gelben Pantoffelblumen und an den Rändern mit Geranien in verschiedenen Schattierungen bis hin zu einem leuchtenden Rosa gefüllt. Die Voluten zu beiden Seiten des Fächers bestanden aus spanischem Flieder und purpurfarbenen Verbenen. Diese farblichen Effekte hatten in Shrubland einen ausgesprochenen Fürsprecher; Donald Beaton, Obergärtner bis 1851, war nämlich ein Verfechter des Auspflanzens von Sommerblumen. Sein Nachfolger, ein gewisser Mr. Davidson, pflanzte Geranien zu Tausenden, und Lady Middleton experimentierte mit langen, farblich fein abgestuften Bandbeeten. Für William Robinson, der 1883 von James Saumarez nach Shrubland Park geholt wurde, um den Garten umzugestalten, war all dies ein Anathema. Nach seinen eigenen Worten hatte er »strikte Order, keinerlei Blumen oder rankende Pflanzen an den Mauern zuzulassen«. Immerhin äußerte er sich in seinem Werk *The English Flower Garden* lobend über die Terrassen von Shrubland Park; hier wurde nichts angetastet, und Robinson richtete sein Augenmerk auf andere Teile des Gartens.

So kann man sich in Shrubland noch immer am atemberaubenden Anblick der Treppe erfreuen. Dank der Kletterpflanzen, die inzwischen die Balustraden überziehen – was Robinson schon vor hundert Jahren nur zu gerne gesehen hätte –, erscheint die Architektur heute allerdings gemildert. Das Parterre des *Panel Garden* ist in seiner Struktur im wesentlichen erhalten geblieben; die Voluten sind allerdings verschwunden, und die Bepflanzung – *Santolina* und *Pelargonium* – ist heute sehr viel einfacher als einst.

Anhand des Brookeschen Gemäldes können wir uns den Garten, wie Donald Beaton ihn in den 1850er Jahren beschrieben hat, auch heute noch vorstellen. Wir sehen die Damen in ihren Krinolinen (jenen Kleidern, deren stäbchenverstärkte Untergewänder an die Fortschritte in der Treibhaus-Technik erinnern) und mit den leichten Sonnenschirmen, die Herren in dunklen Röcken und Zylindern. Wir sehen die Hunderte von Besuchern, die jeden Freitag nach Shrubland pilgerten. Der Garten stand allen offen, die schriftlich bei Sir William um Zutritt baten. Wir sehen »die Fröhlichen, die Leichtsinnigen und die eher Unbekümmerten«, wie sie im Labyrinth herumirren, und die »Gesetzten, die Bedenklichen und die Alten«, die im Zelt in der Mitte (das man auch direkt aufsuchen durfte) auf sie warteten. Oder wir stellen uns Lady Middleton vor, wie sie an einem besucherlosen Tag in ihrem »praktischen« Baumwollkleid die staubigen Platten der Daguerrotypien reinigte, die sie angefertigt hatte, um »die Schönheit und den italienischen Charakter dieses Ortes« festzuhalten.

Weldam und Twickel

158–160 Zwei der schönsten Zeugnisse der Gartenkunst aus dem letzten Viertel des 19. Jahrhunderts finden sich in Holland; dabei handelt es sich in beiden Fällen um Gärten, die in Zusammenarbeit mit dem französischen Gartengestalter Edouard André entstanden sind. Weldam und Twickel liegen versteckt in abgeschiedenen Orten nahe der deutschen Grenze – zwei kleine, aber exquisite Gärten inmitten einer lieblichen Weidelandschaft, die den Abstecher von der Route der im Norden des Landes gelegenen »großen« Gärten wert sind.

Nach Florence Hopper repräsentiert Weldam in Overijssel »das schönste (niederländische) Beispiel einer im späten 19. Jahrhundert erfolgten Rekonstruktion einer Anlage des 17. Jahrhunderts«. Die Gärten von Weldam wurden 1886 von der in Paris ansässigen Firma des Landschaftsarchitekten Edouard André für den Grafen und die Gräfin Ben-

Einer der Pläne für den Garten in Weldam von Edouard André, 1886. Der Entwurf nimmt verschiedene Parterremuster aus Dézallier d'Argenvilles *La Théorie* ... (1709) auf: Das *parterre de compartiment* unten rechts steht in einem Zusammenhang mit Dézalliers Tafel 3B (die auch in Nordkirchen Verwendung fand; siehe S. 210); im Zentrum des *parterre de broderie* erkennt man eine Version eines *parterre à l'angloise* aus Tafel 6B.

Die gedeckte Buchenallee in Weldam.

Formhecken in Twickel.

tinck entworfen und von dem Niederländer H.A.C. Poortman ausgeführt. Auf einem der ursprünglichen Pläne erscheint das rechteckige Terrain von Kanälen umschlossen, wie dies für holländische Gärten des 17. Jahrhunderts typisch war. Bei der Restaurierung der historischen Anlage ging man allerdings eklektisch vor. Die Parterres zum Beispiel waren ausgesprochen französisch und zum Teil A. J. Dézallier d'Argenvilles Werk *La Théorie et Pratique du Jardinage* entnommen. Dagegen war das Pfauenschwanzmotiv charakteristisch für das späte 19. Jahrhundert. Es erscheint im benachbarten Park von Twickel noch heute in ähnlicher Form.

Auf dem unscheinbaren, schattigen Weg, der nach Weldam führt, kommt dem Besucher möglicherweise der Gedanke, daß dieser »altehrwürdige« Ort und das reizende, grabenumgebene Wohnhaus des 17. Jahrhunderts gut zusammenpassen. Aber auch dieses Haus, weitgehend in seinem originalen Zustand erhalten, wurde im späten 19. Jahrhundert durch den Engländer W. Samuel Weatherly romantisiert, der ihm zwei identische Türme im Stil der niederländischen Renaissance anfügte. Die prächtigen *parterres de compartiment,* die einst den Aufgang flankierten, sind heute leider durch Rasen und Sommerblumen in leuchtenden Farben ersetzt. Dagegen hat sich an einer Seite des Hauses ein rechteckiges *parterre de broderie* erhalten. Mit seinen massiven Buchsornamenten erinnert es an das restaurierte Gegenstück in Vaux-le-Vicomte. Riesige Pyramiden aus Buchs, Eibe und *Chamaecyparis lawsoniana* setzen Akzente und verstärken den Eindruck der Monumentalität, die über die Linie siegt. Das Parterre wird über seine ganze Länge von einer eindrucksvollen, weit über hundert Meter langen Buchenlaube begleitet, durch die man das Labyrinth erreicht, das aus *Thuya occidentalis,* dem amerikanischen Lebensbaum, besteht. Der geduldige – oder auch »leichtsinnige« – Besucher wird, wenn er die erhöhte Plattform im Zentrum des Labyrinths erreicht hat, mit der Aussicht auf das Haus und die riesigen Eibenbänder belohnt, die um 1900 das Pfauenschwanzmotiv ersetzten. Die Hauptachsen gewähren Aussichten über den Garten hinaus, und in umgekehrter Richtung geht der Blick über das von dem Laubengang flankierte *parterre de broderie.*

Noch eindeutiger als Weldam verkörpert das unweit gelegene Twickel die traditionelle Vorstellung vom »holländischen Geschmack« – ein von einem Graben umgebenes Wohnhaus, kleine rechteckige Beete, phantasievoll beschnittene Hecken. Dennoch ist Twickel das Produkt einer im späten 19. Jahrhundert gültigen romantischen Sicht der Vergangenheit. Wie in Weldam war auch hier Edouard André für das Konzept (1886) und Poortman für seine Verwirklichung verantwortlich; 1907 entschied Poortman sich für einen von drei Vorschlägen Andrés und wandelte ihn nach seinen eigenen Vorstellungen ab. Die formalen Gärten von Twickel liegen innerhalb einer größeren, 1885 von C. E. A. Petzold landschaftlich gestalteten Umgebung.

Vor der Orangerie liegt ein kleines, leicht vertieftes Parterre in der Form eines Pfauenschwanzes – ein Motiv, das zu den Jugendstilskulpturen paßt, welche die anschließende *shrubbery* aus purpurfarben blühenden Rhododendronbüschen schmücken. Wenn die frostigen Frühjahrsnächte vorbei sind, wird das Parterre durch exotische Pflanzen in Kübeln bereichert: *Erythrina cristagalli* mit ihren wächsernen, scharlachfarbigen Blüten, *Albizia lophantha* mit den schwefelgelben, flaschenbürstenartigen Trauben und *Cestum elegans,* dessen tubenförmige Blüten purpurrot leuchten, zwischen riesigen Agaven, Oliven- und Orangenbäumen. Von dem runden Brunnen strahlen die mit roten und weißen Begonien besetzten Federn des Pfauenschwanzes aus. An diesen Garten schließt ein weiterer Bereich an, der von in Kübeln wachsenden Orangenbäumen und kunstvoll beschnittenen Eiben geprägt ist: Sie sind in die Form von Vögeln, Spiralen und Kronen gebracht. Selbst an Tagen, an denen ein leichter Regen fällt, herrscht hier eine heitere und gelöste Atmosphäre.

Ein paar Schritte weiter liegt der Blumengarten, den die Baronin van Heeckeren van Wassenaar um 1928 im Cottage-Garden-Stil anlegte. Hier ist das formale Prinzip unmerklich der Nichtformalität gewichen. Diese einfühlsame Verbindung der beiden Stile prägte in den ersten Jahrzehnten des 20. Jahrhunderts das Gesicht der Gärten.

Die winterlichen Konturen von Achille Duchênes Wasserparterre in Blenheim. Es war das Ergebnis einer schwierigen Partnerschaft zwischen Duchêne und dem Herzog von Marlborough.

5

Die Vergangenheit in der Gegenwart

Die Neuinterpretation von Knotenbeet und Parterre

Der Gegensatz zwischen dem Formalen und dem Nichtformalen hat die Gartentheoretiker zweifellos schon lange vor dem 20. Jahrhundert beschäftigt. Mit der Veröffentlichung von Reginald Blomfields *The Formal Garden in England* (1892) und H. Inigo Triggs' *Formal Gardens in England and Scotland* (1902) kam dem Begriff des »Formalen« in der englischen Alltagssprache allerdings ein neuer Rang zu, und zugleich erwarb er neue ideologische Konnotationen. Wenn wir heute das Gefühl haben, beschnittene Buchs- und Eibenhecken seien unvereinbar mit schlichten Rasenflächen und den sogenannten *shrubberies,* dann liegt das zum Teil an der hitzigen Debatte, die um die Jahrhundertwende zwischen den Theoretikern beider Richtungen geführt wurde.

Die Situation ist nicht ohne Ironie, denn Blomfield selbst, immerhin ein Vertreter des »formalen Gartens«, gab zu bedenken: »Das formale System der Gartengestaltung leidet unter seiner irreführenden Bezeichnung . . . Wir sollten vielleicht von ›architektonischer‹ Gartengestaltung sprechen, denn es handelt sich ja um die Ausdehnung planerischer Prinzipien, wie sie für das Haus gelten, auf das Gelände, welches das Haus umgibt.« Nach dem Erfolg seiner eigenen Veröffentlichung hat der Begriff des »formalen Gartens« allerdings den des »geometrischen Gartens« der Viktorianischen Ära ersetzt und sich bis heute behauptet.

Im letzten Jahrzehnt des 19. Jahrhunderts verschanzten sich Architekten und Gartenbauspezialisten hinter ihrer jeweiligen Ideologie. Streitpunkt war die Frage, wer denn eigentlich kompetent sei, Gärten zu planen. Blomfield war der Meinung, daß die Architekten – zu denen er selbst zählte – für den Entwurf verantwortlich sein sollten, während er den »Gärtnern« nur eine Mitwirkung bei der Umsetzung des Entwurfs zugestand. Die architektonische Tradition, so sein Argument, die ja Häuser und Gärten von »wohlberechneter Harmonie« hervorbringe, sei seit der Mitte des 18. Jahrhunderts untergraben worden, und »die Frage, um die es geht, ist eine sehr einfache: Ist der Garten im Zusammenhang mit dem Haus zu betrachten, als integrierender Bestandteil eines Entwurfs, der, wenn er denn gelingen soll, der gemeinsamen Wirkung von Haus und Garten bedarf; oder soll man das Haus ignorieren, wenn es um den Garten geht?« Die Frage wurde von den »Gärtnern« William Robinson und H. E. Milner in dem Sinne beantwortet, daß der Garten »die Natur in ihren schönsten Stimmungen spiegeln« und auf jede Weise und so unmißverständlich wie möglich zum Ausdruck bringen solle, »daß die Natur über die Kunst gesiegt hat« – eine Forderung, die bereits im 18. Jahrhundert von den Theoretikern des Landschaftsgartens erhoben worden war.

In der Praxis ging die Feindschaft zwischen den beiden Gruppen allerdings nicht zuletzt darauf zurück, daß beide die formale viktorianische Pflanzweise ablehnten. Wie Clive Aslet schreibt, waren die Ideen sowohl Blomfields als auch Robinsons »in gewisser Weise eine Reaktion auf die protzigen italienischen Parterres, wie sie, Teppichen gleich, von Paxton und William Andrews Nesfield vor vielen großartigen viktorianischen Landsitzen ausgebreitet worden waren«. Robinson verkündete, vielleicht angesichts seiner Erfahrungen in Shrubland: »Nur da, wo die Pflanzen stur als geometrische Muster gesetzt sind, also bei den Teppichbeeten und den ausgepflanzten Blumen, ist der Begriff ›formal‹ wirklich angebracht.« Und Blomfield sprach zwar im Zusammenhang mit den Gärten um den Kristallpalast von einem bösen und geschmacklosen »Fiasko im italienischen Stil«, wollte den Begriff »formal« aber für die kleinen ummauerten Aussichtspunkte und die Heckenkompartimente im »alten englischen Garten« erhalten wissen. Daß Gärten wie zum Beispiel Montacute, das in den 1840er und erneut in den 1890er Jahren umgestaltet worden war, nicht durchweg *alt* waren, bewahrte sie also nicht davor, als Beispiele herangezogen zu werden.

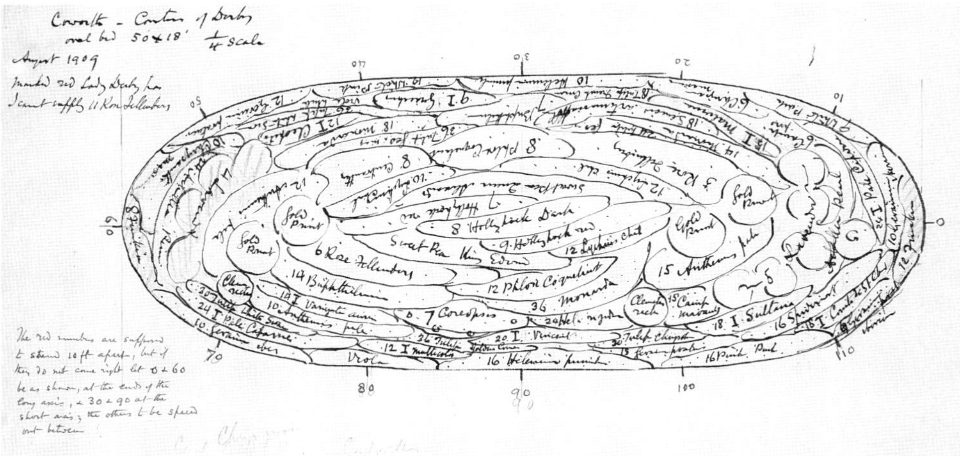

Bepflanzungsplan für Coworth Park in Sunningdale/Berkshire von Gertrude Jekyll, 1909. Das langovale »Inselbeet«, für die Countess of Derby entworfen, vereinigt formale und nichtformale Bepflanzungstraditionen. Die Form ist geometrisch; eine gewisse rudimentäre Symmetrie ist in der im übrigen »entspannten« Anordnung der Pflanzen noch zu erkennen; das Profil folgt einer Hierarchie bis hin zu den Stockrosen im Zentrum; und die kühnen Effekte des »massing« erscheinen versöhnt mit den unendlich vielen Farbtönen, wie sie durch das »mixing« oder »mingling« erreicht werden. Der Plan läßt sich den Bepflanzungsplänen für Hartwell House aus dem Jahre 1799 gegenüberstellen (siehe S. 92).

Im übrigen gab es in der Praxis auch so etwas wie eine gemeinsame Basis. Entgegen seiner eigenen eng gefaßten Definition räumte Robinson ein, daß »Formalität bei der Planung eines Blumengartens nahe am Haus häufig ein Muß ist«, während Blomfields Haus in Rye auf einer Klippe lag, wo die Anlage eines formalen Gartens gar nicht in Frage kam. In seinem Entwurf für Mellerstain (ab 1909) bewies Blomfield zudem, daß der architektonische Garten ganz allmählich in den blauen Horizont übergehen konnte.

Sowohl David Ottewill als auch Clive Aslet bezeichnen das Ergebnis dieses Ideenaustauschs – »die Kombination aus formaler Anlage und üppiger nichtformaler Bepflanzung« – als »Ideallösung«. In den von Gertrude Jekyll und Edwin Lutyens gemeinsam geschaffenen Gärten erreichte diese Fusion struktureller und dekorativer Prinzipien neue Höhen. Das gilt zumal für Le Bois des Moutiers in der Normandie (ab 1898) und für Hestercombe/Somerset (1904–1909). Was Avray Tipping als die „gelungene Ehe zwischen formaler und natürlicher Gartengestaltung« bezeichnete, findet sich auch in den »italienischen« Gärten Harold Petos, zum Beispiel in Iford Manor (ab 1899), in Lord Aberconways Bodnant (1874; 1904–1914) und vor allem in Claude Monets ausgesprochen individualistischer Anlage in Giverny (ab 1890). Jenseits des Atlantik gelangte Beatrix Farrand in Dumbarton Oaks (ab 1922) zu einer ähnlichen Lösung: sie verband artige formale Terrassen mit fließend-»natürlichen« Rasenflächen, das Planen des Architekten mit dem Tun des Gärtners.

Lawrence Johnstons Entwurf für Hidcote in Gloucestershire (ab 1907), als Repräsentant eines neuen Gartentyps unterteilt in Kompartimente oder »Gartenräume« in verschiedenen Stilen, war zugleich streng und gelöst. Diese Kompartimente kamen Gertrude Jekylls Vorliebe für eine eingeschränkte Farbpalette entgegen. In diesem Zusammenhang sei zum Beispiel an die »roten Rabatten« von Hidcote oder den »weißen Garten« von Sissinghurst/Kent (ab 1930) erinnert. Entsprechend konnte Clive Aslet schreiben: »Die eigentliche Bedeutung von Blomfields Buch lag in seinem Einfluß auf den in Kompartimente aufgeteilten Garten.«

Die allgemeine Ablehnung viktorianischer Pflanzgewohnheiten bedeutete nicht das Ende jeglicher Parterregestaltung. In Blickling/Norfolk hatte Lady Lothian schon in den 1870er Jahren gezeigt, daß man ein Parterre anstatt mit einjährigen Blumen auch mit Blütenstauden füllen konnte; 1932 gestaltete Norah Lindsay diese Anlage dann einfacher und in einer Weise, die den perennierenden Stauden eher entsprach. In Hestercombe schufen Lutyens und Jekyll eine gleichermaßen harmonische Komposition, die einerseits an überkommene Formen erinnerte und andererseits von kühner Modernität war. Überdies vermochte Gertrude Jekyll durch ihren ausgeprägten Sinn für Farben und das geschickte Spiel mit der chromatischen Progression die kühnen Wirkungen des »massing«, also der massenweisen oder Gruppenbepflanzung, mit den Myriaden von Farbtönen zu versöhnen, wie sie sich durch das »mixing«, die gemischte Bepflanzung, erreichen ließen. Ihren Höhepunkt erreichte diese Kunst in der Staudenrabatte.

Das erste, was einem bei Claude Monets Garten in Giverny einfällt, sind die Seerosen und die Trauerweiden. Doch war auch der erste Garten, den Monet anlegte, bemerkenswert, und dies sowohl wegen seiner ausgesprochen rechtwinkligen Struktur als auch wegen der Bepflanzung, die an einen Cottage-Garten erinnerte. Der erwähnte Garten – »le Clos Normand« – entstand 1890 in eindeutig axialem Zusammenhang mit dem Haus. Das Netz der Wege und Beete wurde in seiner Geometrie noch durch die Rankgerüste bestätigt; hier äußerte sich die der Natur innewohnende Ordnung im Wege der Kunst.

Neue Ideen am Beginn des 20. Jahrhunderts

Zu Beginn unseres Jahrhunderts gelang einer Reihe von Gartengestaltern, was als die »ideale Lösung« des – vielleicht eher theoretischen als tatsächlich virulenten – Konflikts zwischen Architekt und Gartengestalter bezeichnet wurde: die Verbindung von formaler Anlage und üppiger Bepflanzung.

Die Partnerschaft zwischen Gertrude Jekyll und Edwin Lutyens brachte Entwürfe hervor, in denen sich strukturelle und dekorative Elemente auf phantasievolle Weise miteinander verbanden – so in der Bepflanzung von Hestercombe in der Grafschaft Somerset und in **Le Bois des Moutiers** in der Normandie *(unten rechts)*. Auch Harold Petos »Italienischer« Garten in **Iford Manor** in Wiltshire *(oben rechts)* und Lord Aberconways **Bodnant** in Nordwales *(oben)* zeigen eine gelungene und harmonische Verbindung von Architektur und organischem Leben. In Hestercombe beschränkten Lutyens und Jekyll sich nicht darauf, Mauern, Stufen und Pergolen mit Grün zu überziehen *(gegenüberliegende Seite, oben links und rechts)*. Im als »The Great Plat« bezeichneten Teil des Gartens *(gegenüberliegende Seite, unten)* schufen sie eine moderne Interpretation historischer Parterregestaltung – nämlich des *parterre de pièces coupées pour des fleurs* und des *parterre à l'angloise*. Die Blumenbeete waren hier nicht mehr von Buchs eingefaßt, sondern es waren die üppigen Blätter von *Bergenia cordifolia*, die Rosen, Rittersporn und Lilien umschlossen. An die Stelle von Kies und Gras waren Steinplatten und Rasen getreten. Zwischen den Stützen der Pergola wurde die Landschaft sichtbar. Der schön restaurierte Garten von Hestercombe bestätigt heute Avray Tippings Erkenntnis, »daß der Architekt sich im Einklang mit der Natur befinden und daß ein formaler Garten Teil der Landschaft sein kann«.

Hidcote und Blickling Hall

In Hidcote entwickelte Lawrence Johnston ab 1907 einen neuen Stil des in Kompartimente aufgegliederten Gartens, indem er Formhecken mit Rabatten und luxuriöser Bepflanzung kombinierte. Norah Lindsay, die zuvor in Hidcote gearbeitet hatte, bewies 1932 in Blickling Hall, daß Staudenpflanzen auch in einem formalen Parterre Verwendung finden können.

Zwei kontrastierende Ansichten illustrieren die neue Auffassung von der Bepflanzung. Der Weiße Garten in Hidcote *(oben)* zeigt die eingeschränkte Palette rosaweißer Rosen vor dem Grün der Hecken und des Akanthus. Im Ostgarten von Blickling Hall *(rechts)* machte Norah Lindsay sich auf der Grundlage der in den 1870er Jahren festgelegten Struktur daran, die Bepflanzung zu ändern: Sie schuf vier große blumenbestandene Rechteckflächen, eingefaßt von Rosen und Katzenminze. Die in der Nähe des Hauses gelegenen Flächen waren in dominanten Blau-, Rosa-, Mauve- und Weißtönen gehalten, die übrigen in wärmeren Gelb- und Orangetönen. Heute mildert im Spätsommer der fedrige Blütenflor von *Macleaya cordata, Phalaris arundinacea* »Picta« und Goldrute die Textur.

Château de la Roche-Courbon

Julien Viaud, bekannter unter seinem Schriftstellernamen Pierre Loti, bezeichnete die vernachlässigte Anlage von La Roche-Courbon einmal als »Dornröschenschloß«. Sein Freund, der Industrielle Paul Chénereau, ließ sich in den zwanziger Jahren dazu überreden, den neuerworbenen Besitz zu »restaurieren«. Die Wiederherstellung der Gärten erfolgte zwischen 1925 und 1935 unter der Oberaufsicht Ferdinand Duprats. Von der Anlage des 17. Jahrhunderts war zwar so gut wie nichts mehr vorhanden, doch entwarf Duprat, inspiriert von einem Gemälde Jan Hackaerts aus der Zeit um 1660, einen prachtvollen formalen Garten, dessen Zentrum ein T-förmiger Kanal bildet.

In Duprats Garten, der weniger den französischen Barock als vielmehr Duprats eigene Zeit repräsentiert, dominiert die Geometrie über die prunkvolle Dekoration. Das traditionelle *parterre de broderie* ist durch schlichte Rasenflächen und immergrüne Kegel ersetzt *(links und gegenüberliegende Seite)*. Der »jardin de fleurs« nimmt nur ein kleines Areal an der Südseite des Schlosses ein; im Norden befinden sich Obstbäume und ein »potager« *(gegenüberliegende Seite)*. Das Boskett ist an den äußersten Rand der Anlage zurückgedrängt und dem alles beherrschenden Kanal untergeordnet. Dieser führt zu einer großartigen Wassertreppe, die den Endpunkt der Zentralachse bildet *(oben)*. Eine tangential verlaufende Achse im Nordwesten ist von Pappeln gesäumt *(links)*.

USA: Longwood und Gunston

Inspiriert vom reichen Fächer europäischer Vorbilder, machte sich Pierre S. du Pont nach 1910 in Longwood neue künstlerische Mittel und die modernste Wasser- und Beleuchtungstechnik zunutze.

Der in den dreißiger Jahren entstandene Brunnengarten von Longwood *(unten links)* war in Anlehnung an so unterschiedliche formale Gärten wie der Villa d'Este und Vaux-le-Vicomte konzipiert. So erinnert beispielsweise das Überlaufsystem des Oberen Kanals von fern an Kardinal d'Estes Allee der hundert Brunnen in Tivoli. Die großartige Brunnenanlage wurde anfangs von einem Schaltpult mit 300 Schaltern und Hebeln in Gang gesetzt; seit den achtziger Jahren übernimmt der Computer die Synchronisation von Licht, Wasser und Musik. Schon in den zwanziger Jahren wurden bei Gartenfesten gelegentlich auch Feuerwerke veranstaltet; zum offiziellen Programm gehören derartige Präsentationen – mit niedrigsteigenden französischen Wassereffekten – aber erst seit 1980. An den Brunnengarten schließen der Heckengarten *(oben)* und der Rosengarten mit seinem anmutigen Pavillon *(oben links)* an.

Der wiederhergestellte kleine Garten von **Gunston Hall** stammt bereits aus der Kolonialzeit. Von William Masons Anlage aus der Zeit um 1755 hat sich kaum etwas erhalten; der Garten vermittelt heute eine phantasievolle Vision vergangener Zeiten. Der Blick aus dem Pavillon von Gunston Hall *(gegenüberliegende Seite)* über das Buchswerk erweckt die Kolonialzeit wieder zum Leben.

Mellerstain

Reginald Blomfields ursprünglicher Entwurf für Mellerstain, wie er in Adrian Berringtons Vogelschauplan von 1910 (s. S. 205) wiedergegeben ist, wurde nach 1911 dahingehend abgeändert, daß sich nun ein gefälliger Übergang von der Geometrie zur Wildnis präsentiert: Auf die untere Terrasse wurde verzichtet, bestimmte Elemente der oberen Terrasse wurden verändert, und, am wichtigsten, der abschließende See erhielt einen »natürlichen« Umriß.

Die Bepflanzung trägt ihren Teil zu diesem gefälligeren Anblick bei. Sie mildert die Strenge der formalen Terrassen, wie sie zunächst konzipiert waren: Die oberste Terrasse ist durch Formhecken modifiziert; die Stützmauern sind von rankenden Pflanzen bedeckt und von Rabatten begleitet *(oben)*. Das Parterre ist von Gras, Buchshecken und Blumen anstatt von Kieseln beherrscht *(links)*. Der Blick geht über eine Folge von Rasenflächen auf den von hohen Bäumen umstandenen See.

Nordkirchen, Courances und Blenheim

In Courances (Frankreich), Nordkirchen (Deutschland) und Blenheim (England) schuf Achille Duchêne eine Neuinterpretation der traditionellen Formen des Parterres.

In **Courances** *(unten)*, das vor 1914 und ein weiteres Mal nach 1948 geplant wurde, folgt auf die zugleich massive und elegante Buchsbroderie ein einfaches Becken, umgeben von Rasen und Bäumen; mit Kieselsteinen wurde so sparsam wie möglich gearbeitet. Duchênes Nordparterre in **Nordkirchen** *(oben)*, das in den Jahren 1906 bis 1914 konzipiert und vor kurzem restauriert wurde, folgt entfernt dem Vorbild Dézallier d'Argenvilles. Die Buchsbroderie ist hier mit weißen und roten Kieseln gefüllt. Beim Wasserparterre von **Blenheim**, das zwischen 1925 und 1930 entstand *(rechts)*, orientierte Duchêne sich am Entwurf für das erste *parterre d'eau* in Versailles.

Villandry

Der Garten Villandry, in den ersten beiden Jahrzehnten unseres Jahrhunderts von dem Spanier Joachim Carvallo entworfen, präsentiert sich als eine höchst individuelle Vision des französischen Renaissancegartens. Angesichts der Tatsache, daß sich in Chenonceaux, in Fontainebleau und in Anet keine originale Bepflanzung findet, sollte Villandry insoweit als überzeugender Ersatz herhalten. Sowohl die Struktur der Anlage als auch das eigentliche Bepflanzungsschema sind aber weit entfernt von den Traditionen des 16. Jahrhunderts. In der Renaissance wurden Pflanzen von unterschiedlichem Grün und eine Vielzahl von Blumen verwendet. In Villandry vertreten massive Buchskompartimente, im Frühling mit Stiefmütterchen und Vergißmeinnicht, im Sommer mit Dahlien gefüllt, den Stil des 20. Jahrhunderts.

Der *potager* oder Gemüsegarten basiert auf dem Werk Jacques Androuet Du Cerceaus, präsentiert aber eine feinere und phantasievollere Version der Gartenkunst des 16. Jahrhunderts *(oben)*. Das Schloß nimmt eine Ecke eines von Beeten, Pergolen und einem Kanal bedeckten Areals ein.

Drei verschiedene Ansichten des schönen Pflanzmusters von Villandry. Der *potager (oben und vorangegangene Seite)* hat mit 90 000 Gemüsepflanzen pro Jahr und 30 000 Blumen, welche die Rabatten zieren, sein Frühlings- und sein sommerliches Aussehen. Auf einem höheren Niveau steht der Garten der Liebe *(rechts und unten)*. Die Buchskompartimente in Schloßnähe symbolisieren die »Stimmungen der Liebe«. Die anschließende diagonale Komposition basiert auf dem Symbol des Kreuzes – für Malta, den Languedoc und das Baskenland – und nimmt die Umrisse der dahinter ansteigenden Rampe vorweg. Im Frühling erheben sich Nelken und weiße Tulpen über blaue Vergißmeinnicht; im Sommer schaffen rote und gelbe Zwergdahlien eine kühne Palette.

Vizcaya

James Deerings Villa Vizcaya entstand zwischen 1912 und 1922 im sumpfigen Dschungelgebiet der Biscayne Bay in Florida. Die Oberaufsicht lag bei Paul Chalfin, für die Planung war Diego Suarez verantwortlich. Der italienische Einfluß – von der Villa Gamberaia über die Villa Farnese bis hin zur Villa Gori – war unverkennbar; daneben hatten die kunsthistorisch gebildeten Planer aber auch andere europäische Anregungen aufgenommen. So erinnerten zum Beispiel die Parterres eher an französische Vorbilder. Licht und Vegetation (letztere innerhalb wie außerhalb des Gartens) hoben Vizcaya andererseits von den europäischen Vorbildern ab. Der formale Garten hat sich in ausgezeichnetem Zustand erhalten; der tropische Garten im Süden des Geländes ist dagegen nicht mehr vorhanden.

Von der Südfassade erstreckt sich der Garten entlang den drei divergierenden Sichtachsen einer *patte d'oie*. Die mittlere *(gegenüberliegende Seite, oben)* kulminiert im Kasino und ist von Eichen gesäumt; die Bäume vorn sind architektonisch beschnitten, während die dahinterstehenden ungehindert wachsen dürfen. Den mittleren Bereich nimmt eine Insel in einem zentralen Becken ein, auf der beschnittene Steineiben wiederum die Achse markieren. Der Vordergrund besteht aus Broderien und Formhecken auf der Querachse. Die beiden außenliegenden Sichtachsen sind von Broderieparterres beherrscht *(links)*. Die Formen bestehen hier nicht aus Buchsbaum, sondern aus *Jasminum simplicifolium*, der sowohl Hitze als auch salzige Luft verträgt; die Textur ist prächtig, die Linienführung wirkt organischer als bei den europäischen Gegenstücken.

Den Hauptgarten flankiert eine Reihe kleinerer Gartenräume, von denen vor allem der unmittelbar von der Villa Gamberaia beeinflußte *giardino segreto* Beachtung verdient. Durch eine Öffnung in der Mauer dieses kleinen Gartens gelangt man auf die Ostterrasse. Ihre geschwungenen Mauern bilden ein Hafenbecken, das im Süden durch ein Teehaus aus Treillagewerk begrenzt wird *(gegenüberliegende Seite links)*. Das Zentrum der kleinen Bucht wird beherrscht vom berühmtesten architektonischen Element der Villa Vizcaya, einem Wellenbrecher in Schiffsform *(gegenüberliegende Seite rechts)*. Die ursprüngliche Ausstattung des »Schiffes« mit tropischen Pflanzen wurde nach dem Hurrikan von 1926 nicht wiederhergestellt.

Nemours

In den Jahren 1909/10 im Stil Ludwigs XVI. errichtet, sollte Nemours an die französische Herkunft der Familie des Hausherrn, Alfred I. du Pont, erinnern. Damit war zugleich eine Vorgabe für die Gärten etabliert, die in der französischen Manier entlang einer dominanten Zentralachse angelegt wurden. An die Dimensionen der Gärten Le Nôtres reicht Nemours allerdings längst nicht heran.

Die Gärten sind eklektisch; sie verbinden französische und italienische Merkmale mit anderen europäischen Einflüssen. Eine Version der Schönbrunner Gloriette ist hier ebenso zu Hause wie der Rundtempel in seinem »englischen« Landschaftsgarten. Auch die Bepflanzung ist eine Mischung aus Stilformen der Alten und der Neuen Welt: Die zentrale Allee *(oben)* setzt sich aus japanischen *Cryptomeria*, rotblühenden Roßkastanien und der nordamerikanischen Nadeleiche, *Quercus palustris*, zusammen.

Blick von der Kolonnade *(oben)* zur Villa, die von den Bäumen einer Tripelallee gerahmt wird.

Blick aus dem runden Tempel der Liebe *(oben)* auf den Versenkten Garten von 1928 bis 1932 und die Kolonnade von 1926. Die Figur der Diana in der Rotunde ist ein Werk von Jean Antoine Houdon aus dem Jahre 1780. Zwei Ansichten *(links und unten)* des Buchsparterres an der Südseite des Hauses zeigen diesen stillen, von den großartigen Sichtachsen gar nicht erfaßten Bereich, der im Frühling von Tulpen belebt ist.

Dumbarton Oaks

Dumbarton Oaks, in den 1920er Jahen nach Plänen von Beatrix Farrand angelegt, hat sich im Laufe der Jahre weiterentwickelt. Um 1960 kam eine Reihe formaler Bereiche neu hinzu, so der Pebble Garden oder die Ellipse; andere, wie die Nordachse oder die Buchsterrasse, sind neu bepflanzt worden, nachdem der Buchs sich wiederholt als nicht tauglich erwiesen hatte. Doch hat sich der größte Teil der ursprünglichen Anlage – sowohl der formalen als auch der nichtformalen Bereiche – bis heute erhalten.

Die Buchsterrasse *(oben)* bestand zunächst aus Rasen, der von einer schlichten Buchseinfassung umgeben war. Schmückende Akzente bildeten neben der Urne vor allem die rankenden Pflanzen an der Stützmauer – *Wisteria, Pyracantha,* Efeu, *Parthenocissus* und Winterjasmin. Ruth Haveys spätere Neugestaltung setzte kurvig geführten Efeu an die Stelle der geraden Buchshecken und umgab die Urne mit farbigen Kieseln. der Pebble Garden *(links)* entstand auf dem Areal des alten Tennisplatzes. Verschiedene Kieselarten von den Stränden Mexicos schmücken die Flächen zwischen der steinernen »Broderie«. Um den Glanz der Kiesel zu erhöhen, liegt ein dünner Wasserfilm über der schönen Komposition, in der sich die Traditionen des *parterre de broderie* und des *parterre d'eau* miteinander verbinden.

Allerdings wurde die traditionelle barocke Broderie von diesen neuen Staudenparterres nicht völlig verdrängt. Der berühmte französische Landschaftsgestalter Achille Duchêne, der an der Restaurierung von Vaux-le-Vicomte beteiligt gewesen war, hielt in Nordkirchen (1906–1914), in Blenheim (1925–1930) und in Courances (um 1914) an den traditionellen Formen des Parterres (dem *parterre de compartiment,* dem *parterre à l'angloise,* dem *parterre d'eau* und dem *parterre de broderie*) fest. Dennoch sprach aus seinen Interpretationen herkömmlicher Formen ein neues Interesse an einfachen Linien und an der massenweisen Bepflanzung. Wie Ernest de Ganay ganz zu Recht feststellte, hatte das *parterre de broderie* sich jetzt »dem rigorosen Gebot der Nivellierung der Oberflächen anzupassen, während Le Nôtre ihm so etwas wie Relief und ›Bewegung‹ verliehen hatte, indem er mit Sträuchern und Formhecken arbeitete«.

Duchênes jüngerer Zeitgenosse Ferdinand Duprat ließ ebenfalls Sympathien für schlichte architektonische Formen erkennen, als er 1925 begann, die Gärten des Schlosses von La Roche-Courbon zu »restaurieren«. Das ab 1929 von dem Baron Henri de Bastard »restaurierte« Hautefort war voll von perfekt gestutztem Buchs. Diese Begeisterung für einfache geometrische Formen zeigte sich auch im Werk von Cecil Pinsent (zum Beispiel I Tatti, ab 1910) und Arthur Acton (zum Beispiel La Pietra, ab 1904) in Italien, auch wenn beider Stil ganz unterschiedliche Vorläufer hatte. Mit Bezug auf die Villa I Tatti schreibt Claudia Lazzaro: »In den historisierenden Gärten der ersten Jahrzehnte des 20. Jahrhunderts wurde der italienische Garten als architektonisch und formal interpretiert, und dies in erster Linie wegen der Verwendung von Buchs, der mit großer Sorgfalt zu massiven architektonischen Gebilden, Hecken und Schmuckformen beschnitten wurde.«

Mit Recht weist Erika Neubauer darauf hin, daß diese »historisierenden Gärten« durchaus eigenständige Schöpfungen sind. Ihr Einfluß auf die Restaurierung von Gärten, die ursprünglich aus der Renaissance, aus dem Barock oder der Kolonialzeit stammten – Villa Gamberaia, Villandry, Weldam, Gunston Hall –, hat nichtsdestoweniger unsere Sicht der gärtnerischen Traditionen der Vergangenheit verzerrt.

Die Dimensionen und die Extravaganz von Gärten wie Nordkirchen hatten ihre Entsprechung in anderen grandiosen Projekten, zum Beispiel in den Veränderungen, die in der Villa Pisani (heute Villa Nazionale) bei Padua vorgenommen wurden: Labyrinth und Kaffeehaus, beide aus dem 18. Jahrhundert, blieben erhalten; die Gärten selbst aber wurden 1911 umgestaltet. Das *parterre de broderie* wurde entfernt, um Platz für einen großen Kanal zu schaffen. In England wurde in Port Lympne (1918–1921), Tyringham (1926) und Ditchley Park (1933–1936) auf jeweils andere Weise noch in den zwanziger und dreißiger Jahren versucht, große formale Gärten anzulegen. Bei der festlichen Einweihung von Ditchley im Juni 1937 waren die Brunnen in Flutlicht getaucht, und ein Orchester spielte hinter den von Rosen überwucherten Treillagen – möglicherweise eine Reminiszenz an die verdeckte Orchestergalerie der Villa Garzoni.

In Nordamerika trafen die großen Traditionen des Renaissance- und Barockgartens allerdings weiterhin auf starke Resonanz. Dabei ging es nicht nur um die Dimensionen, den Stil und die Großzügigkeit, wie in Vizcaya (1914–1922), oder darum, sich die Vergangenheit zu eigen zu machen, wie in Nemours (1910–1932). Was wichtiger war: Die Besitzer nutzten ihre Gärten weiterhin in einer Weise, die an das höfische Leben in Europa erinnerte, und dies in einem völlig anderen sozialen Umfeld, angesichts ganz anderer künstlerischer Möglichkeiten und einer fortgeschrittenen Gartentechnologie.

Für die Illumination des Clarence Mackay Estate in Harbour Hill anläßlich des Besuchs des Prinzen von Wales im Jahre 1919 wurden Tausende von Glühbirnen gebraucht, und auch draußen standen noch Diener mit Handleuchten für die 200 Gäste. In Pierre du Ponts Garten in Longwood (1906 bis in die 1930er Jahre), der Anregungen von einer ganzen Reihe europäischer Prototypen aufgenommen hatte (Villa Gori, Villa Gamberaia, Villa d'Este, Vaux-le-Vicomte), bediente man sich der neuesten Technik, um die höfischen Feste Ludwigs XIV. nachzuahmen: die Gartenfeste, die Feuerwerke, das Spiel der Brunnen, die Extravaganzen des Gartentheaters. Unter der Bühne von Longwood befanden sich elf Pumpen, die in jeder Minute 2000 Gallonen Wasser aus 750 Öffnungen aufschießen ließen, das Ganze von über 600 Lampen erleuchtet. Heute erfolgt die Synchronisation von Wasser, Licht, Feuerwerk und Musik mit Hilfe eines Computers, und Colvin Randall bezeichnet Longwood ganz zu Recht als »elektrisches Versailles«.

Zeitgleich mit diesen Neuschöpfungen erfolgten in den 1920er und 1930er Jahren

Der Garten von Hatfield House, zwischen 1607 und 1612 von Mountain Jennings, Salomon de Caus und John Tradescant d. Ä. für Robert Cecil angelegt, ist über viele Generationen hinweg bis heute immer wieder zum Leben erweckt worden. Das Ostparterre, von der Marchioness of Salisbury 1970 auf der Grundlage eines älteren Entwurfs neu bepflanzt, ist von den Staudenrabatten Gertrude Jekylls und Norah Lindsays inspiriert. Im Sommer bilden altmodische Rosenarten, Edelwicken, Fingerhut, Nelken und Lilien wahre Kaskaden und Trauben in Weiß, Rosa, Rot und Mauve. Die untere Terrasse ist von der dunklen Geometrie des Labyrinths geprägt, das man 1840 aus Anlaß des Besuchs der jungen Königin Victoria anlegte.

Die berühmte, mit Tausenden von Glühbirnen bewirkte Illumination des Clarence Mackay Estate in Harbour Hill von 1919.

auch »Restaurierungen« von Gärten aus der Kolonialzeit, zum Beispiel von Williamsburg. In einer Publikation mit dem Titel *Earth Patterns,* die sich mit den Fortschritten auf dem Gebiet der Gartenarchäologie befaßt, wurden kürzlich Zweifel an der historischen Zuverlässigkeit von Arthur Shurcliffs Tätigkeit in Williamsburg laut: Archäologische Untersuchungen waren nur in ganz geringem Umfang vorgenommen worden, und die mühsam zusammengetragenen Hinweise darauf, daß die Gärten in der Kolonialzeit »einfach, funktional, ja sogar einigermaßen kahl« gewesen waren, fanden keine Beachtung. Shurcliff, so hieß es, habe wohl »Buchs im Hirn« gehabt, und die Gärten seien »eher eine Schöpfung seiner aus der Zeit der Depression stammenden Vision vom Erscheinungsbild des kolonialen Amerika als ... eine getreue Neuschöpfung von Gärten, wie sie in der einstigen Hauptstadt Virginias existiert hatten«. Es klingt wie eine Ironie, daß diese kühne »Restaurierung«, wenn auch als ein stilistischer Irrtum betrachtet, inzwischen selbst als erhaltenswert gilt. Die jüngst erfolgte Neubewertung der »Restaurierung«, wie sie in den Jahren 1936/37 und erneut 1960 bis 1966 in Herrenhausen durchgeführt wurde, hat die Aufmerksamkeit auf diesen Punkt gelenkt.

Die Projekte in Het Loo und Audley End sowie die Restaurierung von Thomas Jeffersons Garten in Monticello/Virginia beweisen, daß man seit den dreißiger Jahren sehr wohl Fortschritte gemacht hat, was das Bemühen um Authentizität angeht. In diesen Fällen zeichnet sich die Restaurierung der ursprünglichen Bepflanzung dadurch aus, daß sie sowohl schön als auch angemessen ist. Und doch sind der »Authentizität« letzten Endes Grenzen gesetzt. In Het Loo entschloß man sich aus sentimentalen Gründen, die riesigen Blutbuchen im oberen Garten und einen Ahornbaum im Boulingrin stehen zu lassen, obwohl sie anachronistisch wirken; auch hat man hier und da andere Materialien als die originalen verwendet.

Der italienische Wassergarten von Longwood in einer Aufnahme aus den frühen 1930er Jahren (siehe Villa Gamberaia, S. 216).

Longwood, Freiluft-Aufführung im Juni 1916 mit Bessie Cazenove du Pont und John Darby.

Oben rechts: Pantomime auf dem Landgut von Benjamin Stern in Roslyn, New York. Die Aufnahme erschien in *The Garden Magazine* vom August 1919.

In Monticello wiederum sind Fragen aufgetaucht, die über die physische Realität hinausreichen. So macht zum Beispiel der Gartenarchäologe William Kelso auf Jeffersons erstaunliche Toleranz gegenüber dem »Unansehnlichen« aufmerksam: »Die Ausgrabungen lassen auch kaum einen Zweifel daran, daß der Weg in den Garten mitten durch den schmutzigen Küchenhof führte und noch einen weiteren unschönen Anblick bereithielt: Mulberry Row mit den Behausungen der Holzarbeiter, den Werkstätten und anderweitigen Nutzbauten.« Daß Jefferson diese Dinge nicht als eine »Beleidigung für das Auge« empfand, spricht dafür, daß man damals weniger empfindlich war als heute; derartige Scheußlichkeiten waren, so Kelso, zu verbreitet, um bemerkt zu werden. Das heißt also, ein Blumenbeet zu restaurieren, ist vielleicht schwierig, aber doch möglich; wie aber soll man mit weiterreichenden Realitäten der beschriebenen Art umgehen?

Zu Recht macht Monique Mosser auf die Schwierigkeiten aufmerksam, die mit der Bewahrung solcher ephemeren Aspekte verbunden sind, seien sie physischer oder metaphysischer Art. Mit den ursprünglichen Funktionen geht auch die ursprüngliche Bedeutung verloren. Blumen werden zu allen Zeiten verwelken, und selbst Bäume werden alt. Gärten verändern sich oder werden verändert, weil der Mensch immer ein Idealbild vor Augen hat. Ruhe und Harmonie zeichnen erst den alt gewordenen Garten aus. Aber auch wenn Authentizität sich kaum fassen, geschweige denn festhalten läßt – das Bemühen darum ist ohne Frage lohnend. Es kann zwei verschiedene Richtungen einschlagen: An dem einen Weg liegen die wunderbaren *plate-bandes* von Het Loo oder die Nadelkissenbeete von Klein-Glienicke, an dem anderen die phantasievollen Neuerfindungen von Knotenbeet und Heckenschnitt wie in Villandry oder Hatfield House. Beide Wege stellen zugleich eine Verlockung und eine Herausforderung dar.

Rechts: Ein neuer Zeitvertreib und eine neue Perspektive des formalen Gartens – Hubschrauber über dem Stotesbury Estate in Whitemarsh Hall, 29. September 1930.

Mellerstain

186–187 Zu den bedeutendsten Gartenprojekten, mit denen Reginald Blomfield beauftragt wurde, gehörte Mellerstain in Berwickshire. In seinen Memoiren von 1932 schreibt er: »Lord und Lady Binning waren selbst begeisterte Gartengestalter, und mit ihrer Hilfe legte ich einen interessanten Garten mit Terrassen, einem Kryptoportikus, Parterres und Wasser an, der nach meinen Vorstellungen in eine riesige, halbkreisförmig zum See hin abfallende Rasenfläche übergehen sollte, ganz im Stil Le Nôtres. Diesen Plan mußten wir allerdings aufgeben. Tatsächlich hätte es nämlich der Mittel Ludwigs XIV. bedurft, meinen Entwurf zur Gänze auszuführen.«

Ebendiese ursprüngliche Vorstellung hielt Adrian Berrington im Jahre 1910 in einer großartigen Vogelperspektive fest. Das Parterre, die Stufen, Loggien, Bastionen und das konkave Rasen-Amphitheater erinnern – außer in den Dimensionen – in keiner Weise an das Werk des französischen Meisters. Eher hat Mellerstain in Plan und Ausführung gewisse italienische Anklänge. Andererseits steht es mit seinen ausgedehnten Rasenflächen unbestreitbar in der Tradition englischer Gartengestaltung und hat Ähnlichkeiten mit Cliveden. Im revidierten Entwurf (nach 1911) veränderte Blomfield die obere Terrasse, entfernte die untere ganz und – was das Wichtigste war – gab dem See als dem Zielpunkt der Sichtachse einen »natürlichen« Umriß. Nach David Ottewil zeigt gerade Blomfields Behandlung des Sees, »daß er in den zwanzig Jahren seit Erscheinen seines Buches sehr viel weniger doktrinär geworden war«. Tatsächlich gab Blomfield sich alle erdenkliche Mühe, die ursprüngliche Nichtformalität dieses Gewässers wiederherzustellen; offensichtlich hatte nämlich William Adam, der Erbauer des ersten Hauses, um 1725 einen »holländischen Kanal« aus dem Fluß Eden gemacht. Der neue See sollte nun wieder ein »natürliches« Aussehen erhalten.

Heute bietet sich dem Besucher, der den Garten von einem der oberen Stockwerke des zinnenbewehrten Hauses aus betrachtet, das Bild eines gefälligen Übergangs von der Geometrie zur »Wildnis« – gefällig dank der Bepflanzung, die den formalen Terrassen etwas von ihrer ursprünglichen Strenge nimmt: Die oberste Terrasse ist mit Formbäumchen geschmückt; ihre Stützmauern bedecken rankende Pflanzen. Auf der Parterre-Terrasse dominiert nicht der Kies, sondern hier bestimmen Rasen, Buchs und Blumen das Bild. Das Auge wird über den Rasen bis zum hinter und zwischen Bäumen halb verborgenen See geführt. In der Ferne erkennt man die im Dunst liegenden Cheviot Hills.

Hestercombe

178 Der bewußte Einsatz der Bepflanzung mit dem Ziel, der architektonischen Komposition etwas von ihrer Eckigkeit und Steifheit zu nehmen, hat einige der schönsten Gärten der Edwardianischen Ära hervorgebracht. Clive Aslet schreibt in diesem Zusammenhang: »Die Harmonie zwischen der formalen Planung und der nichtformalen Bepflanzung in einem von Lutyens-Jekyll oder von Harold Peto geschaffenen Garten bewirkte eine ideale Synthese und konnte zur Folge haben, daß ein solcher Landhaus-Garten sich gelungener präsentierte als das Haus selbst.« Es gibt kein besseres Beispiel dieser »idealen Synthese« als Hestercombe in Somerset. Die in den 1970er Jahren durchgeführte Restaurierung hat den Fortbestand dieses Gartens gesichert, eines Meisterwerks seiner beiden Schöpfer, des Architekten Edwin Lutyens und der Gartengestalterin Gertrude Jekyll. Den Auftrag dazu erteilte der älteste Sohn des 2. Viscount Portman. Der Garten wurde in den Jahren 1904 bis 1909 angelegt.

Mittelpunkt der Anlage ist »the Great Plat«, ein Parterre aus Rasenflächen und Blumenbeeten. Ähnlich wie in manchen Gärten des 17. Jahrhunderts – etwa in Pitmedden – hat man den schönsten Blick auf diese Beete nicht etwa vom Haus, sondern von den erhöhten Terrassen, die sie auf allen vier Seiten umgeben. Auf der Südterrasse dient eine Pergola als transparentes Verbindungsglied zwischen dem Garten und der jenseitigen Landschaft. Wenn man die Einflüsse, die hier wirksam waren, klassifizieren will, muß man in erster Linie das *parterre de pièces coupées pour des fleurs* und in zweiter Linie das *parterre à l'angloise* nennen. Dabei liegen die Blumenbeete zwischen Pflaster und Rasen, nicht im Kies. Sie haben nichts mit den erhöhten und von Steinen eingefaßten Beeten der Renaissance oder den buchsgesäumten Beeten des Barockzeitalters gemein. Ihre Ein-

Reginald Blomfields Vorschlag von 1910 für Mellerstain in Adrian Berringtons Darstellung aus der Vogelschau. Blomfield sagte 1932 rückblickend, die Ausführung seines Entwurfs »in der besten Le Nôtreschen Manier« hätte »die Mittel Ludwigs XIV.« erfordert; folgerichtig wurde dieser erste Entwurf nach 1911 modifiziert. Interessant ist, daß Blomfield hier mit einem großen grasbewachsenen Halbkreis arbeitet und damit zum Beispiel an das *vertugadin* von Chantilly erinnert. Im übrigen hatte sein Entwurf keine Ähnlichkeit mit dem Werk des großen Franzosen (siehe S. 186–187).

MAJOR VIRTUS QUAM SPLENDOR
MELLERSTAIN
Col. Lord Binning C.B.
BIRDS EYE VIEW
OF NEW GARDENS from HOUSE to CANAL
DISTANCE FROM HOUSE TO CANAL 1170 FEET _ CANAL 1800 FEET × 400 FEET
Reginald Blomfield A.R.A. Architect
invenit 1910.

fassung ist natürlich – sie besteht aus kräftigen Bändern von *Bergenia cordifolia*, zwischen denen rosafarbene Chinarosen, blauer Rittersporn und weiße Lilien ein üppiges Bukett bilden. Daneben sorgen Ziergräser für eine gefällige Textur. Ihre Eleganz bezieht die Komposition aus den diagonal im Gras verlegten steinernen Bändern, die von den in das Parterre hinunterführenden, jeweils einen Viertelkreis beschreibenden Treppen ausgehen.

Die das Parterre umgebenden Bruchsteinmauern haben zurückspringende Mörtelfugen, in denen Pflanzen wurzeln können – hier hat sich *Erigeon* oder Flohkraut angesiedelt. Die abwechselnd runden und rechteckigen Stützen der Pergola sind ebenfalls aus Bruchstein gemauert; rankende Rosen und Klematis geben ihnen ein freundliches Aussehen. Die maurisch anmutenden kleinen Gräben entlang der westlichen und der östlichen Terrasse enthielten Iris, Vergißmeinnicht, weiße Gartenlilien, Wasserwegerich und Pfeilkraut. Bei ihrer steinernen Einfassung, die in regelmäßigen Abständen eine Art Schlinge ausbildet, ließ Gertrude Jekyll sich von alten Handarbeiten inspirieren.

Eine gewisse Rustikalität und das enge Miteinander von Pflanzen und Stein machen Hestercombe zu einem Ort, der den formalen Gärten der vorausgegangenen Jahrhunderte sehr unähnlich ist. Überdies wird dem Besucher durch die offene Pergola, deren Stützen dank ihrer Berankung organisch wirken, auf eine gefällige Weise die Einheit von Garten und Landschaft nahegebracht. Avray Tipping sah in den Gärten von Hestercombe die Bestätigung dafür, »daß der Architekt sich sehr wohl im Einklang mit der Natur befinden kann, daß ein formaler Garten Bestandteil der Landschaft sein kann«.

Der Graben in Hestercombe: Gertrude Jekyll ließ sich bei dieser Gestaltung von alten Handarbeiten inspirieren.

Blickling Hall

180–181 Die Gärten von Blickling Hall in Norfolk sind ein elegantes Beispiel der Neuinterpretation jahrhundertealter formaler Traditionen mit dem Ergebnis, daß sich dem Betrachter ein Bild vollendeter Schönheit bietet. Das Blumenparterre an der Ostseite des jakobitischen, also zu Beginn des 17. Jahrhunderts errichteten Hauses stammt in seiner jetzigen Gestalt von Norah Lindsay. Es ersetzte im Jahre 1932 ein älteres Parterre, das Lady Lothian in den 1870er Jahren in einem von Digby Wyatt und Markham Nesfield architektonisch gestalteten Umfeld angelegt hatte, und zwar entgegen dem Vorschlag Nesfields, dem damals ein *parterre de broderie* im französischen Stil vorschwebte: Lady Lothian zog Staudenpflanzen vor. Der so entstandene formale Blumengarten trat in eine axiale Beziehung zum sogenannten »wood walk«, dem auf beiden Seiten von Bäumen gesäumten Spazierweg, an dessen Ende sich ein Tempel aus dem 18. Jahrhundert erhob.

Blickling Hall wurde zwischen 1616 und 1626 nach Plänen von Robert Lyminge für Sir Henry Hobart erbaut. Umbauten erfolgten ab 1756 und erneut im Jahre 1864. Aus einem 1729 von James Corbridge angefertigten Lageplan geht hervor, daß das Ostparterre damals aus einer einfachen Rasenfläche bestand, die in eine die Zentralachse auf beiden Seiten begleitende Wildnis überging. Diese war von diagonal angelegten und einander kreuzenden Pfaden durchzogen. Wenig später, vermutlich schon in den dreißiger Jahren des 18. Jahrhunderts, wurde auf einer innerhalb der Wildnis erhöht liegenden Bastion ein Tempel als Blickfang für die Spaziergänger errichtet, die sich auf dem »wood walk« ergingen. In den 1760er Jahren brachte man die bis dahin gerade verlaufenden Wege durch die Wildnis in Serpentinenform; hundert Jahre später gelang es – sei es auf der Grundlage der von James Corbridge gezeichneten Karte oder noch an Ort und Stelle vorhandener Spuren –, das alte formale Schema wiederherzustellen.

Die Wildnis der Jahre 1861 bis 1864 war eine größere Version der ursprünglichen. Die orthogonal und diagonal verlaufenden Wege wurden mit Eichen, Buchen und Linden bepflanzt, hinter denen sich eine Unzahl von Lorbeer- und Rhododendronbüschen ausbreitete. In den Jahren 1870 bis 1872 brachten Wyatt und Nesfield eine Atmosphäre der Abgeschlossenheit in den Garten, indem sie das Parterre tiefer legten und in dieser Absenkung teilweise mit einer Stützmauer aus Ziegelsteinen umgaben. Eine Folge von Stufen verband es mit dem Hauptweg durch den Garten. Dieser Weg wirkte mit der Zeit immer düsterer, je höher die Koniferen wurden, die den Tempel an seinem Ende rahmten. Nach 1872 folgten die Skulpturen, der Brunnen und Lady Lothians elegantes Blütenparterre; 1877 war die Umgestaltung abgeschlossen.

In Lady Lothians Abneigung gegen Broderien und Blumenbeete äußerte sich ein neuer Zeitgeschmack. Als eine der ersten setzte sie Staudenpflanzen, die zuvor ja nur in

Rabatten aufgetaucht waren, nun auch im Parterre ein. Von den 1870er Jahren an fanden die Blütenstauden, die sich mit ihrer verhaltenen Farbigkeit von den starkfarbigen einjährigen Blumen deutlich unterschieden, »in dieser neuen – oder sagen wir besser: wiederbelebten alten – Art der Pflanzung« zunehmende Beachtung. Das änderte allerdings nichts an der Tatsache, daß Lady Lothians Parterre sich als ein ziemliches Durcheinander präsentierte, dessen Einheitlichkeit, wie Christopher Hussey es 1930 ausdrückte, »in der Vielzahl der verstreuten Beete verlorengegangen« war. Diese Kritik wirkte sich zweifellos förderlich auf die elegante Neufassung aus, die Norah Lindsay 1932 für den 11. Marquis of Lothian schuf.

Norah Lindsays Ruf gründete damals nicht zuletzt auf ihrer Zusammenarbeit mit Lawrence Johnston in Hidcote. In Blickling reduzierte sie die vielen kleinen Beete auf vier große Rechteckflächen, wobei sie allerdings die Eibensäulen und »grand pianos« des von Lady Lothian geschaffenen Arrangements beibehielt. Die Beete präsentierten sich in sorgfältig abgestuften Farben. Die Palette reichte von dominanten Blau-, Rosa-Mauve- und Weißtönen in der Nähe des Hauses bis zu den wärmeren Nuancen von Gelb und Orange am fernen Ende. Alle vier Beetflächen waren umgeben von einem symmetrischen Arrangement aus roten und rosafarbenen Rosen, das seinerseits von Katzenminze gesäumt und an den Ecken durch die beschnittenen Eiben akzentuiert war.

Die meisterhafte Gestaltung erfreut den Betrachter zu jeder Jahreszeit. Im Frühling, wenn der Boden frisch gehackt ist, erscheint das Muster der vier Rechtecke deutlich herausgearbeitet. Junge Triebe und Büschel von Grün verheißen bereits den Sommer, wenn die Zweige der knorrigen alten Platanen noch unbelaubt sind. Überall blühen Narzissen, und einer der durch den Wald führenden Wege ist von blauen Hyazinthen gesäumt. Der Blick folgt der Hauptachse des Gartens und bleibt an den Azaleen hängen, die Norah Lindsay 1934 anstelle der Koniferen pflanzte.

Im Spätsommer geht der Blick des Besuchers über die fedrigen Rispen von Goldrute und *Phalaris arundinacea* »Picta« sowie die rahmfarbenen Blüten der Palmlilie, die sich über die Beete mit den roten Rosen erheben. Die orientalischen Platanen im Hintergrund heben sich mit ihrem hellen Grün von den dunkleren Waldbäumen ab. Im Herbst, wenn die Beete wieder kahl sind, kann der Besucher sich immer noch an den Farben des Waldes, den Gartenornamenten und den großen Eibenhecken erfreuen. Wenn der Wind dann eisiger bläst, kann man sich das Leben, wie es in diesem Haus in den 1930er Jahren unter dem 11. Marquis of Lothian geführt wurde, gut vorstellen: An manchen Wochenenden mußten zur Bequemlichkeit der Gäste alle 36 Öfen geheizt werden, so daß sich eine regelrechte Rauchglocke über dem Haus bildete. Dann kam man im Südsalon zusammen, um zu diskutieren – Lord Halifax, Lionel Curtis und die Astors aus Cliveden, ferner Diplomaten und Politiker –, während die jüngere Generation wilde Schießübungen im Gelände veranstaltete oder sich im Haus amüsierte.

Die in der Zeitschrift *Country Life* veröffentlichte Photographie zeigt das von Lady Lothian gestaltete Blumenparterre von Blickling Hall im Jahre 1930, also noch vor den Veränderungen, die Norah Lindsay hier 1932 vornahm. Sein heutiges Aussehen zeigt die Farbtafel auf S. 181.

Achille Duchênes Nordparterre in Nordkirchen, das im Rahmen eines langfristigen Parkpflegewerks kürzlich restauriert wurde.

Nordkirchen

188 Nordkirchen, unweit von Münster gelegen, galt im 18. Jahrhundert als »westfälisches Versailles«. Im Jahre 1725 beauftragte Ferdinand Graf von Plettenberg den Architekten Johann Conrad Schlaun mit der Anlage von Parterre und Boskett. Die im Jahre 1733 weitgehend fertiggestellte formale Anlage wurde rund hundert Jahre später Opfer von Verbesserungen im Sinne des Landschaftsgedankens, die Maximilian Friedrich Weyhe durchführte. Unter dem Herzog von Arenberg, der Nordkirchen im Jahre 1903 in Besitz nahm, erhielt Achille Duchêne den Auftrag, die formale Anlage in ihrer ganzen Pracht wiederherzustellen.

So entstand zwischen 1906 und 1914 an der Nordseite des Schlosses ein großartiges Parterre. Schon 1918 setzte allerdings eine Periode des Niedergangs ein, die erst 1950 ihr Ende fand. Wie so mancher ihrer barocken Vorläufer war also auch Duchênes Anlage nur ein recht kurzes Leben beschieden. Im Rahmen eines langfristigen Parkpflegewerks hat das Land Nordrhein-Westfalen das Parterre inzwischen wiederhergestellt. Ferner bestehen Pläne, den Schlaunschen Garten an der Westseite des Schlosses in Teilen zu rekonstruieren. Allein das Parterre ist aber schon eine Reise wert.

Wer sich dem Schloß Nordkirchen heute, von Norden kommend, zu Fuß nähert, erblickt die gestaffelte Backsteinfassade jenseits einer ausgedehnten Wasserfläche. Dazwischen liegt das Parterre wie auf einer Insel; der Zugang erfolgt über erhöht geführte Wege von der West- und der Ostseite des Schlosses. Das Schloß selbst ist auf einer eigenen, von einem Graben umgebenen Insel errichtet. Umschlossen von massiven Gruppen von Roßkastanien, in deren Schatten man sich auch an heißen Sommertagen gern ergeht, wirken das Parterre und sein plastischer Schmuck wie das Licht gegen die Dunkelheit, denn die vorherrschende Grundfarbe ist – barocker Tradition folgend – weiß, hier geliefert von weißen Marmorsplittern. Allerdings fehlt das traditionelle Absetzen mit Schwarz in den Zwischenräumen der Broderie. Die Palmetten oder Muscheln in den vier Ecken des rechteckigen *parterre de compartiment* sind mit rotem Material gefüllt, eine Reminiszenz an Dézallier d'Argenville. Die beiden flankierenden *parterres à l'angloise* setzen das grüne Relief des Rasens dagegen. Anders als die barocken Parterres, bei denen die *plate-bandes* eine bunte Palette verschiedener Blumen enthielten, besteht dieses Arrangement allerdings nur aus Grün, Weiß und Rot: Auch die schmalen Blumenrabatten der Rasenparterres enthalten nur rote Begonien und weiße *Nicotiana*.

Gegenüberliegende Seite, oben: Der für den Park von Nordkirchen entworfene Tanzplatz im Freien, von Dupré nach einem Entwurf Duchênes gezeichnet; unten: Duchênes Entwurf der neobarocken Umgestaltung von Nordkirchen, wie sie in Teilen in den Jahren 1906 bis 1914 ausgeführt wurde. Das *parterre de compartiment* läßt sich Dézallier d'Argenvilles Original (nächste Seite) gegenüberstellen; Duchêne füllte das Zentrum seiner Komposition allerdings nicht mit Wasser, sondern mit Rasen.

Nordkirchen

Das Schema des *parterre de compartiment* ist einem Plan aus Dézallier d'Argenvilles in seinem Werk *La Théorie et pratique du jardinage* entnommen. Es ist der gleiche Plan, der auch in Weldam Verwendung fand. Hier zeigen die Palmetten allerdings in die entgegengesetzte Richtung, und die Innenflächen sind nicht mit Gras gefüllt. Das Bassin mit dem Brunnen im Zentrum der Komposition ist durch eine plastische Gruppe auf einem Sokkel ersetzt. Die phantasievollen Formbäumchen und die *plate-bandes* fehlen; den vertikalen Akzent setzen Statuen, Eibenkugeln und Ligusterbäumchen. Die Rasenparterres nehmen den Rhythmus auf; hier stehen die gleichen kleinen Ligusterbäumchen, während die Eiben zu Pyramiden geschnitten sind; Streifen aus weißen Marmorsplittern sowie Bänder aus weißer *Nicotiana* und roten Begonien sind in das Gras sozusagen eingeschnitten. Duchêne lieferte eher eine phantasievolle Interpretation denn eine getreue Rekonstruktion der Parterrekunst zur Zeit Ludwigs XIV.

Das Musée des Arts Décoratifs in Paris bewahrt eine prachtvolle Zeichnung Duprés vom Freiluft-Tanzplatz des Herzogs von Arenberg nach dem Entwurf Duchênes. Basierend auf den Versailler Kolonnaden der 1680er Jahre (und mithin eingebunden in eine Tradition, die bis zu Francesco Colonna zurückreicht), sucht dieses Element etwas von der festlichen Atmosphäre königlicher Hofhaltung zu vermitteln und zugleich einen realen Ort wiederzugeben. Bemerkenswert ist allerdings, daß der Architektur durch den Bewuchs etwas von ihrer Strenge genommen wird – in einer Weise, die das 20. Jahrhundert verrät und dem Vorbild, wie es von Jules Hardouin-Mansart geschaffen wurde, sehr fernsteht.

Am Vorabend des Ersten Weltkriegs bewies der Herzog von Arenberg mithin einen extravaganten Geschmack. Dazu paßt es vielleicht, daß das Schloß Nordkirchen heute als Fachhochschule für Finanzwesen dient. Der Park ist ein Ort der Ruhe, wenn auch an manchen Tagen von Hochzeitsgesellschaften belebt. Denn Nordkirchen ist, wie viele historische Gärten, ein idealer Ort für Hochzeitsphotos, weil sich das Schwarz und Weiß von Hochzeitsanzug und Brautkleid aufs schönste mit den Weiß-, Grün- und Rottönen des restaurierten Parterres verbindet.

Dézallier d'Argenvilles *parterre de compartiment,* Tafel 3B in *La Théorie et pratique du jardinage* (1709; die hier zitierte Ausgabe: 1723).

Blick auf eines der flankierenden *parterres à l'angloise* in Nordkirchen.

Blick von der Terrasse des Wasserparterres in Blenheim auf die untere Terrasse mit dem Modell zu Berninis Flußgötterbrunnen von der Piazza Navona in Rom.

Blenheim

Zu Achille Duchênes gelungensten Schöpfungen gehört das Wasserparterre von Blenheim. Im Vergleich mit Nordkirchen und Courances belegt es die Vielseitigkeit und Flexibilität seines Urhebers. Dabei waren Konzeption und Anlage dieses Parterres, das der 9. Duke of Marlborough 1925 in Auftrag gab, wegen der Unstimmigkeiten zwischen ihm und seinem Architekten alles andere als einfach. Duchêne ließ sich bei dieser Aufgabe eindeutig vom ersten Versailler *parterre d'eau* von 1671–1674 inspirieren, während dem Herzog anderes vorschwebte: Nach seinem Willen sollte Duchêne sich weniger an Le Nôtre als vielmehr an Bernini orientieren. Er lehnte Duchênes Idee eines Parterres mit Fontänen und fließendem Wasser ab und belehrte seinen Architekten statt dessen wie folgt: »Die Klarheit ruhenden Wassers erfreut und besitzt einen eigenen Zauber. Sie haben diese Wirkung mit den Bassins und mit der großen Wasserfläche des Sees erreicht. Hüten Sie sich, diese schöne Empfindung, welche die Natur Ihnen gewährt, für ein möglicherweise vulgäres Wasserspektakel hinzugeben, wie man es in jedem öffentlichen Park zu sehen bekommt.« Duchêne, so hieß es weiter, solle die Dinge überschlafen, »denn nur durch Nachdenken, durch fortgesetztes Überdenken und kluge Reflexion entstehen – der Nachwelt zur Freude – die großen Werke der Künstler.« 189

Offensichtlich erreichten beide, was sie wollten: Auf der zweiten Terrasse, unterhalb des Wasserparterres, erhielt ein Modell zu Berninis Brunnen der Flußgötter von der Piazza Navona in Rom den Ehrenplatz zwischen Sphingen, welche die Züge der zweiten Ehefrau des 9. Herzogs von Marlborough trugen (dies im Einklang mit einer Praxis, die mindestens bis zu den Sphingen zurückreicht, die der Mätresse Ludwigs XIV. ähnelten). Aus dem Wasserparterre sprach sehr deutlich der Geist Le Nôtres und Le Bruns. Das Original bestand aus einem zentralen Rundbecken und vier Nebenbecken in der Form von Kartuschen; zwei kleinere seitliche Becken vervollständigten die Komposition.

In Blenheim folgen die einzelnen Elemente des Wasserparterres der gleichen Anordnung; allerdings sind es hier nicht zwei, sondern vier Becken, die den Raum zwischen den Kartuschen füllen. Die letzteren sind im Gegensatz zum Versailler Vorbild auf zwei Ebenen angelegt und deuten damit eine ganz leichte Kaskade an. Die fünf Fontänen replizieren mehr oder weniger den ausgeführten Versailler Prototyp, nicht aber die vielen Wasserstrahlen, wie sie Le Brun anfangs vorgeschwebt hatten. Was die beiden Konzepte sehr wesentlich voneinander unterschied, waren die Bepflanzung und die Ausstattung mit Skulpturen. Israel Silvestres Stich von 1682 zeigt den viel stärkeren vertikalen Akzent des Originals, der nicht nur durch die Skulpturen, sondern auch durch die in die Broderien gesetzten Formbäumchen bewirkt wurde. Duchênes Komposition ist dagegen mit dem nur den äußeren Ecken zugestandenen Skulpturenschmuck zugleich verhalten und kühn. Ihre flachen Buchsbroderien fügen sich elegant zwischen die Becken. Es ist eine Freude, das Parterre zu betrachten, wenn die Fontänen spielen; das unendlich friedliche Moment der Komposition wird allerdings erst spürbar, wenn sie abgestellt sind: An dunstigen Herbstmorgen und verschneiten Wintertagen teilt sich hier jene Ruhe und Gelassenheit mit, die der Herzog mit seiner Empfehlung beschwor.

Courances

189 Mit dem Rückgriff auf das axiale System des 17. und 18. Jahrhunderts schuf Achille Duchêne die Voraussetzung für einen der schönsten formalen Gärten der Welt – Courances. Kurz vor Ausbruch des Ersten Weltkriegs betraute die Marquise de Ganay den Architekten mit der Aufgabe, die Gärten von Courances in jenem französischen Stil zu rekonstruieren, den die nach 1872 unter dem Baron de Haber vorgenommene Umgestaltung in eine pittoreske Landschaft beseitigt hatte. Eine dritte Kampagne, diesmal in Reaktion auf die Kriegszerstörungen, setzte 1948 ein; nachdem Duchêne 1947 gestorben war, bildete sie sozusagen die Rehabilitation der früheren Überlegungen, die nun allerdings dem Zeitgeschmack angepaßt wurden. Kenneth Woodbridge schreibt über Courances: »Das Ergebnis ist eine zurückgenommene Version der großen französischen Manier... Das an das Schloß anschließende *parterre de broderie* ist von bescheidenen Dimensionen und geeignet, zwischen Haus und Park zu vermitteln, ohne selbst eine dominante Rolle einzunehmen. Eine ähnliche Funktion erfüllt das schlichte und dabei schön proportionierte Wasserbecken – es eröffnet gewissermaßen die Sichtachse und führt, indem es die Bäume und den Himmel in seiner Oberfläche spiegelt, Kunst und Natur zusammen.«

Von den Gärten Le Nôtres unterscheidet Courances sich in mehr als einer Hinsicht deutlich. Vaux-le-Vicomte, Versailles und Chantilly, mit Terrassen, Stufen, Rampen und Kaskaden versehen, zeichnen sich durch erhebliche Geländeunterschiede aus, während Courances sich im wesentlichen auf flachem Terrain erstreckt. Die Überraschungen, die der Besucher hier erlebt, verdanken sich in erster Linie dem kunstvollen Versteckspiel der Bepflanzung und nicht der Tatsache, daß die Dinge verschwinden, wenn man von einer architektonischen Ebene zur anderen hinab- oder hinaufsteigt. Überdies wirkt in Courances der Rasen im Sinne der Einheitlichkeit, ganz anders als die kies- und sandbedeckten Wege und die steinernen Treppen der Gärten Le Nôtres. Auf Statuen und andere plastische Dekorationen, die in Versailles an dominanter Stelle plaziert sind, trifft man in Courances eher im Vorübergehen. Die Reinheit und Schlichtheit des gartenkünstlerischen Vokabulars in der Hauptachse und auf den Nebenwegen, die Rasenflächen, hohen Bäume, spiegelnden Bassins und sprühenden Kaskaden, das Spiel von Licht und Schatten über den weißen Schwänen, die auf pechschwarzem Wasser dahingleiten – all das macht Courances zu einem Ort, der zugleich zurückhaltend und gelöst wirkt und sich im Frühling so vollkommen darbietet wie im Herbst.

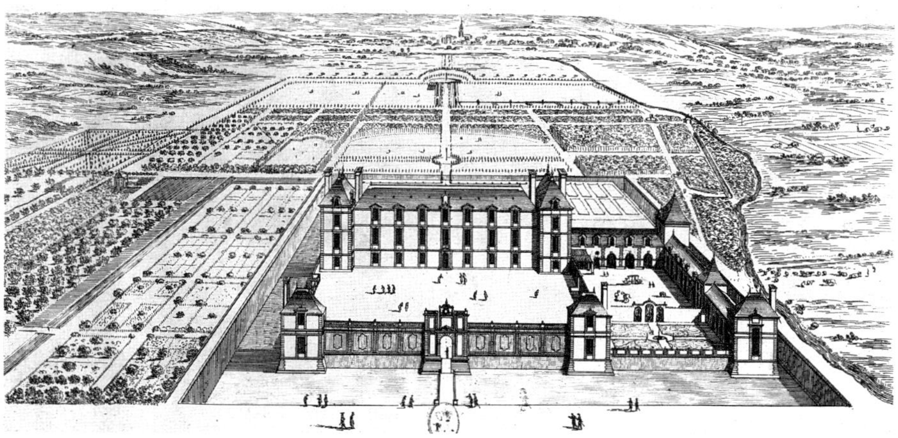

Links: Ansicht von Courances in einem Stich des 17. Jahrhunderts; oben: Eine der Alleen von Courances in ihrem heutigen Zustand.

Terrasse in Hautefort, nach 1929 von dem Baron de Bastard und seiner Frau im Stil des 16./17. Jahrhunderts wiederhergestellt.

Villandry

Während in Nordkirchen, Blenheim, Courances und La Roche-Courbon der Versuch 190–193 einer Neuinterpretation barocker Stilformen gemacht wurde, hat man im unweit von Tours gelegenen Villandry viel Phantasie darauf verwendet, den französischen Garten der Renaissance wieder zum Leben zu erwecken. Da sich eine authentische Bepflanzung des 16. Jahrhunderts weder in Chenonceaux noch in Fontainebleau oder Anet erhalten hat, müssen Gärten des 20. Jahrhunderts wie Hautefort und Villandry als illusorische, wenn auch in dieser Illusion überzeugend wirkende Ersatzfiguren dienen. Komposition und Bepflanzung sind in Villandry so rundum gelungen, daß selbst der Fachmann Mühe hat, hier nicht an Authentizität zu glauben. Wer als Fußgänger nach Villandry kommt, wird die Gärten gar nicht gleich wahrnehmen, die sich hinter dem Schloß zwischen einem bewaldeten Hügel im Osten, Obstgärten im Süden und dem Dorf im Westen regelrecht verbergen. Wenn der Besucher dann aber die hochgelegene Terrasse an der Ostseite des Gartens erreicht, sieht er sich urplötzlich einer vollendeten Ordnung und Harmonie gegenüber.

Villandry war eine Schöpfung des Spaniers Joachim Carvallo und seiner amerikanischen Frau, die am Beginn unseres Jahrhunderts ein Gelände erwarben, das seinerzeit zum größten Teil in einen englischen Park verwandelt worden war. Die Planungen begannen nach 1906 und zogen sich über den Ersten Weltkrieg hin. Obwohl es keine Pläne aus der Entstehungszeit des Gartens gab, plante Carvallo eine »Restaurierung« dieses Renaissancegartens dort, wo um 1762 Terrassen, Bassins und Kanäle angelegt worden waren. Dabei leiteten ihn auch philosophische und politische Überlegungen – er gedachte die Wirkungen des sozialen Fortschritts umzukehren, in dessen Folge, wie er sich ausdrückte, »die Menschen und ihr Besitz sich unmerklich in Richtung der Ställe bewegen, während die Tiere sich ohne die geringste Mühe Zutritt zum Salon verschaffen könnten«.

Verwirklicht wurde der Plan in zwei Phasen. Die erste, vor 1914, sah die Anlage eines Buchsparterres an der Südseite des Schlosses vor, dort, wo sich vorher ein Garten des 19. Jahrhunderts mit Rasenflächen und Blumenbeeten befunden hatte. Die aus dem Buchs geschnittenen Figuren symbolisierten die Stimmungen der Liebe – die flatterhafte Liebe (Hörner und Fächer), die zärtliche Liebe (Herzen und Masken), die tragische Liebe (Dolch- und Schwertklingen), die leidenschaftliche oder »verrückte« Liebe (gebrochene und tanzende Herzen). Kenneth Woodbridge macht darauf aufmerksam, daß es dafür in Frankreich keine Vorläufer gibt, »außer der Tendenz des 16. Jahrhunderts, Gemütszustände in emblematischer Form zum Ausdruck zu bringen«. Seiner Meinung nach sind die Figuren, auf abstrakte Formen reduziert, nicht mehr als Embleme erkennbar und daher jetzt eher »symbolistischer Art«.

Im übrigen war die Verwendung von Buchs, zumal in so monumentalen Formen, im 16. Jahrhundert ganz und gar unbekannt; wir erinnern uns, daß in den französischen Gärten durchweg mit Kräutern in unterschiedlichen Grüntönen gearbeitet wurde, bis Claude Mollet den Buchs nach 1582 in Anet und um 1595 in Saint-Germain-en-Laye einführte. Die Vielzahl der Blumen in den Renaissancebeeten bildete ein Gegengewicht zur Einheitlichkeit und Symmetrie der Komposition. In Villandry wird diese perfekte Symmetrie durch die einjährigen Pflanzen noch verstärkt. Aber trotz aller Großzügigkeit der historischen Auslegung ist das Buchsparterre ein Wunderwerk. Die »Liebes«-Beete gehen über in eine diagonale Komposition, die auf dem Symbol des Kreuzes aufbaut – für Malta, das Languedoc und das Baskenland. Die Linien nehmen die Form der Rampen der darüberliegenden Terrasse aus dem 18. Jahrhundert auf, die das Parterre in seiner ganzen Länge begleitet. Im Frühling erheben sich hier rosafarbene und weiße Tulpen inmitten von Vergißmeinnicht.

In einer zweiten Phase entstand der berühmte *potager* oder Gemüsegarten. Er wurde zwischen 1914 und 1918 auf dem westlich anschließenden tiefergelegenen Areal angelegt und besteht aus neun Flächen, die in Anlehnung an eine Reihe von Stichen aus Jacques Androuet du Cerceaus Werk *Les Plus excellents bastiments de France* (1576 und 1579) gestaltet wurden. Der Kontrast der Farben und Texturen, wie er mit diesen Kombinationen von Gemüsepflanzen in den kleinen, buchsgesäumten Beeten erreicht wird, kennzeichnet einen Höhepunkt der Gartenkunst. Zweimal im Jahr – im März und im Juni – wird gepflanzt, was die Schwerarbeit von sechs Gärtnern notwendig macht.

So wie der *potager* heute bepflanzt ist, läßt er die Bescheidenheit der Prototypen des 16. Jahrhunderts hinter sich. Er ist Teil jener Illusion, die Joachim Carvallo aus seiner romantischen, wenn auch sozial rückschrittlichen Vision der Vergangenheit heraus erschuf. Der Garten von Villandry ist eine dekorative *tour de force,* in erster Linie ein Spektakel für die Augen. Denn bei aller Symbolik des Parterres fehlt es der Schöpfung Carvallos an der Sinnträchtigkeit des Renaissance-Originals, das als Schauplatz heiterer und festlicher Begegnungen auch ein Ort der mythologischen Bezüge war.

Im Gegensatz zum französischen Garten der Renaissance, der in der Regel aus quadratischen und rechteckigen Kompartimenten bestand, sind die Beete in Villandry wegen des trapezförmigen Geländegrundrisses nicht ganz regelmäßig. Durch ein geschicktes Spiel mit den Linien und durch diagonal verlaufende und sich kreuzende Wege gelang es Carvallo allerdings, den Garten regelmäßig erscheinen zu lassen. Kenneth Woodbridge schreibt im Zusammenhang der vielfältigen Einflüsse, die in die ganze Komposition eingegangen sind: »Das Prinzip von Villandry ist das gleiche, an das sich Le Nôtre hielt: Ausgewogenheit rund um eine beherrschende Achse, wo die Anlage, wenn der Platz dazu vorhanden gewesen wäre, sich von einem Zentrum aus theoretisch ins Unendliche hätte erstrecken können. Das Ideal der Renaissance waren Symmetrie und Geschlossenheit. Villandry ist nicht das Beispiel eines Gartens des 16. Jahrhunderts; das kann aber Carvallos Leistung nicht schmälern.« Monique Mosser spricht von Villandry als einem ingeniösen Werk der Kunst, das »aus der Verbindung der ›Post-Troubadour‹-Renaissance mit dem Symbolismus des *fin de siècle*« entstanden sei.

Vizcaya

194–195 Von Gärten wie Nemours in Delaware oder Vizcaya in Florida wird oft gesagt, sie seien eine Neuauflage französischer und italienischer Gärten inmitten einer amerikanischen Umgebung. Das ist allerdings eine allzu vereinfachte Sicht der komplexen stilistischen Einflüsse, die hier am Werk waren, und tut der formalen und inhaltlichen Eigenständigkeit dieser Gärten Abbruch, die jeweils individuelle Produkte der »Neuen Welt« sind – der amerikanischen Gesellschaft, der amerikanischen Landschaft und des amerikanischen Klimas.

Clive Aslet sieht in Vizcaya den Inbegriff all dessen, was das amerikanische Landhaus des 20. Jahrhunderts kennzeichnet: Im Bereich des Hauses selbst sind dies die Hausorgel, die Bowlingbahn und der technische Hochstand von der Zentralheizung (auch unter den klimatischen Bedingungen Floridas) bis zum privaten Telefonsystem; im Außenbereich zählen dazu die eigene Milchwirtschaft, die Farm und das zugehörige Dorf; im gedanklichen Hintergrund schließlich ist es »die heroische Entschlossenheit, alle natürlichen und von Menschen gemachten Hindernisse zu überwinden«. Das letztere bezieht sich speziell auf die Anlage dieser formalen Gärten im Sumpf- und Dschungelgebiet der Biscayne Bay in Miami, in der die salzige Luft und die gelegentlichen Hurrikane ihre korrosive und zerstörerische Wirkung tun. So kann der Ausruf Paul Chalfins, des Schöpfers der Gärten von Vizcaya, nicht verwundern: »Ist dies ein Traum, der sich verwirklicht hat, oder ist es Wirklichkeit, die den Traum hinter sich gelassen hat?«

Chalfin wurde von James Deering beauftragt, diesen Traum zu verwirklichen, und kam seiner Aufgabe in den Jahren 1912 bis 1922 nach, nachdem er zuvor zwei Jahre lang mit Deering durch Europa gereist war und ihn beim Ankauf von Kunstwerken beraten hatte. Deerings Vermögen stammte aus dem Handel seiner Familie mit landwirtschaftlichen Maschinen. Gesundheitliche Schwierigkeiten veranlaßten ihn schließlich, nach Amerika zurückzukehren. Er kaufte sich ein rund 50 Hektar großes Territorium, das mitten im Dschungel südlich einer zum damaligen Zeitpunkt relativ kleinen Niederlassung lag – Miami. In jenem Herbst 1912 sicherte Chalfin sich die Mitarbeit des Architekten F. Burrall Hoffman, und 1914 stieß der kolumbianische Designer Diego Suarez hinzu, der zuvor für Arthur Acton an der »Restaurierung« des Florentiner Landsitzes La Pietra tätig gewesen war. Suarez bekannte später, er verdanke sein Landschaftsverständnis sehr weitgehend Acton, den er als einen »Schüler« von Henri Duchêne (des Vaters von Achille Duchêne) bezeichnete: »Er führte mich in die klassische italienische Gartenkunst ein und brachte mir Duchênes Ideale nahe.«

Im Januar 1915 besichtigte Suarez, der sein Büro in New York hatte, Deerings Grundstück zum ersten Mal und mußte bei dieser Gelegenheit feststellen, daß seine Pläne man-

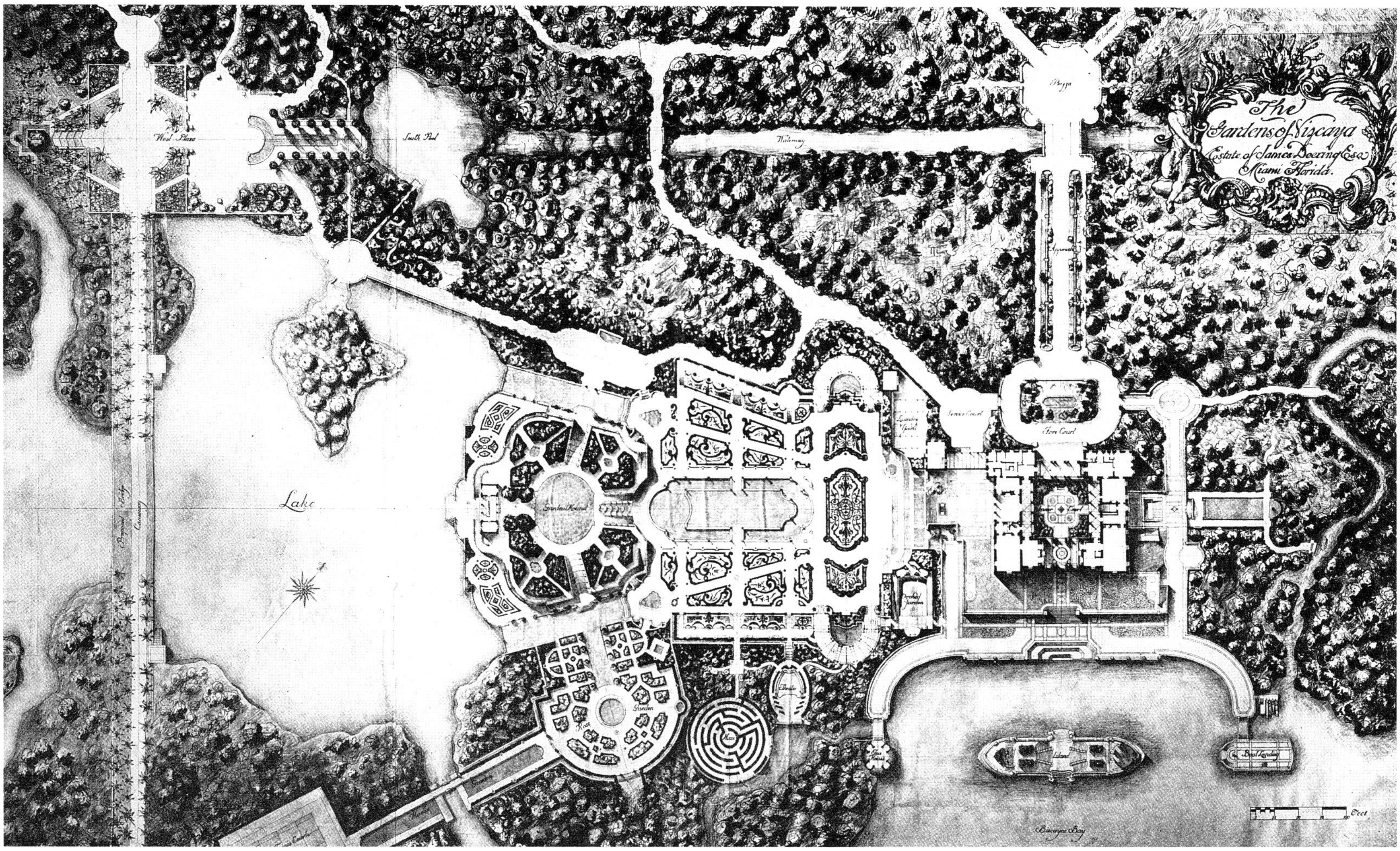

Lageplan des Gartens der Villa Vizcaya in Miami, Florida, aus *The Architectural Review,* Juli 1917. Die Hauptachse des formalen Gartens erstreckt sich links von der Villa in Richtung des Hügels mit dem Casino; unmittelbar darunter liegen der »Rosengarten« (oder eher der »Brunnengarten«, denn Rosen gediehen hier zu keiner Zeit), das runde Labyrinth, das Theater und der *giardino segreto.*

gelhaft waren: »Ich hatte einen schrecklichen Fehler gemacht . . . Es war zwölf Uhr mittags, und ich sah genau in die Richtung, in der die Gärten liegen sollten, und *konnte überhaupt nichts erkennen.* Ich war geblendet vom Licht, denn dort hinten, ganz am anderen Ende, befand sich ein See. Er war wie ein Spiegel.« Diese Erfahrung gab ihm seinen zweiten Plan ein, der einen schützenden Hügel im Süden des Geländes vorsah, auf dem sich ein Casino erheben sollte. Wie weit Suarez in der Folge Einfluß auf die Gestaltung des Gartens nahm, ist strittig. Spätestens 1917 hatte er sich aus dem Projekt verabschiedet, aber schon 1915 scheint Chalfin die Dinge immer stärker an sich gerissen zu haben. Das Haus war 1916 so gut wie fertig, während sich die Arbeit an den Gärten noch bis 1922 hinzog, da es infolge des Krieges an Material und Arbeitskräften fehlte. Trotz der Moskitos und einer Landkrabbenplage, trotz der Notwendigkeit, das Niveau des Hauses um einen knappen halben Meter über den mittleren Flutpegel anzuheben, wurde das Werk inmitten dessen, was Deering als den »Dschungeleffekt« erhalten wissen wollte, schließlich vollendet.

Ein Plan, der 1917 in der *Architectural Review* veröffentlicht wurde, macht in groben Zügen mit dem formalen Garten bekannt. Was an einer angeblich an italienischen Vorbildern orientierten Anlage erstaunt, ist der Umstand, daß in diesem Plan nichts an die Grundsätze der italienischen Renaissance erinnert. Wenn es überhaupt einen Plan gibt, dem Vizcaya ähnelt, dann ist es mit Sicherheit derjenige der Karlsaue bei Kassel, dessen barocke Prinzipien Chalfin und Suarez sich im Zuge ihrer kunstgeschichtlichen Studien, die sie auch mit anderen europäischen Vorbildern bekannt machten, angeeignet haben könnten. Die auseinanderstrebenden Sichtlinien gehören zweifellos sowohl in die Tradition barocker Stadtplanung – und hier zumal der Piazza del Popolo in Rom – als auch in diejenige der Gartenkunst des 17. und 18. Jahrhunderts. Zudem spricht die Dominanz des *parterre de broderie* von Vizcaya von französischen Prototypen des 17. Jahrhunderts. Die Gärten stellen mithin eine eklektische Mixtur dar; und in dieser Mixtur spielt die einheimische Vegetation eine wichtige Rolle. Der italienische Einfluß ist in vielen Details erkennbar, vor allem beim Casino. Und da die vier verschiedenen Fassaden der Villa von unterschiedlichen Stilrichtungen der italienischen Architektur abgeleitet sind – sie erinnern an die an der Brenta gelegene Villa Rezzonico, an die Villa Gamberaia in Settignano und auch an die Villa Farnesina in Rom –, wirkt das Ganze vor dem dunklen Laubwerk der immergrünen Eichen durchaus »italienisch«.

Von der Terrasse an der Südseite des Hauses geht der Blick über ein Parterre zum Casino, das von beschnittenen Bäumen gerahmt wird; es erhebt sich auf dem Hügel, den Suarez als Abschluß der Mittelachse aufwerfen ließ. Die beiden untergeordneten Sichtachsen der *patte d'oie* werden von *parterres de broderie* begleitet und sind von der Mittelachse durch Reihen gerade beschnittener immergrüner Eichen *(Quercus virginiana)* und durch ein großes Mittelbecken getrennt. Bevor der Besucher sich für einen dieser drei gleichermaßen verlockenden Wege entscheidet, muß er einige Stufen hinuntergehen und ein Parterre auf der Querachse passieren. Diese war ursprünglich als ein einziges großes *parterre de compartiment* konzipiert. Heute ist die besonders kunstvolle Broderie auf das Zentrum beschränkt und von zwei aus Rasenflächen und Broderien bestehenden Parterres flankiert. (Diese Dreiteilung erinnert an das Nordparterre in Versailles und an Dézallier d'Argenvilles Entwurf 4A). Den seitlichen Abschluß bilden zwei halbrunde Bassins mit Aussichtspavillons, die von *Ficus pumila,* einer kriechenden Feigenart, bedeckt sind. Auf der ganzen Fläche des Parterres ist der Kies zugunsten von Rasen in Form großer Rund- und Rechteckflächen zurückgedrängt. Damit haben die Vorteile des *parterre à l'angloise* in diese Version des *parterre de compartiment* Eingang gefunden.

Bei genauer Betrachtung erkennt man, daß das *parterre de broderie* entlang den beiden divergierenden Sichtachsen nicht aus Buchs, sondern aus einer einheimischen Jasminart, *Jasminum simplicifolium,* besteht. Dieser Strauch verträgt die tropische Sonne und bildet eine wunderschöne Textur. Das Muster der Broderie ist noch das ursprüngliche; die Zwischenräume sind aber nicht, wie ehemals vorgesehen, mit farbigem Sand und Kies, sondern mit einjährigen Blumen gefüllt.

An der Mittelachse herrscht dann wieder eine eher italienische Atmosphäre. Denn die Insel im zentralen Becken erinnert sowohl an die Situation auf der unteren Terrasse der Villa Lante als auch an den Isolotto der Boboli-Gärten in Florenz. In Vizcaya trifft der Besucher allerdings nicht auf steinerne Schmuckformen und Terrakottavasen, sondern auf eine schlichte Rasenfläche; der in zwei Reihen angeordnete, beschnittene *Podocarpus macrophylla* trägt dazu bei, den Ort der Insel innerhalb der Sichtachse zu definieren. Das Becken führt seinerseits zur Wassertreppe, so daß sich ein architektonischer Zug zum Casino auf dem Hügel ergibt. Mit den hohen Stützmauern zu beiden Seiten erinnert diese Lösung an die Situation in der Villa Farnese in Caprarola. Die Kaskade selbst hat allerdings keinerlei Ähnlichkeit mit der dortigen Wasserkette; sie leitet sich vielmehr von der Wassertreppe der Villa Corsini in Rom her. Im übrigen räumte Suarez ein, daß gewisse Details der Grotten, die sich in den Stützmauern öffnen, auf die entsprechende Situation in der Villa Gamberaia, in den Boboli-Gärten und in Caprarola zurückgehen. Die in sich verflochtenen Zweige und das dunkle Laub der immergrünen Eichen in der Höhe erinnern an die Ilexhaine italienischer Gärten.

In den letzten vier Lebensjahren, die ihm nach Fertigstellung des Projekts noch blieben, tat James Deering sich mit Spaziergängen in seinem Garten zunehmend schwerer. Seine Gäste empfing er im Patio. Denjenigen allerdings, denen es gelang, bis in den Parterrebereich vorzudringen, vermittelte der Aufgang zum Casino mehr als nur eben eine gewisse Italiensehnsucht: Sie konnten sich in den anmutigen, im Stil des 18. Jahrhunderts gehaltenen »französischen« Räumen ausruhen und erfrischen; sie konnten den Blick auf den natürlich geformten See, auf die ausgedehnten tropischen Gärten und auf die zum Bootshaus führende Allee genießen, deren 260 Königspalmen auf Ochsenkarren und Schonern aus Kuba herangeschafft worden waren; und sie konnten über eine geschwungene Treppe den kleinen Landeplatz unterhalb des Casinos erreichen, wo die hauseigenen venezianischen Gondeln warteten und das klare tropische Wasser sanft gegen die Steine schlug.

Heute ist der See zu einem trüben Gewässer verkommen, bedrängt vom Gelände eines Krankenhauses, das hier errichtet wurde, nachdem das Grundstück 1945 verkauft worden war. Damit ist der so wichtige Zusammenhang formaler und nichtformaler Elemente im Süden von Vizcaya verlorengegangen, und der Besucher wendet sich zurück, um vom Casino aus einen Blick auf die anmutige Südfassade der Villa zu werfen, sich dann auf die Suche nach den übrigen verborgenen Schönheiten des formalen Gartens zu machen und schließlich wieder zur großartigen Ostfassade des Hauses zurückzukehren. Hier genießt man den Blick über die Biscayne Bay, in der Pelikane und Silberreiher nach Nahrung fischen.

Das Wasserparterre der Villa Gamberaia in Florenz. Diese Neugestaltung aus der Zeit um 1900 wurde zur Grundlage der Neuinterpretationen des italienischen Gartens in Nordamerika und Europa – von Longwood bis Ambleville bei Paris.

Der versenkte *giardino segreto* der Villa Gamberaia, das Vorbild des *giardino segreto* der Villa Vizcaya in Florida.

Dieser Bau bildete den Mittelpunkt des Labyrinths der Villa Pisani in Stra. Das kreisförmige Labyrinth, im frühen 18. Jahrhundert von Girolamo Frigimelica entworfen und am Beginn unseres Jahrhunderts noch vorhanden, mag das Labyrinth der Villa Vizcaya in Florida beeinflußt haben.

Neben einem östlich der Anhöhe gelegenen »Rosengarten« (der die herkömmliche Kreisform des Rosariums beibehalten hat) existieren hier noch drei kleinere Gartenbereiche in der formalen Tradition: ein Labyrinth, ein Gartentheater und ein *giardino segreto*. Das Labyrinth ist kreisförmig wie dasjenige der Villa Pisani in Stra. Bis zu dem zerstörerischen Hurrikan von 1926 bestand sein Heckenwerk aus der australischen Pinie *(Casuarina equisetifolia)*. Nach erfolglosen Versuchen mit Hibiskus erwies sich schließlich die Kokospalme *(Chrysobalanus icaco)* als resistent gegenüber dem salzigen Sprühwasser.

Das Theater scheint wie sein Pendant in Longwood vom Gartentheater der Villa Gori in Siena beeinflußt zu sein. Suarez selbst sprach auch vom Vorbild des Theaters in der Villa La Pietra. Dagegen ist der ummauerte *giardino segreto* unmittelbar von der Villa Gamberaia inspiriert. Aber wenn sein dekoratives Gemäuer auch an Italien erinnert, so muß Deerings Gästen angesichts der Bepflanzung mit Orchideen doch klar gewesen sein, daß sie sich in tropischen Breiten befanden. Die Orchideen wurden ein Opfer der salzigen Luft und sind inzwischen durch *Plumbago auriculata* ersetzt, wobei die übereinander angeordneten Pflanzschalen die Bänder der Rustika nachzuahmen scheinen.

Durch eine Öffnung in der Nordwand des *giardino segreto* gelangt man auf die weitläufige, von Licht erfüllte Ostterrasse. Ihre geschwungenen Mauern bilden ein Hafenbecken, das im Süden durch ein Teehaus aus Treillagewerk und im Norden durch einen Schiffsliegeplatz begrenzt wird. Hier ankerten einst die Yachten des Hausherrn. Das Zentrum der Bucht wird beherrscht vom spektakulärsten architektonischen Element der Villa Vizcaya, einem Wellenbrecher in Schiffsform. Er umschließt das Becken, so wie die Sandbänke vor der Küste Floridas die zahlreichen natürlichen Buchten umschließen. Angesichts der Herausforderung in Gestalt der Berge von Baggergut dachte Suarez über eine Idee nach, die zuvor schon einmal von Chalfin zur Sprache gebracht worden war: ein steinernes Schiff – »das kühnste architektonische Projekt meines Lebens, inspiriert von der Isola Bella im Lago Maggiore«, wie Suarez später sagte. Von einer Balustrade umgeben und mit Skulpturen geschmückt, bot sich das Bauwerk zunächst für eine tropische Bepflanzung an; diese wurde durch den Hurrikan des Jahres 1926 zerstört und nicht wiederhergestellt. Rebecca Davidson schreibt: »Hier wartet Vizcaya mit dem reinsten Ausdruck jenes Wechselspiels von Kunst und Natur auf, wie es als Ideal zum ersten Mal vom italienischen Garten der Renaissance formuliert worden war. Haus und Gärten werden von dem steinernen Wellenbrecher sowohl vor ihrer natürlichen Umgebung geschützt als auch in diese Umgebung hinein erweitert. Architektur und Landschaft bilden eine zusammenhängende Komposition, und die Grenzen beider lösen sich auf.«

Nemours

Im schönen Brandywine Valley nordwestlich von Wilmington im Bundesstaat Delaware 196–197
finden sich gleich mehrere historische Landsitze: Longwood, Winterthur und Nemours. Das Wohnhaus in Nemours wurde in den Jahren 1909/10 von der Firma Carrère & Hastings für Alfred I. du Pont erbaut und zeigte in seinem Stil Anklänge an die Zeit Ludwigs XIV. Zugleich erinnerte es an die Herkunft der Familie du Pont aus Frankreich und schuf damit gewisse Prämissen für die Gestaltung der Gärten. Der dominanten Mittelachse fiel die Aufgabe zu, die Vorstellung des formalen französischen Gartenstils zu beschwören. Dennoch unterschied sich die Anlage von Anfang an deutlich vom Prototyp – und dies in Form, Dimensionen und Bepflanzung. Mit der Errichtung einer Kolonnade im Jahre 1926 erfuhr die bereits verkürzte Sichtachse eine weitere Beschneidung; zugleich stellten sich neue Assoziationen ein, die in diesem Fall die Schönbrunner Gloriette betrafen. Zwischen 1928 und 1932 veränderte Alfred Victor du Pont das ursprüngliche Konzept seines Vaters und bewirkte damit den architektonischen Übergang in die Nichtformalität eines englischen Landschaftsgartens.

Nemours hat sich mithin im Laufe der Jahre zu einem Garten entwickelt, in dem viele Einflüsse spürbar sind und der viele Erinnerungen wachruft. Hier gibt es marmorne Sphingen mit den Gesichtszügen der Louise de la Vallière, die als Mätresse Ludwigs XIV. maßgeblich an Fouquets Sturz beteiligt war; sie stammen aus Jean-Baptiste Colberts Schloß in Sceaux; es gibt Gartentore aus Wimbledon Manor, die im Jahre 1588 hergestellt wurden, und solche aus St. Petersburg, die ursprünglich für Katharina die Große angefertigt worden waren. Im Frühling erinnern die Hartriegelbäume den Besucher allerdings daran, daß Europa weit weg ist.

Das anmutige kleine Wohnhaus ist rosa verputzt und zeigt Schmuckformen aus dem in Indiana heimischen Kalkstein. Von seiner Westfassade aus erstreckt sich die Hauptachse ohne die vermittelnde Präsenz eines Parterres; dieses liegt vielmehr versteckt an der Südseite des Hauses. Das bescheidene Arrangement, das aus Buchs besteht und dessen Innenflächen im Frühjahr mit Tulpen gefüllt sind, schafft einen stillen Ort, der nichts mit der Imposanz der Mittelachse gemein hat.

Im Westen fällt das Gelände zunächst ab und steigt dann wieder an in Richtung der Kolonnade, die sich weiß von ihrem waldigen Hintergrund abhebt und die Achse beherrscht. Vom Wohnhaus aus betrachtet, wird die Ansicht gewissermaßen gerahmt durch die in Stufen ansteigende Bepflanzung zu beiden Seiten: *Cryptomeria japonica,* deren konischer Habitus an die »italienische« Zypresse erinnert, dahinter die kompakte rosablühende Roßkastanie, die an Frankreich denken läßt, und schließlich, über und hinter den anderen sich erhebend, die edle nordamerikanische Nadeleiche *(Quercus palustris).* Die japanischen Cryptomerien sind erst kürzlich wieder gepflanzt worden und werden ihre angestrebte Form erst nach einer entsprechenden Zeit erreichen. Im Binnenbereich dieser Allee markieren große Vasen zu beiden Seiten der in den Rasen gearbeiteten Stufen den stetigen Abfall des Terrains. Der sanfte Abhang endet an einem großen Wasserbecken. Dahinter steigt das von dem sogenannten »Labyrinth-Garten« eingenommene Gelände in Richtung der Kolonnade wieder an.

Die Form des »Labyrinths« kann man am besten würdigen, wenn man es aus der Luft oder vom oberen Ende der Kolonnade betrachtet; es läßt an ein *parterre de compartiment* im Stil Dézallier d'Argenvilles denken. Allerdings ist dieses Muster hier eben nicht als niedriges Parterre ausgebildet, sondern als Relief im höher gewachsenen Heckenwerk; daher die etwas irreführende Bezeichnung »Labyrinth«. Die äußeren Hecken sind die höchsten und bestehen aus kanadischer Hemlocktanne *(Tsuga canadensis);* die inneren sind aus Stechpalmen, die sich vom Grün des Grases deutlich abheben. Im Frühling ist dieses Muster von Tulpen belebt. Den Mittelpunkt der Komposition bildet eine Figurengruppe von Henri Crenier, die, ursprünglich mit Blattgold belegt, heute nur schlicht mit Goldfarbe angestrichen, sich aus einer Schale erhebt und damit an einen Renaissancebrunnen denken läßt. Hier soll mit Sicherheit an die Figur des Okeanos vom Isolotto der Boboli-Gärten erinnert werden, was durch die rechts und links des Arrangements angeordneten Kopien der dortigen Tritonen noch unterstrichen wird. Die rund um das Bekken verteilten »vier Jahreszeiten« – klassische Mythologie im Gewand des *Art Nouveau* – übernehmen die traditionellen Nebenrollen in der Kosmologie.

Vor dem Bau der Kolonnade, einer sehr reduzierten Version der berühmten Schönbrunner Gloriette, erfaßte der Blick noch ein weiteres Becken; der Garten muß dem Betrachter damals sehr viel größer erschienen sein. Dieses zweite Becken ist heute durch den sogenannten versunkenen Garten ersetzt – eine Kaskade, Stufen und Stützmauern aus Travertinmarmor. Von der Terrasse unterhalb der Kolonnade geht der Blick nach

Der Isolotto in den Florentiner Boboli-Gärten mit dem Brunnen des Okeanos, dem Vorbild der Figurengruppe in Nemours (siehe S. 197).

Blick in die Zentralachse von Nemours auf den westlich des Wohnhauses gelegenen »Labyrinthgarten« und die Kolonnade. Die Photographie stammt aus den Jahren 1926–1928.

Westen über sanft gewellte Wiesen und einen See in Serpentinenform bis zu einem runden Tempel, der den Endpunkt der Achse bildet. Während das formale Moment durch die Lage des Tempels und den Bepflanzungsverlauf gewahrt ist, zeigt die Landschaft keine Spur von Regelmäßigkeit. Die Rotunde beherbergt die Statue der Jägerin Diana, 1780 von Jean Antoine Houdon gegossen. Zurückschauend kann der Besucher sich ein weiteres Mal am Anblick beschnittener Hecken und des von den Bäumen der Tripelallee gerahmten Hauses erfreuen.

Blick vom Buchsweg in Dumbarton Oaks auf die von einer Hecke aus Hainbuchen umgebene Ellipse.

Dumbarton Oaks

Die Gärten von Dumbarton Oaks in Georgetown sind eng mit dem Namen Beatrix Farrands verbunden und gelten allgemein als das Meisterwerk der »amerikanischen Gertrude Jekyll«. Häufig wird dabei stillschweigend angenommen, daß alles, was wir heute in Dumbarton Oaks sehen, das Ergebnis der engen Zusammenarbeit sei, die sich in den 1920er und 1930er Jahren zwischen Beatrix Farrand und den Besitzern, Robert und vor allem Mildred Bliss, entwickelte. Das ist aber nur die eine Seite der Geschichte. Viele höchst bemerkenswerte Elemente der formalen Anlage – zum Beispiel der sogenannte *Pebble Garden* oder die Ellipse – erhielten ihr endgültiges Aussehen erst rund vierzig Jahre nach der ursprünglichen Planung und jedenfalls nach Farrands Tod, andere – zum Beispiel die Nordachse – haben die erste Bepflanzung eingebüßt, und wieder andere – allen voran der Rosengarten – präsentieren sich als modifizierte Version dessen, was Beatrix Farrand plante. Im übrigen hat sich das Verhältnis der formalen zu den nichtformalen Bereichen infolge des Verlusts einer Fläche von rund 11 Hektar am nördlichen – flußseitigen – Ende des ursprünglichen Gartens (heute vom Rock Creek Park eingenommen) radikal gewandelt.

198–199

Dumbarton Oaks hat sich, mit anderen Worten, in Form und Funktion kontinuierlich verändert und stellt trotzdem auch heute noch eine höchst glückliche Verbindung von Kunst und Natur dar: noch immer die Schöpfung Beatrix Farrands, aber gleichermaßen auch das Werk ihrer Mitarbeiter und Schüler. Im Frühling, nach dem plötzlichen Ausbruch der Magnolienblüte, genießt man den Blick über Terrassen hinweg auf das

rosig schimmernde Meer der Kirschblüten vor dem silbernen Gezweig der Buchen und der in lindgrünem Schimmer stehenden Waldzone. An heißen Sommerabenden, wenn die Glühwürmchen leuchten und die Grillen zirpen, ist die *Arbor Terrace* in den Duft der Tuberosen getaucht. Und an klaren Herbstmorgen, wenn das Gras und die abgefallenen Blätter noch feucht vom Tau sind, wird der Besucher immer noch seine Freude an den ausdauernden Staudenrabatten und den Früchten von Holzapfelbaum und *Ampelopsis* haben.

Ein 1935 entstandenes topographisches Aquarell von Ernest Clegg gibt die Struktur des Gartens wieder, den Beatrix Farrand zwischen 1922 und 1933 anlegte – »das Beste, was ich in fünfzig Jahren gemacht habe, und zugleich das, was mich zutiefst angerührt hat«, wie sie später sagte. Dieses Dumbarton Oaks ist zum größten Teil wenn nicht im Detail, so doch in Umrissen noch vorhanden: die ineinander übergehenden Terrassen, der lange Buchsweg und die Ellipse, ferner die Nordachse, die Silberahorn-Allee sowie die Gemüsegärten am östlichen Gartenrand, schließlich die nichtformalen Gärten im leicht abfallenden Teil des Terrains. Die ursprüngliche Bepflanzung hat sich mit der Zeit allerdings sehr verändert. Das hat seinen Grund vor allem darin, daß der Buchs sich in den heißen Sommern und strengen Wintern Washingtons nicht bewährte. Es klingt wie eine Ironie, daß die Pflanze, die Claude Mollet 1582 in Anet wegen ihrer Resistenz gegenüber den »Extremen von Hitze und Kälte« verwendete, hier ein Opfer der klimatischen Wechselbäder geworden ist.

Die Nordachse war in ihrer ganzen Länge von Buchshecken gesäumt. Sie verengte sich zum geraden Weg oder »Tunnel«, der ins *Forsythia Dell* hinunterführte, eine zugleich schlichte und elegante Anlage, die aus drei Folgen flacher Backsteinstufen im Rasen

Das Aquarell von Ernest Clegg aus dem Jahre 1935 zeigt eine topographische Ansicht von Dumbarton Oaks mit der vom Haus wegführenden Nordachse. Links vom Haus die Buchsterrasse und der Rosengarten, von denen aus sich der Buchsweg erstreckt. Er führt in die Buchs-Ellipse (die heutige Hainbuchen-Ellipse). An den Buchsweg schließt seitlich der Tennisplatz an, der später zum sogenannten *Pebble Garden* umgestaltet wurde. Ein Teil des südlich anschließenden nichtformalen Landschaftsparks, der bis an den Fluß reichte, wurde abgetrennt und gehört heute zum Areal des *Rock Creek Park*.

bestand und damit an Nemours erinnerte. Zwei Zedern bekräftigten die Symmetrie des Arrangements. Nachdem der Buchs sich als unbrauchbar erwiesen hatte, reproduzierte Beatrix Farrand die Wirkung mit Hilfe von steinernen Mauern, an denen sorgfältig gestutzte Glyzinien gezogen wurden; wenn sie im Mai in Blüte stehen, verwandelt sich die Nordachse insgesamt. Auch die Buchsterrasse mit der Urne im Zentrum wurde neu bepflanzt; hier ersetzte Farrand den Buchs durch Efeu. Die unmittelbare Umgebung der Urne wurde mit einem ornamentalen Kieselpflaster versehen. Es stammt von Farrands Kollegin Ruth Havey und verrät eine stärker künstlerische Auffassung.

Der Verlust der Buchseinfassungen im Rosengarten hatte weniger glückliche Veränderungen zur Folge. In ihrem als Dokumentation für Dumbarton Oaks angelegten *Plant Book* von 1941 spricht Farrand davon, daß hier auch die Wintersaison wichtig war, weil Robert und Mildred Bliss dann in aller Regel nicht auf Reisen gingen. Bei der Bepflanzung des Rosengartens, so schrieb sie, hätten ihre Überlegungen deshalb »den immergrünen und haltbaren Konturen und der Form insgesamt ebensosehr gegolten wie den Rosen, die dieser Ebene während der Blütezeit noch einen zusätzlichen Reiz verleihen. Die Rosen im Rosengarten sind für das allgemeine Aussehen des Gartens, für seine Form und Masse in der Tat nur zweitrangig.« Die Buchseinfassung wurde zunächst durch Schleifenblumen und später durch blauen Tonsandstein ersetzt. Zwei Photographien, die eine von 1927, die andere von 1964, zeigen, wie entzückend das Original ausgesehen haben muß – einem altenglischen Parterre nicht unähnlich. In der sorgfältigen Abstufung der Farben wird der Einfluß Gertrude Jekylls erkennbar. Farrand schrieb: »Was die Rosenfarben . . . angeht, so wurden für das südliche Drittel rosa- und lachsfarbene Sorten sowie einige von den tiefroten wie etwa *Etoile de Hollande* und *Ami Quinard* gewählt. Das mittlere Drittel des Gartens wurde mit lachsfarbenen und gelblich-rosa gefärbten Rosen bepflanzt, während das Nordviertel ausschließlich den gelben oder vornehmlich gelben und zusätzlich einigen orangefarbigen Sorten vorbehalten blieb.« Das Bewahren dieser ursprünglichen Wirkungen und eines Bestands an alten Rosen ist heute so wichtig wie eh und je.

An keiner Stelle des Gartens hat sich das Entfernen des Buchses dramatischer bemerkbar gemacht als in der Ellipse, einem ursprünglich sehr schlichten und stillen Ort: Silberahornbäume breiteten ihre Äste über ein zentrales Brunnenbecken, das von Efeu umkleidet und von Rasen und Buchs umgeben war. Mit den Hainbuchenhecken, die Alden Hopkins 1959, um die Zeit von Beatrix Farrands Tod, hinzufügte, entstand eine großartigere, sehr französisch anmutende und eher architektonische Wirkung. Das umgestaltete Mittelbecken wurde zum dominierenden architektonischen Bezugspunkt, und zugleich ergab sich ein neues Raumgefühl durch die Ausblicke, die sich zwischen

Rechts: Der Rosengarten im Jahre 1927, in dem der Buchs eine bedeutende Rolle spielte; oben: Der Rosengarten in seinem heutigen Zustand. Die Buchseinfassungen sind durch blauen Tonsandstein ersetzt.

den kräftigen Stämmen der Hainbuchen öffneten. Ungeachtet aller dieser Veränderungen hat der Ort sich die friedliche Stimmung bewahrt, um die es seiner Schöpferin immer zu tun war.

Am sogenannten *Pebble Garden* läßt sich die Entwicklung hin zu dem eher dekorativen Stil, der an die Stelle von Farrands ursprünglichen Intentionen trat, noch deutlicher ablesen: An der Stelle, wo sich zuvor ein Tennisplatz befunden hatte, wurde 1961 ein Wasserparterre angelegt. Das ist eine sehr eindrucksvolle Neuinterpretation traditioneller Parterreformen. Kieselsteine von den Stränden Mexikos schmücken die Flächen zwischen der steinernen »Broderie«, ähnlich den farbigen Füllmaterialien in den Innenflächen des Buchsornaments. Um den Glanz der Kiesel noch zu erhöhen, liegt ein dünner Wasserfilm über der schönen Komposition. Hier sind *parterre de broderie* und *parterre d'eau* eine Verbindung miteinander eingegangen.

Hatfield House

200 Wenn man die Entwicklung der formalen Bepflanzung über fünf Jahrhunderte hinweg am Beispiel eines einzigen Gartens demonstrieren wollte, würde man sich mit Sicherheit für Hatfield House in Hertfordshire entscheiden. Roy Strong schreibt: »Robert Cecils Hatfield, zwischen 1607 und 1612 angelegt, ist der bestdokumentierte Garten aus jakobitischer Zeit.« Was der Besucher von Hatfield House heute vorfindet, ist allerdings im wesentlichen die Schöpfung der Marchioness of Salisbury aus den letzten beiden Jahrzehnten, eine Anlage, die geschickt sowohl auf die aus dem Mittelalter und der Renaissance stammenden Backsteinfassaden als auch auf die viktorianischen Elemente – Parterre, Labyrinth und Belvederes – abgestimmt ist. Mit Phantasie und Einfühlung hat sie es verstanden, eine Folge von Gartenräumen zu schaffen, die aussehen, als stammten sie aus der Zeit Robert Cecils und seiner Gärtner Mountain Jennings, Salomon de Caus und John Tradescant d. Ä.

Cecils repräsentativer Wohnsitz wurde unter der Leitung Robert Lyminges errichtet. Er ersetzte den alten Palast, der zwischen 1480 und 1497 erbaut worden war und nun, im Jahre 1608, zum großen Teil abgerissen wurde. Glücklicherweise blieb der Westflügel mit der *Banqueting Hall* erhalten; er bildet heute den Hintergrund für den sogenannten *Knot Garden,* der 1980/81 als Teil der ausgedehnten *West Gardens* entstand. Zu diesen zählen weiterhin der *Privy Garden,* der *Scented Garden* und die Wildnis.

An diesen vier Gartenteilen kann man sich zumal von den erhöht gelegenen Spazierwegen aus erfreuen. Hier gibt es offene – nämlich mit Kies gefüllte – und geschlossene – also mit Blumen gefüllte –»Knoten«, wobei die teils runden und teils rechteckigen Beete allerdings von Buchs eingefaßt sind und nicht, wie ihre Vorgänger zur Zeit James' I., von Kräutern. Hier gibt es ferner zu Kugeln geschnittene Steinlinden, und zwar sowohl die *Phillyrea latifolia* als auch die viktorianische *Phillyrea decora,* verschiedene Akeleien und die nordamerikanische Aster, *Aster tradescantii,* die 1633 eingeführt und nach dem Sohn von Cecils Gärtner genannt wurde. Im Frühling ist hier ein prächtiges Mosaik aus orangefarbenen Kaiserkronen, rosa und weißen Tulpen, weißen Hyazinthen und gelben Jonquillen zu bewundern. Sie alle folgen auf die zartrosa Blüten des Mandelbaums.

Der Weg vom *Knot Garden* entlang der Ostseite des *Privy Garden* führt den Besucher durch eine Lindenallee, die wohl noch aus dem 18. Jahrhundert stammt. Im Schutz einer Mauer bringen schattenliebende Blumen Licht in die stürmischen ersten Frühlingstage – Anemonen, Primeln und Nieswurz. Im Sommer spenden die Lindenbäume willkommenen Schatten. Der *Privy Garden* wurde um 1900 von Lady Gwendolen Cecil angelegt, der jüngsten Tochter des 3. Marquis; er ist in den letzten Jahren mit wieder gezüchteten alten Rosen bepflanzt worden, die nicht nur einmal, sondern den ganzen Sommer hindurch blühen.

Die wirklich vollkommene Bepflanzung aber findet sich im Parterre des Ostgartens. Hier legte Lady Salisbury in den 1970er Jahren unter Nutzung der sechzehn rechteckigen Flächen, die noch aus Viktorianischer Zeit stammten und unter dem 5. Marquis neu bepflanzt worden waren, ein Staudenparterre an, das von Wegen mit wuschelköpfigen Steineichen begleitet wird und sich an Schöpfungen von Gertrude Jekyll und Norah Lindsay orientiert. Es liegt unter den Fenstern der Ostfassade. Die schlichten Beete sind mit Buchs eingefaßt und mit üppig blühenden Blumen und Sträuchern besetzt. Im Sommer bilden altmodische Rosenarten, Edelwicke, Fingerhut, Nelken, Lavendel und Lilien ganze Kaskaden und Ähren aus weißen, rosafarbenen, roten und mauvefarbenen Blüten. Dahinter, auf der tiefer gelegenen Terrasse, liegt die dunkle Geometrie des aus dem Jahre 1840 stammenden Labyrinths und in noch größerer Entfernung der sogenannte Neue Teich mit seinem unregelmäßig geformten Ufer.

Im Frühling bedeckt die Osterglocke, *Narcissus pseudonarcissus,* das Ufer rund um den Neuen Teich. Eine Handvoll Zwiebeln, die Lady Gwendolen Cecil aus Cranborne in Dorset mitbrachte, hat Hunderte und Tausende wildwachsender Narzissen hervorgebracht. Hier kann man seine Phantasie weit in die Vergangenheit schweifen lassen: An ebendieser Stelle, an der sich heute der Neue Teich befindet, legte Mountain Jennings im kalten Januar des Jahres 1612 sein rautenförmiges »Dell« an. Ins Zentrum seines »Wasserparterres« setzte er einen Pavillon, der dort wie eine Miniaturausgabe von Chenonceaux sozusagen auf dem Wasser schwebte, flankiert von Brunnen, auf denen sich Seeungeheuer tummelten. Der Holländer Simon Sturtevant wiederum schmückte im Sommer davor einen Felsenbrunnen mit einer Neptunsfigur, die anläßlich des bevorstehenden Besuchs James' I. von Buckett bemalt wurde. Die Gärtner der Maria de'Medici kamen 1611 aus Paris hierher, um fünfhundert Obstbäume, ein Geschenk ihrer Herrin, zu pflanzen, und John Tradescant hantierte mit einer jener gefüllten Anemonen, die der Botaniker L'Ecluse ihm gesandt hatte und die auch den Garten des Herzogs von Sermoneta bei Cisterna schmückten.

Rund zweihundert Jahre später ließ der 2. Marquis die aus der Zeit James' I. stammenden Terrassen für den Besuch der jungen Königin Victoria (1846) wiederherstellen. In den Jahren 1840 und 1841 wurden ein Parterre und das Labyrinth dort angelegt, wo zuvor Lady Emily Mary Hill, die Frau des 1. Marquis, noch als nahezu Achtzigjährige, halbblind und auf ihrem Pferd festgebunden, ihre Hunde gehetzt hatte. Im Frühling und Sommer des Jahres 1873 überwachte der Obergärtner Bennett das Auspflanzen der Pantoffelblumen und Geranien im *Privy Garden* und nahm das Teppichbeet im Ostgarten prüfend in Augenschein. Der 3. Marquis, dreimal Premierminister, fuhr mit seinem Dreirad auf dem von Linden überwölbten asphaltierten Weg, Gäste spielten auf dem Rasen Krocket, so wie ihre Vorgänger sich dort dem Bowling-Spiel hingegeben hatten. Lady Gwendolen hob Rasensoden an und steckte die erste Generation von Osterglocken rund um den Neuen Teich, an dem riesige Platanen standen, die einzigen Zeugen all dessen, was sich zuvor ereignet hatte.

Drei Generationen später erhielt Lady Salisbury ein Geschenk des Grafen Charles de Noailles. Es handelte sich um einige Exemplare der *Anemone coronaria,* Unterart *grassensis.* Der Graf hatte sie in Südfrankreich gefunden. Wer Hatfield House heute aufsucht, tut also gut daran, nach John Tradescants Samtanemonen Ausschau zu halten. Die jakobitischen Knotenbeete, das Wasserparterre und die Seeungeheuer mögen zusammen mit denen, die sich einst im Garten ergingen, dahingegangen sein; in dieser einen Blume aber erkennen wir noch immer ganz von ferne den Renaissancegarten.

Manoir d'Eyrignac in Aquitanien, ein moderner Garten, der die Formalität früherer Gartengestaltung in Erinnerung ruft.

Gartengestalter werden auch in Zukunft tun, was sie bisher taten: Sie werden sich ihre Inspiration bei den Vorgängern in der formalen Tradition holen. Lady Salisburys Wirken in Hatfield House hat seine Entsprechung in anderen Schöpfungen, die modern aussehen und dabei die Vergangenheit beschwören – sei es Sutton Place in Surrey oder Manoir d'Eyrignac in der Dordogne. Die Zukunft des wirklichen historischen Gartens ist dagegen eher unsicher. Manche Betrachter sind der Meinung, daß dem Gebot der Authentizität mehr Beachtung zukommen müsse, sei es auf dem Wege der Beschäftigung mit historischen Materialien und Methoden, sei es durch die Gartenarchäologie und die Wiedererschaffung von *plate-bandes* oder Teppichbeeten. Andere sehen die Lösung in einer Art Museum der Gartengeschichte, zum Beispiel in Geoffrey Jellicoes *Moody Gardens* im texanischen Galveston. Manchen geht es um die Treue zum Garten sozusagen als Text, als Palimpsest, an dem eine Generation nach der anderen gearbeitet hat. Wieder andere fordern die Wiederbelebung der Tätigkeiten und Funktionen, die dem Original seinen Sinn und seine Bedeutung verliehen. Was immer an diesen verschiedenen Ansichten richtig sein mag, eines ist sicher: Die Vergangenheit muß die Gedanken und Vorstellungen der Gartenbesitzer wie der Gartenbesucher weiterhin befruchten, so wie sie dies seit fünf Jahrhunderten getan hat.

Alphabetisches Verzeichnis der wichtigsten formalen Gärten aus fünf Jahrhunderten

Dieses Verzeichnis einer Auswahl der im Haupttext erwähnten Anlagen enthält zusätzliche Informationen über die Geschichte dieser Gärten und über diejenigen Elemente der ursprünglichen Anlage, die sich bis heute erhalten haben. Die angegebenen Öffnungszeiten galten im Jahr 1991 oder sind neueren Veröffentlichungen entnommen. Die unbekannteren Ortsnamen sind in der jeweiligen Landessprache angegeben. Gärten, die im Haupttext ausführlich beschrieben werden, finden hier nur eine kurze Erwähnung. Soweit sie in Abbildungen erscheinen, sind sie mit einem Sternchen markiert.

Anet (Château d'), Centre. Entworfen zwischen 1546 und 1552 von Philibert de l'Orme für Diana von Poitiers, die Mätresse Heinrichs II. Erhalten sind die reizvollen Terrassen mit Ovaltreppe in Art der Treppe von Bramantes Belvedere in Rom sowie ein Kamin in Form eines Sarkophags; ferner ein marmorner Brunnen (heute im Park) sowie ein Stück des Mosaikfußbodens der ursprünglichen Galerie. Der Park wurde 1681–1688 vermutlich von Le Nôtre oder – noch wahrscheinlicher – von Claude Desgots vollständig umgestaltet; später Anlage eines nichtformalen Parks.
Besitzer: M. de Yturbe, Tel. 37 41 90 07.
Der Garten ist für Schloßbesucher sichtbar, aber nicht zugänglich. Öffnungszeiten des Schlosses: Von Allerheiligen bis 1. April jeweils samstags 14–17 Uhr, sonn- und feiertags 10–11.30 Uhr und 14–17 Uhr; vom 1. April bis 1. November täglich 14.30–18.30 Uhr, sonn- und feiertags 10–11.30 Uhr und 14.30–18.30 Uhr. Dienstags geschlossen.

***Audley End, Saffron Walden, Essex.** Der (vermutlich von William Sawrey Gilpin und dem Besitzer des Hauses, dem 3. Baron Braybrooke) in den Jahren 1825 bis 1833 angelegte geometrische Blumengarten vor der Ostfassade des Hauses wurde in den letzten Jahren mit großer Sorgfalt wiederhergestellt. Nordwestlich des Hauses die Reste eines nichtformalen Vorgängergartens aus den 1780er Jahren, des sogenannten Elysian Garden, der, wie die im Haus befindlichen Gemälde von William Tompkins aus dem Jahre 1788 zeigen, regelmäßig angelegte Blumenbeete enthielt. (Sie erinnern an die Pläne für Hartwell House von 1799.) An diesen Elysian Garden schließt sich nach Westen hin der formale Rosengarten an. Er wurde 1868 angelegt und enthält ein Fischbecken.
Besitzer: English Heritage, Tel. 07 99 2 23 99.
Geöffnet von Karfreitag bzw. 1. April bis 30. September Dienstag bis Sonntag (außer Bank Holidays) 13–18 Uhr; Park und Garten ab 12 Uhr.

***Augustusburg, Brühl.** Von dem 1728 durch Dominique Girard für den Kurfürsten und Fürstbischof Clemens August angelegten Garten ist nur die Parterrezone weitgehend erhalten. In den 1930er Jahren und ein weiteres Mal nach dem Zweiten Weltkrieg restauriert, präsentiert sie sich als modifizierte Version des ursprünglichen *parterre de broderie mêlée de massifs de gazon:* Die *plate-bandes* enthalten moderne Blumen; an die Stelle der verlorengegangenen ursprünglichen Dekoration mit Figuren oder Vasen traten zunächst Eibenpyramiden, die später wieder entfernt wurden, da Formbäume in Girards Entwurf – ebenso wie in Nymphenburg und Nordkirchen – fehlten.
Besitzer: Land Nordrhein-Westfalen; Tel. 0 22 32 4 24 71.
Geöffnet täglich von Sonnenaufgang bis Sonnenuntergang.

Bacon's Castle, Surry County, Virginia. Bacon's Castle geht auf das Jahr 1665 zurück; der Garten dürfte um 1680 durch Arthur Allen II. angelegt worden sein. Er wurde in einer umfangreichen gartenarchäologischen Kampagne kürzlich wieder freigelegt und repräsentiert heute, wenn auch als Rekonstruktion, das früheste erhaltene Beispiel eines Gartens der Neuen Welt. Der Stil ist einfach und funktional: ein Rechteck von ca. 110 auf 60 Meter, durch Wege in acht ebenfalls rechteckige Flächen unterteilt. Das Ganze war an der Nordseite von einer Mauer, an den drei übrigen Seiten von einer Hecke oder einem Graben umgeben. Von dieser Begrenzung haben sich keinerlei Spuren im Boden erhalten; dagegen stieß man auf Reste von Ausstattungselementen, vermutlich dekorativen Gartensitzen. Gewisse Anhaltspunkte deuten darauf hin, daß der Garten weitgehend als Küchengarten genutzt wurde. Der hier tätige Archäologe, Nicholas Lucketti, kommt zu dem Schluß, daß die materiellen und kulturellen Gegebenheiten – »ständige Krankheit, eine erschreckend kurze Lebensspanne (des Besitzers) und die feindselige Haltung der eingesessenen Bevölkerung« – einer höheren Form der Gartenkunst entgegenstanden.
Besitzer: Association for the Preservation of Virginia Antiquities, Tel. 804 357 5976 oder 804 866 8483.
Geöffnet Dienstag bis Freitag sowie Sonntag 12–16 Uhr, Samstag 10–16 Uhr.

***Beeckesteyn, Velsen-Zuid, Noord-Holland.** Johann Georg Michael (1738–1800) fügte in den Jahren 1766 bis 1772 dem regelmäßigen Garten der ersten Hälfte des 18. Jahrhunderts einen nichtformalen Landschaftsgarten an. Sein Werk verrät die Vertrautheit mit englischen Vorbildern von Batty Langley bis Stowe, doch zeigt der Plan von 1772 noch viele formale oder axiale Elemente. Die »Restaurierung« der 1950er Jahre stellte nur die großen Umrisse dieses Plans wieder her und fügte neue Elemente hinzu.
Besitzer: Gemeente Velsen, Tel. 0 25 50–6 14 44.
Geöffnet täglich.

***Biltmore, Asheville, North Carolina.** 1888 wurde Frederick Law Olmsted mit der Gestaltung von George Vanderbilts weitläufigem Besitz beauftragt, zu dem ein Schloß mit 255 Räumen gehörte. Auf dem nichtformalen Gelände schuf Olmsted eine Reihe formaler Bereiche: eine Rasenfläche, Rampen und eine Allee, an deren Ende eine Statue der Diana stand, ferner einen ummauerten Garten mit Pergola sowie eine als »italienischer Garten« bezeichnete Terrasse. Der erste Entwurf für diese Terrasse (1892) sah eine Reihe von Parterres zwischen Wasserbecken vor. Der Plan von 1894 zeigt die vereinfachte Situation mit den drei großen Bekken, die den Garten noch heute beherrschen. Sie erinnern an die Fischbecken der Villa d'Este, doch verleiht die Ausstattung mit Lotus und Seerosen ihnen einen sehr anderen Charakter. Die Rasenfläche, ursprünglich als Tennisgelände konzipiert, diente ab 1905 als Krocketplatz. In den Plänen von 1892 und 1894 hatte Olmsted einen separaten Bowling-Garten vorgesehen.
Besitzer: Biltmore Estate, Tel. 704 255 1776.
Geöffnet täglich 9–17 Uhr (außer Thanksgiving Day, Weihnachten und 1. Januar).

***Blenheim Palace, Woodstock, Oxfordshire.** Zwischen 1925 und 1930 legte Achille Duchêne die beiden Wasserterrassen an der Westseite des Hauses über »Capability« Browns See an. Interessant auch der Italienische Garten vor der Ostfassade (ab 1900). Die von Duchêne entworfene Buchsbroderie ist eher französischen Charakters; das Parterre schmücken Rosen und Orangenbäume. Der Nixenbrunnen im Zentrum stammt von dem amerikanischen Bildhauer Waldo Story, der vorher in Cliveden arbeitete (Muschelbrunnen, 1897).
Besitzer: Duke of Marlborough, Tel. 09 93 81 13 25.
Gärten geöffnet März bis Oktober täglich 11–18 Uhr.

***Blickling Hall, Aylsham, Norfolk.** Norah Lindsays Neubepflanzung (1932) des ursprünglich von Lady Lothian angelegten Ostparterres. Der formale Garten der Jahre 1871 bis 1877 stammt von Matthew Digby Wyatt und Markham Nesfield und steht in einer axialen Beziehung zum Tempel aus den 1730er Jahren und zur »Wildnis« des frühen 18. Jahrhunderts. Letztere wurde in den 1860er Jahren in formaler Weise neu gestaltet und wird gegenwärtig restauriert. Prachtvolle Eibenhecken vor der Südfront des Hauses.
Besitzer: The National Trust, Tel. Aylsham 73 30 84.
Geöffnet vom 30. März bis 27. Oktober Di, Mi, Fr, Sa, So und Bank Holidays 12–17 Uhr (das Haus ab 13 Uhr).

***Boboli-Gärten, Florenz.** Ab 1549 von Nicolo Tribolo für Cosimo de' Medici und Eleonora von Toledo angelegt und bis 1590 von Baccio Bandinelli, Vasari, Ammannati, Buontalenti und Giambologna weiter verschönert. Die Lünette von Giusto Utens aus dem Jahre 1599 hält diese erste Phase fest. Eine zweite Phase begann in den 1630er Jahren. Sie sah die Umwandlung des gepflanzten Amphitheaters in eine steinerne Anlage und die Erweiterung des Gartens nach Westen in Gestalt der Zypressenallee – des Viottolone –, die zum ovalen Bassin mit dem Isolotto führt. Der letztere war mit dem Brunnen des Okeanos und mit Orangenbäumen geschmückt. In dieser architektonischen Bereicherung und der größenmäßigen Ausdehnung des Gartens zeigte sich der Einfluß der neuen barocken Planungsweise.
Besitzer: Der italienische Staat.
Geöffnet täglich 9 Uhr bis Sonnenuntergang. Geschlossen an Feiertagen.

***Bodnant Garden, Tal-y-Cafn, Gwynedd, Wales.** Die Gärten wurden nach 1874 von Henry Pochin angelegt. Die formalen Terrassen sind weitgehend das Werk von dessen Tochter Laura sowie dem Enkel Henry, dem späteren 2. Lord Aberconway. Zwischen 1901 und 1953 konnte Lord Aberconway mit Hilfe von Pflanzensammlern wie George Forrest und Kingdon Ward den *woodland garden,* das sogenannte »Dell«, ausschmücken. Besonders interessant die *Canal Terrace* mit der sogenannten *Pin Mill* – der Rekonstruktion (1939) eines aus den 1730er Jahren stammenden Gebäudes in Gloucestershire – und dem aus Eibenhecken bestehenden Gartentheater, das italienischen Prototypen (Marlia, Rizzardi usw.) nachgebildet und mit einem an William Kent erinnernden Gartensitz versehen ist.
Besitzer: The National Trust, Tel. 04 92 65 04 60.
Geöffnet vom 16. März bis 31. Oktober täglich 10–17 Uhr.

***Bowood House, Calne, Wiltshire.** Innerhalb des von »Capability« Brown landschaftlich gestalteten Parks (mit Kaskade von Charles Hamilton) befindet sich ein eleganter Terrassengarten, den George Kennedy in den frühen 1850er Jahren neu gestaltete. Er galt zunächst als »französischer« und später als »italienischer« Garten. Auf einem Gemälde von E. Adveno Brooke von 1856 erscheinen individuelle Beete, jeweils mit nur einer Spezies, zum Beispiel mit roten Geranien, bepflanzt – das sogenannte »massing«; die hohen schlanken Bäume erinnern an die Zypressen Italiens. Der Garten ist wohlerhalten.
Besitzer: The Earl and Countess of Shelburne, Tel. 02 49 81 21 02.
Geöffnet von März bis November täglich 11–18 Uhr.

***Bramham Park, Wetherby, West Yorkshire.** Zwischen 1670 und 1710 vermutlich vom Besitzer, Robert Benson (gestorben 1731), und seinem Gärtner Robert Fleming angelegt. Änderungen der 1720er Jahre könnten auf John Wood d. Ä. zurückgehen, der einen Plan des fertigen Gartens (1725–1728) anfertigte. Bramham gehört in die Tradition der Waldgärten, die im 17. Jahrhundert mit Cassiobury beginnt. Wie im zeitgleichen St. Paul's Walden Bury oder in Chiswick House wurden auch hier das »Parterre« auf ein Minimum reduziert und die Bäume bis nahe ans Haus herangeführt. Das Haus selbst war 1710 fertiggestellt und wurde nach dem Brand des Jahres 1828 in den Jahren 1906 bis 1915 restauriert. An der Stelle des Parterres befindet sich heute ein Rosengarten. Von der Kaskade ist nur noch der obere Teil vorhanden. Die zahlreichen, asymmetrisch geführten Waldwege sind erhalten geblieben und nach dem Sturm des Jahres 1962 neu bepflanzt worden. Auffallend die hohen Buchenhecken. Gartengebäude und -ornamente zum Teil aus der Zeit von George Lane Fox (gestorben 1773).
Besitzer: Mr. and Mrs. George Lane Fox, Tel. 09 37 84 42 65.
Haus und Park geöffnet vom 16. Juni bis 1. September So, Di, Mi, Do und Bank Holidays 13.15–17.30 Uhr. Gärten nur an bestimmten Tagen im Frühjahr geöffnet.

***Brécy (Château de), Saint-Gabriel-Brécy, Basse-Normandie.** Am Entwurf dieser kleinen, aber eleganten Anlage mit fünf ansteigenden Terrassen war möglicherweise François Mansart beteiligt, einer der Schöpfer des klassischen Stils in der französischen Architektur. Das dekorative Mauerwerk steht zweifellos im Zusammenhang mit Alexandre Francinis *Livre d'Architecture* (1631). Die im Bogen geführten und von zweiköpfigen Löwen bewachten Stufen zwischen der zweiten und der dritten Terrasse sind eine interessante Neuinterpretation der Situation im vatikanischen Belvedere und in Anet. Die Buchsbroderie der ersten Terrasse ist modern, folgt aber André Mollets *Le Jardin de plaisir* (1651).
Besitzerin: Mme. Yolande de Lacretelle, Tel. 31 80 11 48.
Geöffnet täglich außer Mittwoch 10–12 und 15–18 Uhr; geschlossen vom 5. Januar bis 28. Februar.

***Buonaccorsi (Giardino), Potenza Picena, Marken.** Höchst interessant sind die aus der Renaissance stammenden Blumenbeete der oberen Terrasse in der Form von Rauten und Sternen. Sie erscheinen auch auf einem anonymen Gemälde aus der Mitte des 18. Jahrhunderts. Die tiefer liegenden, skulpturengeschmückten Terrassen sind ebenfalls weitgehend erhalten geblieben.
Besitzerin: Società Agripicena, Tel. 07 33 68 81 89.
Geöffnet täglich 8–12 Uhr.

***Canon (Château de), Canon, Basse-Normandie.** Dieser Waldgarten wurde zwischen 1768 und 1783 von Elie de Beaumont auf der Grundlage einer älteren geometrischen Anlage des Jahres 1727 geschaffen. Die Zentralachse im Westen des Hauses besteht aus einem Grasparterre mit Büsten und einem rechteckigen, von Lindenhecken umgebenen Wasserbecken sowie einer Allee, die sich in die Ferne erstreckt. Die Hauptquerachse ist an ihrem einen Ende mit einem hochroten chinesischen Kiosk, am anderen Ende mit dem sogenannten *Temple de la Pleureuse* geschmückt; Nebenwege führen zu weiteren Gartengebäuden. Besonders bemerkenswert der Küchengarten mit seinen 13 abgeteilten Bereichen.
Besitzer: Familie de Mézerac. Tel. 31 20 05 07 oder 31 20 02 72.
Geöffnet von Ostern bis 30. Juni Sa, So und feiertags 14–19 Uhr; vom 1. Juli bis 30. September täglich (außer Di) ab 14 Uhr.

***Caserta (Palazzo Reale) bei Neapel.** Luigi Vanvitellis Entwurf von 1756 wurde im Zuge der Ausführung in den Jahren 1777 bis 1783 von seinem Sohn Carlo stark modifiziert. Zu der berühmten Wasserstraße trat nach 1786 John Graefers nichtformaler englischer Garten. Rund um Palast und Wasserstraße zahlreiche spätere Veränderungen.
Besitzer: Der italienische Staat.
Geöffnet täglich von 9 Uhr bis 1 Stunde vor Sonnenuntergang (ausgenommen Montage und staatliche Feiertage).

Castle Bromwich Hall Gardens bei Birmingham, West Midlands. Die formalen Gärten des späten 17. und frühen 18. Jahrhunderts wurden im 19. Jahrhundert wieder zum Leben erweckt. Die ursprüngliche Anlage geht auf die Zeit Sir John Bridgemans I. (1631–1710) zurück. Er und seine Frau konsultierten William Winde, der offensichtlich um 1698 Parterreentwürfe vorlegte und schriftliche Anweisungen zur Bepflanzung erteilte. Ein alternativer Parterreentwurf von 1701 wird George London zugeschrieben, und 1699 machte Charles Hatton einen detaillierten Vorschlag zur Anlage einer Wildnis. Unter Bridgemans Sohn wurden die Gärten nach Westen hin erweitert. In den 1730er Jahren existierten ein sogenannter *Holly Walk* mit abschließender Orangerie, ein Musiksalon, eine Wildnis sowie Küchengärten. Auf Henry Beightons Stich von 1726 sieht es so aus, als habe das Hauptparterre an der Westseite des Hauses aus *gazon coupé* bestanden; gartenarchäologische Untersuchungen haben inzwischen aber ergeben, daß vermutlich ein schlichteres Muster ausgeführt war. Mauern und Terrassen blieben erhalten, obwohl der Park ab 1766 von »Capability« Brown landschaftlich gestaltet wurde. Die Besitzerfamilie kehrte nach einer längeren Periode der Abwesenheit 1820 nach Castle Bromwich Hall zurück und erweckte die Gärten zu neuem Leben. Eine weitere Phase formaler Gartengestaltung begann um die Mitte des 19. Jahrhunderts; das inzwischen ausgegrabene Blumenparterre in der Form von vier Malteserkreuzen entspricht mehr oder weniger der Photographie des Jahres 1868.
Gegenwärtig ist der CBHG-Trust mit der Restaurierung der unteren Terrassen befaßt, die den Zustand der Zeit um 1740 wiederherstellen soll. Die oberen Terrassen gehören einem anderen Besitzer.
Besitzer: CBHG-Trust, Tel. 021 749 4100.
Geöffnet vom 2. April bis 30. September Mo–Do 13.30–16.30 Uhr; Sa, So und Bank Holidays 14–18 Uhr; Freitag geschlossen.

***Chantilly (Château de); Chantilly, Picardie.** 1662/63 von Le Nôtre für Louis II. de Bourbon, den als Feldherr berühmten »Grand Condé«, angelegt. Assistiert wurde Le Nôtre von seinem Schwager Pierre Desgots und dessen Sohn Claude, von dem Ingenieur Jacques de Manse und dem Architekten Daniel Gittard. Die Zentralachse verläuft an der Ostseite des Schlosses. Unter Ausnutzung des Geländeunterschiedes legte Le Nôtre hier eine imposante Rampe als Zugang zum Schloß an, von deren oberem Ende die Gärten zum ersten Mal ins Blickfeld des Betrachters rücken. Die Achse passiert zwei identische Wasserparterres (1666), kreuzt einen gigantischen Kanal auf der Querachse und endet in einem Rasen-Amphitheater. Der Kanal entstand zwischen 1671/72 und 1681. Im Westen erstreckten sich die Gärten, darunter das Parterre de l'Orangerie mit dem von Hardouin-Mansart entworfenen Orangeriegebäude von 1683–1686, über eine halbe Meile; das ganze Terrain wurde später in einen englischen Garten verwandelt. Die waldige Zone im Südosten wurde um die Mitte des 18. Jahrhunderts zu einem geometrischen Boskett umgestaltet; hier befanden sich der Platz für das Gänsespiel und ein Labyrinth in Windrädchenform. Im Dreieck zwischen Orangerie und Wasserparterre lage die *Ile d'Amour* und die *Ile des Jeux,* formale Anlagen, die 1765 erneuert wurden. Von alldem hat sich nur wenig erhalten; östlich der Wasserparterres liegt aber noch heute der nichtformale Hameau-Garten von 1774/75, eine anmutige Ergänzung der großartigen formalen Anlage.
Besitzer: Institut de France, Tel. 44 57 03 62 oder 44 57 08 00.
Geöffnet vom 1. April bis 30. Oktober täglich außer Dienstag 10–18 Uhr (außerhalb der Saison von 10.30–17 Uhr).

***Charlottenhof, Potsdam.** Ab 1826 und bis weit in die 1830er Jahre hinein von Peter Joseph Lenné als Erweiterung der großen, teils formalen, teils nichtformalen Parkanlagen von Potsdam zwischen Sanssouci und dem Neuen Palais angelegt. Der römische Einfluß ist sowohl im Hippodrom-Garten als auch im Garten um das Schlößchen selbst und im Bereich der sogenannten Römischen Bäder unverkennbar. Unlängst restauriert.
Besitzer: Staatliche Verwaltung der Schlösser und Gärten, Potsdam-Sanssouci. Tel. 97 02 81.
Geöffnet täglich von 6 Uhr bis Sonnenuntergang.

***Chastleton House, Chastleton, Oxfordshire.** Die konzentrischen Rosenbeete, Buchsfiguren und Eibenhecken gehen auf das frühe 17. Jahrhundert zurück, wurden aber vermutlich um 1828 erneuert.
Besitzer: The National Trust.
Für das Publikum noch nicht geöffnet.

***Chatsworth bei Bakewell, Derbyshire.** Bei der landschaftlichen Umgestaltung des zwischen 1685 und 1703 von George London und anderen für den 1. Herzog von Devonshire angelegten Gartens blieben die Kaskade von 1696 bzw. 1702, Archers Pavillon von 1703, Cibbers Rossebrunnen aus den 1690er Jahren und der lange Kanal von 1702/03 erhalten. Die von Kip und Knyff 1699 wiedergegebenen Parterres und Boskette dagegen wurden durch »natürlich« geformte Rasenbereiche ersetzt, als »Capability« Brown in den Jahren 1755 bis 1764 für den 4. Herzog arbeitete. Ein Gemälde von William Marlowe zeigt Kaskade und Kanalterrasse inmitten des neuen Landschaftsparks.
Rund um diese formalen Elemente ist das Gelände seit dem frühen 19. Jahrhundert bis heute immer wieder umgestaltet worden. Im Osten befinden sich der sogenannte *Broad Walk* aus den 1820er Jahren, um 1900 mit goldfarbenen Eiben neu bepflanzt, der formale Rosengarten vor dem Grünhaus des 1. Herzogs von ca. 1697 bis 1699, der an die Stelle des »französischen« Gartens des 19. Jahrhunderts getreten ist, und die um 1833 in Teilen umgestaltete Kaskade mit dem Aquädukt, bei dem Paxton sich an Wilhelmshöhe orientierte. Im Süden liegen der sogenannte *Ring Pond* aus den 1690er Jahren, umgeben von einer formalen, eine Serpentine bildenden Buchenhecke, die 1953 angepflanzt wurde, und das Labyrinth von 1962 auf dem Areal von Paxtons großem Gewächshaus der Jahre 1836 bis 1840, das 1920 abgerissen wurde. Im Westen schließlich der private formale Garten, um 1830 von Wyatville angelegt und 1963 als Parterre neu bepflanzt.
Besitzer: Chatsworth House Trust, Tel. 02 46 58 22 04.
Geöffnet vom 24. März bis 3. November täglich 11–16.30 Uhr.

***Chenonceaux (Château de) bei Tours, Centre.** Aus der Zeit der Diana von Poitiers und der Katharina von Medici (1550er bis 1570er Jahre) haben sich nur die architektonischen Konturen erhalten; die Bepflanzung ist späteren Datums und in einem späteren Stil gehalten.
Besitzer: Familie Menier, Tel. 47 23 90 07.
Geöffnet täglich in Verbindung mit der Besichtigung des Schlosses: Vom 16. März bis 15. September 9–19 Uhr; in der übrigen Zeit des Jahres von 9 Uhr bis Sonnenuntergang.

***Chiswick House, Chiswick, London.** Den Park mit seinen teils formalen, teils nichtformalen Bereichen gestalteten in den 1710er bis 1740er Jahren Lord Burlington (1695–1753) und William Kent (1684–1748); in den 1770er und 1780er Jahren der 5. Herzog von Devonshire und Samuel Lapidge (ca. 1740–1806); nach 1810 der 6. Herzog und Lewis Kennedy (1789–ca. 1840). Restaurierungen erfolgten um 1950 und erneut seit dem Ende der 1980er Jahre (noch nicht abgeschlossen).
Besitzer: English Heritage, Tel. 081 995 0508.
Geöffnet täglich von Sonnenaufgang bis Sonnenuntergang.

Circus (No. 4, Circus), Bath, Avon. Der Stadtgarten aus der Zeit um 1760 wird seit dem Ende der 1980er Jahre auf der Basis archäologischer Untersuchungen rekonstruiert. Symmetrische Anlage mit rechteckigen Blumenrabatten sowie runden und elliptischen Blumenbeeten. Die Anlage mißt nur rund 33 auf 12 Meter.
Besitzer: Bath Museums Service & Bath Archaeological Trust, Tel. 02 25 46 11 11, App. 27 60.
Geöffnet von Anfang Mai bis Ende Oktober Mo–Fr 9–16.30 Uhr. Geschlossen am Wochenende sowie an Bank Holidays.

***Cliveden bei Maidenhead, Buckinghamshire.** Formale Gärten aus verschiedenen Perioden. Unter Lord Orkney (der hier von 1696 bis 1739 lebte) entstand in den Jahren 1723/24 das Rasenparterre an der Südseite des Hauses. Es bildete die Basis für das viktorianische Parterre von 1851 bis 1853 (zum Teil 1976 wiederhergestellt). Aus den 1720er und 1730er Jahren haben sich außerdem zwei Gartengebäude von Giacomo Leoni sowie Reste einer Eibenallee und eines Rasen-Amphitheaters erhalten, in dem Theateraufführungen und Konzerte stattfanden. In diesem Zusammenhang wurden Charles Bridgeman und Alexander Pope tätig. Aus der Zeit des William Waldorf Astor (der hier von 1893 bis 1906 lebte) haben sich der Muschelbrunnen (Brunnen der Liebe) des Bildhauers Waldo Story am Nordende der Allee und der Lange Garten mit seinen Formbäumchen und den venezianischen Statuen des 18. Jahrhunderts erhalten.
Besitzer: The National Trust, Tel. 06 28 60 50 69.
Geöffnet von Karfreitag bis Ende Oktober täglich 11–18 Uhr oder bis Sonnenuntergang; im November und Dezember täglich 11–16 Uhr. Geschlossen im Januar und Februar.

***Courances (Château de), Ile-de-France.** Der formale Garten des 17. Jahrhunderts wurde im 18. Jahrhundert verändert (die Platanen zu seiten der Kanäle stammen aus dem Jahr 1782, das rechteckige Becken ersetzte ein rundes) und nach 1872 durch den Baron de Haber beseitigt. Einfühlsame »Restaurierung« durch Achille Duchêne in den Jahren vor dem Ersten Weltkrieg; weitere Rekonstruktionen nach den Zerstörungen des Zweiten Weltkriegs.
Besitzer: Jean-Louis de Ganay, Tel. 1 64 98 41 18 oder 1 45 50 34 24.
Geöffnet vom 31. März bis 1. November Sa, So und an staatlichen Feiertagen 14–18.30 Uhr.

Crowfield Plantation Gardens bei Charleston, South Carolina. Reste des formalen Gartens, der in den 1730er Jahren für William Middleton angelegt und zu Beginn der 1740er Jahre von Eliza Lucas Pinckney beschrieben wurde. Nach diesem Bericht enthielt er ein großes, rechteckiges Fischbassin, in dessen Mitte sich ein von einem Tempel bekrönter Berg erhob. Umgeben war der Garten von Kanälen. Gras- und Blumenparterres, ein Boulingrin und ein »Dickicht aus hohen Steineichen« werden in der Beschreibung ebenfalls erwähnt. Reste eines weiteren Hügels und des Wasserbeckens sind noch vorhanden; vom Haus haben sich dagegen nur die Fundamente erhalten.
Auskünfte erteilt die Historic Gardens Foundation.

***Drummond Castle Gardens, Muthill, Perthshire (Tayside).** Um 1630 angelegt, wurde der Terrassengarten in den 1820er und 1830er Jahren durch Lewis Kennedy und seinen Sohn George restauriert. Die Beete waren in Form eines Andreaskreuzes rund um eine Sonnenuhr angeordnet. Die Bepflanzung bestand aus Rhododendronbüschen und Heidekraut. Auf einem nicht datierten Gemälde von Jacob Thompson erkennt man allerdings eine Rabatte, die mit Stockrosen, Geranien und Levkojen gefüllt und von konischen Immergrünen akzentuiert ist – nicht unähnlich einer französischen *plate-bande*. Den Zeitgenossen erschien der Garten als eine Kombination italienischer, französischer und niederländischer Merkmale. Heute besteht die Bepflanzung aus einem prächtigen Sortiment von Rosen und unterschiedlich beschnittenen Formbäumchen.
Besitzer: The Grimsthorpe and Drummond Castle Trust Ltd.
Geöffnet von Mai bis August täglich 14–18 Uhr; im September Mittwoch und Sonntag 14–18 Uhr.

***Dumbarton Oaks, Georgetown, Washington D.C.** Formale und nichtformale Gartenbereiche von Beatrix Jones Farrand (1872–1959) für Robert und Mildred Bliss. Angelegt in den 1920er und 1930er Jahren. Von Ruth Havey, Alden Hopkins und anderen weiterentwickelt.
Besitzer: Trustees for Harvard University, Tel. 202 342 3290.
Geöffnet von April bis Oktober täglich 14–17 Uhr.

***Eremitage (Hofgarten), Bayreuth.** Der Garten wurde von der Markgräfin Wilhelmine, der Schwester Friedrichs des Großen, rund um das Alte Schloß von 1715–1718 angelegt. Das Neue Schloß, errichtet zwischen 1749 und 1753, erinnerte in seinem Stil an Friedrichs Sanssouci, das Zentrum des kurvigen Baues beherrschte allerdings ein großes Wasserparterre mit Skulpturen und Brunnen. Mit den in Reihen angeordneten Kübelpflanzen rief es zugleich die Vorstellung holländischer Orangeriegärten ins Gedächtnis. Die Außenmauern von Joseph Saint-Pierres Schloßbau waren mit einem Mosaik aus blauem, rotem und gelbem Glas und glitzernden Kristallen verziert; Laubengänge vervollständigten die Anlage. Nach den Bombenschäden des Jahres 1945 ist das Neue Schloß heute wiederhergestellt, wenn auch ohne die Treillagen und die ursprüngliche Bepflanzung. Das Alte Schloß überlebte das Bombardement. Von Wilhelmine verändert, bewahrte es dennoch seinen scheinbar ruinösen Charakter. Der inkrustierte Eingang führt in eine Grotte mit Wasserspielen im Stil der Renaissance. Weitere Ausstattungsstücke des Gartens scheinen den englischen Landschaftsstil vorwegzu-

nehmen: die kürzlich restaurierte Kaskade, Joseph-Saint-Pierres prachtvolle Untere Grotte (vor 1745) und das Ruinentheater von 1743.
Besitzer: Bayerische Verwaltung der staatlichen Schlösser, Gärten und Seen, Tel. 09 21 9 25 61.
Geöffnet täglich.

***Eyrignac (Manoir d'Eyrignac) bei Salignac, Aquitaine.** Ein moderner formaler Garten, bestehend aus Rasenflächen sowie beschnittenen Bäumen und Sträuchern in unterschiedlichen Schattierungen von Grün. Von den Besitzern über dreißig Jahre hinweg auf der Grundlage einer früheren Anlage geschaffen, die unter einer späteren Bepflanzung verlorengegangen war.
Bemerkenswerte Ausstattungsstücke sind das in die Rasenfläche der Hauptachse gesetzte, von einer weiß, gelb und blau schattierten Blumenrabatte begleitete Buchsparterre, das in einen in Stufen ansteigenden Weg zwischen beschnittenen Eiben übergeht, die sogenannte *Allée des Charmes* auf der Querachse, begleitet von Hainbuchenhecken und Eibenpyramiden, und die – ebenfalls auf der Querachse befindliche – *Allée des Vases,* bestehend aus Eibenhecken, die zurückspringen und in denen Vasen mit beschnittenen Eibenbäumchen Platz finden.
Besitzer: P. Sermadiras de Pouzols de Lile, Tel. 53 28 80 10.
Geöffnet vom 1. Juli bis 30. September täglich 14–18.30 Uhr.

***Giverny (Fondation Claude Monet) bei Evreux, Haute-Normandie.** Die teils formalen, teils nichtformalen Gärten, mit deren Gestaltung Monet um 1890 begann und an denen er bis zu seinem Tod im Jahr 1926 arbeitete, wurden ab 1976 sorgfältig restauriert. Der Bereich nahe beim Haus, der sogenannte *Clos Normand,* verband die Systematik eines botanischen mit der Üppigkeit eines Cottage-Gartens. Der Seerosenteich, einst jenseits der Eisenbahnlinie, heute jenseits einer Autostraße, erinnerte an den romantischen englischen Stil und verriet zugleich orientalische Einflüsse.
Besitzer: Institut de France, Académie des Beaux-arts, Tel. 32 51 28 21.
Geöffnet vom 1. April bis 31. Oktober täglich (außer montags) 10–18 Uhr. (Das Haus ist von 12 bis 14 Uhr nicht zugänglich.)

***Groß-Sedlitz (Barockpark), Heidenau bei Dresden.** Unter den Gärten Augusts des Starken (Zwinger, Großer Garten, Pillnitz) ragte das in Teilen noch vorhandene Groß-Sedlitz als besonders prächtige Anlage heraus. Alle diese Gärten waren in erheblichem Umfang von Augusts Vorliebe für Festlichkeiten und Zerstreuungen bestimmt. Nachdem Johann Christoph Knöffel 1719 mit der Anlage von Groß-Sedlitz begonnen hatte, nahm der König den Garten 1723 in Besitz und ließ die Arbeiten von dem Franzosen Zacharias Longuelune fortsetzen. Für die architektonische Ausstattung war Matthias Daniel Pöppelmann zuständig. Erwähnenswert ist hier vor allem Pöppelmanns berühmte Treppe, die »Stille Musik«, so genannt nach den musizierenden Tritonen auf der Balustrade. Treppe und Kaskade verraten italienische Einflüsse, während die Brunnen von französischen Vorbildern sprechen. Doch tut diese weiter ausgreifende Inspiration der Stellung von Groß-Sedlitz unter den einfallsreichsten Schöpfungen der deutschen Gartenkunst, wie Dieter Hennebo schreibt, keinen Abbruch.
Besitzer: Verwaltung der Schlösser und Gärten des Freistaates Sachsen, Tel. Heidenau 7 92 12.
Geöffnet täglich von Sonnenaufgang bis Sonnenuntergang.

***Gunston Hall, Lorton, Virginia.** Hier lebte George Mason (1725–1792), politischer Denker und Freund Washingtons und Jeffersons (als einer der Verfasser der *Virginia Declaration of Rights* legte er den Grundstein für spätere Menschenrechtserklärungen). Das Haus entstand unter Mitarbeit von William Buckland ab 1755, und vermutlich datiert auch der erste Garten aus dieser Zeit. Wie Mount Vernon besaß auch Gunston Hall formale Gärten an der Südseite, von denen aus man in die »natürliche« Landschaft mit dem zum Potomac hin abfallenden Wildpark blickte. Zeugnisse der ursprünglichen Anlage sind kaum vorhanden, und der beste schriftliche Bericht – von Masons Sohn John erst 1834 verfaßt – sagt kaum etwas über Stil und Bepflanzung aus. Allein der Hinweis auf die vier divergierenden Reihen von Kirschbäumen an der Nordfassade gibt einen Eindruck vom ursprünglichen Aussehen. Die Restaurierung des formalen Gartens mit der massiven (und inzwischen unverhältnismäßig hohen) zentralen Buchsallee wurde vom *Garden Club of Virginia* auf der Basis eher von Mutmaßungen als von archäologischen Untersuchungen unternommen – eine phantasievolle Vision der Vergangenheit.
Besitzer: Commonwealth of Virginia and The National Society of The Colonial Dames of America, Tel. 703 550 9220.
Geöffnet täglich (außer 25. 12.) 9.30–17 Uhr.

***Hampton Court Palace, Hampton Court, London.** Eine außerordentlich komplexe Gartenanlage, die, zur Zeit Heinrichs VIII. entstanden, einen Höhepunkt unter William und Mary erreichte. Unter Karl II. wurden östlich des Palasts der große Kanal und die spätere *patte d'oie* angelegt; sie ist, wenn auch in wesentlichen Teilen neu bepflanzt, noch heute vorhanden. Unmittelbar vor dem von Christopher Wren errichteten neuen Ostflügel legte Daniel Marot ab 1689 sein großes, von Linden umstandenes Parterre in der Form eines Halbkreises an. Es war innen mit Broderien, außen mit Gras besetzt; Hunderte von Formbäumchen – 304 Eiben und 24 Stechpalmen – säumten die Wege. Einige Eiben sind als riesige pilzförmige Bäume noch heute vorhanden. Das Parterre, obwohl kürzlich wieder mit Linden bepflanzt, zeigt heute einen späteren Stil. Der sogenannte *Privy Garden* an der Südseite von Wrens Erweiterungsbau wurde in den Jahren 1690/91 mit *gazon coupé* versehen. Eiben und Stechpalmen sind hier auch heute noch vorhanden, aber insgesamt ist die Bepflanzung jüngeren Datums. Von der im Norden der Anlage gelegenen Wildnis hat sich nur das Labyrinth, neu bepflanzt und inzwischen in etwas schäbigem Zustand, inmitten späterer Pflanzungen erhalten. Der an den *Privy Garden* anschließende *Knot garden* wurde in den zwanziger Jahren unseres Jahrhunderts von Ernest Law neu gestaltet. Aus der Zeit Heinrichs VIII. und von William und Mary – mit anderen Worten, vom Werk der Marot, Wren, Talman und George London/Henry Wise – hat sich mithin in Hampton Court nur wenig bis in unsere Tage erhalten.
Besitzer: Historic Royal Palaces, Tel. 081 977 8441
Geöffnet täglich bis Sonnenuntergang, spätestens bis 21 Uhr.

***Hatfield House, Hatfield, Hertfordshire.** Die Gärten, in den Jahren 1608 bis 1612 für Robert Cecil angelegt, wurden im 18. Jahrhundert zerstört, als Lady Salisbury, die Frau des 1. Marquis, sich der Jagd in dem das Haus umgebenden Parkgelände hingab. Ihr Sohn, der 2. Marquis, stellte die Terrassen in den 1840er Jahren wieder her. Sie wurden bis heute ständig verschönert und um neue formale Gartenteile erweitert.
Besitzer: Marquess und Marchioness of Salisbury, Tel. 07 07 26 28 23.
Geöffnet: Westgärten täglich (außer Freitag) 11–18 Uhr, Ostgärten nur Montag (ausgenommen Bank Holidays) 14–17 Uhr.

***Hautefort (Château de), Hautefort, Aquitaine.** Die Gärten entstanden ab 1929, dem Jahr, in dem der Baron de Bastard und seine Frau das Areal kauften und hier ein »Restaurierungsprogramm« ins Werk setzten. Südlich und östlich des dominierenden Schloßbaues legten sie Parterres an, die sie mit Begonien, Verbenen und Geranien sowie mit Buchs-, Eiben- und Thujabäumchen besetzten. Ein imposanter Laubengang aus Thuja begleitet die westlich des Hauses gelegene Esplanade. Diese »Restaurierung« ist eine phantasievolle Interpretation überkommener Bepflanzungstraditionen, massiv in der Geometrie ihrer Muster. Von dem Brand, der 1968 im Schloß ausbrach und entsprechende Restaurierungsarbeiten notwendig machte, blieben die Gärten unberührt.
Besitzerin: Mme. Durosoy, Tel. 53 50 51 23.
Geöffnet in Verbindung mit der Besichtigung des Schlosses von Palmsonntag bis Allerheiligen täglich 9–12 und 14–19 Uhr; in der übrigen Jahreszeit sonntags 14–18 Uhr. Geschlossen vom 25. Dezember bis 25. Januar.

***Herrenhausen (Großer Garten), Hannover.** Eine erste und noch sehr bescheidene Anlage entstand 1665/66 unter Johann Friedrich von Braunschweig-Lüneburg. Eine zweite Phase setzte 1673 unter dem Hofarchitekten Hieronimus Sartorius und dem Gärtner Henri Perronet ein; aus dieser Zeit stammen die Kaskade und die Grotte. Ihr endgültiges Aussehen erhielt die Anlage unter dem späteren Kurfürsten Ernst August und seiner Frau Sophie, die 1682 ihren Gärtner aus Osnabrück mit nach Hannover brachte. Es war der Franzose Martin Charbonnier. Er nahm zunächst Verbesserungen an der bestehenden Anlage vor und fügte zwischen 1689 und 1693 das Gartentheater hinzu; nach einer Hollandreise begann er 1696 mit der Erweiterung der Gärten. Der neue Garten erstreckte sich um mehr als das Doppelte der ursprünglichen Ausdehnung nach Süden. Charbonnier legte hier diagonal verlaufende Wege sowie runde Bassins und Brunnen an. Die heckenumschlossenen Räume standen voller Obstbäume. Die Grenze bildeten der Kanal (mit einer hemisphärischen Ausbuchtung am Ende der Hauptachse) und zwei Pavillons an den Enden. Das Ganze erinnert sowohl an holländische Gärten wie Honselaarsdijk als auch an französische Vorbilder wie Charleval und kann, wie Dieter Hennebo bemerkt, als eine Synthese beider Stile betrachtet

werden. Nach den Restaurierungen der Jahre 1936/37 und 1960 bis 1966 bewahrt der Garten noch immer viel von seiner ehemaligen Struktur und eine Reihe architektonischer Elemente, aber nur noch einzelne Aspekte der ehemaligen Bepflanzung: Das innere *parterre à l'angloise* zum Beispiel ist durch Broderien ersetzt; in den Boskettgevierten stehen heute nicht mehr Obstbäume, sondern Waldbäume.
Besitzer: Städtische Verwaltung der Herrenhäuser Gärten, Tel. 05 11 1 68-75 76 oder 73 76.
Geöffnet täglich von 8 Uhr bis Sonnenuntergang.

*** Hestercombe bei Taunton, Somerset.** Zwischen 1904 und 1909 von Gertrude Jekyll und Edwin Lutyens für E. W. B. Portman angelegt und nach 1973 durch den Somerset County Council restauriert. Neben dem zentralen sogenannten *Great Plat* befinden sich hier noch weitere formale Gartenteile: eine Orangerie und daran anschließend der Holländische Garten, ein Rosengarten und nördlich des Parterres der sogenannte *Grey Walk*.
Besitzer: Somerset County Council,
Tel. 08 23 8 72 22 oder 33 72 22.
Geöffnet täglich Mo–Fr 9–17 Uhr; vom 1. Mai bis 30. September Sa und So 14–17 Uhr.

*** Het Loo (Rijksmuseum), Apeldoorn, Gelderland.** Nach siebenjähriger Restaurierung wurden Palast und Gärten von Het Loo am 20. Juni 1984 für das Publikum geöffnet. Die Restaurierung hat die ursprüngliche Formalität der Zeit von William und Mary wiederhergestellt und den Prozeß der Umwandlung in eine »natürliche« Landschaft, wie er im 18. und 19. Jahrhundert eingesetzt hatte, rückgängig gemacht. Het Loo ist heute *das* authentische Beispiel barocker Bepflanzung. In einigen Aspekten weicht die Restaurierung allerdings vom ursprünglichen Zustand ab: In den Parterres des Oberen Gartens hat man die inzwischen alt gewordenen Bäume aus der Zeit der Landschaftsbewegung stehengelassen; die Kolonnaden wurden aus finanziellen Gründen in Kunststein wiederhergestellt, und in einigen Räumen des Schlosses hat man die Möblierung aus späterer Zeit beibehalten. Insgesamt beeindruckt die Restaurierung aber durch ihre Nähe zum ursprünglichen Zustand.
Besitzer: Der niederländische Staat.
Tel. 055 21 22 44.
Geöffnet von April bis Oktober Di–So 10–17 Uhr.

*** Hidcote Manor Garden bei Mickleton, Gloucestershire.** Nach 1907 angelegt von Major Lawrence Johnston, einem Amerikaner, der in Frankreich aufgewachsen war und später die britische Staatsbürgerschaft erwarb. In Hidcote brachte die traditionelle formale Gartengestaltung den neuen Typ des in Kompartimente eingeteilten Gartens hervor – »Gartenräume«, von Hecken umschlossen –, in dem die Bepflanzung, obwohl mit aller Sorgfalt vorgenommen, so zufällig und beiläufig wirkte wie in einem Cottage-Garten. Die Roten Rabatten und der Weiße Garten präsentieren neue, kalkulierte Wirkungen der farblichen Komposition. Zu den formalen »Gartenräumen« von Hidcote zählen: der Alte Garten an der Südseite des Hauses mit der Libanonzeder, den Johnston übernahm und mit prachtvollen Staudenrabatten verschönerte; der Weiße Garten mit den zu Vogelgestalten geschnittenen Immergrünen und den rosa überhauchten weißen Rosen; die Roten Rabatten, die in den sogenannten *Stilt Garden* mit seinen Hainbuchenhecken führen, und schließlich der *Fuchsia Garden* mit seiner Hecke aus unterschiedlich grünen Stechpalmen, Eiben, Buchs und Rotbuchen, in dem die Fuchsien in buchsgesäumten Beeten üppig blühen. Größere formale Gartenteile mit einfacher Bepflanzung sind der *Long Walk,* ein breiter Grasweg auf abwechselnd ansteigendem und abfallendem Gelände, von Hainbuchenhecken gesäumt, und der von einer Eibenhecke umgebene *Theatre Lawn,* in dessen Mitte sich eine alte Buche erhebt. Diese formalen »Gartenräume« liegen verstreut zwischen nichtformalen Gartenteilen.
Besitzer: The National Trust, Tel. 03 86 43 83 33.
Geöffnet von April bis Oktober täglich (außer Di und Fr) 11–20 Uhr.

Hortus Palatinus (Schloßgarten), Heidelberg. Salomon de Caus' nie vollendetes Projekt für Friedrich V., begonnen 1614 bis 1619 und publiziert in De Caus' *Hortus Palatinus* von 1620, war eines der eindrucksvollsten Beispiele der Aufnahme vielfältiger Einflüsse aus ganz Europa in die deutsche Gartengestaltung. Die Terrassierung erinnerte an italienische Vorbilder, während die einzelnen Kompartimente keine axiale Betonung aufwiesen. Die verschiedenen Parterres spiegelten verschiedene Traditionen: altmodische Knotenbeete (die in England noch immer in Mode waren), abgeteilte Blumenbeete (wie sie in Italien und in den Niederlanden zu finden waren und später als *parterres de pièces coupées* bezeichnet wurden) und die neue französische Broderie. Das Wasserparterre ähnelte dem später von Isaac de Caus für Wilton konzipierten Gegenstück. Die hydraulischen Elemente und die Grotte verrieten italienische und französische Einflüsse; es war Salomon de Caus, der diese Traditionen zuvor nach England gebracht hatte. Die Ikonographie des Gartens war komplex. Natursymbole wechselten mit Autoritätssymbolen ab. Friedrich V. wurde mit mythologischen oder symbolischen Gestalten gleichgesetzt: mir Herkules und Apollo, Vertumnus und den Flußgöttern von Rhein, Neckar und Main. Reinhard Zimmermann schreibt, der *Hortus Palatinus* sei zugleich ein Symbol der staatlichen Ordnung, ein Abbild des Territoriums der Pfalzgrafschaft und die Fortsetzung der alten römischen Praxis der Beherrschung der Natur. Von der großartigen Anlage sind nur die Terrassen, Ruinen der meisten steinernen Gebäude und einige architektonische und plastische Elemente übriggeblieben, die in den letzten Jahren wiederaufgerichtet wurden, so das Portal der großen Grotte und die Zierbecken.
Besitzer: Land Baden-Württemberg.
Geöffnet: ganzjährig.

*** Iford Manor Gardens, Bradford-on-Avon, Wiltshire.** Das Herrenhaus vom Ende des 16. und dem Beginn des 17. Jahrhunderts wurde zwischen 1725 und 1730 umgebaut und 1899 von Harold Ainsworth Peto (1854–1933) erworben. Die Gärten wurden in den ersten drei Jahrzehnten unseres Jahrhunderts unter Einbeziehung älterer Elemente und Bepflanzungen neu angelegt und ab 1965 restauriert. Drei Hauptterrassen prägen die Anlage. Ihre architektonische Struktur wird durch die natürliche Bepflanzung und die umgebende Landschaft gemildert. Bemerkenswert ist die Hauptterrasse, die von Säulen und antiken Skulpturen begleitet wird und an deren Ende sich ein oktogonales Sommerhaus aus dem 18. Jahrhundert erhebt. Von dieser Terrasse geht der Blick über einen ovalen Seerosenteich und eine Kolonnade hinweg auf die hügelige Landschaft. Die Terrassen, Ausstattungsstücke und immergrünen Pflanzen – Zypressen, Juniper und Phillyrea – erinnern an italienische Gärten, aber die zwanglose Anordnung der Bäume, Sträucher und Kletterer ist typisch für den englischen Garten der Edwardianischen Ära – für das, was Avray Tipping die »geglückte Mischehe der formalen mit der natürlichen Gartengestaltung« nennt.
Besitzerin: Mrs. Cartwright-Hignett,
Tel. 0 22 16 31 46 oder 28 40.
Geöffnet von Mai bis September Di, Mi, Do, Sa und So (auch am sommerlichen Bank Holiday) 14–17 Uhr. April und Oktober: So und Ostermontag.

I Tatti (Villa), Settignano. Dieser durchweg grüne formale Garten in seiner nichtformalen Umgebung wurde ab 1910 von Cecil Pinsent für Bernard Berenson angelegt. Die Terrassen unterhalb der Villa sind mit Kieselpflaster, Stufen und geometrischen Mustern aus beschnittenem Buchs geschmückt; Blumen sind nur auf der obersten Terrasse zugelassen. Die Zentralachse wird zu beiden Seiten des Kieselmuster-Wegs von Buchspyramiden akzentuiert. Diese von strenger Disziplin geprägte immergrüne Bepflanzung kennzeichnet den »Neo-Renaissance-Garten« vom Anfang des 20. Jahrhunderts.
Besitzer: Harvard University (Center for Italian Renaissance Studies).
Zugänglich nur nach schriftlicher Anmeldung oder im Rahmen von Gartenführungen.

*** Klein-Glienicke (Park), Berlin.** Nichtformaler *Pleasureground,* angelegt ab 1816 von Peter Joseph Lenné, in der Folge auch mit formalen – gebauten und gepflanzten – Elementen ausgestattet. Besonders bemerkenswert sind die runden Blumenbeete. Die jüngst erfolgte Restaurierung hat den Zustand der Zeit um 1840 wiederhergestellt. Damals war der Park bereits mit architektonischen Zutaten nach Entwürfen von Ludwig Persius und Karl Friedrich Schinkel ausgestattet.
Besitzer: Schloßverwaltung Schloß Glienicke,
Tel. 0 30 8 05 30 41. Geöffnet täglich von Sonnenaufgang bis Sonnenuntergang.

*** Kleve, Nordrhein-Westfalen.** Das Amphitheater des Johann Moritz von Nassau-Siegen war Teil einer ausgedehnten Gartenlandschaft über dem Rheintal. Nach Rückkehr aus den holländischen Kolonien in Brasilien und der Ernennung zum Statthalter des Großen Kurfürsten in Kleve schuf er eine Reihe künstlicher Aussichtsberge, von denen viele mit Trophäen bestückt waren, die den Frieden symbolisierten. Das Amphitheater von 1660 bestand aus einer Exedra, von der aus man drei Becken und einen langen Kanal überblickte. In der Fensteröffnung der Exedra war offensichtlich eine optische Vorrichtung installiert, welche die Perspektive vergrößerte. Von hier aus sah man über die Statuen der Minerva in einem See und des Mars auf einer Säule hinweg bis zum Kanal und dem Hügel am Horizont. Minerva und Mars standen für den Gedanken des Friedens nach dem Krieg. Eine weitere Dimension gewann die Anlage

durch die sogenannte *Fontana Miranda,* eine Schauwand, welche die Wunder der Natur und der Kunst dartun sollte – Wasserspiele, Jagdtrophäen und (wahrscheinlich) vier Schuppentannen aus Chile. Im 19. Jahrhundert wurde die Anlage durch Maximilian Friedrich Weyhe in einen Landschaftspark verwandelt. Im Bereich von Minerva-Statue, Tempel und Obelisk (1850er Jahre) ist dank der kürzlich erfolgten Restaurierung noch etwas von der einstigen Atmosphäre des Gartens erhalten.
Besitzer: Stadtverwaltung Kleve, Tel. 0 28 21 8 42 67.
Geöffnet täglich.

La Pietra (Villa), Florenz. Der Garten wurde ab 1904 von Arthur Acton rund um die aus dem 15. Jahrhundert stammende Villa angelegt. Wie bei der Villa I Tatti handelt es sich auch hier um eine Anlage, welche im wesentlichen aus immergrünen Hecken besteht, die ihrerseits »Gartenräume« umschließen. Einer dieser Räume ist mit einem Brunnen, mit Kolonnaden und Statuen geschmückt; ein Heckentheater enthält Skulpturen von Francesco Bonazza.
Besitzer: La Pietra Corporation, Tel. 055 28 7838.
Geöffnet von April bis Juni nach Absprache mit Agriturist, Piazza San Firenze 3, Firenze 50100.

***La Roche-Courbon (Château de), Saint-Porchaire, Poitou-Charentes.** Ferdinand Duprats phantasievolle Neuschöpfung (1925–1935) des formalen Gartens auf der Grundlage eines Gemäldes des 17. Jahrhunderts.
Besitzer: Société du domaine de la Roche-Courbon, M. et Mme. Jacques Badois, Tel. 46 95 60 10.
Geöffnet täglich 9–12 Uhr und 14–18.30 Uhr (im Winter 17.30 Uhr).

***Le Bois des Moutiers, Varengeville-sur-Mer, Haute-Normandie.** Dem von Edwin Lutyens 1898 entworfenen Haus wurde um die Jahrhundertwende mit Hilfe von Gertrude Jekyll ein Garten angefügt. Bemerkenswert sind unter anderem der Zugang zum runden Vorhof, dem Staudenrabatten und Kletterer ein gefälliges Aussehen verleihen, und ein formaler Rosengarten voller weißer Blüten in buchsgesäumten Beeten. Diese geometrische Struktur geht eine enge Verbindung mit dem umgebenden Rhododendronboskett ein.
Besitzer: Familie Mallet, Tel. 35 85 10 02.
Geöffnet vom 15. März bis 15. November täglich 10–12 und 14–18 Uhr.

***Levens Hall, Kendal, Cumbria.** Der ab 1689 zunächst unter der Leitung von Guillaume Beaumont angelegte formale Garten mit seinen Formbüschen wurde im frühen 19. Jahrhundert neu geplant und neu bepflanzt. Heute sind die buchsgesäumten Beete mit modernen einjährigen Blumen bestückt. Ein von Skyring um 1730 gezeichneter Plan hält den früheren Zustand fest.
Besitzer: Mr. C. H. Bagot, Tel. 0 53 95 6 03 21.
Geöffnet von Ostersonntag bis 30. September täglich (außer Fr und Sa) 11–17 Uhr.

***Longwood Gardens, Kennett Square, Pennsylvania.** Nach mehreren Europareisen schuf Pierre S. du Pont die Gärten von Longwood, wobei er italienische und französische Prototypen nachahmte, sich zugleich aber der modernen Technik bediente, um spektakuläre Wasser- und Beleuchtungseffekte zu erzielen. Das Gartentheater entstand 1913/14 nach dem Vorbild desjenigen in der Villa Gori in Siena. (Dieses letztgenannte ist von Ilexhecken umschlossen und hat Kulissen aus Zypressen.) 1915 waren Brunnen auf der Bühne in Betrieb, die nach 1926 auch Lichteffekte produzierten. Der italienische Wassergarten entstand zwischen 1925 und 1927 nach dem Vorbild des Wasserparterres der Villa Gamberaia (das seinerseits um 1900 neu gestaltet worden war). Die vereinfachte Bepflanzung mit beschnittenem Efeu und Gras und die große Zahl der Brunnen haben kaum etwas mit der Villa Gamberaia gemein. Der große Brunnengarten ist eine eklektische Mischung mit Anklängen an die Brunnen der Villa d'Este und die Terrassen von Vaux-le-Vicomte. Er wurde in den dreißiger Jahren unseres Jahrhunderts fertiggestellt und war von Anfang an mit 500 großen Bäumen versehen, die bei ihrer Verpflanzung zum Teil schon rund 25 m hoch waren. Gartenfest und Feuerwerk werden in Longwood noch immer gepflegt, wobei das Zusammenspiel von Musik, Wasserspiel und Beleuchtung heute vom Computer gesteuert wird.
Besitzer: Longwood Gardens, Inc., Tel. 215 388 6741.
Geöffnet täglich 9–18 Uhr (Nov. bis März 17 Uhr).

Melbourne Hall, Melbourne, Derbyshire. Thomas Cokes formaler Garten entstand zwischen 1704 und 1722 auf der Grundlage eines älteren Entwurfs, der in einem Plan von 1630 festgehalten war. London und Wise wurden zwar konsultiert, aber dann scheint doch William Cooke für die Arbeiten verantwortlich gewesen zu sein, die 1704 begannen. Ein Plan von J. Kirkland aus dem Jahre 1722 zeigt die fertige Anlage. Die Struktur des Ganzen einschließlich der Wasserbecken, der Statuen von Van Nost und einer kunstvollen eisernen Laube von Robert Bakewell (1706), des Blickziels der Hauptsichtachse, hat sich mehr oder weniger intakt erhalten. Die Bepflanzung hat dagegen unter Wachstum und Verfall und unter den im mittleren 19. Jahrhundert vorgenommenen Veränderungen gelitten. Bemerkenswert die eisernen Körbe von Devigne in Hausnähe, die im frühen 19. Jahrhundert modern waren. Trotz der veränderten Bepflanzung ein interessanter Garten.
Besitzer: Lord Ralph Kerr, Tel. 03 32 86 25 02.
Geöffnet von April bis September Mi, Sa, So und Bank Holidays 14–18 Uhr.

***Mellerstain, Gordon, Berwickshire (Borders Region).** Reginald Blomfields großartiger Gartenentwurf für Lord Binning, entstanden ab 1909, modifiziert nach 1911.
Besitzer: The Earl of Haddington, Tel. 057 381 225.
Geöffnet Ostern und vom 1. Mai bis 30. September täglich (außer Sa) 12.30–17 Uhr.

Middleton Place bei Charleston. South Carolina. Das Haus, seit 1741 von Henry Middleton bewohnt, wurde 1865 im Bürgerkrieg und ein weiteres Mal 1886 infolge eines Erdbebens bis auf den südlichen Seitenflügel zerstört. Die Gärten blieben verschont, sind in den letzten beiden Jahrhunderten aber verändert worden. Auffallend ist der Zusammenhang zwischen der formalen Anlage mit ihren Terrassen und Wasserbecken und der natürlichen Landschaft ringsum. Die Folge der zur Ebene der beiden identischen Wasserbecken hin abfallenden grasbewachsenen Rampen auf der Hauptachse ruft die Begeisterung für die »natürlichen« Terrassen ins Gedächtnis, wie sie sich in Reaktion auf die Veröffentlichungen von Dézallier d'Argenville und John James (1709 und 1712) entwickelte. Solche Terrassen fanden sich häufig in englischen Gärten der 1720er und 1730er Jahre (z. B. in Castle Hill, South Molton/Devon) und später auch in Amerika (z. B. in Carter's Grove, James River/Virginia). Die Bepflanzung von Middleton Place ist bis auf die Kamelien, die schon zum originalen Bestand gehörten, verändert worden. In jüngster Zeit hat ein Wirbelsturm einigen Schaden angerichtet.
Besitzer: Middleton Place Foundation, Tel. 803 556 6020.
Geöffnet täglich 9–17 Uhr.

Montacute House, Yeovil, Somerset. Das Haus, das aus dem späten 16. Jahrhundert stammt, ist von einer Reihe schöner formaler Gärten umgeben, die im 19. Jahrhundert weitgehend umgestaltet wurden. Der Nordgarten wurde in den 1840er Jahren neu angelegt; 1894 fügte R. S. Balfour das zentrale Brunnenbecken hinzu. Nach Roy Strong können die »Blumenbeete in der Jekyllschen Manier«, die den Brunnen des späten 19. Jahrhunderts umgeben, über das wahre Aussehen des Vorhofs eines elisabethanischen Herrenhauses nichts aussagen.
Besitzer: The National Trust, Tel. 09 35 82 32 89.
Geöffnet täglich (außer Di) 11.30–17.30 Uhr bzw. bis Sonnenuntergang.

Monticello, Charlottesville, Virginia. Thomas Jeffersons Garten ist teils formal, teils nichtformal. Entstanden zwischen 1770 und 1810, wurde er 1939–1941 vom Garden Club of Virginia restauriert und erlebt seit den späten 1970er Jahren eine weitere authentische Restaurierung auf der Grundlage umfangreicher gartenarchäologischer Untersuchungen und archivalischer Studien. Wenn bei der Anlage von Monticello auch der englische Landschaftsstil vorbildhaft gewirkt hat, so liegt dem Garten doch ein geometrisches Prinzip zugrunde, das auch in der Bepflanzung (in den symmetrisch angeordneten ellipsenförmigen Blumenbeeten) sichtbar wird. William M. Kelso schreibt: »Anderswo war offensichtlich Symmetrie bezweckt. Man braucht nur an die sauberen Ränder der planen Rasenflächen, an die rigorose Symmetrie des Gemüsegartens, an die gerade Reihe der Häuser entlang der geraden Mulberry Row und an das Raster der Bäume und Reben am Südhang zu denken.« Geometrisch war auch die in Windrädchenform angelegte Ginsterwildnis, die auf einem Plan der 1790er Jahre erscheint (siehe dazu auch das »Windrädchen«-Labyrinth Dézallier d'Argenvilles von 1709, das Rokoko-Labyrinth in Chantilly und den Blumengarten auf dem Plan von Beeckesteyn).
Besitzer: Thomas Jefferson Memorial Foundation Inc., Tel. 804 295 8 181
Geöffnet vom 1. März bis 31. Oktober täglich 8–17 Uhr; vom 1. November bis 28. Februar täglich (außer 25. 12.) 9–16.30 Uhr.

***Mount Edgcumbe bei Plymouth, Cornwall.** Eingebettet in den schönen Landschaftspark des 18. Jahrhunderts liegen die formalen Gärten im »französischen« bzw. »italienischen« Stil. Im ersten Jahrzehnt des 19. Jahrhunderts entstanden, repräsentieren sie ein sehr frühes Beispiel der Wiederbelebung des formalen Gartens. Davis Jacques schreibt, daß der französische Garten »Blumen-

beete, einen zentralen Brunnen, beschnittene Ilex- und Lorbeerhecken sowie Treillagen« enthielt, während im italienischen Garten »von Balustraden begleitete Stufen auf eine Ebene über der kleinen Grotte« führten. Die Neubepflanzung des französischen und des italienischen Gartens begann 1987/88 nach jahrelangen Untersuchungen durch die Garden History Society.
Besitzer: City of Plymouth and Cornwall County Council.
Geöffnet täglich von Sonnenaufgang bis Sonnenuntergang.

***Mount Vernon bei Washington, Virginia.** Hier lebte George Washington von 1754 bis 1799. Ein teils regelmäßiger, teils unregelmäßiger Garten, ursprünglich mit einem Wildpark am Ufer des Potomac verbunden. Das Boulingrin, ein Element des englischen Gartens des 17. und frühen 18. Jahrhunderts, findet sich in den Gärten von Maryland und Virginia noch im späteren 18. Jahrhundert (so in Mount Clare, Baltimore, und Mount Airy, Richmond County). Mount Vernon wurde in den 1930er Jahren restauriert.
Besitzer: Mount Vernon Ladies' Association.
Geöffnet täglich 9–17 Uhr (vom 1. November bis 28. Februar 9–16 Uhr).

***Nemours, Wilmington, Delaware.** Ein formaler Garten und ein nichtformaler Park, angelegt nach 1910 und bis in die 1930er Jahre.
Besitzer: Alfred I. du Pont Institute of the Nemours Foundation.
Führungen zwischen 1. Mai und 30. November Di–Sa 9 Uhr, 11 Uhr, 13 Uhr, 15 Uhr; So 11 Uhr, 13 Uhr, 15 Uhr.

***Nordkirchen (Schloßpark), Nordkirchen/Nordrhein-Westfalen.** Achille Duchênes Nordparterre von 1906–1914 ist kürzlich restauriert worden. Der größere formale Garten, von J. C. Schlaun ab 1725 angelegt, ist heute verfallen, soll aber ebenfalls restauriert werden.
Besitzer: Land Nordrhein-Westfalen.
Geöffnet täglich von Sonnenaufgang bis Sonnenuntergang.

***Nymphenburg (Schloßpark), München.** Schloß und Gärten stammen aus der Mitte des 17. Jahrhunderts. Ab 1701 betraute Kurfürst Max Emanuel zunächst Charles Carbonet (der in diesem Jahr den Kanal anlegte) und später Dominique Girard und Joseph Effner (ab 1715) mit der Errichtung der Gärten. Ein Plan aus der Zeit um 1715–1720, der Girard zugeschrieben wird, zeigt die kunstvollen Parterres und Boskette. Daß die von niedrigen Blumenrabatten gesäumten *parterres à l'angloise* an dominanter Stelle auf der Zentralachse angeordnet waren, spricht dafür, daß Gras und Blumen allmählich Vorrang vor den Broderien und Formbäumchen der Régence und des Rokoko gewannen. Zu seiten des Parterres befanden sich eine Reihe kleiner Boskettträume für das Kegel- und das »Paß«-Spiel, ein Heckentheater und ein Labyrinth. Im Jahre 1717 versah Joseph Effner das ferne – westliche – Ende des Kanals mit einer Kaskade; seine Pavillons (1716–1721) in der ausgedehnten Waldzone zu beiden Seiten des Kanals bildeten Blickziele. Nördlich des einen, der sogenannten Pagodenburg, lag eine Mail-Bahn. Im Laufe des 18. Jahrhunderts kamen weitere Ausstattungsstücke zur barocken Anlage hinzu, vor allem die Amalienburg (1734–1739) und die Menagerie von 1781. Zwischen 1804 und 1832 gestaltete dann F. L. von Sckell den Park zu einem Landschaftsgarten um, behielt aber die Zentralachse des Kanals bei.
Besitzer: Bayerische Verwaltung der staatlichen Schlösser, Gärten und Seen.
Geöffnet täglich von Sonnenaufgang bis Sonnenuntergang.

***Orto Botanico, Padua.** Gegründet 1545, ist der botanische Garten in unserem Zusammenhang vor allem wegen der in vielfältigen Mustern angelegten steingefaßten Beete interessant. Claudia Lazzaro schreibt: »Die Konfiguration des Gartens insgesamt – ein Kreis, in den vier große Rechteckflächen einbeschrieben sind – hat sich so erhalten, wie sie von Anfang an geplant war. Die Innengestaltung dieser Rechteckflächen wurde im 18. Jahrhundert zwar vereinfacht, aber das einzelne Beet trägt weiterhin nur eine einzige Spezies, so wie dies auch im 16. Jahrhundert der Fall war. Damit vermittelt der Garten von Padua auch in seinem veränderten Zustand noch eine präzisere Vorstellung vom Aussehen der Heilkräuterbeete der Renaissance als die meisten anderen Gärten dieser Zeit.«
Besitzer: Università degli Studi di Padova.
Geöffnet im Sommer täglich 9–17 Uhr, im Winter 9–13 Uhr, an staatlichen Feiertagen 10–13 Uhr.

***Packwood House, Hockley Heath, Warwickshire.** Ein formaler Garten aus dem frühen 17. Jahrhundert. Die beschnittenen Eiben aus Viktorianischer Zeit sollen Christus und seine Zuhörer bei der Bergpredigt repräsentieren.
Besitzer: The National Trust.
Geöffnet von April bis September Mi–So und Bank Holidays 14–18 Uhr; im Oktober Mi–So 12.30–16 Uhr.

Pitmedden Garden, Udny, Aberdeenshire. Der ursprüngliche Garten von Sir Alexander Seton stammt aus den Jahren 1664–1675. Bei der 1956 begonnenen Restaurierung orientierte man sich an einer Ansicht der Parterres von Holyrood House (Edinburgh), die eine Generation früher (1646) entstanden war. Die starkfarbigen einjährigen Blumen, die heute die buchsgefaßten Beete füllen, sind auffallend, aber nicht authentisch.
Besitzer: The National Trust for Scotland.
Geöffnet täglich 9.30 Uhr bis Sonnenuntergang.

***Powis Castle, Welshpool, Powis.** Der Terrassengarten wird William Winde zugeschrieben, der auch an einer ähnlichen Anlage in Cliveden tätig war. In den Akten taucht daneben der Franzose Adrian Duval auf; aus Zahlungen der Jahre 1713 und 1717 geht hervor, daß er bereits seit 1703, dem Jahr seiner Ankunft in England, in Powis tätig war. Nach einer Notiz John Bridgemans waren die Brunnen von Powis sowie die Kaskade im Jahr 1705 fertiggestellt. Das obere Ende dieser Kaskade erscheint vermutlich im Vordergrund der von Samuel und Nathaniel Buck 1742 gestochenen Ansicht; 1771 waren die Kaskade und die Parterres mit den Formbäumen nicht mehr vorhanden. Ein Plan von T. F. Pritchard, der dieses Datum trägt, zeigt nur noch die Bassins intakt. Sie entgingen sogar der landschaftlichen Umgestaltung von Powis durch William Emes in den 1770er Jahren. Erstaunlicherweise ließ Emes auch die Terrassen mit den Statuen aus der Werkstatt Van Nosts, dem Aviarium und dem Grünhaus unangetastet. 1806 war Powis zwar vernachlässigt; immerhin konnte Richard Colt Hoare damals aber erkennen, daß es noch immer die Möglichkeiten »einer Villa d'Este en miniature« in sich barg. Ein Jahrhundert später wurde diese Vision im Wege der von Violet, der Frau des 4. Earls of Powis, durchgeführten Restaurierung Wirklichkeit. Sie begann 1911 mit der Neubepflanzung, die dann nach 1952 vom National Trust fortgesetzt wurde. Mit den alten Eibenpyramiden und -kugeln, die sich zu riesigen amorphen Formen ausgewachsen haben, und mit einer spektakulären Bereicherung der Pflanzenpalette (u. a. durch *Phormium tenax* aus Neuseeland) stellt Powis heute eine bemerkenswerte Verbindung alter und neuer Elemente dar.
Besitzer: The National Trust, Tel. 0938 554336.
Geöffnet vom 28. März bis 30. Juni täglich (außer Mo und Di), vom 1. Juli bis 31. August täglich (außer Mo), vom 1. September bis 3. November täglich (außer Mo und Di) 12 Uhr bis Sonnenuntergang.

Rosendael (Park), Rozendaal, Gelderland. Ein interessantes Beispiel für die Übernahme formaler Elemente in einen Landschaftspark. Der ursprüngliche formale Garten wurde von Jan van Arnhem nach seiner Eheschließung im Jahre 1667 modernisiert. Er ist in Beschreibungen und Abbildungen aus der Zeit um 1700 gut dokumentiert. Den Mittelpunkt der Anlage bildeten die Parterres und Wasserbauten auf der Hauptachse südlich des Hauses: Kanäle, Kaskaden und eine Muschelgrotte mit Trickbrunnen. Rosendael besaß ferner einen Jagdpavillon, den Daniel Marot für Wilhelm III. anlegte, und ein »Sommerhaus der Königin«, vermutlich ebenfalls von Marot; alle diese Ausstattungsstücke wurden nach 1721 von Lubbert Torck aus dem Garten entfernt. Torck ließ das Gelände ganz neu gestalten und beauftragte Daniel Marot mit dem Bau eines Pavillons und möglicherweise auch der Muschelgalerie (heute beide restauriert). Pavillon und Galerie wurden in den Landschaftsgarten J. D. Zochers d.J. von 1836/37 übernommen und haben sich bis heute erhalten.
Besitzer: Stichting Geldersch Landschap, Tel. 0 85 42 09 44.
Geöffnet von Mai bis Ende Oktober Di–Sa 10–17 Uhr; So 11–17 Uhr.

***St. Paul's Walden Bury, Whitwell, Hertfordshire.** Dieser Waldgarten dürfte auf die 1730er Jahre zurückgehen. Er wurde im 20. Jahrhundert verändert und um neue Ausstattungsstücke bereichert.
Besitzer: Simon Bowes Lyon, Tel. 04 38 87 12 18 oder 87 12 29.
Geöffnet gemäß dem National Gardens Scheme an bestimmten Tagen im Frühjahr und Frühsommer.

***Sanssouci (Lustgarten), Potsdam.** Der Rebgarten Friedrichs des Großen entstand in den Jahren 1744 bis 1764 als Teil eines größeren Rehgartens oder Wildparks, der sich westlich des Neuen Palais erstreckte und auch das Chinesische Teehaus (1755) sowie die Marmorkolonnade (1754) aufnahm. Die so entstandene Mischung regelmäßiger und unregelmäßiger Bereiche erscheint auf einem Plan, der um 1786 entstand. Im 19. Jahrhundert wurde der

Park von Peter Joseph Lenné umgestaltet. Lennés bedeutendste Leistung war die Hinzufügung (ab 1826) des Parks Charlottenhof im Süden der bisherigen Anlage. Die Rebterrassen wurden 1981/82 restauriert, allerdings ohne das Parterre, das auf J. D. Schleuens Stich von 1760–1770 erscheint.
Besitzer: Stiftung Schlösser und Gärten, Potsdam-Sanssouci, Tel. Potsdam 2 38 19.
Geöffnet täglich von 6 Uhr bis Sonnenuntergang.

*** Schleißheim (Hofgarten) bei München.** Schleißheim, eine der bedeutendsten barocken Anlagen in Deutschland, geht auf die Zeit des Kurfürsten Max Emanuel zurück und ist im wesentlichen das Werk Dominique Girards (1715–1717), der sich seinerseits auf Überlegungen Enrico Zuccallis stützte. Die Gärten erstrecken sich zwischen dem Jagdschloß Lustheim (1684–1689) und dem Neuen Schloß (ab 1701) und wurden im Laufe von zwei Jahrhunderten wiederholt verändert. So ersetzte im späten 18. Jahrhundert ein langer Kanal die ehemalige Mail-Bahn auf der Hauptachse des Gartens. In den 1860er Jahren erweckte Carl von Effner die ursprüngliche Anlage wieder zum Leben, und nach den Bombenschäden des Zweiten Weltkriegs wurde der Park von Schleißheim – nun allerdings ohne die ursprünglichen Parterres und Boskette – restauriert.
Besitzer: Bayerische Verwaltung der staatlichen Schlösser, Gärten und Seen, Tel. 0 89 3 15 02 12.
Geöffnet täglich von 8 Uhr bis Sonnenuntergang.

*** Schwetzingen (Schloßgarten).** Der formale Garten aus den 1750er bis 1770er Jahren wurde nach 1777 zum Teil in einen Landschaftsgarten verwandelt. Der um 1750 entstandene »Brunnen der wasserspeienden Vögel« im Aviarium beim sogenannten Badhaus wurde 1776 aus Lunéville nach Schwetzingen gebracht. Ein Plan des Gartenbaudirektors Johann Michael Zeyher von 1830 zeigt den letzten Akt der Verlandschaftung des Parks: die 1823/24 erfolgte Umgestaltung des formalen Bekkens in einen »natürlich« geformten See. Ab 1970 sorgfältig restauriert.
Besitzer: Land Baden-Württemberg, Tel. 0 62 02 8 14 81.
Geöffnet täglich von 8 Uhr bis Sonnenuntergang im Sommer und von 9 Uhr bis Sonnenuntergang im Winter.

*** Shrubland Park, Barham, Suffolk.** Terrassengarten der Jahre 1848–1852, von Charles Barry auf der Grundlage eines 1830–1832 entstandenen Plans von J. P. Gandy-Deering angelegt und 1883 von William Robinson umgestaltet.
Heute als Klinik genutzt und für die Öffentlichkeit nicht zugänglich.

Sutton Place bei Guildford, Surrey. Der Garten, den Geoffrey und Susan Jellicoe in den frühen 1980er Jahren für Stanley J. Seegar entwarfen, umgibt ein im 16. Jahrhundert von Sir Richard Weston erbautes Haus. Angesichts der aus den Zeiten »Capability« Browns stammenden Parklandschaft und der um 1900 entstandenen Gärten schuf Jellicoe eine Anlage, die, wie er selbst sagte, sich »in das Ethos dieses Ortes, in seine Vergangenheit, seine Gegenwart und seine Zukunft einfühlt«. An der Ostseite des Hauses befindet sich ein Seerosenbecken. Die balustradengeschmückte Aussichtsplattform ist von Giovanni Bellinis »Allegorie der Seelen« inspiriert. Trittsteine führen durch das Becken in den Paradiesgarten, der von geraden und Serpentinenwegen durchzogen ist. Die eisernen Lauben, Renaissance-Prototypen nachgebildet wie ihre Gegenstücke in Villandry, sind von Rosen, Klematis und Geißblatt überwachsen. Sutton Place besitzt ferner einen formalen »surrealistischen« Garten, der an das Werk Magrittes erinnert, und einen weiteren, in dem sich ein Wandrelief von Ben Nicholson in einem formalen Wasserbekken spiegelt. Susan Jellicoes Bepflanzung orientiert sich an der Vergangenheit – so ist zum Beispiel in der Rabatte des Südwegs der Einfluß Gertrude Jekylls zu spüren –, ist zugleich aber ausgesprochen modern.
Besitzer: Edward Koch.
Der Garten ist nicht für das Publikum geöffnet.

Tanlay (Château de), Tanlay, Bourgogne. Ebenso wie Wideville, Brécy und Balleroy stellt auch Tanlay die Gartenkunst der ersten Hälfte des 17. Jahrhunderts zur Schau, wie sie für die damals junge wirtschaftliche Elite geschaffen wurde. Schloß und Gärten gehen auf einen Entwurf des Architekten Pierre le Muet aus der Zeit zwischen 1643 und 1648 zurück. Der Besitzer war Michel Particelli d'Emery. Erwähnenswert ist vor allem der 526 Meter lange Kanal auf einer tangential zum Schloß verlaufenden Achse. Er wird von Bäumen begleitet und endet an einer im rustikalen Stil gehaltenen Grotte.
Besitzer: M. de la Chauvinière, Tel. 86 75 70 61.
Geöffnet von Ostern bis Allerheiligen täglich außer Dienstag.

*** Tudor House Museum Garden, Southampton, Hampshire.** Gartenelemente des 16. Jahrhunderts, in den 1980er Jahren neu erschaffen. Interessant vor allem die originalen Pflanzen und Bepflanzungsmethoden: ein erhöhtes Beet mit Rankhilfen für die Nelkenzucht; eine Rosenlaube; Formhekken. Das Knotenbeet basiert auf einem Muster aus verschlungenen Linien, das sich im Haus fand, und besteht aus Buchs, Heiligenkraut, Gamander und Winterbohnenkraut. Es kommt dem authentischen Knotenbeet der Tudorzeit sehr nahe, wenn es auch mit der Verwendung von Buchs, der in England erst in jakobitischer Zeit in Anlehnung an Claude Mollets Wirken in Anet heimisch wurde, davon abweicht.
Besitzer: Das Museum, Tel. 07 03 2 42 16.
Geöffnet täglich außer Montag.

*** Twickel (Kasteel), Delden, Overijssel.** Die Parklandschaft von Twickel wurde 1885 von dem deutschen Landschaftsgärtner C. E. A. Petzold neu gestaltet. Im darauffolgenden Jahr legte der Franzose Edouard André drei Alternativentwürfe für den formalen Garten an der Orangerie vor, und 1907 führte H. A. C. Portman eine modifizierte Version eines dieser Entwürfe aus. Interessant sind die Formbäume aus dieser Periode. In den 1920er Jahren wurde der Orangeriegarten durch einen nichtformalen Blumengarten erweitert.
Besitzer: Stichting Twickel, Tel. 0 54 07 6 13 09.
Geöffnet von Mitte Mai bis Mitte Oktober Mi und Sa 13.30–17 Uhr.

*** Vaux-le-Vicomte (Château de), Maincy, Ile-de-France.** Ursprünglich eine Schöpfung André Le Nôtres aus den 1650er Jahren für Nicolas Fouquet. Im späten 19. und frühen 20. Jahrhundert von den Landschaftsarchitekten Lainé und Achille Duchêne in wesentlichen Teilen neu gestaltet.
Besitzer: Comte de Vogüé, Tel. 1 60 66 97 09.
Geöffnet vom 1. April bis 31. Oktober 10–18 Uhr, vom 1. November bis 31. März 11–17 Uhr (nicht am 25. 12.).

*** Veitshöchheim (Hofgarten) bei Würzburg.** Der Garten geht auf einen Entwurf von 1702/03 für Fürstbischof Johann Philipp von Greiffenklau zurück und erhielt seine Struktur und Ausstattung ab 1763 unter Fürstbischof Adam Friedrich von Seinsheim. Seit dem 19. Jahrhundert ist die Bepflanzung immer wieder verändert worden. Die Skulpturen von Ferdinand Tietz und anderen im frühen 20. Jahrhundert ersetzt. In den 1950er und 1960er Jahren Wiederherstellung ohne die originalen Parterres.
Besitzer: Bayerische Verwaltung der staatlichen Schlösser, Gärten und Seen, Tel. 09 31 5 27 43.
Geöffnet täglich von 7 Uhr bis Sonnenuntergang.

*** Versailles (Château de), Versailles, Ile-de-France.** Die Komplexität und Diversität von Aussehen, Bedeutung und Geschichte der Gärten von Versailles läßt sich im Rahmen einer Monographie kaum darstellen. So hat zum Beispiel Robert W. Berger eine Studie allein der Ikonographie von Versailles zur Zeit Ludwigs XIV. gewidmet. Um den Sinn der ursprünglichen Anlage und ihren beherrschenden Einfluß auf Generationen von Gartenkünstlern zu verstehen, muß man sich klarmachen, welche Bedeutung den Skulpturen und Brunnen der Jahre zwischen 1660 und 1700 zukam, die heute noch vorhanden sind. Manche, wie etwa der Brunnen der vier Jahreszeiten, sind leicht zu interpretieren: Flora (der Frühling), Ceres (der Sommer), Bacchus (der Herbst) und Saturn (der Winter). Andere erfordern eine detailliertere Erklärung. Ein dominantes – und wohlbekanntes – Thema ist die Symbolik des Sonnenkönigs, der mit dem Sonnengott Apollo gleichgesetzt wird. Dieses Thema wurde offensichtlich ab 1664/65 als zentrales künstlerisches und politisches Bild formuliert. Es taucht in den Brunnen und Skulpturen von Versailles immer wieder auf – so zum Beispiel in der aufsteigenden Sonne im Apollobecken. Im Drachenbrunnen wird mit dem Bild der von Apollo besiegten Drachen-Schlange auf die Unterdrükkung subversiver Kräfte angespielt, während mit dem Latona-Becken Apollos Sieg und damit die Autorität des Sonnenkönigs zelebriert wird: Latona (Leto) und ihre beiden Kinder, Diana und Apollo, fliehen vor Heras Zorn und werden von lykischen Bauern verhöhnt; als diese Leto und ihre Kinder auch noch daran hindern, Wasser zu trinken, werden sie in Frösche verwandelt. Diese Szene aus den *Metamorphosen* des Ovid soll an den Fronde-Aufstand des Jahres 1648 erinnern, in dessen Folge der junge Ludwig gezwungen war, mit Mutter und Bruder zu fliehen. Später schlug Ludwig die Rebellion nieder, so wie der junge Apollo die Schlange besiegte. Unterstrichen wurde das Thema noch durch die Sphingen und Putti, die ursprünglich über dem Latona-Becken saßen; sie symbolisierten die Macht der Könige und die Treue der Untertanen (die Sphingen hatten Hundekörper, und der Hund ist ein traditionelles Symbol der Treue).
Weniger gut bekannt als diese politische Bildersprache ist die Ikonographie des Labyrinths, mit

dessen Anlage 1666 begonnen wurde und das 1673/74 im wesentlichen fertiggestellt war. Immerhin wurde es in den Gärten ganz Europas nachgeahmt. Das Labyrinth verband zwei Themen – den Liebesgarten und die Äsopschen Fabeln. Die letzteren wurden in 39 Brunnenanlagen mit Hilfe naturalistisch bemalter Tierfiguren dargestellt, deren »Stimmen« durch das Wasser hervorgebracht wurden. Gleich am Eingang traf man auf die Fabel von der Eule und den Vögeln: Die Eule wird von den anderen Vögeln wegen ihres schlechten Gesangs und ihrer Häßlichkeit verspottet und darf sich nur noch zur Nachtzeit zeigen. Die Moral der Geschichte war folgende: Der Mann, der durch das Labyrinth der Liebe gehen möchte, muß auf seine Kleidung und seine Sprache achten, wenn er es vermeiden will, daß Frauen ihn attackieren, so wie die Vögel über die Eule herfallen. Auch die übrigen Fabeln behandelten dieses Thema des galanten Wohlverhaltens. Im Jahre 1775 trat an die Stelle des Labyrinths der sogenannte *Bosquet de la Reine.* Etwa um die gleiche Zeit wurde ebendiese Fabel beim Badhaus im Schwetzinger Park nachgestellt. Das Arrangement dort ist heute noch wohlerhalten.
Besitzer: Der französische Staat, Tel. 1 30 84 74 00.
Geöffnet ganzjährig von 7 Uhr bis Sonnenuntergang. Die Brunnen spielen von Anfang Mai bis Anfang Oktober jeweils am Sonntag; »fêtes nocturnes« von Juli bis September.

***Villa Aldobrandini, Frascati.** Villa und Garten wurden in den Jahren 1598–1603 von Giacomo della Porta und Carlo Maderno für den Neffen Clemens' VIII., den Kardinal Aldobrandini, errichtet. Die Hydraulik lieferten Giovanni Fontana und Orazio Olivieri. Das interessanteste Element, das sich aus dieser Zeit erhalten hat, ist das Nymphäum oder Gartentheater mit der Kaskade. Die Halle des Apollo wurde in den letzten Jahren restauriert.
Besitzer: Familie Aldobrandini.
Geöffnet wochentags 9–13 Uhr; Karten bei der Azienda die Soggiorno, Piazza Marconi 1, Frascati.

***Villa Crivelli Sormani-Verri, Castellazzo bei Milano.** Geschaffen von Jean Gianda für die Familie Arconati, aufwendig publiziert in *Delizie della Villa di Castellazzo,* 1743. Interessantes Beispiel der von einem Franzosen bewirkten Umsetzung von Stilformen des Rokoko in einen italienischen Kontext. Die Villa besaß eine Menagerie. Teile des originalen Bestandes erhalten, aber nicht mehr umfassend gepflegt.
Privatbesitz; für das Publikum nicht zugänglich.

***Villa d'Este, Tivoli.** Von Pirro Ligorio in den 1560er Jahren für Kardinal d'Este angelegt. Die Versorgung mit Wasser über Aquädukte war Voraussetzung für die großartigen Brunnenanlagen und Wasserspiele und beeinflußte die komplexe Ikonographie des Gartens: Sie feierte die Verbindung von Kunst und Natur, die Fruchtbarkeit der Region, ihre Geographie, ihre Flüsse und Ortschaften, und sie setzte den Kardinal und sein tugendhaftes und kunstsinniges Regiment mit Herkules und dem Garten der Hesperiden gleich. Als der Kardinal 1572 starb, war der Garten noch nicht vollendet. In der Folge erfuhr er Veränderungen und geriet in Verfall. Im 17. Jahrhundert mußten die Labyrinthe und Pergolen der unteren Terrasse einer einfacheren Bepflanzung weichen; Statuen und Brunnen kamen neu hinzu oder wurden versetzt; die Wasserorgel erhielt eine neue Dekoration. Nach einer langen Zeit des Niedergangs fand die Villa Mitte des 19. Jahrhunderts einen Käufer in der Person des Kardinals Gustav von Hohenlohe, der eine Restaurierung einleitete. Die Bombenschäden des Zweiten Weltkriegs machten weitere Restaurierungsarbeiten unter anderem am Kaskadenbrunnen notwendig. Die ursprüngliche Bepflanzung (Blumen auf der untersten Ebene, Obstbäume auf der mittleren und eine waldige Zone auf den steilen oberen Hängen) ist unter der pittoresken Überwachsung verlorengegangen.
Besitzer: Der italienische Staat.
Geöffnet ganzjährig von 9 Uhr bis Sonnenuntergang (Brunnen von 10–13 Uhr und von 14 Uhr bis Schließung). Montag geschlossen.

***Villa Farnese, Caprarola.** Mit der Anlage des Hauptgartens am Palast wurde 1557 im Zusammenhang mit Vignolas Umgestaltung des Wohnhauses begonnen. Als Vignola 1573 starb, war allerdings nur der Nordgarten des Sommerappartements vollendet. 1584 entschloß sich Kardinal Farnese zur Anlage eines Casino-Gartens und eines Eßplatzes im Freien, des sogenannten *Barchetto,* den ein Wald vom Hauptgarten trennte. Er wurde vermutlich von Giacomo del Duca begonnen, aber erst nach 1620 von Girolamo Rainaldi vollendet. Die Bepflanzung ist mehrfach verändert worden.
Besitzer: Der italienische Staat.
Geöffnet täglich (außer Montag) 9–16 Uhr.

***Villa Gamberaia, Settignano bei Florenz.** Die Geschichte der Villa Gamberaia liegt im dunkeln. Ein erster Bau wurde im frühen 17. Jahrhundert errichtet. Im Jahre 1717 erwarb die Familie Capponi das Gelände. Eine Ansicht von Zocchi aus der Zeit um 1735–1750 zeigt die Anlage mehr oder weniger so, wie sie heute besteht; der Zustand der Vegetation spricht für eine Neubepflanzung nach 1717. Besonders interessant ist das lange Boulingrin an der Ostseite der Villa. Es wird von einer hohen Stützmauer begrenzt, was Judith A. Kinnard an einen »urbanen Raum« denken läßt. Jenseits dieser »Straße« und gegenüber der Villa liegen der erhöhte Limonengarten und der Grottengarten. Der letztere war von Einfluß auf die spätere Gartengestaltung, so auf den ummauerten *giardino segreto* in Vizcaya. Vor allem aber war es das Wasserparterre an der Südseite der Villa, das immer wieder bewundert und noch im 20. Jahrhundert nachgeahmt wurde (so im bekannten Italienischen Garten von Longwood und im weniger bekannten Ambleville nordwestlich von Paris): Das ursprüngliche Broderieparterre mit dem ovalen Fischbecken in der Mitte wurde um die Jahrhundertwende von der serbischen Prinzessin Ghyka und ihrer amerikanischen Freundin in seine heutige Form gebracht. Ein Foto, das Inigo Triggs in seinem Buch *The Art of Garden Design* (1906) veröffentlichte, zeigt, daß die beiden damals mit Staudenrabatten arbeiteten anstatt mit den massiven Formhecken und den einjährigen Blumen, wie sie heute hier zu sehen sind.
Besitzer: Familie Marchi.
Geöffnet werktags 8–12 und 14–18 Uhr (Sommer); 8–12 und 13–17 Uhr (Winter).

***Villa Garzoni (heute Villa Gardi), Collodi bei Lucca.** Der Garten, beherrscht von einer monumentalen Treppenanlage und einer Kaskade auf einer Tangentialachse, wurde in der zweiten Hälfte des 17. Jahrhunderts angelegt. Ein Plan von 1692 vermittelt eine gute Vorstellung von seiner ursprünglichen Ausstattung, zu der ein Gartentheater und ein Labyrinth gehörten. Aber schon in Francesco Sbarras Gedicht von 1652 war auch die Rede von Zypressen, die zu allen möglichen Figuren beschnitten waren: »... ein Turm, ein Schiff..., ein Engel...« Besonders bemerkenswert sind die Parterres des unteren Gartens. Der Plan von 1692 zeigt, daß sie teils mit den Wappen der Garzoni, also noch renaissancisch-emblematisch, und teils bereits in einem freieren barocken Stil dekoriert waren. An der Stelle dieser letzteren Art sind heute nur noch spärliche, isolierte Schnörkel in Buchs ohne das verbindende farbige Füllmaterial zu sehen. Die erstgenannte Art des Parterres hat unter der »mosaiculture« des 19. Jahrhunderts mit den auszupflanzenden Blumen und unter der Einführung hortikultureller Fremdlinge einer späteren Zeit – von Pampasgras zum Beispiel – gelitten. Mit den in moderner Weise phantastisch beschnittenen Hecken hat sich die Bepflanzung der Villa Garzoni mithin radikal vom ursprünglichen Zustand entfernt. Wer sich ein treffenderes Bild vom französischen Einfluß auf den italienischen Garten machen will, sollte sich das *parterre de broderie* in der Villa Allegri in Cuzzano bei Verona ansehen (geöffnet nur nach entsprechender Vereinbarung).
Besitzerin: Contessa Grazini Gardi.
Geöffnet von Mai bis Oktober 8 Uhr bis Sonnenuntergang; von November bis April 8–13 Uhr, 14.30–16.30 Uhr.

***Villa Lante, Bagnaia.** Nach 1568 nach Plänen von Vignola unter Mitarbeit des Architekten und Hydraulikfachmanns Tommaso Ghinucci begonnen. Vollendet zwischen 1590 und den ersten Jahren des 17. Jahrhunderts unter Kardinal Montalto durch Carlo Maderno. Die Bepflanzung der untersten Terrasse im Laufe der Zeit stark verändert. Eine Ansicht aus der Zeit um 1780 von Francesco Pannini zeigt ein neues Parterre, das mit verschiedenen, für diese Zeit typischen farbigen Füllmaterialien verziert ist. Zu Beginn des 20. Jahrhunderts erfolgte eine Bepflanzung mit Buchs und dazwischengesetzten Blumen; die letzteren sind mittlerweile entfernt worden. Heute heben sich die Broderien von einem Untergrund aus totem Material (Terrakottastaub) ab.
Besitzer: Der italienische Staat.
Geöffnet täglich außer Montag 9 Uhr bis Sonnenuntergang.

Villa Marlia (Villa Reale) bei Lucca. Der interessante Garten wurde im späten 17. Jahrhundert für die Familie Orsetti angelegt. Ein Gartentheater aus dieser Zeit hat sich erhalten. John Dixon Hunt macht auf weitere Elemente »von ähnlich theatralischer Wirkung« aufmerksam, und Georgina Masson spricht von einem dieser Gartenbereiche als vom »großartigsten Gartenraum in Italien«.
Besitzer: Conte Pecci Blunt.
Geöffnet täglich außer Montag nur im Rahmen der Führungen: 10 Uhr, 11 Uhr, 16 Uhr, 17 Uhr, 18 Uhr (Sommer); 10 Uhr, 11 Uhr, 14 Uhr, 15 Uhr, 16 Uhr (Winter). Im August und September Führungen nur Di, Do, Sa.

***Villa Medici, Castello, Toscana.** Von Cosimo de' Medicis Villa, die Niccolò Tribolo nach 1537 anlegte, haben sich folgende Elemente erhalten: der Herkules-und-Antäus-Brunnen (ab 1543) ohne die Figuren, die Grotte der Tiere, der Orangengarten sowie die Figur des Appennin von Bartolomeo Ammannati (1563–1565) im oberen Teil des *bosco*. Der Labyrinth-Brunnen (um 1545) mit der Figur der Fiorenza von Giambologna (1572) wurde in die Villa Petraia verbracht. Die Bepflanzung der sechzehn großen Rechteckflächen wurde im 18. Jahrhundert verändert; die Entfernung der Mauer zwischen dem Hauptgarten und dem Orangeriegarten im 19. Jahrhundert hat eine größere Offenheit der Anlage bewirkt.
Besitzer: Der italienische Staat.
Öffnungszeiten: Täglich (außer Montag) 9–18.30 Uhr (Sommer) und 9–16.30 Uhr (Winter).

***Villa Pisani, Stra, Veneto.** Girolamo Frigimelica (1653–1732) schuf die erste Anlage für die Brüder Alvise und Almorò Pisani. Alvise war von 1699 bis 1704 Gesandter am französischen Hof; Ludwig XIV. hatte die Patenschaft für seinen Sohn übernommen. 1735 wurde er zum Dogen von Venedig gewählt. Im gleichen Jahr wurde die Villa nach Plänen Francesco Maria Pretis (1701–1774) erbaut. Frigimelicas Projekt von 1719 war nicht ausgeführt worden, aber sein Konzept für die Gärten und die Gartengebäude wurde nicht verändert. Von seiner Anlage haben sich Teile des – französisch inspirierten – Achsensystems erhalten, ferner das innerhalb eines fünfseitigen Areals gelegene runde Labyrinth mit dem Turm, die hexagonale Exedra und das Kaffeehaus, ursprünglich auf einem von Hecken bedeckten Hügel, heute umgeben von einem runden Graben. Alle diese Elemente befinden sich in der Waldzone östlich der Zentralachse; die Zone westlich davon war durch Sichtachsen in fünf Sektionen unterteilt. Im 18. Jahrhundert war die Hauptachse zwischen der Villa und den eleganten Stallgebäuden von *parterres de broderie* eingenommen, die allmählich in Verfall gerieten. 1911 legte man hier einen großartigen Kanal an, auf dem Schiffsmodelle getestet wurden und der die Szenerie noch heute beherrscht. Im Jahre 1980 wurde ein Restaurierungsprogramm beschlossen. Die ehemalige Bepflanzung ist bis auf das Labyrinth weitgehend verschwunden.
Besitzer: Der italienische Staat.
Geöffnet täglich (außer montags und an staatlichen Feiertagen) 9–18 Uhr.

Villa Rizzardi, Negrar, Veneto. Die faszinierende formale Anlage geht auf Pläne von Luigi Trezza aus dem Jahre 1783 zurück. Besonders bemerkenswert ist das 1796 geplante Rasen-Gartentheater. Statuen schmücken die Nischen der umgebenden Hecke. Georgina Masson nennt das Theater »das größte und schönste seiner Art in Italien«.
Besitzerin: Contessa Cristina Rizzardi;
Tel. 045 721 0088.
Besichtigung nur nach vorheriger Genehmigung.

***Villandry (Château de), Centre.** Phantasievolle Neuschöpfung eines französischen Renaissancegartens durch den Besitzer Joachim Carvallo zwischen 1906 und 1918. Wohlerhaltene Bepflanzung.
Besitzer: M. Robert Carvallo; Tel. 47 50 02 09.
Geöffnet 8.30–20 Uhr (Sommer); 9 Uhr bis Sonnenuntergang (Winter).

***Vizcaya (Villa), Miami, Florida.** Villa und Garten wurden zwischen 1912 und 1922 von Paul Chalfin, F. Burrall Hoffman Jr. und Diego Suarez für James Deering entworfen und angelegt. Der formale Garten, der italienische und französische Einflüsse erkennen läßt, ist gut erhalten; der Park ist heute nicht mehr vorhanden.
Besitzer: The Metro-Dade County Park and Recreation Department.
Geöffnet: 9–17 Uhr (außer 25. 12.).

***Weikersheim (Schloßgarten), Weikersheim.** Das Schloß selbst geht auf das Jahr 1586 zurück, wurde aber ab 1679 und erneut im frühen 18. Jahrhundert umgebaut. Der barocke Garten entstand in den Jahren 1708–1725. Er wird von jeher Daniel Matthieu zugeschrieben, doch ist diese Zuschreibung wegen der Jugend und Unerfahrenheit Matthieus von anderer Seite in Zweifel gezogen worden. Die zweiteilige Orangerie (1719–1723) ist das Werk Johann Christian Lüttichs. In den Jahren 1729/30 wurden die vier Rechteckflächen des Parterres mit je einem Brunnen versehen. (Bei der Umgestaltung des Parterres im Jahre 1802 waren diese Brunnen nicht mehr vorhanden.) Seinen Ruhm verdankt Weikersheim noch immer in erster Linie dem einheitlichen Skulpturenprogramm Johann Jakob Sommers und anderer Künstler. Eine Wiederherstellung der originalen Bepflanzung ist vorgesehen.
Besitzer: Land Baden-Württemberg;
Tel. 0 79 34 83 64.
Geöffnet täglich von 8 Uhr bis Sonnenuntergang.

***Weldam (Kasteel), Goor, Overijssel.** Der Entwurf Edouard Andrés von 1886 wurde von H. A. C. Poortman ausgeführt. Der Garten ist wohlerhalten, die ursprüngliche Bepflanzung modifiziert.
Besitzer: Graaf zu Solms; Tel. 05470 72 647.
Geöffnet Montag–Samstag 10–12 und 13–16 Uhr.

***Westbury Court Garden, Westbury-on-Severn, Gloucestershire.** Der Garten wurde 1696 bis 1705 mit Kanälen im holländischen Stil und einem Sommerhaus angelegt und ab 1715 erweitert. Die Restaurierung der 1970er Jahre erbrachte eine phantasievolle Wiederherstellung bzw. Neuinterpretation der Bepflanzung. Schöner Bestand an Pflanzen aus der Entstehungszeit des Gartens.
Besitzer: The National Trust; Tel. 04 52 76 4 61.
Geöffnet von April bis Oktober Mi–So und Bank Holidays 11–18 Uhr.

***Wilhelmshöhe (Bergpark), Kassel.** Kaskade und Oktogon von Giovanni Francesco Guerniero im Anschluß an eine Italienreise (1699–1700) des Landgrafen Karl von Hessen-Kassel, bei der er die Villa Aldobrandini und die Villa Farnese besichtigt hatte. Nur ein Drittel der Anlage, wie sie im Stich von 1705 erscheint, wurde ausgeführt. Auf einem Plan des Hofgärtners Fuchs aus dem Jahr 1780 erscheint die Kaskade als kleiner Teil eines riesigen teils formalen, teils nichtformalen Parks. In den 1780er bis 1790er Jahren wandelte H. C. Jussow die Anlage zur »heroisch-naturalistischen Landschaft« um und versah sie mit den Ruinen eines römischen Aquädukts, reißenden Wasserfällen und der sogenannten Teufelsbrücke. Diese Elemente haben sich ebenso wie die aus der gleichen Zeit stammende neugotische Löwenburg bis heute erhalten.
Besitzer: Land Hessen, Gartenverwaltung Wilhelmshöhe; Tel. 05 61 3 22 80.
Geöffnet täglich von Sonnenaufgang bis Sonnenuntergang; die Kaskade und die Wasserkünste sind von Ende Mai bis Ende September mittwochs, sonn- und feiertags von 14.30 Uhr bis 15.30 Uhr in Betrieb.

Williamsburg (Colonial), Williamsburg, Virginia. Von dem zum »College of William und Mary« (1693) gehörenden Garten abgesehen, hatte man mit Gärten in Williamsburg noch nichts im Sinn, als der Gouverneur Alexander Spotswood 1710 hier eintraf. Einen ersten Rasterplan des Städtchens hatte der Gouverneur Francis Nicholson in den Jahren 1700–1704 angelegt, und Spotswood baute auf diesem Plan auf. Von den Gärten, die er rund um den neuen Gouverneurspalast anlegen ließ, wissen wir allerdings erstaunlich wenig. Sie wurden in den 1930er Jahren in Anlehnung an eine um 1736–1740 entstandene Darstellung nach flüchtigen archäologischen Untersuchungen restauriert. In der Folge der Fortschritte, die die Gartenarchäologie inzwischen gemacht hat, sind allerdings – zum Beispiel in der Zeitschrift *Earth Patterns* – Zweifel an dieser »Restaurierung« und vergleichbaren Bemühungen in einer Reihe weiterer Gärten der Zeit laut geworden.
Besitzer: Colonial Williamsburg Foundation;
Tel. 804 229 1000, App. 2751.
Geöffnet täglich 9–17 Uhr; im Frühjahr und Sommer auch länger.

***William Paca Garden, Annapolis, Maryland.** William Pacas aus der Zeit um 1760 stammender Garten wurde in den 1970er Jahren auf der Grundlage gartenarchäologischer Untersuchungen wiederhergestellt. Es handelt sich um eine teils formale, teils nichtformale Anlage. Mauern, Wege, Wasserbauten und der Pavillon wurden nach Befund und in Anlehnung an ein Gemälde aus der Entstehungszeit des Gartens rekonstruiert. Am wenigsten gesichert ist die Wiederherstellung der Parterres der oberen Terrassen, da sich keinerlei Spuren der Bepflanzung erhalten haben; hier hat man sich an zeitgleichen Anlagen orientiert. An der Stelle der heutigen Treppenstufen könnten sich ursprünglich Rampen befunden haben, wie sie in der Entstehungszeit dieses Gartens die Regel waren. Der heutige William Paca Garden ist zwar so etwas wie ein »idealisiertes Portrait«, zugleich aber auch ein durchaus beachtenswerter Tribut an die Gartenkultur seiner Zeit.
Besitzer: Historic Annapolis Incorporated;
Tel. 301 263 5553.
Geöffnet Mo–Sa 10–16 Uhr, So 13–17 Uhr.

Wilton House, Salisbury, Wiltshire. Von den formalen Gärten des frühen 17. Jahrhunderts, die von Isaac de Caus angelegt wurden, haben sich nur geringe Reste erhalten, darunter ein Teil des plastischen Schmucks von der Hand Nicholas Stones, der einst das *parterre de broderie* und das Wasserparterre zierte, und die Grotte, die allerdings in späterer Zeit verändert wurde. Im 18. Jahrhundert wurde ein Landschaftspark angelegt. In den 1820er Jahren ließen Lady Pembroke und Richard Westmacott eine neue formale Terrasse anlegen. Sie ist mit Zypressen und Statuen geschmückt und wird als »italienischer Garten« bezeichnet. (Die Grotte kann nicht besichtigt werden.)

Besitzer: Der Earl of Pembroke.
Geöffnet von April bis Mitte Oktober Di–Sa und Bank Holidays 11–18 Uhr, So 12.30–18 Uhr.

Woburn Abbey, Woburn, Bedfordshire. Die von Isaac de Caus vor 1627 für Lucy Harington errichtete Grotte hat sich in gutem Zustand erhalten. Roy Strong schreibt in diesem Zusammenhang: »Allein die Grotte von Woburn vermittelt noch eine Vorstellung von den Wunderwerken, die Salomon (de Caus) in Richmond und Heidelberg geschaffen hatte und Isaac in Wilton schaffen sollte.«
Besitzer: The Marquess of Tavistock and Trustees of the Bedford Estates; Tel. 05 25 29 06 66.
Geöffnet von Ende März bis Anfang November an den Wochentagen 10–16.45 Uhr, sonntags 10–17.45 Uhr; in der übrigen Zeit des Jahres nur Sa und So 10.30–15.45 Uhr.

***Wrest Park, Silsoe, Bedfordshire.** Ein sehr vielgestaltiger Garten, der soeben restauriert wird. Haus und Garten, wie sie auf Kips Stich von 1705 erscheinen, entstanden unter dem 11. Earl of Kent. Von dieser Anlage ist nur der lange Kanal erhalten geblieben. Der sogenannte *Great Garden* entstand zwischen 1706 und 1740 unter dem 12. Earl. Erhalten sind von dieser Anlage der Pavillon von 1709–1711, ferner ein großer Teil der Alleen mit den zugehörigen Gartengebäuden, das *Bowling Green House* von 1735 sowie ein Rasen-Amphitheater jenseits eines formalen Wasserbeckens. Das Boskett wurde von »Capability« Brown verändert, der auch das serpentinenförmig geführte Gewässer anlegte (1758–1760). Eine Gedenksäule von 1760 erinnert an seine Tätigkeit in Wrest. Ein chinesischer Pavillon, William Chambers zugeschrieben, dürfte im Jahre 1761 errichtet worden sein. Das Haus in seiner heutigen Gestalt wurde in den Jahren 1834–1839 vom Earl de Grey erbaut. Aus der gleichen Zeit stammen auch der »französische« Garten und die Orangerie. Bemerkenswert sind ferner das in sehr einfachen Formen errichtete Badhaus und die Kaskadenbrücke.
Besitzer: English Heritage; Tel. 05 25 6 07 18.
Geöffnet von Karfreitag oder 1. April bis 30. September nur an den Wochenenden und an Bank Holidays 10–18 Uhr.

Glossar

berceau: Laubengang aus Holzlatten oder Draht, um den sich Hecken, Bäume oder Sträucher ranken.
erbette: Heilkräuter, welche die Blumenbeete im italienischen Garten einfaßten.
knots: sogenannte Knotenbeete. Sie kamen im 15. Jahrhundert auf und bestanden aus einander überschneidenden Bändern aus unterschiedlichen Pflanzen (das Motiv auf S. 6 stammt aus Didymus Mountains *The Gardeners Labyrinth* von 1571; siehe auch S. 15). Im frühen 17. Jahrhundert allmählich durch die Buchsbroderie ersetzt. Zur Unterscheidung zwischen »offenen« und »geschlossenen« *knots* siehe S. 16.
mixing, mingling, massing: Begriffe speziell des 19. Jahrhunderts zur Kennzeichnung unterschiedlicher Pflanzsysteme. »Mixing« oder »mingling« bedeutete, daß verschiedene Blumen in verschiedenen Farben zusammengepflanzt wurden; beim »massing« dagegen wurde das Beet nur mit einer einzigen Blumenart gefüllt.
Parterre: direkt vor der Gartenfront des Schlosses oder Wohnhauses liegender, mit flachen Beeten angelegter und mit Buchs, Gras oder Blumen bepflanzter Bereich.
parterre à l'angloise: Dieses im wesentlichen aus Gras bestehende Parterre war wegen seiner »Natürlichkeit« und Pflegeleichtigkeit vor allem in England beliebt (S. 89). In seiner einfachsten Form bestand es aus Rasen und Sand (S. 75); häufiger war es von Blumenrabatten, Formbäumchen und Broderie begleitet (S. 77, 81, 94). Wenn die Rasenstücke die Form von Rollbändern oder Palmetten hatten, sprach man von *gazon coupé* (S. 44, 88).
parterre d'eau (Wasserparterre): Dieses Parterre entstand in der Spätzeit der Renaissance. Seine dominierenden Elemente sind Wasser und Stein. Die in der Villa Lante entwickelte Form (S. 27) wurde in St. Germain-en-Laye variiert; im Hortus Palatinus und in Wilton erscheinen runde Formen. Versailles und Chantilly (S. 43) besaßen kunstvolle Wasserparterres. Beim Blenheimer Wasserparterre (S. 174) orientierte Achille Duchêne sich am ersten Versailler *parterre d'eau* von Le Brun und Le Nôtre.
parterre de broderie (ursprünglich *compartiment en broderie*): Buchsarabesken aus der Zeit Heinrichs IV. und Ludwigs XIII., die an Stickereien erinnerten. Die Broderien Claude Mollets und Jacques Boyceaus waren von Buchs eingefaßt (S. 42); diese Tradition findet sich auch noch in Vaux-le-Vicomte (S. 75). Zur Zeit André Mollets gab es bereits Blumenrabatten (auch diese allerdings noch von Buchs eingefaßt; siehe Titelseite). Le Nôtre entwickelte diese *plate-bandes* weiter, vereinheitlichte die fließenden Buchsmuster und lockerte die Konturen der Komposition. Die Innenflächen seiner Broderien waren mit schwarzem Material gefüllt; farbige Füllmaterialien tauchten vermehrt im frühen 18. Jahrhundert auf.
parterre de broderie mêlée de massifs de gazon: Eine Variante des Parterres, bestehend aus Buchsbroderien und Rasenstreifen. Es findet sich schon bei André Mollet, gewann aber zu keiner Zeit Dominanz. Beispiele bei Dézallier d'Argenville und in Dominique Girards Plänen für Brühl (S. 64) und Schleißheim. Die Rasenstreifen waren in der Regel rot umrandet und hoben sich so vom hellen Untergrund ab. Nicht zu verwechseln mit den Parterres aus gemischter Broderie und Rasen – *broderie mêlée de gazon* bzw. *gazon mêlé de broderie* zum Beispiel in Schwetzingen (S. 94, 128).
parterre de compartiment: Dieses Parterre unterschied sich vom *parterre de broderie* durch seine allseitige Symmetrie (S. 125, 162, 210). Neben Broderien konnte es auch Gras und Blumenrabatten enthalten, wie Dézallier d'Argenville zeigt (S. 162, 210). Siehe auch die zentralen Parterres von Het Loo.
parterre de pièces coupées pour des fleurs: Hier ist das Parterre unterteilt in symmetrisch angeordnete Blumenbeete. Sie können die Form von Quadraten, Rechtecken, Kreisen, Dreiecken, Herzen, Sternen oder auch von Blättern und Früchten haben (S. 2, 13, 24, 37, 39, 47, 95). Zwischen den Beeten verliefen schmale Pfade. Die erhöht angelegten Beete der Renaissance waren von Steinen, Holz oder Ziegeln eingefaßt, die niedrigen Beete von Kräutern; zur Zeit des Barock bestand die Einfassung aus Buchs (S. 43, 75, 82). Auch Sträucher und Formbäumchen tauchten in diesen Blumenbeeten häufig auf. Zu Variationen dieser Prototypen siehe auch S. 86, 90, 162, 164, 200, 207, 221.
patte d'oie (Gänsefuß): drei von einem zentralen Punkt ausstrahlende Alleen.
pianelle: Spezialziegel zur Einfassung von Blumenbeeten im italienischen Garten.
plate-bande: das Parterre umgebende Blumenrabatte. Oft enthielt sie auch Sträucher und Formbäumchen.
potager: Gemüse- oder Küchengarten.
semplici: Kräuter und Blumen im italienischen Garten.
vertugadin: grasbewachsener Abhang oder »Amphitheater«.

Bibliographie

Ein sehr nützliches Hilfsmittel war mir bei der Niederschrift dieses Buches vor allem das Werk von Monique Mosser und George Teyssot (Hg.): Die Gartenkunst des Abendlandes (Stuttgart 1993). Die nachstehende Bibliographie ist im Blick auf die einzelnen Kapitel meines Buches zusammengestellt.

Kapitel 1: David R. Coffin, *The Villa in the Life of Renaissance Rome* (Princeton 1979; Paperback 1988) und D. R. Coffin (Hg.), *The Italian Garden* (Washington, D. C., 1972); Claudia Lazzaro, *The Italian Renaissance Garden* (New Haven und London 1990); John Dixon Hunt, *Garden and Grove: The Italian Renaissance Garden in the English Imagination, 1600–1750* (Princeton 1986); Kenneth Woodbridge, *Princely Gardens: The Origins and Development of the French Formal Style* (London und New York 1986); Wilfried Hansmann, *Gartenkunst der Renaissance und des Barock* (Köln 1983); Dieter Hennebo und Alfred Hoffmann, *Geschichte der Deutschen Gartenkunst,* Band 2, *Der architektonische Garten: Renaissance und Barock* (Hamburg 1965; Reprint Königstein 1981); Dieter Hennebo (Hg.), *Gartendenkmalpflege: Grundlagen der Erhaltung historischer Gärten und Grünanlagen* (Stuttgart 1985); Roy Strong, *The Renaissance Garden in England* (London 1979).

Kapitel 2: W. Hansmann, *Gartenkunst...* (1983); Georgina Masson, *Italian Gardens* (London 1961; Paperback 1966); Margherita Azzi Visentini (Hg.), *Il Giardino Veneto* (Mailand 1988); K. Woodbridge, *Princely Gardens* (1986); William Howard Adams, *The French Garden, 1500–1800* (New York 1979); Robert W. Berger, *In the Garden of the Sun King* (Washington, D. C., 1985); J. D. Hunt (Hg.), *The Dutch Garden in the Seventeenth Century* (Washington, D. C., 1990); J. D. Hunt and Erik de Jong (Hgg.), »The Anglo-Dutch Garden in the Age of William and Mary«, Sonderdoppelheft des *Journal of Garden History,* Band 8, Nrn. 2 und 3 (1988); David Jacques und Arend Jan van der Horst, *The Gardens of William and Mary* (London 1988); J. D. Hunt, *Garden and Grove* (1986); D. Hennebo und A. Hoffmann, *Geschichte der Deutschen Gartenkunst,* Band II (1965; 1981); D. Hennebo (Hg.), *Gartendenkmalpflege* (1985); Ernest de Ganay, *André Le Nostre, 1613–1700* (Paris 1962); Alfred Marie, *Naissance de Versailles: le château, les jardins* (Paris 1968); Alfred und Jeanne Marie, *Versailles au temps de Louis XIV* (Paris 1976); F. Hamilton Hazelhurst, *Gardens of Illusion: The Genius of André Le Nostre* (Nashville 1980).

Kapitel 3: W. Hansmann, *Gartenkunst...* (1983); D. Hennebo und A. Hoffmann, *Geschichte der Deutschen Gartenkunst,* Band II (1965, 1981); D. Hennebo (Hg.), *Gartendenkmalpflege* (1985): Ingrid Dennerlein, *Die Gartenkunst der Régence und des Rokoko in Frankreich* (Worms 1981); Iris Lauterbach, *Der französische Garten am Ende des Ancien Régime* (Worms 1987); W. Howard Adams, *The French Garden...* (1979); G. Masson, *Italian Gardens* (1961; 1966); David Jacques, *Georgian Gardens: The Reign of Nature* (London 1983); Peter Martin, *The Pleasure Gardens of Virginia: From Jamestown to Jefferson* (Princeton 1991).

Kapitel 4: D. Jacques, *Georgian Gardens...* (1983); George Carter et al., *Humphry Repton: Landscape Gardener 1752–1818* (Norwich 1982); Brent Elliott, *Victorian Gardens* (London 1986; Paperback 1990); D. Hennebo und A. Hoffmann, *Geschichte der Deutschen Gartenkunst,* Band III (1962–65; 1981); D. Hennebo (Hg.), *Gartendenkmalpflege* (1985); Harri Günther, *Peter Joseph Lenné* (1985; Repr. 1991); Carla Oldenburger-Ebbers, *De Tuinengids van Nederland* (Rotterdam 1989).

Kapitel 5: David Ottewill, *The Edwardian Garden* (New Haven und London 1989); Clive Aslet, *The Last Country Houses* (New Haven und London 1982) und *The American Country House* (New Haven und London 1990); Jane Brown, *Gardens of a Golden Afternoon* (London 1982; Paperback 1985) und *The English Garden in our Time: From Gertrude Jekyll to Geoffrey Jellicoe* (Woodbridge 1986); Diane Kostial McGuire (Hg.), *Beatrix Farrand's Plant Book for Dumbarton Oaks* (Washington, D. C., 1980); Diane Kostial McGuire und Lois Fern, *Beatrix Jones Farrand; Fifty Years of American Landscape Architecture* (Washington, D. C., 1982); K. Woodbridge, *Princely Gardens* (1986); Michel Racine, *Le Guide des jardins de France* (Paris 1990); Ernest de Ganay, *Les Jardins de France et leur décor* (Paris 1949).

Detaillierte Bibliographie und Anmerkungen

Einführung

S. 6: Für den Gartenhistoriker ist der Begriff des »Formalen« problematisch, wie Reginald Blomfield schon vor hundert Jahren feststellte. Seit einigen Jahren tauchen in englischsprachigen Veröffentlichungen gelegentlich Alternativen auf – sie sprechen vom »geometrischen«, vom »regelmäßigen« und vom »architektonischen« Garten, so wie in der deutschen Literatur ebenfalls vom architektonischen Garten und in der französischen vom *jardin régulier* die Rede ist. Diese Alternativbegriffe heben deutlicher auf das geometrische Element – als eine Erweiterung des architektonischen – ab, das die Struktur dieser Gärten kennzeichnet; sie erzeugen im übrigen auch keine Unklarheit, während »formal« ja eine ganze Reihe von Bedeutungen und Konnotationen besitzt – man kann dabei an »äußere Form« bzw. an das »zeremonielle« Element eines Gartens denken. Dennoch ist das Wort »formal« weithin akzeptiert und für die Zwecke dieser Untersuchung als allgemeine Formel ausreichend. Der Leser sollte allerdings ein waches Gespür für mögliche Uneindeutigkeiten haben, die mit dem Gebrauch dieses Wortes einhergehen: Die Bezeichnung des Parks der Villa Lante als »nicht formal« unterscheidet diesen Bereich zwar vom geometrischen Garten, ist aber zugleich eine zu einfache Kennzeichnung dieses subtilen Zusammenspiels gerader Wege und naturalistischer Elemente. Derartige hybride Formen tauchen in allen Epochen auf – sei es in der Planung oder auch in der Bepflanzung – und bilden ein zentrales Thema dieses Buches. Zum Begriff »formal« in diesem Kontext siehe Woodbridge (1986), S. 9. Zu den Schwierigkeiten im Zusammenhang mit den Begriffen »Kunst« und »Natur« siehe Hunt (1986), Kapitel 8.

S. 7: Die Daten über Wrest Park stammen aus einem unveröffentlichten Bericht der *Land Use Consultants* mit dem Titel *Historical Survey of Wrest Park* (1983); siehe dort S. 17.

S. 7–8: Zu Claude Monets Garten siehe Claire Joyes, *Monet at Giverny* (London 1975), vor allem S. 37; und Ottewill (1989), S. 58–60.

S. 9: Zur Teppichgärtnerei haben sich zuletzt geäußert Elliott (1986; 1990), S. 154/158; und Clemens Alexander Wimmer, »Die Kunst der Teppichgärtnerei« in *Die Gartenkunst,* Band 3, Nr. 1 (1991), S. 1–16.

Zur Debatte zwischen Blomfield und Robinson siehe R. Blomfield, *The Formal Garden in England* (London 1892; die hier zitierte Ausgabe 1936).

Kapitel 1: *Gärten der Renaissance*

S. 11: Detailliert äußern sich über die Villa d'Este D. R. Coffin, *The Villa d'Este at Tivoli* (Princeton 1960), und Lazzaro (1990), S. 95–99 und 215–242.

S. 12–13: Zur Villa Medici in Castello siehe Lazzaro (1990), S. 167–189.

S. 13–14: Lazzaro (1990), S. 30 und allgemein Kapitel 2.

S. 14: Zur Funktion des Gartens als »Theater« und zu den »Kuriositätenkabinetten« siehe Hunt (1986), Kap. 5 und 6.

S. 15–16: Der Hortus Palatinus, Johan Vredeman de Vries und Furttenbach werden behandelt bei Mosser und Teyssot (Hg.) 1990: Ulbe Martin Mehrtens schreibt über De Vries' *Hortorum Formae,* S. 103–105; Reinhard Zimmermann über den Hortus Palatinus, S. 157–159; Dorothee Nehring über Furttenbach, S. 160–162. Siehe auch Florence Hopper, »The Dutch Classical Garden and André Mollet« in *Journal of Garden History,* Band 2, Nr. 1 (1982), S. 25–40.

S. 16: Zum Garten bei Cisterna siehe G. Masson, »Italian flower collectors' gardens« in Coffin (Hg.) (1972), S. 63–80. Zu Bartolomeus Menkins siehe Lazzaro (1990), S. 41. Über die englischen *knots* schreibt Strong (1979), S. 36 und 40–43.

S. 25: Zu Idstein siehe Christopher Thacker, *The History of Gardens* (London 1979), S. 123. Zum *compartiment en broderie* siehe Woodbridge (1986), Kapitel 6, vor allem S. 108.

S. 26–29: Siehe Lazzaro (1990), S. 243–286; Coffin (1988), S. 340–362: und D. R. Coffin, »The ›Lex Hortorum‹ and Access to Gardens of Latium During the Renaissance« in *Journal of Garden History,* Band 2, Nr. 3 (1982), **S. 201–232.**

S. 30–32: Siehe Coffin (1988), Kapitel 2 über die *villeggiatura* und Kapitel 9 über Caprarola; zur Bepflanzung siehe Lazzaro (1990), S. 100–108.

S. 32–33: Siehe Woodbridge (1986), S. 70–73 und 81–83.

S. 34–36: Siehe Strong (1979), S. 120–121, 125–129, 211–214.

S. 37–38: Zum botanischen Garten von Padua siehe Lazzaro (1990).

S. 41–42: Zum Giardino Buonaccorsi siehe Masson (1961; 1966), S. 216–220; zu Cisterna siehe Masson in Coffin (Hg.) (1972) und Ada Segres Dissertation, University of York; siehe ferner Lucia Tongiorgi Tomasi, »Projects For Botanical and Other Gardens: A 16th-Century Manual« in *Journal of Garden History,* Band 3, Nr. 1 (1983), S. 13. Über Deutschland und die Niederlande siehe Hansmann (1983), S. 74–77, und Hansmann, »Parterres: Entwicklung, Typen, Elemente« in Hennebo (Hg.) (1985), S. 141–173, vor allem S. 163–164.

Kapitel 2: *Barockgärten*

S. 41: Zur Villa Montalto siehe Coffin (1988), S. 365–369, und Lazzaro (1990), S. 272–275. Zur Villa Aldobrandini siehe Masson (1966), S. 188–193. Zur Villa Garzoni siehe Alessandra Ponte, »The Garden of Villa Garzoni at Collodi« in Mosser und Teyssot (Hg.) (1991), S. 181–184; zum französischen Parterre-Stil in Italien siehe das Stichwort Villa Allegri Arvedi in Visentini (Hg.) (1988), S. 135–137.

S. 42: Nach Sten Karling kommt den Mollets eine Rolle bei der Entwicklung von Broderieformen noch vor dem Luxembourg zu. Siehe »The Importance of André Mollet and His Family for the Development of the French Formal Garden« in E. B. MacDougall und F. H. Hazelhurst (Hg.), *The French Formal Garden* (Washington, D. C., 1974), S. 3–25. Zum Luxembourg-Garten siehe Woodbridge (1986), S. 134–138, und Hansmann in Hennebo (1985), S. 150–151 und 158. Zu Liancourt, Brécy usw. siehe Woodbridge (1986), S. 139–141 und allgemein Kapitel 9.

S. 42–43: Zum holländischen Garten siehe Eric de Jong, »For Profit and Ornament...« und J. D. Hunt, »›But who does not know what a Dutch garden is?‹ The Dutch Garden in the English Imagination« in Hunt (Hg.) (1990), S. 13–48 und S. 175–206 sowie weitere Artikel; auch Einträge im *Journal of Garden History* (1988).

S. 44: Über deutsche Gärten siehe Hansmann (1983), Kapitel 8, speziell S. 227–229 zu Gaibach und S. 252–255 zu Herrenhausen; siehe auch D. Hennebo, »The Grosser Garden at Herrenhausen near Hannover« in Mosser und Teyssot (Hg.), S. 192–194, und Helmut Reinhardts Artikel ibid., S. 293–298.

S. 45: Zu britischen Gärten siehe Hunt und De Jong (Hg.) (1988), passim; Jacques und Van der Horst (1988), passim. Siehe auch Hunt (1986), Kapitel 10. Über Kleve äußert sich Wilhelm Diedenhofen, »›Belvedere‹, or the Principle of Seeing and Looking in the Gardens of Johan Maurits van Nassau-Siegen at Cleves«, in Hunt (Hg.) (1990). Zu Rueil siehe Woodbridge (1986), Kapitel 8 und seinen Artikel in Mosser und Teyssot (Hg.), S. 169–171.

S. 47–48: Zu Grundriß und Ansicht der Villa Aldobrandini von 1647 siehe Cesare D'Onofrio, *La Villa Aldobrandini di Frascati* (Rom 1963); zwischen 1600 und 1621 sorgten Giovanni Fontana, Orazio Olivieri und Jacques Sarrazin für die Hydraulik und die plastische Ausstattung. Siehe auch Hunt (1986), Kapitel 4, S. 45–48.

S. 73–76: Siehe Woodbridge (1986), Kapitel 10, Adams (1979), S. 80–84, und Hansmann in Hennebo (Hg.) (1985), S. 142–143, 147, 150–154, 158–159.

S. 76–79: Siehe Woodbridge (1986), Kapitel 11, Adams (1979), Kap. 3 und S. 84–94; und Hansmann (1983), S. 97–125. Zum ikonographischen Hintergrund siehe Berger (1985). Zum Besuch John Lockes und zur Frage der öffentlichen Zugänglichkeit siehe Ann Friedman, »What John Locke saw at Versailles«, in *Journal of Garden History,* Band 9, Nr. 4 (1989), S. 177–198; und Coffin ibid., Band 2, Nr. 3 (1982), S. 209. Nach Woodbridge (1986), S. 227, ersetzten nach 1674 rankende Kletterpflanzen an Lattengerüsten die Hainbuchenhecken.

S. 80–82: Siehe K. H. D. Haley, »William III as builder of Het Loo«, und Florence Hopper, »Daniel Marot: A French Garden Designer in Holland« in Hunt (Hg.) (1990), S. 1–11 und 131–150; Artikel auch im *Journal of Garden History* (1988). Zu Fragen der Bepflanzung siehe H. R. Barkhof und C. S. Oldenburger-Ebbers, »Plants for the Restoration of the Baroque Garden of the Palace of the Loo at Apeldoorn«, ibid., Band I, Nr. 4, 1981, S. 293–304; siehe ferner den Führer und eine Sonderausgabe von *Groen* (Juni 1984), beides in Het Loo erhältlich.

S. 82–85: Siehe Hansmann (1983), S. 236–252 und 259–267; und Hansmann in Hennebo (Hg.) (1985), vor allem Abb. 34, 39 und 50. Zum »Jeu de passes« und zum »Gänsespiel« siehe Georg Himmelheber, *Spiele* (München und Berlin 1972), S. 163 und 180. In Worksop, dem Besitz des Herzogs von Norfolk, gab es eine Hainbuchen-Spielbahn. Zu Weikersheim: Die »französische Formalität« bezieht sich nur auf den Umstand, daß das Skulpturenprogramm von Versailles beeinflußt war; die zweigeteilte Orangerie hat dagegen mehr mit dem holländischen Het Loo oder mit deutschen Vorbildern zu tun. Siehe dazu den von Klaus Merten verfaßten Führer. Nach Alfons Elfgang ist die Zuschreibung an Daniel Matthieu inzwischen umstritten.

S. 86–89: Siehe National Trust, *Westbury Court Garden* (1990) und Land Use Consultants, *Historical Survey of Wrest Park* (1983).

Kapitel 3: *Themen des 18. Jahrhunderts*

S. 91: Zu Caserta siehe George L. Hersey, »Ovid, Vico, and the Central Garden at Caserta« in *Journal of Garden History,* Band 1, Nr. 1 (1981), S. 3–34; zu Veitshöchheim und Schwetzingen siehe Helmut Reinhardt, »The Garden of the Prince-Bishop at Veitshöchheim« in Mosser und Teyssot (Hg.), S. 188–191, und Hansmann (1983), S. 276–283 und 286–289; zu Chantilly siehe Dennerlein (1981), S. 98–101; zum *pall-mall*-Spiel siehe Hansmann (1983), S. 246.

S. 91–92: Siehe Anthea Taigel und Tom Williamson, »Some Early Geometric Gardens in Norfolk«, in *Journal of Garden History,* Band 11, Nr. 1 und 2 (1991), vor allem S. 15–16. Siehe R. Todd Longstaffe Gowan, »Proposal for a Georgian Town Garden in Gower Street: The Francis Douce Garden« in *Garden History,* Band 15, Nr. 2 (1987), S. 136–144. Zu Wormsley siehe Fiona Cowell, »Richard Woods (?1716–1793): A Preliminary Account«, Teil III in *Garden History,* Band 15, Nr. 2 (1987), S. 115–135. Über Thomas Wright siehe Jacques (1983), S. 70–71 und 82. Zu Hartwell siehe Mark Laird, »›Our Equally favorite Hobby Horse‹: The Flower Gardens of Lady Elizabeth Lee at Hartwell and the 2nd Earl Harcourt at Nuneham Courtenay« in *Garden History,* Band 18, Nr. 2 (1990).

S. 93–94: Zu Neufforge und Chantilly siehe Lauterbach (1987), S. 89–99 und 189–197. Zu Rambouillet siehe Dennerlein (1981), S. 47–48; und zu Waterland siehe F. Hopper, »The Dutch Régence Garden« in *Garden History,* Band 9, Nr. 2 (1981), S. 118–135.

S. 94: Zu St. Paul's Walden Bury siehe English Heritage (HBMC) Register of Historic Sites; zu Canon siehe Racine (1990), S. 237. Zu Nordkirchen und Nymphenburg, Veitshöchheim, Schwetzingen und Solitude siehe Hansmann (1983), S. 240–249 und S. 276–289; siehe auch Hansmann in Hennebo (Hg.) (1985), Abb. 39 und 50. Zu den italienischen Gärten siehe Masson (1966), S. 216, 242–246 und 273–274.

S. 95: Zu Bacon's Castle siehe Nicholas Lucchetti, »Archaeological Excavations at Bacon's Castle, Surry County, Virginia« in William M. Kelso und Rachel Most (Hg.), *Earth Patterns: Essays in Landscape Archaeology* (Charlottesville und London 1990), S. 23–421. Zu Middleton Place, Crowfield und Woodlands siehe James D. Kornwolf, »The Picturesque in the American Garden and Landscape before 1800« in Robert P. Maccubbin und Peter Martin (Hg.), *British and American Gardens in the Eighteenth Century* (Williamsburg 1983), S. 97–98 und 100; siehe auch Barbara Wells Sarudy, »Eighteenth-Century Gardens of the Chesapeake«, in *Journal of Garden History,* Band 9, Nr. 3 (1989), S. 125–140; und C. Allan Brown, »Thomas Jefferson's Poplar Forest: The Mathematics of an Ideal Villa«, ibid., Band 10, Nr. 2 (1990), vor allem S. 121. Siehe Coffin, ibid., Band 2, Nr. 3 (1982), S. 211 zur Frage der öffentlichen Zugänglichkeit.

S. 96: Zu St. Paul's Walden Bury siehe English Heritage (HBMC) Register. Zur Frage der Verbindungen zum Stil der Régence siehe Dennerlein (1981), S. 40–41 (Sablé). Vgl. auch Cassiobury in der Abbildung von Kip und Knyff.

S. 121–123: Zu den Verbesserungen der Jahre 1715–1719 in Chiswick siehe die Bibliographie in Hunt (1986), Anm. 48 auf S. 256; siehe ferner den Führer *Chiswick House and Gardens* (London 1989). Siehe J. D. Hunt, *William Kent...* (London 1987) und Cinzia Maria Sicca, »Lord Burlington at Chiswick« in *Garden History,* Band 10, Nr. 1 (1982), S. 45 zu den Themen Theater, Oper und Musik im Garten. Zu den großen Spektakeln in den Barockgärten Augusts des Starken – eines Förderers der Künste und Zeitgenossen von Burlington – siehe Hansmann (1983), S. 259. Jüngste Informationen zu archäologischen und konservatorischen Fragen lieferte mir Jan Woudstra. Zum Heckenwerk von Schönbrunn siehe Mosser und Teyssot (Hg.), S. 197.

S. 123–124: Siehe Hansmann (1983), S. 272–276.

S. 125–127: Siehe ibid., S. 276–283; ferner Reinhardt in Mosser und Teyssot (Hg.), S. 188–191. Die Broderie ist weitgehend durch Rasen ersetzt.

S. 128–131: Siehe Hansmann (1983), S. 286–289 (mit Anmerkungen zu Jörg Gamers Studie über die komplexe Ikonographie) und Hennebo und Hoffmann (1965; 1981), S. 361–369; ferner Hansmann in Hennebo (Hg.) (1985), S. 162–163 und 165–168, und Hubert Wolfgang Wertz, »Wiederherstellung und Unterlagen von Parterreanlagen«, ibid., S. 174–204.

S. 131–132: Siehe Oldenburger-Ebbers (1989), S. 211, sowie ihren neuen Artikel »De Tuinarchitectuur van Johann Georg Michael (1738–1800)«, den sie mir freundlicherweise in Kopie überließ.

S. 133: Siehe Barbara Paca-Steele, »The Mathematics of an Eighteenth-Century Wilderness Garden« in *Journal of Garden History,* Band 6, Nr. 4 (1986), S. 299–320; und Mark P. Leone und Paul A. Shackel, »Plane and Solid Geometry in Colonial Gardens in Annapolis, Maryland« in Kelso und Most (Hg.) (1990).

S. 134–135: Siehe Martin (1991), Kapitel 6.

S. 136–137: Siehe Hansmann (1983), S. 267–271, und Hennebo und Hoffmann (1965; 1981), S. 269–277, auch Band III, S. 55–59, 176–185 sowie Abb. 117 und 118; ferner Hans-Christoph Dittscheid in Mosser und Teyssot (Hg.), S. 317–319; und Teresa S. Badenoch, »Wilhelmshöhe: A Unique Record of a Changing Landscape by J. H. Müntz (1786–1796)« in *Journal of Garden History,* Band 6, Nr. 1 (1986), S. 50–61.
S. 138–139: Siehe Giuseppe Chigiotti, »The Design and Realization of the Park of the Royal Palace at Caserta by Luigi and Carlo Vanvitelli« in *Journal of Garden History,* Band 5, Nr. 2 (1985), S. 184–202, und Hersey, ibid. (1981). Siehe ferner Cesare de Seta, »Gardens of the Palazzo Reale et Caserta« in Mosser und Teyssot (Hg.), S. 327–329.

Kapitel 4: *Revival-Bewegungen und eklektizistische Ansätze*
S. 141: Siehe Jacques (1983), S. 163–165 und 120; und Carter (1982), vor allem S. 59. Zu Mount Edgcumbe siehe John Harvey, *Restoring Period Gardens* (Aylesbury 1988), S. 105–106. Zu Wilton, Trentham und Bowood siehe Elliott (1990), S. 74–77. Zu Lenné siehe Günther (1991), S. 67, 70 und 75. Zum Plan von 1894 für Biltmore siehe *The Oxford Companion to Gardens* (Oxford 1991), S. 56.
S. 141–142: Zu M'Intosh und Nesfield siehe Elliott (1990), S. 56, 71–74 und Abb. 28. Zum Originalentwurf von Marot siehe Hunt (Hg.) (1990), S. 148. Zu Levens Hall siehe Elliott (1990), S. 58–59.
S. 143: Zu Audley End, Wrest Park und Cliveden siehe die Anmerkungen zu den Seiten 164–170. Zu den Stichworten Auspflanzen und Glashaus siehe Elliott (1990), S. 17, 29, 50–51.
S. 144: Zu Andrew Murray, Farbenlehre etc. siehe Elliott (1990), S. 87, 123–128. Zur Entwicklung in Deutschland siehe Klaus von Krosigk, »Wiesen-, Rasen- und Blumenflächen in landschaftlichen Anlagen« in Hennebo (Hg.) (1985), S. 232–253. Zu Blickling Hall, Broderie, siehe Elliott (1990), S. 161 und 138–146; siehe ferner den vom National Trust herausgegebenen Führer *Blickling Hall* (1989), S. 59–60.
S. 161: Zum Stichwort Teppichgärtnerei siehe die bibliographischen Angaben zur Einleitung, S. 9. Zum Thema Blattpflanzenbeete und Geranienpyramiden siehe Elliott (1990), S. 130–131 und 152–154. Zur Bedeutung des öffentlichen Parks und zu Fragen der Stadtplanung siehe Mosser und Teyssot (Hg.). Siehe ferner Mary Ann Wingfield, *Sport and the Artist,* Band 1 (Woodbridge 1988), Kapitel 6 und 13 zum Thema Krocket usw. Zu Shrubland siehe die Folge von Artikeln in *The Cottage Gardener* vom 29. September 1853 (S. 495–497), 6. Oktober 1854 (S. 5–7), 23. September 1856 (S. 452–454), 30. September 1856 (S. 469–471).
S. 162–164: Siehe den Führer *Chiswick House and Gardens* (1989), S. 33–34 und 53–55, und Jacques (1983), S. 196; ich habe darüber hinaus den nicht veröffentlichten Bericht von Travers Morgan Planning (Februar 1985) und die Informationen von Jan Woudstra benutzt. Siehe Charles M'Intosh, *The Book of the Garden,* Band 1 (1853), S. 619–620; Thomas Faulkner, *The History and Antiquities of Brentford, Ealing and Chiswick* (1845), S. 428–429. Siehe auch David Stuart, *The Garden Triumphant: A Victorian Legacy* (London 1988), S. 116 und 129.
S. 164–165: Siehe den unveröffentlichten Bericht von Land Use Consultants, *The Restoration of Flower Garden at Audley End* (März 1988).
S. 165–166: Siehe Klaus von Krosigk, »Der Park von Klein-Glienicke, Berlin« in Mosser und Teyssot (Hg.), S. 421–423; und Krosigk in Hennebo (Hg.) (1985), S. 236–241.
S. 166–167: Siehe Günther (1991), S. 31–63.
S. 168: Siehe den unveröffentlichten Bericht *Historical Survey of Wrest Park* von Land Use Consultants (1983).
S. 169–170: Siehe den vom National Trust herausgegebenen Führer *Cliveden* (1990), vor allem S. 16–18; siehe auch Elliott (1990), S. 136–137.
S. 170–172: Siehe Elliott (1990), S. 77–78; ferner die oben (zu S. 161) zitierte Artikelserie im *Cottage Gardener,* vor allem 30. 9. 1856, S. 470, und 20. 10. 1857, S. 33.
S. 172–173: Siehe Florence Hopper, »Formality Enclosed by Water« in *Country Life* (26. August 1976), S. 540–542, und Oldenburger-Ebbers (1989), S. 88–89 und 94–95.

Kapitel 5: *Die Vergangenheit in der Gegenwart*
S. 175: Siehe Blomfield (1892; 1936), S. 1, 2 und 10; Elliott (1990), S. 227; Ottewill (1989), S. 5–10, und Aslet (1982), S. 289.
S. 176: Siehe Aslet (1982), S. 287–297, und Ottewill (1989), S. 2.
S. 201: Zum Wirken Duchênes siehe Monique Mosser, »Henri und Achille Duchêne«, in Mosser und Teyssot (Hg.), S. 446–450; und Woodbridge (1986), S. 279–284; zu Hautefort siehe Racine (1990), S. 37. Zur Villa I Tatti siehe Lazzaro (1990), S. 284–286. Siehe auch Erika Neubauer, »The Garden Architecture of Cecil Pinsent, 1884–1964«, in *Journal of Garden History,* Band 3, Nr. 1 (1983), S. 35–47. Zur Villa Pisani siehe Visentini (Hg.) (1988), S. 154–158. Zu Port Lympne, Tyringham und Ditchley Park siehe Ottewill (1989), S. 190–193 und 196–200. Zu Vizcaya und Nemours siehe die Anmerkungen zu den Seiten 214–219. Informationen über das Clarence Mackay Estate von Alfred Branam. Zu Longwood siehe Colvin Randall, *Longwood Gardens* (1987; 2. Auflage 1988), S. 44–54.
S. 202–203: Siehe Morley R. Brown und Patricia M. Samford, »Recent Evidence of Eighteenth-Century Gardening in Williamsburg, Virginia«, in Kelso und Most (Hg.) (1990). Siehe auch William L. Kelso, »Landscape Archaeology at Thomas Jefferson's Monticello« in Kelso und Most (Hg.) (1990), S. 20–21, und Monique Mosser in Mosser und Teyssot (Hg.), S. 525–530.
S. 204–206: Siehe Ottewill (1990), S. 24–26; zu Hestercombe siehe Aslet (1982), S. 287, Ottewill, S. 89–90, und Brown (1985), S. 83–85 und 127.
S. 206–207: Zu Blickling Hall siehe die bibliographischen Angaben zu S. 144.
S. 208–210: Siehe Rose und Gustav Wörner, »Parkpflegewerk Nordkirchen« in *Garten und Landschaft* (5, 1988), S. 22–27. Zu Schlauns Westgärten, die die Verlandschaftung der 1830er Jahre weitgehend unverändert überstanden und nach 1918 verfielen, siehe Hansmann (1983), S. 247–249. Zu einem möglichen Einfluß Colonnas auf die Kolonnade siehe Berger (1985), S. 44–47.
S. 211–212: Zu Blenheim siehe Ottewill (1989), S. 200–201, und den Führer *Blenheim Park and Gardens* (1990); auch Ann Friedman, »The Evolution of the Parterre D'Eau« in *Journal of Garden History,* Band 8, Nr. 1 (1988), S. 1–30. Zu Courances siehe Woodbridge (1986), S. 280–283, und Racine (1990), S. 145–146.
S. 213–214: Siehe Woodbridge (1986), S. 286–288, und seinen Artikel »Doctor Carvallo and the Absolute« in *Garden History,* Band 6, Nr. 2 (1978), S. 46–68; auch Monique Mosser in Mosser und Teyssot (Hg.), S. 528.
S. 214–217: Siehe Rebecca W. Davidson, »Past as Present: Villa Vizcaya and the ›Italian Garden‹ in the United States« in *Journal of Garden History,* Band 12, Nr. 1 (1992), S. 1–28, speziell S. 22. Siehe Aslet (1990), Kapitel 15. Zur Geschichte der Villa Gamberaia siehe Judith A. Kinnard, »The Villa Gamberaia in Settignano: The Street in the Garden« in *Journal of Garden History,* Band 6, Nr. 1 (1986), S. 1–18.
S. 217–218: Siehe MacGriswold und Eleanor Weller, *The Golden Age of American Gardens* (New York 1991), S. 139–141; weitere Informationen lieferte Paul J. Lloyd vom Alfred I. du Pont Institute.
S. 219–222: Siehe McGuire (Hg.) (1980), vor allem S. 59–66 und 75–81; auch McGuire und Fern (Hg.) (1982), S. 99–123.
S. 222–223: Siehe Strong (1979); S. 103–110; siehe ferner den von der Marchioness of Salisbury herausgegebenen Führer *The Gardens at Hatfield House* (1989). Zu Sutton Place siehe George Plumptre, »Die Gärten von Geoffrey Jellicoe in Sutton Place, Surrey« in Mosser und Teyssot (Hg.), S. 516–518; zu Eyrignac siehe Racine (1990); S. 37. Zu Galveston siehe G. Jellicoe, *The Landscape of Civilisation, Created for The Moody Historical Gardens* (Northiam 1989). Zur Frage der Nutzung historischer Gärten siehe die Ergebnisse der Wiener Konferenz vom 3. bis 5. Oktober 1991 in *Gartenkunst:* »Der europäische Barockgarten und seine heutige Verwendung«; ferner Gervase Jackson-Stops, *An English Arcadia: 1600–1990* (The National Trust 1991), S. 15. In diesem Ausstellungskatalog sind auch andere hier besprochene Gärten dokumentiert (Blickling, Cliveden, Powis Castle).

Dank

Mein Dank gilt in erster Linie denjenigen Personen und Institutionen, die mir mit Dokumentationsmaterial und Illustrationen zu Hilfe gekommen sind. Der Abbildungsnachweis allein ist nicht geeignet, ihren Beitrag wirklich zu würdigen. Ebenso danke ich allen, deren Forschungsergebnisse ich in den Text meines Buches zu integrieren versucht habe. Dabei konnte es sich zwangsläufig nur um eine Wiedergabe sozusagen in destillierter Form handeln; die Bibliographie läßt der Forschungstätigkeit dieses Personenkreises aber Gerechtigkeit widerfahren. Sie ist besonders wichtig, wo es um so bedeutende Gärten wie Versailles, Chiswick House oder Schwetzingen ging, da ich ein Schwergewicht auf den bisher vernachlässigten Bereich der historischen Bepflanzung legen wollte und deshalb die Ikonographie der Gärten, ihre architektonische und plastische Ausstattung immer nur kurz gestreift habe. Diese besondere Aufmerksamkeit, die ich den formalen Traditionen der Bepflanzung zum Beispiel von Chiswick House zugewandt habe, sollte im übrigen nicht von den interessanten Aspekten der von Burlington und Kent geschaffenen Anlage ablenken, mit denen andere Historiker sich ja sehr ausführlich beschäftigt haben.
Wenn ich von Chiswick als einer »formalen« Anlage spreche, dann nur, um die gleichermaßen unangemessene Kennzeichnung als »früher Vertreter des Landschaftsgartens« zu korrigieren; es ist an den Spezialisten, ihre Etikettierungen – »Rokoko«, »Übergangsstil«, »spätgeometrisch« usw. – zu verfeinern. Des weiteren hoffe ich, daß dieses Buch Fragen aufwirft – etwa danach, wie ein Garten am besten zu erhalten sei, wenn die originale Bepflanzung nicht mehr vorhanden ist und Dekor und Funktion sich gewandelt haben – und zu weiteren Forschungen Anlaß gibt, etwa zum Thema Sport und Gärten, zur Geschichte des kreisförmigen Rosariums, zu den sozialen Aspekten und der Ikonographie des viktorianischen Gartens, zum Erbe Dézallier d'Argenvilles.
Besonders danken möchte ich auch den folgenden Personen: Alfred S. Branam Jr. für seine Hinweise zum formalen Garten in Nordamerika; Douglas Chambers für die Lektüre des Manuskripts; Rebecca W. Davidson für ihre detaillierten Auskünfte über Vizcaya; Carla Oldenburger-Ebbers für ihre Mithilfe im Zusammenhang mit einer Reihe niederländischer Gärten; Erika Schmidt für ihre Informationen zu den Gärten im deutschen Sprachraum; Jörg Gamer und Dieter Hennebo für die Bereitstellung von Illustrationen; Ada Segre für den Einblick in ihre Studien über Cisterna und ihre freundliche Hilfe, die den Besuch einiger italienischer Gärten erst möglich machte; den Mitarbeitern der *Land Use Consultants* für ihre freundliche Hilfe in Audley End und Wrest Park. Dank schulde ich darüber hinaus Cathleen H. Baldwin, Krysia Bilikowski, Bruno Bellone, C. Allan Brown, Dominic Cole, Walter Coultous, Fiona Cowell, Jennifer Dickson, Wouter Dooijes, Alfons Elfgang, Brent Elliot, Linda Dicaire Fardin, Richard Flenley, Jonathan Fraser, Geoffrey James, Madame Jean-Louis de Ganay, Giorgio Galletti, Eric Guillou, John Harvey, Eric T. Haskell, Florence Hopper, John Dixon Hunt, David Jacques, Elizabeth Kryder-Reid, Matthias Kuhn, Susan Taylor Leduc, Doris B. Littlefield, Paul J. Lloyd, The National Trust Archives, Mechtild Nienhaus-Wasem, Dean Norton, Therese O'Malley, John Phibbs, Michael Racine, Colvin Randall, Donna Salzer, Michael Symes, Lucia Tongiorgi Tomasi, Sally Wages, Robert Williams, Joachim Wolschke-Bulmahn, Jan Woudstra, Herman van der Mars (und den Mitarbeitern in Het Loo), Monica Vittori sowie denjenigen Gartenbesitzern und -verwaltern, die mir freundlicherweise das Photographieren gestatteten.
Schließlich danke ich den Bibliothekaren des Trinity College, University of Toronto, für ihre hilfreichen Hinweise. Vor allem aber geht mein Dank an Hugh Palmer, der, um das »richtige Photo« zu machen, keinen Extraweg scheute – tatsächlich waren es tausend Extrawege.

Mark Laird

Register

Verzeichnis der Personen

Verzeichnis der Gärten